AN
ANTHOLOGY
OF
GREEK PROSE

*Compiled and edited
with an Introduction*

by

D. A. RUSSELL

CLARENDON PRESS · OXFORD

*This book has been printed digitally and produced in a standard specification
in order to ensure its continuing availability*

OXFORD
UNIVERSITY PRESS

Great Clarendon Street, Oxford OX2 6DP

Oxford University Press is a department of the University of Oxford.
It furthers the University's objective of excellence in research, scholarship,
and education by publishing worldwide in

Oxford New York

Auckland Bangkok Buenos Aires Cape Town Chennai
Dar es Salaam Delhi Hong Kong Istanbul Karachi Kolkata
Kuala Lumpur Madrid Melbourne Mexico City Mumbai Nairobi
São Paulo Shanghai Taipei Tokyo Toronto

Oxford is a registered trade mark of Oxford University Press
in the UK and in certain other countries

Published in the United States
by Oxford University Press Inc., New York

ISBN 0-19-872122-6

AN ANTHOLOGY OF GREEK PROSE

PREFACE

THIS volume is the companion of my *Anthology of Latin Prose* (Oxford, 1990, = *ALP*). It aims to provide a simple course-book by means of which students may be helped to acquire some understanding of the development and diversity of ancient Greek prose throughout the millennium of its life. Notes are designedly brief, and meant to save the reader time and trouble, while encouraging consultation of grammars. I have tried to be somewhat more generous with notes and bibliography in the latter, and less familiar, half of the book. The field is so vast (much vaster than Latin) that I am indeed aware of many omissions. The work would have been impossible without the encouragement of colleagues, who thought something like this would fill a need, and in particular the devoted help of my colleague for over forty years, J. G. Griffith of Jesus College, formerly Public Orator of the University, who has passed many long hours in the Computer Centre preparing a camera-ready copy of the text, and has been vigilant in identifying and correcting my lapses.

D.A.R.

THIS second impression embodies a large number of corrections, and a very few additions. It is sad to record that J. G. Griffith, to whom I owe so much, died in a road accident before this book appeared. If it serves the cause of teaching Greek, it will contribute to a work to which much of his life was devoted.

Sept. 1991   D.A.R.

CONTENTS

CONTENTS   xi

INTRODUCTION

§ 1

The latest texts in this anthology were written over a thousand years later than the earliest, but the continuity in language and in stylistic convention is obvious. It would not be easy to pinpoint the differences between, say 45 and 95, though they are eight hundred years apart in time. Formal prose, invented in classical Ionia and Athens, remained the vehicle both of the necessary public communication of society and of most of the historical, moral, and philosophical insights of a millennium. Such was the power of the *grammatici* and *rhetores* who preserved the educational tradition throughout all those long years.

Of course, poetry had come first. A poetic literature hardly needs writing for its transmission: songs and epics and dramas live in performance, and only secondarily in books. But for the development of a prose literature the widespread use of writing seems necessary, even if pre-literate habits of speech influenced the form it took. There are in our texts, for example, clear traces of a story-telling technique, essentially oral in its ways of proceeding, and doubtless of great antiquity: 1, 8, 25 provide instances. Moreover, oratory itself, the most influential single genre, is the formulation of unwritten eloquence. Elaborate conventions in deliberative and forensic pleading are attested in many non-literate societies; the history of European settlement in North America is full of episodes in which illiterate Indians display formal oratory of great complexity, which the European has to match: no written *aide-mémoire* can be delivered, only all those belts of wampum as tangible memoranda of the courtesies and arguments exchanged. Nevertheless, the spread of writing always makes a decisive difference, and this was perceived in various ways by Greek sophists and philosophers of the fourth century: Alcidamas' Περὶ Σοφιστῶν, Plato's *Phaedrus*, and the early chapters of Aristotle, *Rhetoric III*, are the main texts. It was Aristotle's perception that determined the lines of most later Greek thinking on the matter. He was in part right: it is a major requirement of written prose that it should not be dependent on delivery (ὑπόκρισις) to make its meaning plain, and, as no system of punctuation or word-division had yet been developed, the burden of ensuring clarity rested on unambiguous syntax. But the perspective in which Aristotle saw prose as a successor to verse, characterized by the elimination of grand language and poetical ornament, is too narrow. It leaves no place for the imaginative and emotional uses of prose which Plato—or perhaps even Heraclitus and Democritus (3)—had pioneered: and it represents a special taste rather than a just historical generalization. Nevertheless, it was decisive. Prose became πεζὸς λόγος, pedestris oratio: poetry rode in her carriage, prose stepped down and walked on her two feet. And of course prose is the form of practical discourse, not only in oratory but in laws and decrees, which achieved written status early and needed a formality and syntactical complexity that offered another model for literary writing.

§ 2

Let us begin with a brief historical survey. The earliest prose literature was Ionic. Our first examples (1) are fragments of mythical narratives of the sixth and fifth centuries. These appear naïve, but it is not necessarily the primary naïvety of writers who could do nothing else. It may well already be a genre characteristic, thought appropriate to legend, fable, and genealogy. This is suggested by the way in which similar narrative techniques for similar themes continued to be used in later literature (84 is an instance), and by the consideration that other kinds of early prose are very much more sophisticated. This last point is illustrated by our fifth-century philosophical texts (2, 3), one of which (Anaxagoras) appears to be in Attic, while the other (Democritus) well represents the power of Ionic prose to express abstract thought with dignity and elegance. A brief extract from the Hippocratic Epidemiai (4) illustrates another strand in the tradition: factual and scientific writing. The greatest of Ionic authors, Herodotus, is represented next

(5–8), by a short selection intended to show debate, ethno-
graphy, story-telling and military narrative. Once again, where
naïvety appears (as in 8), it is not to be taken as a sign of a simple
mind; Herodotus is both sophisticated and versatile, instinc-
tively matching style with subject, drawing on earlier traditions,
not least that of the epic.

§ 3

By about 430 BC, Athenian domination had established Attic not
only as the main vehicle of administration and litigation
throughout the Delian League (allies were compelled to bring
lawsuits to Athens for trial) and as the main language of drama
(the spoken parts of tragedy are in a stylized Attic) but also as
the medium of most prose literature. Ionic continued as the
preferred dialect for medical writing, but not for much else: it
was however revived later, in the Roman period, as an archaistic
medium for subjects that recalled Herodotus (e.g. Arrian,
Indica; the 'Herodotean' *Life of Homer*). Doric prose is at all
periods a rarity: there is a fragment of a rhetorical treatise
(Syracuse was an early home of rhetoric), but it may be late
pastiche; more important are some Pythagorean writings of
Hellenistic date and the mathematical works of Archimedes of
Syracuse (third century BC). All this is outside the main stream,
and we have not given examples; all our pieces from 9 onwards
are in some sort of 'Attic' Greek, though (as we shall see) the
later literary language incorporated elements from other tradi-
tions, especially from Ionic.

The beginnings of Attic prose can be seen in 9–14. On the one
hand, there is the style of practical politics: 11, from the so-
called 'Old Oligarch', is believed to date from c.425 BC. On the
other, there is the new rhetoric of Gorgias of Leontini (9–10),
whose embassy to Athens in 427 is supposed to have been the
occasion when his brilliance set a new fashion. Whatever the
truth in this, these two traditions between them produced the
Attic oratory whose début in practice can be seen in 12 and 14,
while 10 and 13 represent the contemporary development of
rhetorical teaching; these two pieces are the first of a long line of

rhetorical models and examples, always to be an element to be reckoned with in development of both Greek and Latin literature. The tradition of Gorgias, who consciously represented prose as a substitute for poetry as a vehicle of praise and celebration (*Helen*, 8–10), and who therefore practised and recommended abundant use of 'figures of speech'—*parison*, *isocolon*, *homoeoteleuton*—influenced the whole course of later prose. See especially our extracts from Isocrates (**20–2**), the parody in Plato's *Symposium* (**27**), Xenophon's version of the choice of Heracles (**34**), and the later echoes in Plutarch (**70**), Aristides (**83**), and Clement of Alexandria (**92**). Greek taste never outgrew a taste for 'Gorgianic' figures, though the use of them was of course much refined.

But it was not Gorgias who developed the 'periodic' style— the technique of embracing the various elements of a situation or argument in a single syntactical structure, not completely comprehensible until the hearer reaches the end. 'Hearer' (ἀκροατής) is also 'reader'. Even though we are talking about the written word, it is important that it is always meant to be 'heard'; no ancient reader, so far as we know, scanned writing as we often scan print, taking in several lines at a time, and somehow absorbing the sense: they listened to the words in order, at least with the inner ear, and generally by reading aloud or having someone to read to them. So the 'period' too is an audible experience. Its traditional inventor was Thrasymachus of Chalcedon (see Radermacher, *AS* 73–4), but it was Isocrates (**20–2**) who perfected the skill and laid down the rules. These involved the avoidance of hiatus (below p. xxvi) and certain rhythmical preferences (below p. xxviii), features which clearly show that the product of the art was designed to please the ear, the written form being, as it were, a score which the reader could perform.

So far as public performance is concerned, the Isocratean manner is clearly most appropriate to ceremonial occasions, where the audience may safely slumber from time to time. It will not do in practical affairs. Juries are to be deceived, but not sent to sleep. The Attic orators, therefore, did not whole-heartedly adopt it. They retained and developed many techniques aimed at disturbing, exciting, and in general involving their audiences, whether these were jurymen (δικασταί) or the sovereign people in Council or Assembly. These techniques include many figures of thought—rhetorical questions, self-interruptions, imaginary dialogues with the opponent, and so on—and much variation in the length of sentence and pace of exposition. The development of oratory in the course of the fourth century was seen by later Greek critics as an example of the gradual perfection of the art by successive masters who learned from their predecessors. The process started with Antiphon (12–13) and Andocides (14), and proceeded, by way of Lysias, master of the 'plain style' and of character representation (18–19), Isocrates (20–2), and the forceful and subtle Isaeus, a specialist in testamentary cases, to Demosthenes (39–42, 44–5) and his contemporary Aeschines (43), Hyperides (46), Lycurgus, and Dinarchus. The Augustan critic Dionysius of Halicarnassus (60–1) expounds this view of the development. He saw Demosthenes as the inheritor and perfector of all that had gone before; this was also the view of most later rhetoricians, for whom Demosthenes was ὁ ῥήτωρ, 'the orator' *par excellence* (κατ᾽ ἐξοχήν), as Homer was ὁ ποιητής, 'the poet'. Some indeed saw his limitations, and perhaps even exaggerated them. It is not really true that he had no humour or power of characterization as 'Longinus' (63) claimed: witness many passages in the private speeches (e.g. 44–5). But it is certainly the emotional and argumentative force (δεινότης) of his writing that is his chief claim to fame; and his humour is never gentle.

§ 4

This development of oratory in the courts and assemblies of fourth-century Athens was accompanied by a development also in historical and philosophical prose. In both areas the influence of the oratorical tradition was felt.

Thucydides (15–17) reacted against many of the features of Herodotean ἱστορίη: the discursiveness, the lack of concentration and the story-teller's desire to please rather than to be useful. Herodotus was not a participant in the events he described, but a curious observer writing for a popular audience. Thucydides was a citizen of influence, held command as a *strategos*, and wrote for future decision-makers. This contrast is reflected in his abandonment of Herodotus' inclusion of dialogues (5) and speeches of personal advice (e.g. 1. 30–3; 7. 8–18) in favour of formal δημηγορίαι, stylistically much influenced by the rhetoric of the generation of Gorgias and Antiphon. These public addresses are not meant to be precise records of what was said, and, though Thucydides does sometimes seem to reproduce the individual character (ἦθος) of his speakers (e.g. Cleon in 16), the laboured compression and the effort to express the general and the abstract suggest that the written word diverges widely from what was said. He was a great and original genius; and perhaps because of this, he had few imitators in classical times. Xenophon, who continued his narrative, had a much simpler approach; Theopompus (38) and Ephorus, the other leading historians of the fourth century, were pupils of Isocrates and adapted his regular, periodic style to the purposes of narrative and description.

Plato (23–32) had a long literary career, perhaps half a century. It overlapped at one end with Lysias, at the other with Demosthenes. He was a keen observer of oratorical fashion; but his attitude to rhetoric was satirical, even hostile. He makes Socrates defend himself with the best rhetorical techniques, but we are not supposed to take them too seriously. He had also a marvellous gift of parody, shown in his masterly take-off of Gorgianism in Agathon's speech in the *Symposium* (27) and in his mimicry of the 'mythical' style of Protagoras (25). He had arguments also to defend his attitude to rhetoric: *Phaedrus* in particular exposes the weakness of an art that prefers probability to truth and indulges in absurd schematizations of the tricks of the trade. No Greek prose writer is Plato's equal in versatility or originality. He has 'styles', not 'a style', and can change from one to another with consummate skill. One of his 'styles' is primarily *mimesis* of conversation: he shows immense ingenuity, especially by generous use of particles (γε, δή, ἀτάρ, and so on), in recapturing the flexibility of speech. But he also— and especially in his later works—matches the grandeur of his themes with grandeur of words. Some would say he goes too far: Dionysius has some harsh words for the 'dithyrambic' manner of the myths. Our selection illustrates many, but not all, of Plato's manners. Massive, forceful but unperiodic speech is

seen in 24 and 26; informal narrative especially in Alcibiades'
Symposium speech (28): mimicry of earlier writers in 25 and 27.
The account of the decline of constitutions in the *Republic* (29)
is a reminder of how Plato can press the dialogue form until it
loses any sense of ordinary talk, and becomes the vehicle of
exuberantly metaphorical writing and of forceful satire.
Another very famous passage is the proof of immortality in
Phaedrus (30). This shows how he could manipulate and im-
prove the oracular manner of the early philosophers: it should
be compared with Anaxagoras (2). He often reflected, it seems,
on the problems of writing dialogue (31); but his experiments
ended (32) in a mannered eccentricity, which is hard to believe a
close rendering of Athenian speech.

Plato was not, it seems, the originator of the Socratic dia-
logue, but he was by far its greatest exponent. Of the others,
only Xenophon (34–5) survives other than in brief fragments.
Xenophon's originality and versatility are often forgotten, and
he has not had the attention of literary scholars that he deserves.
There are two reasons for this. One is that ancient Atticists, and
their nineteenth-century successors, found fault with the purity
of his syntax and vocabulary. It contains features absent from
Plato and the orators, but found in poetry and Ionic prose. This
was generally attributed to his having knocked about the world,
and lost his pure Attic in the mixed society of camps and foreign
places. The second reason also comes from the picture he gives
of himself, as a plain man and a man of action. It has been hard
therefore to think of him as an intellectual. Both criticisms are
narrow-minded. Xenophon's keen eye, his originality of genre
(*Anabasis* and *Cyropaedia* are unique in classical Greek litera-
ture) and his narrative genius put him high among the masters.

The history of philosophical writing after Plato is very
complex. Plato, of course, only left dialogues. He resisted, it
seems, any suggestion that he should commit doctrine to writing
in a didactic form. His pupils, especially Aristotle, took another
line. They did indeed write dialogues, but in a less realistic
form—or at least a form which, instead of representing Socrates
badgering young and old in gymnasium or agora, reproduced
the assured and patient debate of the school, with balanced
speeches and much rhetorical artifice (47 illustrates this). But
they also composed treatises, some for their pupils, others for a

wider circle. We illustrate this from Aristotle (**48–9**) and from Epicurus (**51**). Theophrastus too was a voluminous writer of works on philosophy and science, which had a wide circulation. The *Characters* (**50**) are hardly typical, but they are unique and fascinating.

§ 5

Anything written after the end of the fourth century BC is commonly regarded as post-classical, and, by implication, less important. This is in many ways a mistake. It is true that the linguistic norms of classical Attic were jealously guarded: but just as the Hellenistic and later poets cast new forms (pastoral, epigram, philosophic hymn) in ancient language, so, indeed even more notably, prose writers innovated to meet the changing needs of the culture: forms like the novel, the fictitious letter, the very flexible 'essay' or popular sermon, and various types of epideictic speech and declamation are testimony to a good deal of development. Works on style or rhetoric—Demetrius, Dionysius, 'Longinus' (**59, 60, 63**)—form a particularly significant group, in which presentation was as important as the doctrine conveyed.

Yet the Hellenistic period itself—from the end of the fourth to the middle of the first century BC—has left surprisingly little. Most of the second half of our anthology therefore comes from the Roman period. The exceptions are Euclid (**52**), who represents the elegance and precision of mathematicians' Greek, and Polybius' pragmatic history (**53–4**), which chronicles the rise of Rome. To read even a few pages of Polybius is to become aware of a difference from earlier writing, even from the periodic style of Isocrates, which clearly influenced him. There seem to be more nouns and fewer verbs; many of the nouns are abstracts, many of the verbs are compounds hardly seen before, in which the prepositional element often seems to have no obvious force; particles are comparatively rare, and it is clear that we are dealing with a written style which makes few concessions to audience-involvement. These features no doubt explain why Polybius counts among the authors whom the classicizing critic Dionysius found intolerable: he had no skill in σύνθεσις, the diverse and sophisticated art of word-arrangement in which Demosthenes was the master. The other fault which Dionysius and his friends found in the Hellenistic writers is a characteristic which they contemptuously called 'Asian' (60) and which was associated with the practice of declamation. We have not illustrated this from Hellenistic texts, though some fragmentary examples exist: but the much later passage of Himerius (97) displays many of the features that were found offensive: involved epigrams, forced anthitheses, short and unmelodious cola, and a general tastelessness of vocabulary and imagery. Like most polemical terms, 'Asian' was a vague word; it expressed the sense of superiority of its users better than it described the qualities which they disparaged.

The authors of the imperial age from whom 58–86 and 94–100 are taken fall into two main groups: those whose writing, though distant enough from contemporary speech, is recognizably part of a continuous tradition to which the lost Hellenistic writers made a contribution which was not entirely disowned; and those who concentrated their efforts more whole-heartedly on writing what we may call 'reproduction Greek', on the analogy of 'reproduction furniture', in which not only was classical syntax preserved, but every effort was made to limit the acceptable vocabulary to words attested in texts written before 300 BC. To the first class, in our selection, belong Strabo (58), 'Heraclitus' (62) 'Longinus' (63), Plutarch (66–74), Marcus Aurelius (76), Plotinus (86), Galen (85), and the Christian fathers Gregory of Nyssa and Basil (98–9). To the second belong Dio (64–5), Lucian (77–9), Pausanias (80), Aristides (82–3), Philostratus (84), Clement of Alexandria (92), and Libanius (94–5). But it is not always easy to draw even this rough frontier, for the two main classes naturally merge into each other. Moreover it is important to observe that (as in Latin) considerations of genre are often decisive in determining stylistic choice. Arrian (75) wrote up the 'discourses' of the philosopher Epictetus in Greek which clearly reproduces the educated, but not classicizing, language in which Epicurus gave instruction; this is apparent both in the large number of Stoic technical terms of Hellenistic origin and in the frequent use of words and phrases from the daily life of Roman Greece. But Arrian also wrote a history of Alexander (he called it *Anabasis*) in something very like

Xenophon's Attic, and an 'Ionic' book on India, imitating Herodotus. Again, there is a great difference in syntax, if not so much in vocabulary, between Aristides' private diary (**82**) and his formal orations, exemplified here by **83**. Which of the two traditions produced the livelier literature may be debated. It might be expected that it would be the freer kind; and Plutarch is indeed a great master of narrative (**66–9**) and of elevated moral and religious writing (**71–3**). But the balance may well be thought to go the other way. Throughout this period, literature was a product of an educational system which made writers and audiences connoisseurs of what they regarded as classical Attic; and this somewhat artificial instrument served Lucian (**77–9**) and Libanius (**95**) well as the vehicle of some of the best humorous writing to survive from antiquity.

Finally, how does the Christian contribution (**87–93, 98–100**) fit into this scheme? Both the main traditions were adopted: **92** makes a good contrast to **98** or **99**, a 'sophistic' text against a 'Plutarchan'. But the background to all Christian writing is the Bible. The Greek translation of the Old Testament (**87–8**), dating from Hellenistic times, represented, like all translations, a compromise between the idiom and structure of its Hebrew original and the language most readily intelligible to its Greek readers—ordinary folk, mainly Hellenized Jews, who did not, at that time, belong to a cultured élite that cherished classical elegance. The terms of the compromise varied from book to book, from translator to translator. The New Testament writers also vary among themselves: the plain narrative of the Gospels is our best evidence for the Greek actually used and understood in the Eastern provinces in the early empire, while St. Paul's elaborate rhetoric clearly displays not only his Hebraic upbringing but the influence of rhetorical teaching that contemporaries would no doubt have called 'Asianic'. In the later Christian writings also there is much diversity. Clement, Gregory, and Basil, in their different ways, are firmly in the Greek rhetorical tradition. They contrast sharply with the *Shepherd of Hermas* (**93**), which has the simplicity of the Gospels and narrowly escaped being canonical, or with Mark the Deacon's lively narrative (**100**). It is perhaps reflection on our passage from Clement (**92**) that will show most clearly how the sophistication of formal prose was adapted to the needs of the new dispensation; Biblical texts replace Homeric in the subtle mosaic of familiar and exotic themes and allusions that charms the audience, advertises the speaker's skill, and hopes to make a few conversions.

§ 6

We can never hope to achieve anything like the appreciation of Greek prose that came instinctively to the audiences of Demosthenes, or even to Dionysius' students. Nor is the help offered by the Greek writers on style wholly satisfactory, because, naturally enough, they take many things for granted which are obscure to us. They did however undertake quite sophisticated analyses. Their most fundamental distinction was a dichotomy, first seen in the contrast drawn between Aeschylus' grandeur and Euripides' plainness in Aristophanes' *Frogs*. This basic contrast between emotional impressiveness and intellectual acumen is the foundation of the more complex analysis of Demetrius, who subdivided the one main type into 'grand' (μεγαλοπρεπὴς χαρακτήρ) and 'forceful' (δεινός), and the other into 'elegant' (γλαφυρός) and 'plain' (ἰσχνός). More commonly, however, the elegance and smoothness of, say, Isocrates, was seen as something qualitatively different from the other two; hence the best known form of stylistic theory, the 'tripartite' scheme used especially by Dionysius. The three styles so derived (the history of the theory is controversial) were said to have been described by Homer, who (*Il.* 3. 212 ff.; 1. 249) contrasts Menelaus' spare words with Odysseus' 'snowstorm' and Nestor's honeyed sweetness. In later times more elaborate analyses were developed, especially by the rhetor Hermogenes in the late second century AD. He called styles ἰδέαι, and thought Demosthenes excelled in all. For the modern reader, the most useful lesson to be learned from Hermogenes lies in the headings under which he discusses each ἰδέα. There is no point in our trying to classify a passage as 'pure' or 'lucid' or 'grand' or 'harsh', as he does; but his list of points to be considered remains valid and serviceable. It is: thoughts (ἔννοιαι), approaches (i.e. arrangement of thoughts, μέθοδος), diction (λέξις), figures (σχήματα), word-arrangement (συνθήκη or σύνθεσις), clausula (ἀνάπαυσις): rhythm is involved in both these last two items. Let us take them as a framework for a brief discussion of some salient facts.

(i) Hermogenes, because he is teaching the use of language in his own special way, regards 'thoughts' as something one can choose in order to achieve a certain stylistic result. This is a paradoxical position for a practical writer or speaker in the rhetorical tradition, because the normal assumption is that the task set determines the language chosen; but it fits well enough with the needs of the performer who can choose both content and manner of his performance, as the sophists of the imperial period often did. It is for us, as readers, to apply Hermogenes' principles by noting how particular subjects demand particular choices in the other elements of discourse. The topics in our selection range from the trivial or humorous (**19, 35, 45, 77, 95**) to the solemn or momentous (**9, 51, 86, 90**) with all kinds of variety in between.

(ii) By μέθοδοι, Hermogenes means not the arrangement of material in a complete or extended text, but its management on a small scale. These devices are therefore observable even in short extracts, if we ask ourselves, for example, whether the facts are stated directly or indirectly, plainly or obscurely; whether the order of events is natural, or is broken, e.g. by parentheses; whether the author is exaggerating or playing down what he has to say. Narratives like **8** or **25** give opportunities for studying these points: note especially **25**, **40–7** for a striking displacement of natural order.

(iii) λέξις means, primarily, the choice of words (ἐκλογὴ ὀνομάτων). This is crucial to the modern reader's understanding of the intentions of the writers, for there were firm associations in Greek (as in Latin) between vocabulary and genre. There is an extensive range of words found in poetry but not in prose. The names of the commonest family relationships are a good example. Poets can say πόσις, δάμαρ, τέκος, κασίγνητος for 'husband', 'wife', 'child' and 'brother'; prose writers are more or less confined to ἀνήρ, γυνή, τέκνον, ἀδελφός. Classical Attic, in particular, was very restrictive in this way, and this is especially true of the orators, who were concerned above all to avoid any appearance of eccentricity or any cultural superiority which might appear anti-democratic: but this did not lead to sloppiness, but rather to a very precise use of the language. Correctness (Ἑλληνισμός, καθαρότης) was a fundamental virtue—probably so in the eyes of the orators themselves, certainly so in the eyes of their later students and critics. This correctness was manifested not only in the avoidance of unusual words, but in strict observance of the rules of accidence and syntax. These were much studied again by the grammarians of the Roman period, who have probably succeeded in making our texts of the Attic classics more 'Attic' than they really were. But it is important, for example, to watch carefully the use of the definite article. Classical rules are fairly clear (*G* §§ 941–58; *WS* §§ 1118–89), but they are often breached. The article was originally a demonstrative pronoun, and is almost always so used in Homer; so the less it is used in its weakened sense, simply as an article, the closer we get to poetry and to high style. It is thus naturally rare in a piece like **30**, where Plato is attempting a particularly high level, and used quite 'normally', for example by Demosthenes in **45**, a piece of everyday narrative. There are many other indicators which are matters of λέξις: the avoidance by the orators of juxtaposed τε καί and of the ἦ δ' ὅς and ἦν δ' ἐγώ, which are so common in Plato, are obvious examples. At the same time, many 'deviations' from the Attic norm are matters of fashion and development rather than of level-indication. Xenophon's 'non-Attic' element is considerable (note λῷον, ἔστε = ἕως, στερρῶς in **33**); and the range of vocabulary in later Greek of all kinds is extended by drawing on poetry, on Ionic and on the freedom to coin compounds. The study of metaphor also belongs under this head.

(iv) Figures (σχήματα) are traditionally divided into 'figures of thought' and 'figures of speech'. The former include rhetorical question, hypophora (imaginary question and answer), parenthesis, self-correction; the latter are largely concerned with sound effects: isocola, parisa, homoeoteleuton, anaphora, antistrophe (i.e. ending successive clauses with the same word), assonance, alliteration. The effect of these two main classes of figures is very different. 'Figures of thought' disturb the audience and seek to involve it more closely with the speaker's thought-processes. 'Figures of speech' aim to produce a musical and harmonious effect, displaying the skill of the writer in manipulating the language to produce a real work of art. Thus **9**,

20–2, 27, 83, 92 are classic places for the effects of 'figures of speech': **39, 41–2, 75** show the powers of 'figures of thought' both in oratorical and philosophical discourse.

(v) Under 'word-arrangement' we should naturally put first the question of 'periodic' and 'non-periodic' writing. Definitions are difficult (cf. *Anthology of Latin Prose*, pp. xviii ff.) but there is no doubt of the importance of the development of a habit of writing in which several stages in a narrative, or steps in an argument, could be held together in a single syntactical structure, with the help of participles, subordinate clauses, and the balancing clauses so common with μέν . . . δέ. Administrative and legal language no doubt contributed to this development: the 'whereas . . .' style is an almost inevitable consequence of the need to give reasons for an enactment in a society which expects to be given reasons. But it reached great heights of sophistication, in which the object was clearly pleasure in versatility rather than logical clarity. Gorgias himself (**9**) was not an exponent of periodic writing: it was his pupil Isocrates who laid down the rules of the art (e.g. **21, 22**) as they were practised by many later writers (Polybius, **53–4**; Plutarch, **66**; Libanius, **94**). An analysis of part of the *Panegyricus* preface (**21.** 10–21) will show many of the main features of the style: it is associated, from the time of Isocrates, with an avoidance of hiatus (making prose conform in this to the practice of verse) and careful rhythms:

> οὐ μὴν ἐπὶ τούτοις εἱλόμην ῥᾳθυμεῖν
> ἀλλ' ἱκανὸν νομίσας ἆθλον ἔσεσθαί μοι
>   τὴν δόξαν τὴν ἀπ' αὐτοῦ τοῦ λόγου γενησομένην
> ἥκω συμβουλεύσων
> 5   περί τε τοῦ πολέμου τοῦ πρὸς τοὺς βαρβάρους
>   καὶ τῆς ὁμονοίας τῆς πρὸς ὑμᾶς αὐτούς
>   οὐκ ἀγνοῶν
>   ὅτι πολλοὶ τῶν προσποιησαμένων εἶναι σοφιστῶν
>   ἐπὶ τοῦτον τὸν λόγον ὥρμησαν
> 10 ἀλλ' ἅμα μὲν ἐλπίζων
>   τοσοῦτον διοίσειν ὥστε τοῖς ἄλλοις μηδὲν πώποτε
>   δοκεῖν εἰρῆσθαι περὶ αὐτῶν

ἅμα δὲ προκρίνας
   τούτους καλλίστους εἶναι τῶν λόγων
   οἵτινες περὶ μεγίστων τυγχάνουσιν ὄντες   15
   καὶ τούς τε λέγοντας μάλιστ' ἐπιδεικνύουσι
   καὶ τοὺς ἀκούοντας πλεῖστ' ὠφελοῦσιν·
ὧν εἷς οὗτός ἐστιν.

In this long sentence, the basic structure is a statement
composed of a negative and positive idea: 'I did not choose to
remain idle, but have come here to advise you.' This is followed
by a two-part statement of the subject of the advice (war against
Persia, concord within Hellas). The speaker's attitude is then
defined, once again, by a combination of a negative and a
positive: 'not failing to be aware . . .' but 'hoping . . . and judging
. . .' It is true that οὐκ ἀγνοῶν (7) is hardly more than a synonym
of εἰδώς, but this is enough to ensure the success of the figure
(σχῆμα κατ' ἄρσιν καὶ θέσιν). The positive motive is again
bipartite: the hope that he will leave all rival speakers nowhere;
and the judgement that importance of subject, display of talent,
and benefit to the hearer are the three characteristics of the
finest speeches. The short clinching final clause, 'And this is one
of those', contrasts by its simplicity with the more elaborate
language of all the rest. We notice also the large number of
clauses between 10 and 15 syllables long (lines 1, 2, 3, 5, 6, 8, 9,
15–18) and other approximate balances (lines 10 and 13). Short
units (lines 4, 7, 19) often mark crucial stages. Hiatus is strictly
avoided (note the elisions in 17 and 18); indeed, in this passage
there is not even hiatus *in fine coli* (we have roughly indicated
the cola by the lineation), nor with καί or ἤ or the article, though
these relaxations are normal practice with most writers.

It is perhaps worthwhile contrasting this with a piece of
Demosthenes, equally a work of art, but aiming at disturbing
the audience rather than merely impressing, and using a much
greater variety of clauses (3 *Phil.* 15 = **39**. 1–9):

Ἀλλ' ἔστιν,
ὦ πρὸς τοῦ Διός,
ὅστις εὖ φρονῶν
ἐκ τῶν ὀνομάτων μᾶλλον ἢ τῶν πραγμάτων
τὸν ἄγοντ' εἰρήνην ἢ πολεμοῦνθ' ἑαυτῷ σκέψαιτ' ἄν;   5

οὐδεὶς δήπου.
ὁ τοίνυν Φίλιππος
ἐξ ἀρχῆς
ἄρτι τῆς εἰρήνης γεγονυίας,
10 οὔπω Διοπείθους στρατηγοῦντος
οὐδὲ τῶν ὄντων ἐν Χερρονήσῳ νῦν ἀπεσταλμένων,
Σέρριον καὶ Δόρισκον ἐλάμβανε
καὶ τοὺς ἐκ Σερρείου τείχους καὶ Ἱεροῦ ὄρους στρατιώτας
ἐξέβαλλεν,
οὓς ὁ ὑμέτερος στρατηγὸς κατέστησεν.
15 καίτοι ταῦτα πράττων
τί ἐποίει;
εἰρήνην μὲν γὰρ ὠμωμόκει.

We print this so as to show the great variety of lengths of the
'units'. Reading aloud suggests that the pauses are indeed as
numerous as this division makes them: Demosthenes will have
paused at 'But can there be . . .' (1) to interject ὦ πρὸς τοῦ Διός
and again after εὖ φρονῶν (3) to let his audience wonder what the
unthinkable folly is going to be. Again, ὑπόκρισις suggests a
pause after line 15, to give force to the rhetorical question which
follows. The last phrase—the μὲν is never answered—is heavily
loaded. 'He had *sworn* peace . . .' We observe elisions (5), but
also hiatus (6, *in fine coli*); 13 (with the proper name); 16 (*in fine
coli*).

The σύνθεσις of passages like this is, of course, very different
from that of simple narrative or description: e.g. **1, 4, 8, 18, 35,
44, 64, 77, 81, 89, 93, 100**. But in later Greek the use of a
periodic hiatus-free style extended to history and 'essay' writ-
ing: **54, 66–9, 73, 98, 99**. Many varieties may be noticed, and
comparisons made, in this collection.

(vi) The prose rhythm of classical authors—and indeed of
their successors—is still not well understood. We should trust
our ears, but remembering a few facts. Aristotle recommended
— ˘ ˘ ˘ at the beginning and ˘ ˘ ˘ − at the end of a
unit; but this is seldom found. Demosthenes avoids runs of
short syllables—even ˘ ˘ ˘ is not very frequent. And there
can be no doubt that the principle of having a recognizable
rhythm (ῥυθμὸς not μέτρον) throughout the context, and not

just at the clausula, was taken for granted by the orators. It is a pity that we can still say so little about it.

In later times clausula-rhythm seems to have been the main concern. In writers such as Plutarch it is not unlike that of Latin rhythmical prose ($-$ ˘ $-$ ×, $-$ ˘ $-$ $-$ ˘ ×, and $-$ $-$ $-$ ˘ ˘ ×, are the common forms). But there are many varieties of practice, perhaps as many as there were dominant schools of rhetoric, since it was in the schools that these habits were acquired. At the very end of our period (**96–9**), as in Latin, accentual clausulae are observed: see notes on **96**. The transition from quantity to accent was probably gradual, many writers observing both conventions—quantity because the classical models demanded it, accent because their own ears (and their teachers) made this unavoidable.

§ 7

This pattern of discussion—level of thought; vocabulary in relation to purity, poetic elements, or metaphor; figures, whether of thought or of speech; word-arrangement and its attendant questions of hiatus and rhythm—will provide a framework within which the characteristics of the following texts can be described. But it is only a pattern: observant reading of continuous texts—aloud, as much as possible—is the only way of acquiring the sensibility which should be our aim. Read, for example, **17**. 1–40, Thucydides' narrative of the capture of Nicias. Observe the simplicity of 1–3, the *variatio* in the confused scene depicted in 4–8, the vivid historic presents (even in a subordinate clause, 8), the concise effect of the *post urbem conditam* constructions of 9–11, the parenthesis in 14–15, the horrible scene of the dead and dying in the river which leads Thucydides to go outside his normal vocabulary in ᾑματωμένον and περιμάχητον (20), and above all the sudden irruption of the single factual statement, Nicias Γυλίππῳ ἑαυτὸν παραδίδωσι (23–4). Only by taking the details in the sequence in which they are given—and not as they must appear in any readable English translation—can Thucydides' art be appreciated.

BIBLIOGRAPHY

(A) Abbreviations for works often cited

AK   E. Norden, *Antike Kunstprosa*[5] (Stuttgart, 1958).
ALC   *Ancient Literary Criticism*, ed. and trans. D. A.
                Russell and M. Winterbottom (Oxford, 1972).
AP   G. A. Kennedy, *The Art of Persuasion in Greece*
                (London, 1963).
Arndt–   W. F. Arndt–F. W. Gingrich, *A Greek–English*
   Gingrich   *Lexicon of the New Testament*[4] (Cambridge
                and Chicago, 1952).
ARRW   G. A. Kennedy, *The Art of Rhetoric in the*
                Roman World (Princeton, 1972).
AS   L. Radermacher, *Artium Scriptores* (Vienna,
                1951).
B–D   F. Blass–A. Debrunner, *Grammatik des*
                neutestamentlichen Griechisch[9] (1954).
CHCL i   *The Cambridge History of Classical Literature*, i,
                Greek Literature, ed. P. E. Easterling and
                B. M. W. Knox (Cambridge, 1985).
CHLC i   *The Cambridge History of Literary Criticism*, i,
                Classical Criticism, ed. G. A. Kennedy
                (Cambridge, 1989).
Denniston,   J. D. Denniston, *The Greek Particles*[2] (Oxford,
   Particles   1954).
Denniston,   J. D. Denniston, *Greek Prose Style* (Oxford,
   Style   1952).
D–K   H. Diels–W. Kranz, *Die Fragmente der*
                Vorsokratiker[6] (Berlin, 1951).
FGrHist   *Die Fragmente der griechischen Historiker*, ed. F.
                Jacoby (Leiden, 1923–57).
G   W. W. Goodwin, *Greek Grammar*[2] (London,
                1894).
GMT   W. W. Goodwin, *Syntax of the Moods and*
                Tenses of the Greek Verb (London, 1889).
Guthrie   W. K. C. Guthrie, *History of Greek Philosophy*
                (Cambridge, 1962–80).

K–G   R. Kühner, *Ausführliche Grammatik der griechischen Sprache*³, II, rev. B. Gerth (Hanover, 1898–1904).

K–R   G. S. Kirk–J. E. Raven, *The Presocratic Philosophers* (Cambridge, 1957; revised ed., 1983).

Lesky   A. Lesky, *History of Greek Literature*, Eng. trans. (London, 1966).

LSJ   H. Liddell–R. Scott–W. S. Jones, *Greek–English Lexicon* (with supplement) (Oxford, 1968).

PMG   *Poetae Melici Graeci*, ed. D. L. Page (Oxford, 1962).

Reading   *JACT Greek Course: Grammar, Vocabulary and
Greek   Exercises* (Cambridge, 1978).

TGF   A. Nauck, *Tragicorum Graecorum Fragmenta*² (Leipzig, 1889).

WS   H. Weir Smyth, *Greek Grammar*, revised by G. M. Messing (Cambridge, Mass., 1956)

(B) Select texts and commentaries, arranged by authors

BT   Bibliotheca Teubneriana (Leipzig or Stuttgart)
CB   Collection Budé (Paris)
LCL   Loeb Classical Library (London and Cambridge, Mass.)
OCT   Oxford Classical Texts
SC   Sources chrétiennes (Paris)

AENEAS TACTICUS (37)
LCL (Illinois Greek Club, 1923); CB (A. Dain, A. M. Bon, 1967). Tr. with comm., D. Whitehead (Oxford, 1990)

AESCHINES (43)
BT (Blass–Schindel, 1978); CB (G. de Budé, V. Martin, 1927–8).

ANAXAGORAS (2)
D–K 59 B 12, K–R 372, Guthrie ii. 272.

ANDOCIDES (14)
LCL (Minor Attic Orators i, 1941, K. J. Maidment). Text with comm., D. M. MacDowell (Oxford, 1962).

ANTIPHON (12–13)
LCL (as Andocides); BT (F. Blass–T. Thalheim, 1914); CB
(L. Gernet, 1923). *Tetralogies* (13): Ital. comm. F. D.
Caizzi (Milan, 1969). Text also in *AS*.

APHTHONIUS (96)
BT (H. Rabe, 1926; also L. Spengel, *Rhetores Graeci*, i, 1853).
Discussion: D. L. Clark, *Rhetoric in Greco-Roman
Education* (New York, 1957); A. Grafton and L. Jardine,
From Humanism to the Humanities (London, 1986), 130 ff.

ARISTIDES (82–3)
82: text, ed. B. Keil (Berlin, 1898); trans. C. A. Behr, *Aelius
Aristides* (Leiden, 1968), and in vol. ii of *Aelius Aristides:
the Complete Works* (Leiden, 1981): German trans., H. O.
Schröder (1986); French, A. J. Festugière–H. D. Saffrey
(1986); Italian, S. Nicosia, *Discorsi sacri* (1984). See E. R.
Dodds, *Pagan and Christian in an Age of Anxiety*
(Cambridge, 1965), 39–45. *CHCL* i. 658–62. 83: text, ed. B.
Keil; trans. C. Behr (1981); ed. J. Ammann (1931).

ARISTOTLE (47–9)
47: OCT (*Aristotelis Fragmenta Selecta*, W. D. Ross, 1955);
Aristotelis Dialogorum Fragmenta, R. Walzer (Florence,
1934). 48: OCT (I. Bywater, 1894); comm. J. Burnet
(London, 1904), R. A. Gautier–J. Y. Joliff (Paris, 1959). 49:
OCT (W. Jaeger); comm. W. D. Ross (Oxford, 1924). All
works trans. in J. Barnes (ed.), *The Complete Works of
Aristotle* (Princeton, 1984).

BASIL (99)
CB (F. Boulenger, 1952); LCL (R. J. Deferrari, 1934); comm.
N. G. Wilson, *St Basil on Greek Literature* (London, 1975).

BIBLE
Old Testament (87–8).
Septuagint, ed. A. Rahlfs[9] (1935). Grammar in F. C.
Conybeare and St G. Stock, *Selections from the Septuagint*
(1905), this includes no. 87.
New Testament (89–91).
Text: Nestlé–Aland[26] (Stuttgart, 1979); United Bible
Societies[2] (1968). Grammar: besides B–D, see
L. Radermacher, *Neutestamentliche Grammatik* (Tübingen,

1925); C. F. D. Moule, *An Idiom-Book of New Testament Greek*[2] (Cambridge, 1959).

CLEMENT OF ALEXANDRIA (92)
LCL (G. W. Butterworth, 1919); O. Stählin (*Die griechischen christlichen Schriftsteller*, 12, 1936); C. Mondésert (SC), 1949. Analysis: H. Steneker, *Πειθοῦς Δημιουργία* (Graecitas Christianorum primaeva; Nijmegen, 1967).

DEMETRIUS (59)
LCL (W. Rhys Roberts, 1932); L. Radermacher (1901); W. Rhys Roberts (1902, with comm.). Trans. G. M. A. Grube (Toronto, 1961); extracts in *ALC*.

DEMOCRITUS (3)
D–K 68 B 191. See Guthrie i. 489 ff., *CHCL* i. 254–7.

DEMOSTHENES (39–42, 44–5)
Complete texts in BT, OCT, CB, LCL. Note CB of *de corona* (G. Mathieu, 1940), and of *Or.* 54–5 (L. Gernet, 1959). Comm. on *Phil.* 3, J. E. Sandys (1900); on *de corona*, W. W. Goodwin (1901); on *Or.* 54–5, in F. R. Paley and J. E. Sandys, *Private Speeches of Demosthenes* (1896) and on *Or.* 54 in C. Carey–R. A. Reid, *Demosthenes: Selected Private Speeches*, (Cambridge, 1985) (note introduction). Very full comm. on *de corona* by H. Wankel (Heidelberg, 1976).

DIONYSIUS OF HALICARNASSUS (60–1)
LCL (S. Usher, 1974–85), BT (L. Radermacher, H. Usener, 1899–1904), CB (G. Aujac, 1981–8). 61: ed. W. Rhys Roberts (London, 1910). In general, see *CHLC* i. 267–72; S. F. Bonner, *Literary Treatises of Dionysius of Halicarnassus* (Cambridge, 1939).

DIO CHRYSOSTOM (64–5)
LCL (J. W. Cohoon, 1932–9), BT (G. De Budé, 1915–19); H. von Arnim (Berlin, 1893). C. P. Jones, *The Roman World of Dio Chrysostom* (Cambridge, Mass., 1978); *CHCL* i. 669–72. Ed. with comm. of *Or.* 7, 12, 36 by D. A. Russell, in preparation. CB in preparation.

EPICTETUS (75)
LCL (W. A. Oldfather, 1925–8); BT (H. Schenkl[2], 1916). Standard exposition: A. Bonhöffer, *Epiktet und die Stoa*

(1890), *Die Ethik des Stoikers Epiktet* (1894). See also J. Xenakis, *Epictetus* (The Hague, 1969).

EPICURUS (51)
Text in Diogenes Laertius (OCT, G. Long, 1964; LCL, R. D. Hicks, 1925); C. Bailey (Oxford, 1926); C. Diano (*Epicuri Ethica*, 1946); G. Arrighetti (*Epicuro: Opere*, 1960). General survey: A. A. Long, *Hellenistic Philosophy* (London, 1974) 14–74.

EUCLID (52)
BT (I. L. Heiberg–E. S. Stamatis, 1969). Sir T. Heath, *The Thirteen Books of Euclid's Elements* (Oxford, 1926).

GALEN (85)
BT (J. Marquardt, *Galeni Scripta Minora*, i, 1894). W. de Boer in Corpus Medicorum Graecorum (Berlin, 1937), V. 4. 1.

GORGIAS (9–10)
D–K 82 B 6, 82 B 11a; *AS* B VII, 42, 44. See *AP* 154–66, and T. C. Burgess, *Epideictic Literature* (Chicago, 1902), 147–57.

GREGORY OF NYSSA (98)
Contra usurarios, ed. E. Gebhardt, in *Gregorii Nysseni Opera*, ed. W. Jaeger–H. Langerbeck, ix. 205 (1966). Also in Migne, *Patrologia Graeca*, 46. 433–53.

'HERACLITUS' (62)
BT (F. Oelmann and others, 1910); CB (F. Buffière, 1962). See F. Buffière, *Les Mythes d'Homère et la pensée grecque* (Paris, 1956).

'HERMAS' (93)
LCL (Kirsopp Lake, *Apostolic Fathers* ii, 1913); ed. M. Whittaker (*Die griechischen christlichen Schriftsteller*, 48, 1968); R. Joly (SC, 1958).

HERODOTUS (5–8)
OCT (C. Hude, 1927); LCL (A. D. Godley, 1920–4). Historical commentary: W. W. How and J. Wells (Oxford, 1912); 6 ed. E. S. Shuckburgh (1889); 4–9 ed. R. W. Macan (1895–1908). Lexicon: J. E. Powell (1938). Dutch commentary: B. A. van Groningen (Leiden, 1946–59). On the dialect, see *Reading Greek*, §§ 214–22.

HIMERIUS (97)
Ed. H. Wernsdorf (Göttingen, 1790); A. Colonna (Rome,
1951). See D. A. Russell, *Greek Declamation* (1983), 29 ff.

HIPPOCRATES (4)
Epidemiai I and III are in LCL (Hippocrates i, W. H. S.
Jones, 1923); BT (H. Kühlewein 1895).

HYPERIDES (46)
OCT (F. G. Kenyon, 1907); BT (C. Jensen, 1917); CB (G.
Colin, 1946); LCL (J. O. Burtt in *Minor Attic Orators*, ii,
1954).

ISOCRATES (20–2)
BT (Blass, 1878–9); CB (G. Mathieu, E. Brémond, 1928–62);
LCL (G. B. Norlin, La Rue van Hook, 1928–45). S. Usher,
'The Style of Isocrates', *BICS* 20 (1973), 39–67.

LIBANIUS (94–5)
BT (R. Foerster: **94** = i. 84 ff., **95** = vii. 61 ff.). **94** (*Or.* 1) ed.
A. F. Norman (1965). **95**: see D. A. Russell, *Greek
Declamation*, ch. 5.

'LONGINUS' (63)
OCT (D. A. Russell, 1968), LCL (W. Hamilton Fyfe, 1932),
CB (P. Lebègue). Comm. W. Rhys Roberts (1907); D. A.
Russell (1964). Trans. (e.g.) in *ALC*; classic French
translation, Boileau (1674).

LONGUS (81)
BT (M. D. Reeve, 1982); CB and LCL have inferior texts.
Trans. P. Turner (Penguin, 1956); C. Gill, in *Collected
Ancient Greek Novels*, ed. B. P. Reardon (Univ. of
California Press, 1989), 285–348.

LUCIAN (77–9)
OCT (M. D. Macleod, 1972–87); LCL (Harmon, Kilburn,
Macleod, 1913–67); BT (Jacobitz, 1851). **77** (*Verae
Historiae*): ed. C. S. Jerram[2] (1936); F. Ollier (Collection
Érasme, 1962). **78** (*Philopseudeis*): ed. J. Schwartz (Paris,
1963). See in general: J. Bompaire, *Lucien écrivain* (1962);
J. Hall, *Lucian's Satire* (1981); G. Anderson, *Studies in
Lucian's Comic Fiction* (1976); C. Robinson, *Lucian and his
Influence* (1974). Complete trans. by H. W. and F. G.
Fowler (Oxford, 1905).

LYSIAS (18–19)
OCT (Hude, 1912); LCL (W. R. M. Lamb, 1930); CB (L.
Gernet–M. Bizos, 1924–9 (with useful Introd. and notes).
K. J. Dover, *Lysias and the Corpus Lysiacum* (1968). See
also *AP*, and Dionysius of Halicarnassus, *Lysias* (available
in LCL, see above under Dionysius).

MARK THE DEACON (100)
BT (Societatis Philologae Bonnensis sodales, 1895); H.
Grégoire–M. A. Kugener (Paris, 1930).

MARCUS AURELIUS (76)
OCT (J. H. Leopold, 1908); LCL (C. R. Haines, 1930); BT
(J. Dalfen, 1979, rev. 1987). With comm. and trans.,
A. S. L. Farquharson (Oxford, 1944; reprinted, with notes
and additions by R. B. Rutherford, 1990). See R. B.
Rutherford, *The Meditations of Marcus Aurelius* (Oxford,
1989).

PARTHENIUS (56). BT (E. Martini, 1902); LCL (S. Gaselee,
with Longus, 1916).

PAUSANIAS (80). BT (F. Spiro, 1903; M. H. Rocha-Pereira,
1973); LCL (W. H. S. Jones, 1918–35). Comm. J. G.
Frazer (London, 1898). Trans. P. Levi (Penguin, 1971).

PHERECYDES OF ATHENS (1(b))
FGrHist 3 F 105. See H. S. Schibli, *Pherekydes of Syros*
(Oxford, 1990).

PHERECYDES OF SYROS (1(a)). D–K 7 B 2. See K–R 60 ff.

PHILOSTRATUS (84). LCL (A. Fairbanks, 1931); C. L.
Kayser (Zürich, 1842–6, also in BT). See G. Anderson,
Philostratus (London, 1986).

PLATO (23–32)
Complete texts in OCT (J. Burnet), CB (particularly useful
introductions in many vols.), LCL, BT (largely obsolete).
Many translations: note Penguin, and *Collected Dialogues*,
ed. Edith Hamilton and Huntingdon Cairns (Princeton
University Press, 1961). **23**: *Apology*, ed. J. Riddell
(Oxford, 1867: still useful for 'Digest of Idioms'), J. Burnet
(Oxford, 1924), R. Barrow (JACT, 1977). **24**: *Ion*, ed. U.
Albini (Genoa, 1945). Trans. also in *ALC*. **25**: Protagoras,

ed. A. M. and J. Adam (Cambridge, 1921), trans. by
C. C. W. Taylor in Clarendon Plato Series (Oxford). 26:
Gorgias, ed. E. R. Dodds (Oxford, 1959). 27–8: *Symposium*,
ed. R. G. Bury (Cambridge, 1932), K. J. Dover
(Cambridge, 1980). 29: *Republic*, ed. J. Adam² (Cambridge,
1963). 30: *Phaedrus*, ed. G. J. de Vries (Amsterdam, 1969),
trans. R. Hackforth (Cambridge, 1952), W. C.
Helmbold–W. G. Rabinowitz (New York, 1956). 32: *Laws*,
ed. E. B. England (Manchester, 1921) (Penguin trans. by
T. J. Saunders is particularly useful).

[PLATO]
Axiochus (57). OCT (v. 2); CB (*Dialogues apocryphes*, J.
Souilhé, 1930).

PLOTINUS (86). LCL (A. H. Armstrong, 1966–88); OCT
(P. Henry–H. Schwyzer, 1964–77).

PLUTARCH (66–74)
Complete texts in LCL (best on latter half of *Moralia*,
including our 72–4); BT (the best critical edition); CB (the
most useful notes). 66: CB *Vies* III. 67: CB *Vies* XIV. 69:
ed. C. B. R. Pelling (Cambridge, 1989). 71: CB *Moralia*
VIII, LCL VI 72–3: CB *Moralia* VIII, LCL VII. 72: *de
genio Socratis*, Ital. trans. by A. Aloni, ed. D. Del Corno
(Edizione Adelphi, 1982). 74: CB *Moralia* IX, LCL VIII;
comm. S.-V. Teodorsson, Göteborg 1989. General
introduction: D. A. Russell, *Plutarch* (London, 1973), R.
Flacelière–J. Irigoin in CB *Moralia* I (1987). The classic
sixteenth-century translations of Amyot and North are
available in reprints: note Amyot's *Vies* in *Bibl. de la
Pléiade* (1951); North's *Lives* in Nonesuch Press edn.
(1929).

POLYBIUS (53–4)
BT (Büttner-Wobst, 1889–1905); LCL (W. R. Paton, 1922).
Comm. F. W. Walbank (vol. i. Oxford, 1957).

POSIDONIUS (55)
For this text see also edd. of Athenaeus (BT, LCL). Text in
FGrHist 87 F 36; L. Edelstein–I. G. Kidd, *Fragments of
Posidonius* (Cambridge, 1972), fr. 253, with Kidd's
commentary (1989). ii. 863 ff.; W. Theiler, *Die Fragmente*

des Poseidonios (Berlin, 1982), fr. 247, with commentary.
See in general M. Laffranque, *Poseidonios d'Apamée* (Paris,
1964).

STRABO (58)
LCL (H. L. Jones, 1917–32): CB (G. Aujac, F. Lasserre);
F. Sbordone (Rome, 1963–70).

THEOPHRASTUS (50)
OCT (H. Diels); LCL (J. M. Edmonds, 1929). Comm. R. G.
Ussher (London, 1960), O. Navarre (Paris, 1920), P.
Steinmetz (Munich, 1960–2). Trans. R. Vellacott
(Penguin).

THEOPOMPUS (38)
FGrHist 115 F 225; OCT (Grenfell and Hunt, with
Hellenica Oxyrhynchia 1909), fr. 217.

THUCYDIDES (15–17).
OCT (H. S. Jones, J. E. Powell, 1942); BT (C. Hude); CB
(L. Bodin, J. de Romilly, and others). Comm: J. Classen–J.
Steup (Berlin, 1900–22); A. W. Gomme–A. Andrewes–K. J.
Dover, 5 vols. (Oxford, 1945–90) (the fullest historical
commentary). Separate commentaries on each book by
E. C. Marchant (various dates), and on VII by K. J. Dover
(Oxford, 1965). See K. J. Dover, *Thucydides* (Greece and
Rome, New Surveys 7; 1973).

XENOPHON (33–6)
OCT (E. C. Marchant, 1900–10), LCL (C. L. Brownson,
E. C. Marchant, W. Miller, 1918–25), CB (P. Masqueray,
F. Ollier, M. Bizos). 34: *Memorabilia*, comm. only, O.
Gigon (Basle, 1953–6). 36: *Cyropaedia*, comm. H. A.
Holden (Cambridge, 1887). General study: J. K. Anderson
(London, 1974).

[XENOPHON]
Ἀθηναίων Πολιτεία (11).
OCT (Xenophon, vol. 5), BT (E. Kalinka, 1913), LCL
(G. W. Bowersock, 1968).

THE BEGINNINGS: IONIC PROSE

1. Early mythical narratives

These passages illustrate a simple style of story-telling, which no doubt existed in oral tradition long before books were written. A literary version of it is to be seen in some of Plato's myths, especially *Protagoras* 320 C ff. [below 25].

(a) *Pherecydes of Syros*

Pherecydes of Syros is perhaps the earliest of all prose writers, if he is correctly dated to *c*.550 BC. This passage (fr. 2) comes from a mythical narrative in which Zas (= Zeus) offers Chthonia (= Earth) a wedding gift.

Αὐτῷ ποιεῦσιν τὰ οἰκία πολλά τε καὶ μεγάλα. ἐπεὶ δὲ ταῦτα
ἐξετέλεσαν πάντα καὶ χρήματα καὶ θεράποντας καὶ θερα-
παίνας καὶ τἆλλα ὅσα δεῖ πάντα, ἐπεὶ δὴ πάντα ἑτοῖμα
γίγνεται, τὸν γάμον ποιεῦσιν. κἀπειδὴ τρίτη ἡμέρη γίγνεται
τῷ γάμῳ, τότε Ζὰς ποιεῖ φᾶρος μέγα τε καὶ καλὸν καὶ ἐν   5
αὐτῷ ποικίλλει Γῆν καὶ Ὠγηνὸν καὶ τὰ Ὠγηνοῦ δώματα ...
    βουλόμενος γὰρ σέο τοὺς γάμους εἶναι τούτῳ σε τιμῶ. σὺ
δέ μοι χαῖρέ τε καὶ σύνισθι. ταῦτά φασιν ἀνακαλυπτήρια
πρῶτον γενέσθαι· ἐκ τούτου δὲ ὁ νόμος ἐγένετο καὶ θεοῖσι καὶ
ἀνθρώποισιν. ἡ δέ μιν ἀμείβεται δεξαμένη εὖ τὸ φᾶρος.   10

1. **ποιεῦσιν**: 'the preparations are of a fairy-tale quality and are carried out by unspecified agents' (K–R 62 [revised ed., 60]).

3. **ἐπεὶ δή**: note the naïve repetition of the ἐπεὶ clause.

5. **φᾶρος**: Zas himself makes the great embroidered cloth, and it seems likely that it is an allegory of his creation of the earth.

6. Ὠγηνόν: probably = Ὠκεανόν.

8. ἀνακαλυπτήρια: the unveiling on the third day after the marriage. One of the functions of this story is to give an αἴτιον of a familiar custom.

10. ἀμείβεται: like σώματα and φάρος, this is a common word in epic, but may also be normal Ionic speech. Despite the grandeur of his theme (if it is indeed a creation-myth), Pherecydes does not indulge in grand language.

(b) Pherecydes of Athens

Pherecydes of Athens is apparently a writer of the early fifth century. This passage (fr. 105), from a narrative of the story of Jason, is again very straightforward.

Ἔθυε τῷ Ποσειδῶνι ὁ Πελίας, καὶ προεῖπε πᾶσι παρεῖναι· οἱ δὲ ἦσαν οἵ τε ἄλλοι πολῖται καὶ ὁ Ἰήσων. ἔτυχε δὲ ἀροτρεύων ἐγγὺς τοῦ Ἀναύρου ποταμοῦ, ἀσάμβαλος δὲ διέβαινε τὸν ποταμόν, διαβὰς δὲ τὸν μὲν δεξιὸν ὑποδεῖται πόδα, τὸν δὲ
5 ἀριστερὸν ἐπιλήθεται· καὶ ἔρχεται οὕτως ἐπὶ δεῖπνον. ἰδὼν δὲ ὁ Πελίας συμβάλλει τὸ μαντήιον, καὶ τότε μὲν ἡσύχασε, τῇ δ’ ὑστεραίᾳ μεταπεμψάμενος αὐτὸν ἤρετο ὅτι ποιοίη εἰ αὐτῷ χρησθείη ὑπό του τῶν πολιτῶν ἀποθανεῖν. ὁ δὲ Ἰήσων, πέμψαι ἂν εἰς Αἶαν αὐτὸν ἐπὶ τὸ κῶας τὸ χρυσόμαλλον,
10 ἄξοντα ἂν ἀπὸ Αἰήτεω. ταῦτα δὲ τῷ Ἰήσονι Ἥρη ἐς νόον βάλλει, ὡς ἔλθοι ἡ Μήδεια τῷ Πελίᾳ κακόν.

3–4. διέβαινε . . . διαβὰς: this connection by a repetition of a word is characteristic of these simple narratives (cf. Plato, *Protag.* 320 D, 25 below).

4. Note also the frequent historical presents.

8–9. 'Jason replied that he would send him . . .'

9. ἂν does not presumably go with the future participle ἄξοντα but is repeated to maintain the hypothetical tone throughout the sentence (cf. *WS* § 1765).

(c) Acusilaus of Argos

Also early fifth century: the story of Caeneus and the Lapiths. The passage (= 9B40a D–K) is known from P. Oxy. 1611, in which Theophrastus is quoted as himself quoting Acusilaus.

Καινῇ δὲ τῇ 'Ελάτου μίσγεται Ποσειδῶν. ἔπειτα (οὐ γὰρ ἦν αὐτῷ ἱερὸν παῖδας τεκὲν οὔτ' ἐξ ἐκείνου οὔτ' ἐξ ἄλλου οὐδενός) ποιεῖ αὐτὸν Ποσειδέων ἄνδρα ἄτρωτον, ἰσχὺν ἔχοντα μεγίστην τῶν ἀνθρώπων τῶν τότε, καὶ ὅτε τις αὐτὸν κεντοίη σιδήρῳ ἢ χαλκῷ, ἡλίσκετο μάλιστα χρημάτων. καὶ γίγνεται 5 βασιλεὺς οὗτος Λαπιθέων καὶ τοῖς Κενταύροις πολεμέεσκε. ἔπειτα στήσας ἀκόντιον ἐν ἀγορᾷ θεὸν ἐκέλευεν ἀριθμεῖν. θεοῖσι δ' οὐκ ἦεν ἀρεστόν, καὶ Ζεὺς ἰδὼν αὐτὸν ταῦτα ποιοῦντα ἀπειλεῖ καὶ ἐφορμᾷ τοὺς Κενταύρους, κἀκεῖνοι αὐτὸν κατακόπτουσιν ὄρθιον κατὰ γῆς καὶ ἄνωθεν πέτρην ἐπιτιθεῖσιν 10 σῆμα, καὶ ἀποθνήσκει.

1. His name as a man is Καινεύς, as a woman Καινή (as here) or Καινίς.
2. τεκέν = τεκεῖν (-έεν), without the thematic vowel.
4. κεντοίη: G § 1431, 2.
5. μάλιστα χρημάτων = μάλιστα πάντων.
6. πολεμέεσκε: G § 778.
7. ἀριθμεῖν: 'to count as' a god. LSJ, s.v. III.
10. ὄρθιον: 'as he stood upright'.

(d) Hecataeus of Miletus

Hecataeus of Miletus is important as a close predecessor of Herodotus, who seems to have criticized him freely.

FR. 30 (from 'LONGINUS' 27)

Κῆυξ δὲ ταῦτα δεινὰ ποιούμενος αὐτίκα ἐκέλευε τοὺς ἐπιγόνους ἐκχωρεῖν· Οὐ γὰρ ὑμῖν δυνατός εἰμι ἀρήγειν. ὡς μὴ ὧν αὐτοί τε ἀπολῆσθε κἀμὲ τρώσητε, ἐς ἄλλον τινὰ δῆμον ἀποίχεσθε.

1. The story is that after the death of Heracles his children fled to Trachis, where King Keyx, a nephew of Amphitryon, was forced by Eurystheus to refuse them hospitality.

2. ἐπιγόνους: i.e. the 'descendants' of Heracles: the MS (and perhaps the text known to 'Longinus') adds Ἡρακλείδας before ἐπιγόνους. This spoils the sentence and is presumably a (correct) 'gloss'.

2. The sudden change to *oratio recta*, noted by 'Longinus', is a fairly common feature in vivid Greek narrative.

FR. 15

Ὀρεσθεὺς ὁ Δευκαλίωνος ἦλθεν εἰς Αἰτωλίαν ἐπὶ βασιλείᾳ, καὶ κύων αὐτοῦ στέλεχος ἔτεκε, καὶ ὃς ἐκέλευσεν αὐτὸ κατορυχθῆναι, καὶ ἐξ αὐτοῦ ἔφυ ἄμπελος πολυστάφυλος· διὸ καὶ τὸν αὐτοῦ παῖδα Φύτιον ἐκάλεσε. τούτου δ' Οἰνεὺς
5 ἐγένετο, κληθεὶς ἀπὸ τῶν ἀμπέλων. Οἰνέως δ' ἐγένετο Αἰτωλός.

2. στέλεχος: 'stump of wood'.

5. The text has οἱ γὰρ παλαιοί, φησιν, Ἕλληνες οἴνας ἐκάλουν τὰς ἀμπέλους after ἀμπέλων; but this explanation is not part of Hecataeus' words.

2. The power of Nous

Anaxagoras was an Ionian from Clazomenae who taught at Athens in the years after the Persian wars. He was a friend of Pericles, and is said to have been tried for medism and impiety, after which he withdrew to Lampsacus.

Denniston (*Style* 3–4) gives a brief characterization of the famous passage (fr. 12) in which Anaxagoras expounds the universal power of Nous. He notes the repetition of key-words (νοῦς, περιχωρεῖν, ἀποκρίνεσθαι), word-play (ἴσχει, ἰσχύει) and the effective placing of νοῦς at the ends of sentences (15, 17, 24).

Plato doubtless learned from this style of writing: note the 'proof of immortality', *Phaedrus* 245 C–E (**30** below). For translation and brief exposition, K–R, 372 ff.

Τὰ μὲν ἄλλα παντὸς μοῖραν μετέχει, νοῦς δέ ἐστιν ἄπειρον καὶ αὐτοκρατὲς καὶ μέμεικται οὐδενὶ χρήματι, ἀλλὰ μόνος αὐτὸς ἐφ᾽ ἑαυτοῦ ἐστίν. εἰ μὴ γὰρ ἐφ᾽ ἑαυτοῦ ἦν, ἀλλά τεῳ ἐμέμεικτο ἄλλῳ, μετεῖχεν ἂν ἁπάντων χρημάτων, εἰ ἐμέμεικτό τεῳ· ἐν παντὶ γὰρ παντὸς μοῖρα ἔνεστιν, ὥσπερ ἐν τοῖς   5
πρόσθεν μοι λέλεκται· καὶ ἂν ἐκώλυεν αὐτὸν τὰ συμμεμειγμένα, ὥστε μηδενὸς χρήματος κρατεῖν ὁμοίως ὡς καὶ μόνον ἐόντα ἐφ᾽ ἑαυτοῦ. ἔστι γὰρ λεπτότατόν τε πάντων χρημάτων καὶ καθαρώτατον, καὶ γνώμην γε περὶ παντὸς πᾶσαν ἴσχει καὶ ἰσχύει μέγιστον· καὶ ὅσα γε ψυχὴν ἔχει καὶ τὰ μείζω καὶ τὰ   10
ἐλάσσω, πάντων νοῦς κρατεῖ, καὶ τῆς περιχωρήσιος τῆς συμπάσης νοῦς ἐκράτησεν, ὥστε περιχωρῆσαι τὴν ἀρχήν. καὶ πρῶτον ἀπό του σμικροῦ ἤρξατο περιχωρεῖν, ἐπὶ δὲ πλέον περιχωρεῖ, καὶ περιχωρήσει ἐπὶ πλέον. καὶ τὰ συμμισγόμενά τε καὶ ἀποκρινόμενα καὶ διακρινόμενα πάντα ἔγνω νοῦς. καὶ   15
ὁποῖα ἔμελλεν ἔσεσθαι καὶ ὁποῖα ἦν, ἄσσα νῦν μὴ ἔστι, καὶ ὅσα νῦν ἔστι καὶ ὁποῖα ἔσται, πάντα διεκόσμησε νοῦς, καὶ τὴν περιχώρησιν ταύτην, ἣν νῦν περιχωρεῖ τά τε ἄστρα καὶ ὁ ἥλιος καὶ ἡ σελήνη καὶ ὁ ἀὴρ καὶ ὁ αἰθὴρ οἱ ἀποκρινόμενοι. ἡ δὲ περιχώρησις αὐτὴ ἐποίησεν ἀποκρίνεσθαι. καὶ ἀποκρίνεται   20
ἀπό τε τοῦ ἀραιοῦ τὸ πυκνὸν καὶ ἀπὸ τοῦ ψυχροῦ τὸ θερμὸν καὶ ἀπὸ τοῦ ζοφεροῦ τὸ λαμπρὸν καὶ ἀπὸ τοῦ διεροῦ τὸ ξηρόν. μοῖραι δὲ πολλαὶ πολλῶν εἰσί· παντάπασι δὲ οὐδὲν ἀποκρίνεται οὐδὲ διακρίνεται ἕτερον ἀπὸ τοῦ ἑτέρου πλὴν νοῦ. νοῦς δὲ πᾶς ὅμοιός ἐστι καὶ ὁ μείζων καὶ ὁ ἐλάσσων. ἕτερον   25
δὲ οὐδέν ἐστιν ὅμοιον οὐδενί, ἀλλ᾽ ὅτων πλεῖστα ἔνι, ταῦτα ἐνδηλότατα ἓν ἕκαστον ἔστι καὶ ἦν.

2–3. μέμεικται ... ἐστίν: 'is joined with nothing, but is alone on its own.' The same fact is stated both negatively and positively: a common device of Greek style, rightly classified as a kind of pleonasm (*WS* § 3042 (j)).

4–5. εἰ ἐμέμεικτό τεῳ: note repetition of protasis at end of apodosis to make the point clear (*WS* § 2368 (a)).

10–11. καὶ τὰ μείζω καὶ τὰ ἐλάσσω: 'both greater and smaller', i.e. of all sizes: a 'polar' expression. (*WS* § 3042 (m)), also a sort of pleonasm.

12. τὴν ἀρχήν: 'in the beginning'. (*G* § 1060).

18. ἦν: *G* § 1051.

21. τοῦ ἀραιοῦ τὸ πυκνόν: 'the dense from the thin'.

3. On contentment

Democritus (*c.*460–370 BC) was not only a versatile scientist but a voluminous, persuasive, and elegant writer. This fragment deals with εὐθυμίη (the subject of treatises by Seneca and Plutarch), an essential point in Democritus' morals. His ethical outlook, like his atomism, anticipates and influenced the Epicureans. His long life spanned much of the crucial development of Greek prose. The passage (fr. 191, D–K) makes a connected argument; but the style is full of aphorisms, synonyms, and repetitions, and rises in the ending to poetical heights.

(Trans. in Kirk and Raven, *The Presocratic Philosophers*, 430 ff.)

Ἀνθρώποισι γὰρ εὐθυμίη γίνεται μετριότητι τέρψιος καὶ βίου
συμμετρίη· τὰ δ᾽ ἐλλείποντα καὶ. ὑπερβάλλοντα μεταπίπτειν
τε φιλεῖ καὶ μεγάλας κινήσιας ἐμποιεῖν τῇ ψυχῇ. αἱ δ᾽ ἐκ
μεγάλων διαστημάτων κινούμεναι τῶν ψυχέων οὔτε εὐσταθέες
5 εἰσὶν οὔτε εὔθυμοι. ἐπὶ τοῖς δυνατοῖς οὖν δεῖ ἔχειν τὴν γνώμην
καὶ τοῖς παρεοῦσιν ἀρκέεσθαι τῶν μὲν ζηλουμένων καὶ
θαυμαζομένων ὀλίγην μνήμην ἔχοντα καὶ τῇ διανοίᾳ μὴ
προσεδρεύοντα, τῶν δὲ ταλαιπωρεόντων τοὺς βίους θεωρέειν,
ἐννοούμενον ἃ πάσχουσι κάρτα, ὅκως ἂν τὰ παρεόντα σοι καὶ
10 ὑπάρχοντα μεγάλα καὶ ζηλωτὰ φαίνηται, καὶ μηκέτι πλειόνων
ἐπιθυμέοντι συμβαίνῃ κακοπαθεῖν τῇ ψυχῇ. ὁ γὰρ θαυμάζων
τοὺς ἔχοντας καὶ μακαριζομένους ὑπὸ τῶν ἄλλων ἀνθρώπων
καὶ τῇ μνήμῃ πᾶσαν ὥραν προσεδρεύων ἀεὶ ἐπικαινουργεῖν
ἀναγκάζεται καὶ ἐπιβάλλεσθαι δι᾽ ἐπιθυμίην τοῦ τι πρήσσειν
15 ἀνήκεστον ὧν νόμοι κωλύουσιν. διόπερ τὰ μὲν μὴ δίζεσθαι
χρεών, ἐπὶ δὲ τοῖς εὐθυμέεσθαι χρεών, παραβάλλοντα τὸν
ἑωυτοῦ βίον πρὸς τὸν τῶν φαυλότερον πρησσόντων καὶ

μακαρίζειν ἑωυτὸν ἐνθυμεύμενον ἃ πάσχουσιν, ὁκόσῳ αὐτέων
βέλτιον πρήσσει τε καὶ διάγει. ταύτης γὰρ ἐχόμενος τῆς
γνώμης εὐθυμότερόν τε διάξεις καὶ οὐκ ὀλίγας κῆρας ἐν τῷ   20
βίῳ διώσεαι, φθόνον καὶ ζῆλον καὶ δυσμενίην.

1–2. μετριότητι . . . συμμετρίῃ: 'by moderateness of delight
and balance of life'. Note the chiasmus (*WS* § 3020).

2. 'Deficiencies and excesses'.

3–4. αἱ . . . ψυχέων: 'minds whose movements cover a great
range': the διάστημα is the 'distance' between the top and
bottom states of the ψυχή.

4. εὐσταθέες: 'stable'.

5. ἐπὶ . . . τὴν γνώμην: 'one should therefore keep one's
thoughts on the "possible"'.

8. προσεδρεύοντα: 'dwelling mentally (on the things we
admire)'.

9. κάρτα: 'vigorously', with πάσχοντα 'suffering': but the
word-order is unusual and Jacob's κακὰ is easier.

13. πᾶσαν ὥραν: 'all the time'.

15. νόμοι: note absence of article.

16. Note χρεών repeated at ends of balancing clauses.

18. αὐτέων: note the form, which is here apparently mascu-
line. So too sometimes in MSS of Herodotus.

20. κῆρας: 'troubles', 'curses', here to be specified as 'malice,
envy, and hostility'.

4. *An epidemic of mumps*

This extract from Hippocrates' *Epidemiai* ('Visits') illustrates
the style of the earliest Greek medical treatises. *Epidemiai* I and
III, at least, are generally agreed to date from the fifth century,
whether or not they are the personal work of Hippocrates of Cos
(*c*.460–370 BC), the greatest name in the history of Greek
medicine. The brief factual sentences state the essentials with-
out elaboration or comment. The observations are acute.

8 HIPPOCRATES

Mumps is highly infectious (so could easily be caught in
gymnasia (21–2), as in modern schools) and often causes swell-
ing of the testicles (orchitis). Much emphasis is laid on climatic
conditions and their relation to human health.

Ἐν Θάσῳ φθινοπώρου περὶ ἰσομερίην καὶ ὑπὸ πληϊάδα ὕδατα
πολλά, συνεχέα μαλθακῶς, ἐν νοτίοις. χειμὼν νότιος, σμικρὰ
βόρεια, αὐχμοί· τὸ σύνολον ἔς γε χειμῶνα οἷον ἔαρ γίνεται.
ἔαρ δὲ νότιον ψυχεινόν, σμικρὰ ὕσματα. θέρος ὡς ἐπὶ τὸ πολὺ
5 ἐπινέφελον· ἀνυδρίαι· ἐτησίαι ὀλίγα, σμικρά, διεσπασμένως
ἔπνευσαν.

Γενομένης δὲ τῆς ἀγωγῆς ὅλης ἐπὶ τὰ νότια καὶ μετ᾽
αὐχμῶν, πρωὶ μὲν τοῦ ἦρος ἐκ τῆς πρόσθεν καταστάσιος
ὑπεναντίης καὶ βορείου γενομένης ὀλίγοις ἐγίνοντο καῦσοι καὶ
10 τούτοισι πάνυ εὐσταθέες, καὶ ὀλίγοις ἡμορράγει οὐδ᾽ ἀπέθνη-
σκον ἐκ τούτων. ἐπάρματα δὲ παρὰ τὰ ὦτα πολλοῖσιν
ἑτερόρροπα καὶ ἐξ ἀμφοτέρων, τοῖσι πλείστοισιν ἀπύροισιν
ὀρθοστάδην· ἔστι δὲ οἳ καὶ σμικρὰ ἐπεθερμαίνοντο. κατέσβη
πᾶσιν ἀσινέως οὐδ᾽ ἐξεπύησεν οὐδενὶ ὥσπερ τὰ ἐξ ἄλλων
15 προφασίων. ἦν δὲ ὁ τρόπος αὐτῶν χαῦνα, μεγάλα, κεχυμένα,
οὐ μετὰ φλεγμονῆς, ἀνώδυνα· πᾶσιν ἀσήμως ἠφανίσθη.
ἐγίνετο δὲ ταῦτα μειρακίοισι, νέοισιν, ἀκμάζουσι, καὶ τούτων
τοῖσι περὶ παλαίστρην καὶ γυμνάσια πλείστοισι· γυναιξὶ δὲ
ὀλίγῃσι ἐγίνετο. πολλοῖσι δὲ βῆχες ξηραὶ βήσσουσι καὶ οὐδὲν
20 ἀνάγουσιν· φωναὶ βραγχώδεες. οὐ μετὰ πολύ, τοῖσι δὲ καὶ
μετὰ χρόνον, φλεγμοναὶ μετ᾽ ὀδύνης ἐς ὄρχιν ἑτερόρροποι,
τοῖσι δὲ ἐς ἀμφοτέρους. πυρετοὶ τοῖσι μέν, τοῖσι δ᾽ οὔ.
ἐπιπόνως ταῦτα τοῖσι πλείστοισι. τὰ δ᾽ ἄλλα ὅσα κατ᾽
ἰητρεῖον ἀνόσως διῆγον.

1. φθινοπώρου: G § 1136.
ὑπὸ πληϊάδα: 'around the [setting of] the Pleiades', in
autumn.
1–2. ὕδατα πολλά: 'much rain'.
2. ἐν νοτίοις: 'with a southerly wind'.
3. ἔς γε χειμῶνα: 'for winter': it was like spring.
5. ἐτησίαι: the seasonal—'etesian'—NW wind of the Aegean
summer.

7–8. 'The general tendency being towards southerly winds and dry weather'.

9. καῦσοι: 'fevers'.

10. ὀλίγοις ἠμορράγει: 'there were haemorrhages in a few cases'.

10, 14. οὐδ': *WS* § 2933 n.

12. ἑτερόρροπα: 'on one side'.

13. ὀρθοστάδην: 'staying on their feet', i.e. 'not staying in bed'. For -δην as adverb ending, see *WS* § 344.

ἔστι δὲ οἳ: *G* § 1029.

14. ἐξεπύησεν: 'suppurated'.

19–20. οὐδὲν ἀνάγουσιν: 'not bringing anything up'.

23–4. ὅσα κατ' ἰητρεῖον: 'so far as medical treatment was concerned'.

HERODOTUS

The first of the great historians, Herodotus, came from Halicar-
nassus in Caria; the traditional date of his birth is 484 BC. He
clearly spent much time in Athens, by now the cultural and
political centre of Aegean Greece, and in 444 BC he took part in
the Athenian-led foundation of Thurii in South Italy. His
discursive history culminates (Books 7–9) in an epic narrative of
the war against Xerxes; the order in which its various parts were
composed, the nature of his sources of information, and in
particular the extent of his travels are constantly debated.

His language (like that of the Hippocratic writings) is literary
Ionic: for the main features, see *Reading Greek* 245–7. Note, for
example:

η for α: ἰσονομίην, πρηγμάτων
-σι datives: γνώμῃσι, πολλοῖσι
ου for ο: οὔνομα
-ις, gen. -ιος: ὕβριος
τα, τὸν etc. as relatives
uncontracted forms: ποιέειν etc.
ευ for εο: ποιεῦσι
-έων (fem.) gen. pl. ἡμερέων
ὦν = οὖν
aspirate dropped: ἀπικνέονται = ἀφικνοῦνται
ω for αυ: θωμάζεται, and ἑωυτὸν etc. for reflexive pronoun
κόθεν, κῶς, κότερα etc. for πόθεν, πῶς, πότερα etc.

5. Democracy, oligarchy, and monarchy

In our first passage (3. 80–2), Herodotus asserts, against
doubters whom he will not name, that the conversation he is
recording actually took place in the troubled days of the Persian
Empire, following the death of Cambyses and the brief usurpa-
tion of 'Smerdis' (522 BC). It is a debate on forms of government
between the great men of the Empire; it ends with the accept-
ance of Darius as king. The arguments and language seem

characteristically Greek, and it is with reason that historians of
political thought take the passage as one of the earliest pieces of
evidence for Greek theory.

Ἔπειτε δὲ κατέστη ὁ θόρυβος καὶ ἐκτὸς πέντε ἡμερέων
ἐγένετο, ἐβουλεύοντο οἱ ἐπαναστάντες τοῖσι μάγοισι περὶ τῶν
πάντων πρηγμάτων, καὶ ἐλέχθησαν λόγοι ἄπιστοι μὲν ἐνίοισι
Ἑλλήνων, ἐλέχθησαν δ᾽ ὦν. Ὀτάνης μὲν ἐκέλευε ἐς μέσον
Πέρσῃσι καταθεῖναι τὰ πρήγματα, λέγων τάδε·   5
    Ἐμοὶ δοκέει ἕνα μὲν ἡμέων μούναρχον μηκέτι γενέσθαι·
οὔτε γὰρ ἡδὺ οὔτε ἀγαθόν. εἴδετε μὲν γὰρ τὴν Καμβύσεω
ὕβριν ἐπ᾽ ὅσον ἐπεξῆλθε, μετεσχήκατε δὲ καὶ τῆς τοῦ μάγου
ὕβριος. κῶς δ᾽ ἂν εἴη χρῆμα κατηρτημένον μουναρχίη, τῇ
ἔξεστι ἀνευθύνῳ ποιέειν τὰ βούλεται; καὶ γὰρ ἂν τὸν ἄριστον   10
ἀνδρῶν πάντων στάντα ἐς ταύτην τὴν ἀρχὴν ἐκτὸς τῶν
ἐωθότων νοημάτων στήσειε. ἐγγίνεται μὲν γάρ οἱ ὕβρις ὑπὸ
τῶν παρεόντων ἀγαθῶν, φθόνος δὲ ἀρχῆθεν ἐμφύεται
ἀνθρώπῳ. δύο δ᾽ ἔχων ταῦτα ἔχει πᾶσαν κακότητα· τὰ μὲν
γὰρ ὕβρι κεκορημένος ἔρδει πολλὰ καὶ ἀτάσθαλα, τὰ δὲ   15
φθόνῳ. καίτοι ἄνδρα γε τύραννον ἄφθονον ἔδει εἶναι, ἔχοντά
γε πάντα τὰ ἀγαθά· τὸ δὲ ὑπεναντίον τούτου ἐς τοὺς πολιήτας
πέφυκε· φθονέει γὰρ τοῖσι ἀρίστοισι περιεοῦσί τε καὶ ζώουσι,
χαίρει δὲ τοῖσι κακίστοισι τῶν ἀστῶν, διαβολὰς δὲ ἄριστος
ἐνδέκεσθαι. ἀναρμοστότατον δὲ πάντων· ἤν τε γὰρ αὐτὸν   20
μετρίως θωμάζῃς, ἄχθεται ὅτι οὐ κάρτα θεραπεύεται, ἤν τε
θεραπεύῃ τις κάρτα, ἄχθεται ἅτε θωπί. τὰ δὲ δὴ μέγιστα
ἔρχομαι ἐρέων· νόμαιά τε κινέει πάτρια καὶ βιᾶται γυναῖκας
κτείνει τε ἀκρίτους. πλῆθος δὲ ἄρχον πρῶτα μὲν οὔνομα
πάντων κάλλιστον ἔχει, ἰσονομίην, δεύτερα δὲ τούτων τῶν ὁ   25
μούναρχος ποιέει οὐδέν· πάλῳ μὲν ἀρχὰς ἄρχει, βουλεύματα
δὲ πάντα ἐς τὸ κοινὸν ἀναφέρει. τίθεμαι ὦν γνώμην μετέντας
ἡμέας μουναρχίην τὸ πλῆθος ἀέξειν· ἐν γὰρ τῷ πολλῷ ἔνι τὰ
πάντα.
    Ὀτάνης μὲν δὴ ταύτην γνώμην ἐσέφερε, Μεγάβυξος δὲ   30
ὀλιγαρχίῃ ἐκέλευε ἐπιτρέπειν, λέγων τάδε· Τὰ μὲν Ὀτάνης
εἶπε τυραννίδα παύων, λελέχθω κἀμοὶ ταῦτα, τὰ δ᾽ ἐς τὸ
πλῆθος ἄνωγε φέρειν τὸ κράτος, γνώμης τῆς ἀρίστης

ἡμάρτηκε· ὁμίλου γὰρ ἀχρηίου οὐδέν ἐστι ἀξυνετώτερον οὐδὲ
35 ὑβριστότερον. καίτοι τυράννου ὕβριν φεύγοντας ἄνδρας ἐς
δήμου ἀκολάστου ὕβριν πεσεῖν ἐστι οὐδαμῶς ἀνασχετόν. ὁ μὲν
γὰρ εἴ τι ποιέει, γινώσκων ποιέει, τῷ δὲ οὐδὲ γινώσκειν ἔνι·
κῶς γὰρ ἂν γινώσκοι ὃς οὔτ' ἐδιδάχθη οὔτε εἶδε καλὸν οὐδὲν
οἰκήιον, ὠθέει τε ἐμπεσὼν τὰ πρήγματα ἄνευ νόου, χειμάρρῳ
40 ποταμῷ ἴκελος; δήμῳ μέν νυν, οἳ Πέρσῃσι κακὸν νοέουσι,
οὗτοι χράσθων, ἡμεῖς δὲ ἀνδρῶν τῶν ἀρίστων ἐπιλέξαντες
ὁμιλίην τούτοισι περιθέωμεν τὸ κράτος· ἐν γὰρ δὴ τούτοισι
καὶ αὐτοὶ ἐνεσόμεθα, ἀρίστων δὲ ἀνδρῶν οἰκὸς ἄριστα
βουλεύματα γίνεσθαι.
45   Μεγάβυξος μὲν δὴ ταύτην γνώμην ἐσέφερε, τρίτος δὲ
Δαρεῖος ἀπεδείκνυτο γνώμην, λέγων· Ἐμοὶ δὲ τὰ μὲν εἶπε
Μεγάβυξος ἐς τὸ πλῆθος ἔχοντα δοκέει ὀρθῶς λέξαι, τὰ δὲ ἐς
ὀλιγαρχίην οὐκ ὀρθῶς. τριῶν γὰρ προκειμένων καὶ πάντων τῷ
λόγῳ ἀρίστων ἐόντων, δήμου τε ἀρίστου καὶ ὀλιγαρχίης καὶ
50 μουνάρχου, πολλῷ τοῦτο προέχειν λέγω. ἀνδρὸς γὰρ ἑνὸς τοῦ
ἀρίστου οὐδὲν ἄμεινον ἂν φανείη· γνώμῃ γὰρ τοιαύτῃ
χρεώμενος ἐπιτροπεύοι ἂν ἀμωμήτως τοῦ πλήθεος, σιγῷτό τε
ἂν βουλεύματα ἐπὶ δυσμενέας ἄνδρας οὕτω μάλιστα. ἐν δὲ
ὀλιγαρχίῃ πολλοῖσι ἀρετὴν ἐπασκέουσι ἐς τὸ κοινὸν ἔχθεα ἴδια
55 ἰσχυρὰ φιλέει ἐγγίνεσθαι· αὐτὸς γὰρ ἕκαστος βουλόμενος
κορυφαῖος εἶναι γνώμῃσί τε νικᾶν ἐς ἔχθεα μεγάλα ἀλλήλοισι
ἀπικνέονται, ἐξ ὧν στάσιες ἐγγίνονται, ἐκ δὲ τῶν στασίων
φόνος, ἐκ δὲ τοῦ φόνου ἀπέβη ἐς μουναρχίην, καὶ ἐν τούτῳ
διέδεξε ὅσῳ ἐστὶ τοῦτο ἄριστον. δήμου τε αὖ ἄρχοντος
60 ἀδύνατα μὴ οὐ κακότητα ἐγγίνεσθαι· κακότητος τοίνυν
ἐγγινομένης ἐς τὰ κοινὰ ἔχθεα μὲν οὐκ ἐγγίνεται τοῖσι
κακοῖσι, φιλίαι δὲ ἰσχυραί· οἱ γὰρ κακοῦντες τὰ κοινὰ
συγκύψαντες ποιεῦσι. τοῦτο δὲ τοιοῦτο γίνεται ἐς ὃ ἂν
προστάς τις τοῦ δήμου τοὺς τοιούτους παύσῃ· ἐκ δὲ αὐτῶν
65 θωμάζεται οὗτος δὴ ὑπὸ τοῦ δήμου, θωμαζόμενος δὲ ἀν' ὦν
ἐφάνη μούναρχος ἐών· καὶ ἐν τούτῳ δηλοῖ καὶ οὗτος ὡς ἡ
μουναρχίη κράτιστον. ἑνὶ δ' ἔπεϊ πάντα συλλαβόντα εἰπεῖν,
κόθεν ἡ ἐλευθερίη ἐγένετο καὶ τεῦ δόντος; κότερα παρὰ δήμου
ἢ ὀλιγαρχίης ἢ μουνάρχου; ἔχω τοίνυν γνώμην ἡμέας

ἐλευθερωθέντας διὰ ἕνα ἄνδρα τὸ τοιοῦτο περιστέλλειν, χωρίς   70
τε τούτου πατρίους νόμους μὴ λύειν ἔχοντας εὖ· οὐ γὰρ
ἄμεινον.

2. The régime of 'Smerdis' had been set up by the μάγοι, i.e. the Zoroastrian priesthood.

4. δ' ὧν: cf. Denniston, *Particles*, 461 (δ' οὖν). 'Nevertheless they were spoken.'

7. οὔτε . . . ἀγαθόν: note the concise expression (verb omitted), characteristic of this piece (cf. 19, 20, 29, 42, 66, 71).

9. χρῆμα κατηρτημένον: 'an orderly thing'.

10. ἀνευθύνῳ: 'without being called to account'. In Athenian democracy a magistrate's tenure of office was subject to scrutiny (εὔθυναι) by the courts.

16. τύραννον: 'monarch', 'despot', not in pejorative sense.

16–17. ἔχοντά γε: 'because he has . . .'

23. ἔρχομαι ἐρέων: 'I go on to mention . . .' Note asyndeton in explanatory clause: Denniston, *Particles*, xliii (cf. 26).

32. παύων: 'seeking to put down', 'abolishing'.

32–3. τὰ δ' . . . κράτος: 'but as to his advice to commit power to the multitude . . .'

34. ὁμίλου . . . ἀχρηίου: 'the useless mob'.

35. καίτοι: 'and indeed'. Denniston, *Particles*, 560.

39. οἰκήιον: 'of its own'.

41. χράσθων = Attic χρήσθων.

41–2. ἐπιλέξαντες ὁμιλίην: 'selecting a company'.

43. οἰκός = Attic εἰκός (ἐοικός) 'it is probable'.

57. ἀπικνέονται: plural may follow ἕκαστος, as though it were πάντες. *WS* § 951.

57–8. Note the *climax* (στάσιες . . . στασίων, φόνος . . . φόνου); cf. 59–60, 64.

58. ἀπέβη is gnomic, like διέδεξε ('it becomes clear', impersonal; LSJ s.v. διαδείκνυμι 2) and ἀνεφάνη 65–6.

60. ἀδύνατα: for the neut. plural (not distinct in sense from singular), *WS* § 1052.

μὴ οὐ: G § 1616.

63. συγκύψαντες: 'putting their heads together', 'conspiring'.

65. οὗτος δὴ: Denniston, *Particles*, 209.

ὧν = οὖν: for the tmesis (typical of Ionic), Denniston, *Particles*, 429.

67. εἰπεῖν: G § 1534.

67–8. Cyrus had freed the Persians from alien rule.

70. περιστέλλειν: 'maintain'; LSJ s.v. III. 2.

71–2. οὐ γὰρ ἄμεινον: 'for it is better (not to act thus)'.

6. *The Hyperboreans*

Legend told of the people 'beyond the North Wind' who worshipped Apollo and sent offerings to Delos. Poets had used the stories: Pindar, *Ol.* 3. 14 ff. and especially Bacchylides 3. Herodotus is reasonably sceptical; he introduces the subject here (4. 32–5) in the course of his account of Scythia.

Ὑπερβορέων δὲ περὶ ἀνθρώπων οὔτε τι Σκύθαι λέγουσι οὐδὲν
οὔτε τινὲς ἄλλοι τῶν ταύτῃ οἰκημένων, εἰ μὴ ἄρα Ἰσσηδόνες.
ὡς δ' ἐγὼ δοκέω, οὐδ' οὗτοι λέγουσι οὐδέν· ἔλεγον γὰρ ἂν
καὶ Σκύθαι, ὡς περὶ τῶν μουνοφθάλμων λέγουσι. ἀλλ'
5   Ἡσιόδῳ μέν ἐστι περὶ Ὑπερβορέων εἰρημένα, ἔστι δὲ καὶ
Ὁμήρῳ ἐν Ἐπιγόνοισι, εἰ δὴ τῷ ἐόντι γε Ὅμηρος ταῦτα
ἔπεα ἐποίησε. πολλῷ δέ τι πλεῖστα περὶ αὐτῶν Δήλιοι
λέγουσι, φάμενοι ἱρὰ ἐνδεδεμένα ἐν καλάμῃ πυρῶν ἐξ
Ὑπερβορέων φερόμενα ἀπικνέεσθαι ἐς Σκύθας, ἀπὸ δὲ τῶν
10 Σκυθέων ἤδη δεκομένους αἰεὶ τοὺς πλησιοχώρους ἑκάστους
κομίζειν αὐτὰ τὸ πρὸς ἑσπέρης ἑκαστάτω ἐπὶ τὸν Ἀδρίην,
ἐντεῦθεν δὲ πρὸς μεσαμβρίην προπεμπόμενα πρώτους
Δωδωναίους Ἑλλήνων δέκεσθαι, ἀπὸ δὲ τούτων καταβαίνειν
ἐπὶ τὸν Μηλιαέα κόλπον καὶ διαπορεύεσθαι ἐς Εὔβοιαν, πόλιν
15 τε ἐς πόλιν πέμπειν μέχρι Καρύστου, τὸ δ' ἀπὸ ταύτης
ἐκλιπεῖν Ἄνδρον· Καρυστίους γὰρ εἶναι τοὺς κομίζοντας ἐς

Τῆνον, Τηνίους δὲ ἐς Δῆλον. ἀπικνέεσθαι μέν νυν οὕτω ταῦτα
τὰ ἱρὰ λέγουσι ἐς Δῆλον, πρῶτον δὲ τοὺς Ὑπερβορέους
πέμψαι φερούσας τὰ ἱρὰ δύο κόρας, τὰς ὀνομάζουσι Δήλιοι
εἶναι Ὑπερόχην καὶ Λαοδίκην· ἅμα δὲ αὐτῆσι ἀσφαλείης   20
εἵνεκεν πέμψαι τοὺς Ὑπερβορέους τῶν ἀστῶν ἄνδρας πέντε
πομπούς, τούτους οἳ νῦν Περφερέες καλέονται, τιμὰς μεγάλας
ἐν Δήλῳ ἔχοντες.
    Ἐπεὶ δὲ τοῖσι Ὑπερβορέοισι τοὺς ἀποπεμφθέντας ὀπίσω
οὐκ ἀπονοστέειν, δεινὰ ποιευμένους εἴ σφεας αἰεὶ καταλάμ-   25
ψεται ἀποστέλλοντας μὴ ἀποδέκεσθαι, οὕτω δὴ φέροντας ἐς
τοὺς οὔρους τὰ ἱρὰ ἐνδεδεμένα ἐν πυρῶν καλάμῃ τοῖσι
πλησιοχώροισι ἐπισκήπτειν κελεύοντας προπέμπειν σφέα ἀπὸ
ἑαυτῶν ἐς ἄλλο ἔθνος. καὶ ταῦτα μὲν οὕτω προπεμπόμενα
ἀπικνέεσθαι λέγουσι ἐς Δῆλον· οἶδα δὲ αὐτὸς τούτοισι τοῖσι   30
ἱροῖσι τόδε ποιεύμενον προσφερές, τὰς Θρηικίας καὶ τὰς
Παιονίδας γυναῖκας, ἐπεὰν θύωσι τῇ Ἀρτέμιδι τῇ βασιληίῃ,
οὐκ ἄνευ πυρῶν καλάμης ἐρδούσας τὰ ἱρά. καὶ ταῦτα μὲν δὴ
ταύτας οἶδα ποιεύσας, τῇσι δὲ παρθένοισι ταύτῃσι τῇσι ἐξ
Ὑπερβορέων τελευτησάσῃσι ἐν Δήλῳ κείρονται καὶ αἱ κόραι   35
καὶ οἱ παῖδες οἱ Δηλίων· αἱ μὲν πρὸ γάμου πλόκαμον
ἀποταμνόμεναι καὶ περὶ ἄτρακτον εἱλίξασαι ἐπὶ τὸ σῆμα
τιθεῖσι (τὸ δὲ σῆμά ἐστι ἔσω ἐς τὸ Ἀρτεμίσιον ἐσιόντι
ἀριστερῆς χειρός, ἐπιπέφυκε δέ οἱ ἐλαίη), ὅσοι δὲ παῖδες τῶν
Δηλίων περὶ χλόην τινὰ εἱλίξαντες τῶν τριχῶν προτιθεῖσι καὶ   40
οὗτοι ἐπὶ τὸ σῆμα. αὗται μὲν δὴ ταύτην τιμὴν ἔχουσι πρὸς
τῶν Δήλου οἰκητόρων, φασὶ δὲ οἱ αὐτοὶ οὗτοι καὶ τὴν Ἄργην
τε καὶ τὴν Ὦπιν, ἐούσας παρθένους ἐξ Ὑπερβορέων, κατὰ
τοὺς αὐτοὺς τούτους ἀνθρώπους πορευομένας ἀπικέσθαι ἐς
Δῆλον ἔτι πρότερον Ὑπερόχης τε καὶ Λαοδίκης. ταύτας μέν   45
νυν τῇ Εἰλειθυίῃ ἀποφερούσας ἀντὶ τοῦ ὠκυτόκου τὸν
ἐτάξαντο φόρον ἀπικέσθαι, τὴν δὲ Ἄργην τε καὶ τὴν
Ὦπιν ἅμα αὐτοῖσι τοῖσι θεοῖσι ἀπικέσθαι λέγουσι καί σφι
τιμὰς ἄλλας δεδόσθαι πρὸς σφέων· καὶ γὰρ ἀγείρειν σφι τὰς
γυναῖκας, ἐπονομαζούσας τὰ οὐνόματα ἐν τῷ ὕμνῳ τόν σφι   50
Ὠλὴν ἀνὴρ Λύκιος ἐποίησε, παρὰ δὲ σφέων μαθόντας
νησιώτας τε καὶ Ἴωνας ὑμνέειν Ὦπιν τε καὶ Ἄργην
ὀνομάζοντάς τε καὶ ἀγείροντας (οὗτος δὲ ὁ Ὠλὴν καὶ τοὺς

ἄλλους τοὺς παλαιοὺς ὕμνους ἐποίησε ἐκ Λυκίης ἐλθὼν τοὺς
55 ἀειδομένους ἐν Δήλῳ), καὶ τῶν μηρίων καταγιζομένων ἐπὶ τῷ
βωμῷ τὴν σποδὸν ταύτην ἐπὶ τὴν θήκην τὴν Ὤπιός τε καὶ
Ἄργης ἀναισιμοῦσθαι ἐπιβαλλομένην. ἡ δὲ θήκη αὐτέων ἐστὶ
ὄπισθε τοῦ Ἀρτεμισίου, πρὸς ἠῶ τετραμμένη, ἀγχοτάτω τοῦ
Κηίων ἱστιητορίου.

2. ἄρα: Denniston, *Particles*, 37: 'except perhaps the Isse-
dones'. These were the informants (Hdt. 4. 16) of Aristeas of
Proconnesus, whose travels in the North were famous (J. P. D.
Bolton, *Aristeas of Proconnesus*), but Herodotus does not believe
that they knew about the Hyperboreans. His evaluation of this
evidence is a good indication of his critical methods and
principles.

3. γάρ: 'for if they had said anything'.

5. Hesiod: fr. 150, Merkelbach–West.

6. ἐν Ἐπιγόνοισι: this poem was part of the epic cycle, a
sequel to the *Thebaid*, telling of the war of the 'next generation'
against Thebes (OCT Homer, vol. 5, p. 115).

8. ἐν καλάμῃ πυρῶν: 'in wheat straw'.

10. αἰεί: not 'always' but 'at every stage'.

15–16. τὸ δ' ἀπὸ ταύτης . . . Ἄνδρον: 'for the following stage
Andros is missing' (intrans.) or 'they leave out Andros', assum-
ing the carriers to be the subject, as at καταβαίνειν (13) and
διαπορεύεσθαι (14).

19–20. ὀνομάζουσι . . . εἶναι: *WS* § 1615.

25. ἀπονοστέειν: infin. in subordinate clause of indirect
speech. *WS* § 2631; *GMT* § 754.

εἴ σφεας . . . καταλάμψεται: 'that it should always befall
them'. *WS* § 2247.

38. ἐσιόντι: 'as you go in'. *G* § 1172.

39. ἀριστερῆς χειρός: 'on the left'. *G* § 1137.

40. τῶν τριχῶν: *G* § 1097.

46. ἀντὶ τοῦ ὠκυτόκου: 'in return for a quick delivery'.

48. θεοῖσι: i.e. Apollo and Artemis.

51. Nothing much is known of Olen beyond what Herodotus

tells us below, though later tradition said that he composed hymns and invented the hexameter as a vehicle for Delphic oracles.

57. ἀναισιμοῦσθαι: 'is used up'.

59. ἱστιητορίου: 'banqueting hall', Attic ἑστιατόριον.

7. A tense moment before Marathon

Herodotus here (6. 109–10) gives us Miltiades' exhortation to the polemarch Callimachus to declare himself in favour of battle. For the many problems in Herodotus' account of the battle, see e.g. N. G. L. Hammond, *History of Greece*, 212–18.

Τοῖσι δὲ Ἀθηναίων στρατηγοῖσι ἐγίνοντο δίχα αἱ γνῶμαι, τῶν μὲν οὐκ ἐώντων συμβαλεῖν (ὀλίγους γὰρ εἶναι στρατιῇ τῇ Μήδων συμβαλεῖν), τῶν δὲ καὶ Μιλτιάδεω κελευόντων. ὡς δὲ δίχα τε ἐγίνοντο καὶ ἐνίκα ἡ χείρων τῶν γνωμέων, ἐνθαῦτα, ἦν γὰρ ἑνδέκατος ψηφιδοφόρος ὁ τῷ κυάμῳ λαχὼν Ἀθηναίων   5
πολεμαρχέειν (τὸ παλαιὸν γὰρ Ἀθηναῖοι ὁμόψηφον τὸν πολέμαρχον ἐποιεῦντο τοῖσι στρατηγοῖσι), ἦν δὲ τότε πολέμ-αρχος Καλλίμαχος Ἀφιδναῖος· πρὸς τοῦτον ἐλθὼν Μιλτιάδης ἔλεγε τάδε· Ἐν σοὶ νῦν, Καλλίμαχε, ἐστὶ ἢ καταδουλῶσαι Ἀθήνας ἢ ἐλευθέρας ποιήσαντα μνημόσυνον λιπέσθαι ἐς τὸν   10
ἅπαντα ἀνθρώπων βίον οἷον οὐδὲ Ἁρμόδιός τε καὶ Ἀριστογείτων. νῦν γὰρ δή, ἐξ οὗ ἐγένοντο Ἀθηναῖοι, ἐς κίνδυνον ἥκουσι μέγιστον, καὶ ἢν μὲν ὑποκύψωσι τοῖσι Μήδοισι, δέδοκται τὰ πείσονται παραδεδομένοι Ἱππίῃ, ἢν δὲ περιγένηται αὕτη ἡ πόλις, οἵη τέ ἐστι πρώτη τῶν Ἑλληνίδων   15
πολίων γενέσθαι. κῶς ὧν δὴ ταῦτα οἷά τέ ἐστι γενέσθαι, καὶ κῶς ἐς σέ τοι τούτων ἀνήκει τῶν πρηγμάτων τὸ κῦρος ἔχειν, νῦν ἔρχομαι φράσων· ἡμέων τῶν στρατηγῶν ἐόντων δέκα δίχα γίνονται αἱ γνῶμαι, τῶν μὲν κελευόντων συμβαλεῖν, τῶν δὲ οὔ. ἢν μέν νυν μὴ συμβάλωμεν, ἔλπομαί τινα στάσιν μεγάλην   20
διασείσειν ἐμπεσοῦσαν τὰ Ἀθηναίων φρονήματα ὥστε μηδίσαι· ἢν δὲ συμβάλωμεν πρίν τι καὶ σαθρὸν Ἀθηναίων μετεξετέροισι ἐγγενέσθαι, θεῶν τὰ ἴσα νεμόντων οἷοί τέ εἰμεν περιγενέσθαι τῇ συμβολῇ. ταῦτα ὧν πάντα ἐς σὲ νῦν τείνει

25 καὶ ἐκ σέο ἄρτηται· ἢν γὰρ σὺ γνώμῃ τῇ ἐμῇ προσθῇ, ἔστι
τοι πατρίς τε ἐλευθέρη καὶ πόλις πρώτη τῶν ἐν τῇ Ἑλλάδι· ἢν
δὲ τὴν τῶν ἀποσπευδόντων τὴν συμβολὴν ἕλῃ, ὑπάρξει τοι
τῶν ἐγὼ κατέλεξα ἀγαθῶν τὰ ἐναντία. ταῦτα λέγων ὁ
Μιλτιάδης προσκτᾶται τὸν Καλλίμαχον· προσγενομένης δὲ
30 τοῦ πολεμάρχου τῆς γνώμης ἐκεκύρωτο συμβάλλειν. μετὰ δὲ
οἱ στρατηγοὶ τῶν ἡ γνώμη ἔφερε συμβάλλειν, ὡς ἑκάστου
αὐτῶν ἐγίνετο πρυτανηίη τῆς ἡμέρης, Μιλτιάδῃ παρεδίδοσαν·
ὁ δὲ δεκόμενος οὔτι κω συμβολὴν ἐποιέετο, πρίν γε δὴ αὐτοῦ
πρυτανηίη ἐγένετο.

2–3. 'Too few to engage the Median army'. G § 1526.

5. ὁ τῷ κυάμῳ λαχών: 'the person chosen by lot'.

6–7. Herodotus describes a practice no longer current in his own time, by which the polemarch had lost all military powers, while retaining some jurisdiction (over resident aliens, *metoikoi*).

11–12. Harmodius and Aristogeiton were the assassins of Hipparchus, brother of the tyrant Hippias, in 514 BC. Hippias was now with the Persian army, hoping to be restored to power.

17. τὸ κῦρος: 'the decisive power'. τοι underlines σέ: Denniston, *Particles*, 540.

18. νῦν ἔρχομαι φράσων: 'I now proceed to relate'.

22. μηδίσαι: 'to go over to Persia', 'to medize'.

26, 27. τοι: probably particle rather than = σοι. 'Be sure'.

34. πρυτανηίη: the 'chief command' rotated daily, from general to general. Miltiades accepts the waiving of this absurd arrangement, but in the event waits until his own regular day comes before engaging the enemy.

8. *The wooing of Agariste*

Cleisthenes, tyrant of Sicyon (*c.*600–570 BC), summoned his daughter's suitors from all over Greece and the Greek cities of Italy. Among them were two Athenians, Megacles son of Alcmaeon and Hippoclides son of Tisander. In this passage (6.

128–31) Herodotus tells how Hippoclides ruined his chances by 'dancing his bride away', with the result that the Alcmaeonidae became a great family; and it was thence that Pericles came. The simple narrative structure (note μέν . . . δέ transitions, sentences with a simple temporal clause or equivalent) contrasts with the more elaborate rhetoric of Cleisthenes' speech (lines 33–42).

Τοσοῦτοι μὲν ἐγένοντο οἱ μνηστῆρες· ἀπικομένων δὲ τούτων
ἐς τὴν προειρημένην ἡμέρην ὁ Κλεισθένης πρῶτα μὲν τὰς
πάτρας τε αὐτῶν ἀνεπύθετο καὶ γένος ἑκάστου, μετὰ δὲ
κατέχων ἐνιαυτὸν διεπειρᾶτο αὐτῶν τῆς τε ἀνδραγαθίης καὶ
τῆς ὀργῆς καὶ παιδεύσιός τε καὶ τρόπου, καὶ ἑνὶ ἑκάστῳ ἰὼν   5
ἐς συνουσίην καὶ συνάπασι· καὶ ἐς γυμνάσιά τε ἐξαγινέων ὅσοι
ἦσαν αὐτῶν νεώτεροι, καὶ τὸ μέγιστον, ἐν τῇ συνεστοῖ
διεπειρᾶτο· ὅσον γὰρ κατεῖχε χρόνον αὐτούς, τοῦτον πάντα
ἐποίεε καὶ ἅμα ἐξένιζε μεγαλοπρεπέως. καὶ δή κου μάλιστα
τῶν μνηστήρων ἠρέσκοντό οἱ οἱ ἀπ' Ἀθηνέων ἀπιγμένοι, καὶ   10
τούτων μᾶλλον Ἱπποκλείδης ὁ Τεισάνδρου καὶ κατ' ἀνδρ-
αγαθίην ἐκρίνετο καὶ ὅτι τὸ ἀνέκαθεν τοῖσι ἐν Κορίνθῳ
Κυψελίδῃσι ἦν προσήκων. ὡς δὲ ἡ κυρίη ἐγένετο τῶν ἡμερέων
τῆς τε κατακλίσιος τοῦ γάμου καὶ ἐκφάσιος αὐτοῦ Κλει-
σθένεος τὸν κρίνοι ἐκ πάντων, θύσας βοῦς ἑκατὸν ὁ Κλει-   15
σθένης εὐώχεε αὐτούς τε τοὺς μνηστῆρας καὶ Σικυωνίους
πάντας. ὡς δὲ ἀπὸ δείπνου ἐγένοντο, οἱ μνηστῆρες ἔριν εἶχον
ἀμφί τε μουσικῇ καὶ τῷ λεγομένῳ ἐς τὸ μέσον. προϊούσης δὲ
τῆς πόσιος κατέχων πολλὸν τοὺς ἄλλους ὁ Ἱπποκλείδης
ἐκέλευσέ οἱ τὸν αὐλητὴν αὐλῆσαι ἐμμέλειαν, πειθομένου δὲ   20
τοῦ αὐλητέω ὀρχήσατο. καί κως ἑωυτῷ μὲν ἀρεστῶς ὀρχέετο,
ὁ Κλεισθένης δὲ ὁρέων ὅλον τὸ πρῆγμα ὑπώπτευε. μετὰ δὲ
ἐπισχὼν ὁ Ἱπποκλείδης χρόνον ἐκέλευσέ τινα τράπεζαν
ἐσενεῖκαι, ἐσελθούσης δὲ τῆς τραπέζης πρῶτα μὲν ἐπ' αὐτῆς
ὀρχήσατο Λακωνικὰ σχημάτια, μετὰ δὲ ἄλλα Ἀττικά, τὸ   25
τρίτον δὲ τὴν κεφαλὴν ἐρείσας ἐπὶ τὴν τράπεζαν τοῖσι σκέλεσι
ἐχειρονόμησε. Κλεισθένης δὲ τὰ μὲν πρῶτα καὶ τὰ δεύτερα
ὀρχεομένου ἀποστυγέων γαμβρὸν ἄν οἱ ἔτι γενέσθαι
Ἱπποκλείδεα διὰ τήν τε ὄρχησιν καὶ τὴν ἀναιδείην κατεῖχε
ἑωυτόν, οὐ βουλόμενος ἐκραγῆναι ἐς αὐτόν· ὡς δὲ εἶδε τοῖσι   30
σκέλεσι χειρονομήσαντα, οὐκέτι κατέχειν δυνάμενος εἶπε· Ὦ

παῖ Τεισάνδρου, ἀπορχήσαό γε μὲν τὸν γάμον. ὁ δὲ
Ἱπποκλείδης ὑπολαβὼν εἶπε· Οὐ φροντὶς Ἱπποκλείδῃ. ἀπὸ
τούτου μὲν τοῦτο ὀνομάζεται· Κλεισθένης δὲ σιγὴν ποιησά-
35 μενος ἔλεξε ἐς μέσον τάδε· ἄνδρες παιδὸς τῆς ἐμῆς μνηστῆρες,
ἐγὼ καὶ πάντας ὑμέας ἐπαινέω καὶ πᾶσι ὑμῖν, εἰ οἷόν τε εἴη,
χαριζοίμην ἄν, μήτ᾽ ἕνα ὑμέων ἐξαίρετον ἀποκρίνων μήτε τοὺς
λοιποὺς ἀποδοκιμάζων· ἀλλ᾽ οὐ γὰρ οἷά τέ ἐστι μιῆς περὶ
παρθένου βουλεύοντα πᾶσι κατὰ νόον ποιέειν, τοῖσι μὲν ὑμέων
40 ἀπελαυνομένοισι τοῦδε τοῦ γάμου τάλαντον ἀργυρίου ἑκάστῳ
δωρεὴν δίδωμι τῆς ἀξιώσιος εἵνεκα τῆς ἐξ ἐμεῦ γῆμαι καὶ τῆς
ἐξ οἴκου ἀποδημίης, τῷ δὲ Ἀλκμέωνος Μεγακλέϊ ἐγγυῶ
παῖδα τὴν ἐμὴν Ἀγαρίστην νόμοισι τοῖσι Ἀθηναίων. φαμένου
δὲ ἐγγυᾶσθαι Μεγακλέος ἐκεκύρωτο ὁ γάμος Κλεισθένεϊ. ἀμφὶ
45 μὲν κρίσι τῶν μνηστήρων τοσαῦτα ἐγένετο, καὶ οὕτω
Ἀλκμεωνίδαι ἐβώσθησαν ἀνὰ τὴν Ἑλλάδα. τούτων δὲ συν-
οικησάντων γίνεται Κλεισθένης τε ὁ τὰς φυλὰς καὶ τὴν
δημοκρατίην Ἀθηναίοισι καταστήσας, ἔχων τὸ οὔνομα ἀπὸ
τοῦ μητροπάτορος τοῦ Σικυωνίου· οὗτός τε δὴ γίνεται
50 Μεγακλέϊ καὶ Ἱπποκράτης, ἐκ δὲ Ἱπποκράτεος Μεγακλέης τε
ἄλλος καὶ Ἀγαρίστη ἄλλη, ἀπὸ τῆς Κλεισθένεος Ἀγαρίστης
ἔχουσα τὸ οὔνομα, ἣ συνοικήσασά τε Ξανθίππῳ τῷ
Ἀρίφρονος καὶ ἔγκυος ἐοῦσα εἶδε ὄψιν ἐν τῷ ὕπνῳ, ἐδόκεε δὲ
λέοντα τεκεῖν· καὶ μετ᾽ ὀλίγας ἡμέρας τίκτει Περικλέα
55 Ξανθίππῳ.

5. **τῆς ὀργῆς**: 'their disposition'.

7. **συνεστοῖ**: = συνουσίᾳ, 'living together' (Ionic, cf. εὐεστώ).

12. **τὸ ἀνέκαθεν**: 'from way back'.

14. **τῆς . . . κατακλίσιος τοῦ γάμου**: 'the wedding feast'.

17. **ὡς . . . ἐγένοντο**: 'when they had finished dinner'. See
LSJ, s.v. γίγνομαι II. 3. c.

18. **ἀμφί . . . μέσον**: 'in music and general conversation'.

19. **κατέχων . . . τοὺς ἄλλους**: 'keeping the others well in
their place' (?), 'being well in control of them'.

20. **ἐμμέλειαν**: 'a dance tune'.

25. 'And then some other, Attic, ones'.

26-7. 'Gesticulated with his feet.'

32. γε μέν: Denniston, *Particles*, 388.

33-4. 'This is the source of the saying', i.e. οὐ φροντὶς Ἱπποκλείδῃ is already proverbial.

35. ἄνδρες . . . μνηστῆρες: WS § 986.

37. μήτ' . . . μήτε: we might expect οὔτε . . . οὔτε since the participles are not conditional. We should compare the usage of later prose, of which this seems an anticipation.

38-9. οὐ γὰρ . . . ποιέειν: parenthesis. Denniston, *Particles*, 98.

41. 'Because of your regarding it as honourable to take a wife from my family'.

42, 44. ἐγγυῶ . . . ἐγγυᾶσθαι: 'betroth' and 'accept the betrothal'.

47-8. For the reforms of Cleisthenes, see (e.g.) Hammond, *History of Greece*, 187-91.

THE BEGINNINGS: ATTIC PROSE

9. Funeral speech for those fallen in battle

Gorgias of Leontini in Sicily (died c.376 BC, aged over 100) was one of the first orators to develop the elaborate figures of speech (antithesis, isocolon, homoeoteleuton, etc.) which made prose into an art-form comparable to verse. His embassy to Athens (427 BC) is said to have been the occasion when he introduced these techniques to the Athenians. This passage (fr. 6 D–K, known from Syrianus (fourth century AD) who says it was quoted by Dionysius of Halicarnassus) shows the style in its most exaggerated form. It seems to have become a 'model' funeral speech; Thucydides' version of Pericles' funeral oration of 430 BC, and the various fourth-century *epitaphioi* ([Lysias], [Demosthenes], Hyperides (46), and the parody in Plato, *Menexenus*) all show its influence. See also Theopompus (38 below). It is easy to criticize the vagueness of meaning and emptiness of sense in all these antitheses and isocola; note that there is as yet no periodic structure, only a succession of balancing clauses.

Kennedy, *AP* 154–66; T. C. Burgess, *Epideictic Literature* (Chicago, 1902), 147–57.

Τί γὰρ ἀπῆν τοῖς ἀνδράσι τούτοις ὧν δεῖ ἀνδράσι προσεῖναι;
τί δὲ καὶ προσῆν ὧν οὐ δεῖ προσεῖναι; εἰπεῖν δυναίμην ἃ
βούλομαι, βουλοίμην δ' ἃ δεῖ, λαθὼν μὲν τὴν θείαν νέμεσιν,
φυγὼν δὲ τὸν ἀνθρώπινον φθόνον. οὗτοι γὰρ ἐκέκτηντο ἔνθεον
5 μὲν τὴν ἀρετήν, ἀνθρώπινον δὲ τὸ θνητόν, πολλὰ μὲν δὴ τὸ
πρᾶον ἐπιεικὲς τοῦ αὐθάδους δικαίου προκρίνοντες, πολλὰ δὲ
νόμου ἀκριβείας λόγων ὀρθότητα, τοῦτον νομίζοντες θειότατον
καὶ κοινότατον νόμον, τὸ δέον ἐν τῷ δέοντι καὶ λέγειν καὶ
σιγᾶν καὶ ποιεῖν <καὶ ἐᾶν>, καὶ δισσὰ ἀσκήσαντες μάλιστα
10 ὧν δεῖ, γνώμην <καὶ ῥώμην>, τὴν μὲν βουλεύοντες, τὴν δ'
ἀποτελοῦντες, θεράποντες μὲν τῶν ἀδίκως δυστυχούντων,
κολασταὶ δὲ τῶν ἀδίκως εὐτυχούντων, αὐθαδεῖς πρὸς τὸ

σύμφερον, εὐόργητοι πρὸς τὸ πρέπον, τῷ φρονίμῳ τῆς γνώμης
παύοντες τὸ ἄφρον <τῆς ῥώμης>, ὑβρισταὶ εἰς τοὺς
ὑβριστάς, κόσμιοι εἰς τοὺς κοσμίους, ἄφοβοι εἰς τοὺς 15
ἀφόβους, δεινοὶ ἐν τοῖς δεινοῖς. μαρτύρια δὲ τούτων τρόπαια
ἐστήσαντο τῶν πολεμίων, Διὸς μὲν ἀγάλματα, ἑαυτῶν δ'
ἀναθήματα, οὐκ ἄπειροι οὔτ' ἐμφύτου ἄρεος οὔτε νομίμων
ἐρώτων οὔτε ἐνοπλίου ἔριδος οὔτε φιλοκάλου εἰρήνης, σεμνοὶ
μὲν πρὸς τοὺς θεοὺς τῷ δικαίῳ, ὅσιοι δὲ πρὸς τοὺς τοκέας τῇ 20
θεραπείᾳ, δίκαιοι μὲν πρὸς τοὺς ἀστοὺς τῷ ἴσῳ, εὐσεβεῖς δὲ
πρὸς τοὺς φίλους τῇ πίστει. τοιγαροῦν αὐτῶν ἀποθανόντων ὁ
πόθος οὐ συναπέθανεν, ἀλλ' ἀθάνατος οὐκ ἐν ἀθανάτοις
σώμασι ζῇ οὐ ζώντων.

2–3. δυναίμην . . . βουλοίμην: optatives of wish.

3–4. λαθών . . . φθόνον: note the exact antitheses λαθών—
φυγών, θείαν—ἀνθρώπινον, νέμεσιν—φθόνον, and the almost
exact isocolon (9 syllables and 10 syllables).

4–5. Note predicative position of adjectives: 'the virtue they
acquired was divine, their mortality was human'.

5–6. τὸ πρᾶον ἐπιεικὲς τοῦ αὐθαδοῦς δικαίου: 'gentle moder-
ation rather than strict justice'. Qualification of substantivized
adjectives by other adjectives was generally avoided in later
prose.

9, 10, 14. The words καὶ ἐάν, καὶ ῥώμην, and τῆς ῥώμης are
conjectural additions, but necessary to complete the rhyme and
balance in each case.

12–13. αὐθαδεῖς πρὸς . . . τὸ πρέπον: 'advantageously stub-
born, appropriately gentle'.

16. δεινοὶ ἐν τοῖς δεινοῖς: 'formidable among the formidable'.

18. ἐμφύτου ἄρεος: 'inborn martial spirit'.

22–3. Note the elaborate sound effects. There is a parallel to
the forced word-play ἀ-ποθ-ανόντων . . . πόθ-ος . . . συνα-πέθ-
ανεν in Theophrastus, Char. 22. The flatterer tells his friend
who is buying a pair of shoes: 'your foot is more shapely than the
sandal' (τὸν πόδ-α εὐρυθμότερον [εἶναι] τοῦ ὑ-ποδ-ήματος (50.
21–2 below)).

23–4. οὐκ ἐν ἀθανάτοις σώμασι: 'in bodies not immortal'. For the word-order, see A. C. Moorhouse, *Studies in Greek Negatives*, 39, n. 1.

10. Defence of Palamedes

In this speech—an early example of the forensic declamation—Gorgias pretends to be the Greek hero Palamedes defending himself against a charge of communicating with the Trojans and betraying his own side. We give the epilogue (33–7), a studied rejection of some common epilogue topics (appeal to pity, simple recapitulation) on the ground that the distinguished judges are above such naïvety. Note antithesis and balance, marked but less extravagant than in the epideictic *Epitaphios*.

Text: H. Diels, *Vorsokratiker* 82 B 11 a; L. Radermacher, *Artium Scriptores* B vii, 44.

Λοιπὸν δὲ περὶ ὑμῶν πρὸς ὑμᾶς ἐστί μοι λόγος, ὃν εἰπὼν
παύσομαι τῆς ἀπολογίας. οἶκτος μὲν οὖν καὶ λιταὶ καὶ φίλων
παραίτησις ἐν ὄχλῳ μὲν οὔσης τῆς κρίσεως χρήσιμα· παρὰ δ'
ὑμῖν τοῖς πρώτοις οὖσι τῶν Ἑλλήνων καὶ δοκοῦσιν, οὐ φίλων
5 βοηθείαις οὐδὲ λιταῖς οὐδὲ οἴκτοις δεῖ πείθειν ὑμᾶς, ἀλλὰ τῷ
σαφεστάτῳ δικαίῳ, διδάξαντα τἀληθές, οὐκ ἀπατήσαντά με
δεῖ διαφυγεῖν τὴν αἰτίαν ταύτην. ὑμᾶς δὲ χρὴ μὴ τοῖς λόγοις
μᾶλλον ἢ τοῖς ἔργοις προσέχειν τὸν νοῦν, μηδὲ τὰς αἰτίας τῶν
ἐλέγχων προκρίνειν, μηδὲ τὸν ὀλίγον χρόνον τοῦ πολλοῦ
10 σοφώτερον ἡγεῖσθαι κριτήν, μηδὲ τὴν διαβολὴν τῆς πείρας
πιστοτέραν νομίζειν. ἅπαντα γὰρ τοῖς ἀγαθοῖς ἀνδράσι
μεγάλης εὐλαβείας ἁμαρτάνειν, τὰ δὲ ἀνήκεστα τῶν ἀκεστῶν
ἔτι μᾶλλον· ταῦτα γὰρ προνοήσασι μὲν δυνατά, μετανοήσασι
δὲ ἀνίατα. τῶν δὲ τοιούτων ἐστίν, ὅταν ἄνδρες ἄνδρα περὶ
15 θανάτου κρίνωσιν· ὅπερ ἐστὶ νῦν παρ' ὑμῖν. εἰ μὲν οὖν ἦν διὰ
τῶν λόγων τὴν ἀλήθειαν τῶν ἔργων καθαράν τε γενέσθαι τοῖς
ἀκούουσι καὶ φανεράν, εὔπορος ἂν εἴη κρίσις ἤδη ἀπὸ τῶν
εἰρημένων· ἐπειδὴ δὲ οὐχ οὕτως ἔχει, τὸ μὲν σῶμα τοὐμὸν
φυλάξατε, τὸν δὲ πλείω χρόνον ἐπιμείνατε, μετὰ δὲ τῆς
20 ἀληθείας τὴν κρίσιν ποιήσατε. ὑμῖν μὲν γὰρ μέγας ὁ κίνδυνος,
ἀδίκοις φανεῖσι δόξαν τὴν μὲν καταβαλεῖν, τὴν δὲ κτήσασθαι.

τοῖς δὲ ἀγαθοῖς ἀνδράσιν αἱρετώτερος θάνατος δόξης αἰσχρᾶς·
τὸ μὲν γὰρ τοῦ βίου τέλος, ἡ δὲ τῷ βίῳ νόσος. ἐὰν δὲ ἀδίκως
ἀποκτείνητέ με, πολλοῖς γενήσεται φανερόν· ἐγώ τε γὰρ οὐκ
ἀγνώς, ὑμῶν τε πᾶσιν Ἕλλησι γνώριμος ἡ κακότης καὶ 25
φανερά. καὶ τὴν αἰτίαν φανερὰν ἅπασιν ὑμεῖς ἕξετε τῆς
ἀδικίας, οὐχ ὁ κατήγορος· ἐν ὑμῖν γὰρ τὸ τέλος ἔνι τῆς δίκης.
ἁμαρτία δ' οὐκ ἂν γένοιτο μείζων ταύτης. οὐ γὰρ μόνον εἰς
ἐμὲ καὶ τοκέας τοὺς ἐμοὺς ἁμαρτήσεσθε δικάσαντες ἀδίκως,
ἀλλ' ὑμῖν αὐτοῖς δεινὸν ἄθεον ἄδικον ἄνομον ἔργον συνεπιστ- 30
ήσεσθε πεποιηκότες, ἀπεκτονότες ἄνδρα σύμμαχον, χρήσιμον
ὑμῖν, εὐεργέτην τῆς Ἑλλάδος, Ἕλληνες Ἕλληνα, φανερὰν
οὐδεμίαν ἀδικίαν οὐδὲ πιστὴν αἰτίαν ἀποδείξαντες.
    Εἴρηται τὰ παρ' ἐμοῦ, καὶ παύσομαι. τὸ γὰρ ὑπομνῆσαι τὰ
διὰ μακρῶν εἰρημένα συντόμως πρὸς μὲν φαύλους δικάστας 35
ἔχει λόγον· τοὺς δὲ πρώτους τῶν πρώτων Ἕλληνας Ἑλλήνων
οὐκ ἄξιον οὐδ' ἀξιῶσαι μήτε προσέχειν τὸν νοῦν μήτε
μεμνῆσθαι τὰ λεχθέντα.

2–3. **φίλων παραίτησις**: 'intercession by friends, pleading emotionally for the defendant', cf. 4–5 φίλων βοηθείαις.

4. **καὶ δοκοῦσιν**: 'and who have the reputation of so being'.

7–8. 'You should not attend to words so much as to actions.'

8–9. **αἰτίας . . . ἐλέγχων**: 'accusations . . . proofs'. Cf. διαβολήν . . . πείρας (10), 'slander . . . experience'.

11–13. 'Good men need always to take great care against mistakes, but even more in irremediable (irreversible) decisions than in remediable (reversible) ones.'

20–2. 'You run a great danger, that of appearing unjust and so of destroying one reputation (sc. your good one) and of acquiring another (sc. a bad one).'

23. **τὸ μὲν γὰρ . . . νόσος**: an almost meaningless antithesis, producing *isocolon*.

26 ff. For the attempt to put 'blame' on the jury, cf. Antiphon, *Choreutes* 6. (Other parallels with this speech show that Gorgias is demonstrating ideas which were used in the courts around this time.)

30–1. 'You will have on your conscience a grievous, ungodly, unjust, and lawless act.' συνεπίσταμαι = σύνοιδα and the dative ὑμῖν αὐτοῖς depends on it (*WS* § 2108). Note the asyndeta.

35. φαύλους: as above (ὄχλῳ, 3). Palamedes contrasts his judges with a mass, democratic court. Gorgias is in effect saying that vulgar arguments and tricks do succeed with the Athenian δικαστήρια.

36. Note the 'interlacing': 'as to the first of the first of the Greeks'.

37-8. 'It is unacceptable even to accept that they should fail to pay attention or retain in their minds what was said.'

11. *An unfriendly view of the Athenian Demos*

This is part (i. 10–12) of what is supposed to be the oldest extant Attic prose writing, the Ἀθηναίων Πολιτεία, falsely ascribed to Xenophon. On internal evidence it belongs to the early years of the Peloponnesian War. Anti-democratic in tendency—historians call the author the 'Old Oligarch'—the pamphlet is a vigorous and humorous attack on the irrationality of democracy. In this extract, the writer explains why the Athenians treat aliens (μέτοικοι) and slaves so well.

Τῶν δούλων δ᾿ αὖ καὶ τῶν μετοίκων πλείστη ἐστὶν Ἀθήνησιν
ἀκολασία, καὶ οὔτε πατάξαι ἔξεστιν αὐτόθι οὔτε ὑπεκστή-
σεταί σοι ὁ δοῦλος. οὗ δ᾿ ἕνεκέν ἐστι τοῦτο ἐπιχώριον ἐγὼ
φράσω. εἰ νόμος ἦν τὸν δοῦλον ὑπὸ τοῦ ἐλευθέρου τύπτεσθαι ἢ
5   τὸν μέτοικον ἢ τὸν ἀπελεύθερον, πολλάκις ἂν οἰηθεὶς εἶναι τὸν
Ἀθηναῖον δοῦλον ἐπάταξεν ἄν· ἐσθῆτά τε γὰρ οὐδὲν βελτίων ὁ
δῆμος αὐτόθι ἢ οἱ δοῦλοι καὶ οἱ μέτοικοι καὶ τὰ εἴδη οὐδὲν
βελτίους εἰσίν. εἰ δέ τις καὶ τοῦτο θαυμάζει, ὅτι ἐῶσι τοὺς
δούλους τρυφᾶν αὐτόθι καὶ μεγαλοπρεπῶς διαιτᾶσθαι ἐνίους,
10   καὶ τοῦτο γνώμῃ φανεῖεν ἂν ποιοῦντες. ὅπου γὰρ ναυτικὴ
δύναμίς ἐστιν, ἀπὸ χρημάτων ἀνάγκη τοῖς ἀνδρ-
απόδοις δουλεύειν, ἵνα λαμβάνωμεν ὧν πράττῃ τὰς ἀποφοράς,
καὶ ἐλευθέρους ἀφιέναι. ὅπου δ᾿ εἰσὶ πλούσιοι δοῦλοι, οὐκέτι
ἐνταῦθα λυσιτελεῖ τὸν ἐμὸν σὲ δεδιέναι· ἐν δὲ τῇ Λακεδαίμονι
15   ὁ ἐμὸς δοῦλος σὲ ἐδεδοίκει· ἐὰν δὲ δεδίῃ ὁ σὸς δοῦλος ἐμέ,

κινδυνεύσει καὶ τὰ χρήματα διδόναι τὰ ἑαυτοῦ ὥστε μὴ
κινδυνεύειν περὶ ἑαυτοῦ. διὰ τοῦτ᾽ οὖν ἰσηγορίαν καὶ τοῖς
δούλοις πρὸς τοὺς ἐλευθέρους ἐποιήσαμεν καὶ τοῖς μετοίκοις
πρὸς τοὺς ἀστούς, διότι δεῖται ἡ πόλις μετοίκων διά τε τὸ
πλῆθος τῶν τεχνῶν καὶ διὰ τὸ ναυτικόν· διὰ τοῦτο οὖν καὶ 20
τοῖς μετοίκοις εἰκότως τὴν ἰσηγορίαν ἐποιήσαμεν.

1. Ἀθήνησιν: G § 296.

4. εἰ νόμος ἦν: the explanation begins with asyndeton: Den-
niston, *Particles*, xliii.

5. ἀπελεύθερον: 'freedman'.

5–6. ἂν . . . ἂν: repetition is not uncommon, with ἂν
appearing both near the beginning of the clause and near the
verb: *WS* § 1765.

6–8. ἐσθῆτά . . . τὰ εἴδη: G § 1058.

11. ἀπὸ χρημάτων: 'for money' (LSJ, s.v. ἀπὸ II. 6). The
slave works on his master's behalf and the master takes fixed
proceeds (ἀποφοράς, 12). So the slave lives a fairly free life as a
workman and may himself make a profit.

13. οὐκέτι: 'no longer', but with logical rather than temporal
force.

15. ἐδεδοίκει: 'was afraid'.

19–22. Note the pleonasm of the last sentence, the point of
which is repeated at the end.

12. The murder of Herodes

Antiphon of Rhamnus (c.480–411 BC) is the earliest Attic orator
whose works survive. He came to prominence in the oligarchic
revolution of 411 BC, after which he was prosecuted and ex-
ecuted, despite his brilliant defence (Thuc. 8. 68).

Antiphon's speech on the murder of Herodes was delivered
around 415 BC. It was written to be spoken by the defendant,
Euxitheos of Mytilene. On his way from Mytilene to Ainos in
Thrace, Euxitheos' ship had been forced by a storm to put in on
the north coast of Lesbos. Euxitheos and the Athenian Herodes

took shelter in another boat. Herodes, the worse for drink, went
ashore and was never seen again. Our extract (§§ 20–8) narrates
the facts and argues ἀπὸ τοῦ εἰκότος that Herodes was not killed
by Euxitheos.

Ἐγὼ δὲ τὸν μὲν πλοῦν ἐποιησάμην ἐκ τῆς Μυτιλήνης, ὦ
ἄνδρες, ἐν τῷ πλοίῳ πλέων ᾧ Ἡρῴδης οὗτος, ὅν φασιν ὑπ᾽
ἐμοῦ ἀποθανεῖν· ἐπλέομεν δὲ εἰς τὴν Αἶνον, ἐγὼ μὲν ὡς τὸν
πατέρα—ἐτύγχανε γὰρ ἐκεῖ ὢν τότε—ὁ δ᾽ Ἡρῴδης ἀνδρά-
5   ποδα Θρᾳξὶν ἀνθρώποις ἀπολύσων. συνέπλει δὲ τὰ ἀνδρά-
ποδα ἃ ἔδει αὐτὸν ἀπολῦσαι, καὶ οἱ Θρᾷκες οἱ λυσόμενοι.
τούτων δ᾽ ὑμῖν μάρτυρας παρέξομαι.

ΜΑΡΤΥΡΕΣ

Ἡ μὲν πρόφασις ἑκατέρῳ τοῦ πλοῦ αὕτη· ἐτύχομεν δὲ
χειμῶνί τινι χρησάμενοι, ὑφ᾽ οὗ ἠναγκάσθημεν κατασχεῖν εἰς
10   τῆς Μηθυμναίας τι χωρίον, οὗ τὸ πλοῖον ὥρμει τοῦτο εἰς ὃ
μετεκβάντα φασὶν ἀποθανεῖν αὐτόν.

Καὶ πρῶτον μὲν αὐτὰ ταῦτα σκοπεῖτε, ὅτι μὴ προνοίᾳ
μᾶλλον ἐγίγνετο ἢ τύχῃ. οὔτε γὰρ πείσας τὸν ἄνδρα οὐδαμοῦ
ἀπελέγχομαι συμπλοῦν μοι γενέσθαι, ἀλλ᾽ αὐτὸς καθ᾽ αὐτὸν
15   τὸν πλοῦν πεποιημένος ἕνεκα πραγμάτων ἰδίων· οὔτ᾽ αὖ ἐγὼ
ἄνευ προφάσεως ἱκανῆς φαίνομαι τὸν πλοῦν ποιησάμενος εἰς
τὴν Αἶνον, οὔτε κατασχόντες εἰς τὸ χωρίον τοῦτο ἀπὸ
παρασκευῆς οὐδεμιᾶς, ἀλλ᾽ ἀνάγκῃ χρησάμενοι· οὔτ᾽ αὖ ἐπειδὴ
ὡρμισάμεθα, ἡ μετέκβασις ἐγένετο εἰς τὸ ἕτερον πλοῖον οὐδενὶ
20   μηχανήματι οὐδ᾽ ἀπάτῃ, ἀλλ᾽ ἀνάγκῃ καὶ τοῦτο ἐγίγνετο. ἐν ᾧ
μὲν γὰρ ἐπλέομεν, ἀστέγαστον ἦν τὸ πλοῖον, εἰς ὃ δὲ
μετέβημεν, ἐστεγασμένον· τοῦ δ᾽ ὑετοῦ ἕνεκα ταῦτ᾽ ἦν. τούτων
δ᾽ ὑμῖν μάρτυρας παρέξομαι.

ΜΑΡΤΥΡΕΣ

Ἐπειδὴ δὲ μετεξέβημεν εἰς τὸ ἕτερον πλοῖον, ἐπίνομεν. καὶ
25   ὁ μέν ἐστι φανερὸς ἐκβὰς ἐκ τοῦ πλοίου καὶ οὐκ εἰσβὰς πάλιν·
ἐγὼ δὲ τὸ παράπαν οὐκ ἐξέβην ἐκ τοῦ πλοίου τῆς νυκτὸς
ἐκείνης. τῇ δ᾽ ὑστεραίᾳ, ἐπειδὴ ἀφανὴς ἦν ὁ ἀνήρ, ἐζητεῖτο
οὐδέν τι μᾶλλον ὑπὸ τῶν ἄλλων ἢ καὶ ὑπ᾽ ἐμοῦ· καὶ εἴ τῳ τῶν
ἄλλων ἐδόκει δεινὸν εἶναι, καὶ ἐμοὶ ὁμοίως. καὶ ἔς τε τὴν
30   Μυτιλήνην ἐγὼ αἴτιος ἢ πεμφθῆναι ἄγγελον, καὶ τῇ ἐμῇ

γνώμῃ ἐπέμπετο. καὶ ἄλλου οὐδενὸς ἐθέλοντος βαδίζειν, οὔτε
τῶν ἀπὸ πλοίου οὔτε τῶν αὐτῷ τῷ Ἡρῴδῃ συμπλεόντων,
ἐγὼ τὸν ἀκόλουθον τὸν ἐμαυτοῦ πέμπειν ἕτοιμος ἦ· καίτοι οὐ
δήπου γε κατ᾽ ἐμαυτοῦ μηνυτὴν ἔπεμπον εἰδώς. ἐπειδὴ δὲ ὁ
ἀνὴρ οὔτε ἐν τῇ Μυτιλήνῃ ἐφαίνετο ζητούμενος οὔτ᾽ ἄλλοθι 35
οὐδαμοῦ, πλοῦς τε ἡμῖν ἐγίγνετο, καὶ τἆλλ᾽ ἀνήγετο πλοῖα
ἅπαντα, ᾠχόμην κἀγὼ πλέων. τούτων δ᾽ ὑμῖν τοὺς μάρτυρας
παρασχήσομαι.

ΜΑΡΤΥΡΕΣ

Τὰ μὲν γενόμενα ταῦτ᾽ ἐστίν· ἐκ δὲ τούτων ἤδη σκοπεῖτε
τὰ εἰκότα. πρῶτον μὲν γὰρ πρὶν ἀνάγεσθαί με εἰς τὴν Αἶνον, 40
ὅτε ἦν ἀφανὴς ὁ ἀνήρ, οὐδεὶς ᾐτιάσατό με ἀνθρώπων, ἤδη
πεπυσμένων τούτων τὴν ἀγγελίαν· οὐ γὰρ ἄν ποτε ᾠχόμην
πλέων. ἀλλ᾽ εἰς μὲν τὸ παραχρῆμα κρεῖσσον ἦν τὸ ἀληθὲς καὶ
τὸ γεγενημένον τῆς τούτων αἰτιάσεως, καὶ ἅμα ἐγὼ ἔτι
ἐπεδήμουν· ἐπειδὴ δὲ ἐγώ τε ᾠχόμην πλέων καὶ οὗτοι ἐξ 45
ἐπιβουλῆς συνέθεσαν ταῦτα καὶ ἐμηχανήσαντο κατ᾽ ἐμοῦ, τότε
ᾐτιάσαντο.

Λέγουσι δὲ ὡς ἐν μὲν τῇ γῇ ἀπέθανεν ὁ ἀνήρ, κἀγὼ λίθον
αὐτῷ ἐνέβαλον εἰς τὴν κεφαλήν, ὃς οὐκ ἐξέβην τὸ παράπαν ἐκ
τοῦ πλοίου. καὶ τοῦτο μὲν ἀκριβῶς οὗτοι ἴσασιν. ὅπως δ᾽ 50
ἠφανίσθη ὁ ἀνήρ, οὐδενὶ λόγῳ εἰκότι δύνανται ἀποφαίνειν.
δῆλον γὰρ ὅτι ἐγγύς που τοῦ λιμένος εἰκὸς ἦν τοῦτο
γίγνεσθαι, τοῦτο μὲν μεθύοντος τοῦ ἀνδρός, τοῦτο δὲ νύκτωρ
ἐκβάντος ἐκ τοῦ πλοίου· οὔτε γὰρ αὐτοῦ κρατεῖν ἴσως ἂν
ἐδύνατο, οὔτε τῷ ἀπάγοντι νύκτωρ μακρὰν ὁδὸν ἡ πρόφασις 55
ἂν εἰκότως ἐγίγνετο· ζητουμένου δὲ τοῦ ἀνδρὸς δύο ἡμέρας
καὶ ἐν τῷ λιμένι καὶ ἄπωθεν τοῦ λιμένος, οὔτε ὀπτὴρ οὐδεὶς
ἐφάνη οὔθ᾽ αἷμα οὔτ᾽ ἄλλο σημεῖον οὐδέν. κᾆτ᾽ ἐγὼ συγχωρῶ
τῷ τούτων λόγῳ, παρεχόμενος μὲν τοὺς μάρτυρας ὡς οὐκ
ἐξέβην ἐκ τοῦ πλοίου· εἰ δὲ καὶ ὡς μάλιστα ἐξέβην ἐκ τοῦ 60
πλοίου, οὐδενὶ τρόπῳ εἰκὸς ἦν ἀφανισθέντα λαθεῖν τὸν
ἄνθρωπον, εἴπερ γε μὴ πάνυ πόρρω ἀπῆλθεν ἀπὸ τῆς
θαλάσσης.

Ἀλλ᾽ ὡς κατεποντώθη λέγουσι. ἐν τίνι πλοίῳ; δῆλον γὰρ
ὅτι ἐξ αὐτοῦ τοῦ λιμένος ἦν τὸ πλοῖον. πῶς ἂν οὖν οὐκ 65
ἐξευρέθη; καὶ μὴν εἰκός γε ἦν καὶ σημεῖόν τι γενέσθαι ἐν τῷ
πλοίῳ ἀνδρὸς τεθνεῶτος ἐντιθεμένου καὶ ἐκβαλλομένου

νύκτωρ. νῦν δὲ ἐν ᾧ μὲν ἔπινε πλοίῳ καὶ ἐξ οὗ ἐξέβαινεν, ἐν
τούτῳ φασὶν εὑρεῖν σημεῖα, ἐν ᾧ αὐτοὶ μὴ ὁμολογοῦσιν
70 ἀποθανεῖν τὸν ἄνδρα· ἐν ᾧ δὲ κατεποντώθη, οὐχ εὗρον οὔτ'
αὐτὸ τὸ πλοῖον οὔτε σημεῖον οὐδέν. τούτων δ' ὑμῖν τοὺς
μάρτυρας παρασχήσομαι.

ΜΑΡΤΥΡΕΣ

3. ὡς: 'to' (of visiting a person). G § 1220. 8.

5. Θρᾳξὶν ἀνθρώποις: perhaps slightly contemptuous in tone
(LSJ, s.v. ἄνθρωπος, 4).

6. οἱ λυσόμενοι: 'who were to ransom them'.

7. ΜΑΡΤΥΡΕΣ: the evidence of the witnesses is (as usual) not
recorded in the text of the speech as it has come down.

8. πρόφασις: 'reason'—not a false one, though the word
sometimes suggests this (cf. 69, below).

8–9. 'We found ourselves caught in a storm . . .'

10. τῆς Μηθυμναίας: sc. χώρας or γῆς. The city is Μήθυμνα.

10–11. 'Where this boat was lying to which they say he
transferred and was killed . . .' The deictic τοῦτο recalls recent
English colloquial usage of 'this', clearly intended to convey
vividness.

12–13. 'It didn't happen by forethought rather than by
chance.' See Goodwin, GMT § 686, for this use of μή (very
uncommon in Classical Greek, normal in much later Greek).

13–18. Note the rhetorical force of the structure οὔτε γὰρ . . .
οὔτ' αὖ . . . οὔτε . . . οὔτ' αὖ . . .

15. ἕνεκα: the more usual position is after the noun, as at 22.

17. οὔτε κατασχόντες: the speaker passes by an easy anaco-
louthon to the plural.

21. ἀστέγαστον: 'uncovered'.

24. ἐπίνομεν: 'we settled down to drink'.

26–34. The speaker carefully emphasizes and interprets his
own part in the affair.

28. ἢ καὶ: Denniston, Particles, 299.

30–1. τῇ ἐμῇ γνώμῃ: 'on my proposal'.

33–4. 'But surely I didn't consciously try to send an inform-
ant against myself!' Denniston, *Particles*, 268.

37. ᾠχόμην κἀγὼ πλέων: 'I too sailed away'. *G* § 1587.

39–40. The transition from fact to probable inference (εἰκός)
is clearly marked.

40. γὰρ: introducing explanatory narrative. Denniston, *Par-
ticles*, 59.

53. τοῦτο μὲν . . . τοῦτο δέ: *G* § 1010.

57. ὀπτήρ: 'eye-witness'.

60. ὡς μάλιστα: 'ever so much', 'as much as could be', like
Latin *quam maxime*: *WS* § 2994.

65–6. πῶς . . . ἐξευρέθη: 'How could it not have been found?'

68. νῦν δὲ: 'but, as it is'. LSJ, s.v. νῦν, I. 4.

68–9. ἐν ᾧ . . . τὸν ἄνδρα: 'in which they agree that the man
did not die'. The negative is attached to the verb of saying (*WS* §
2692); for the nuance given by μή, see perhaps *WS* § 2705 (g).

13. *Homicide: a speech for the defence*

This extract is from the *Tetralogies*, the attribution of which to
this Antiphon is not quite certain. They are essentially rhetori-
cal exercises, each consisting of two speeches for each side in an
imaginary case. In *Tetralogy* I the situation seems to be that a
man has been found dead, and his slave attendant has stated
(before he too dies) that he recognized the assailant. The family
of the dead man prosecute. This passage (I β 5–8) of the first
defence speech deals with two themes, both very important in
later judicial oratory: probability (εἰκός) and the value of
evidence given under torture.

Ἔστι δὲ οὐκ ἀπεικός, ὡς οὗτοί φασιν, ἀλλ' εἰκὸς ἀωρὶ τῶν
νυκτῶν πλανώμενον ἐπὶ τοῖς ἱματίοις διαφθαρῆναι. τὸ γὰρ μὴ
ἐκδυθῆναι οὐδὲν σημεῖόν ἐστιν· εἰ γὰρ μὴ ἔφθησαν περιδ-
ύσαντες αὐτόν, ἀλλά τινας προσιόντας φοβηθέντες ἀπέλιπον,
ἐσωφρόνουν καὶ οὐκ ἐμαίνοντο τὴν σωτηρίαν τοῦ κέρδους   5
προτιμῶντες. εἰ δὲ μὴ καὶ ἐπὶ τοῖς ἱματίοις διεφθάρη, ἀλλ'

ἑτέρους ἰδὼν ἄλλο τι κακὸν ποιοῦντας, ἵνα μὴ μηνυτὴς τοῦ
ἀδικήματος γένηται, ἀπέθανεν ὑπ' αὐτῶν, τίς οἶδε; τοὺς δὲ μὴ
πολὺ ἧσσον ἐμοῦ μισοῦντας αὐτόν—ἦσαν δὲ πολλοί—πῶς οὐκ
10 εἰκὸς ἦν ἂν ἐμοῦ μᾶλλον διαφθεῖραι αὐτόν; ἐκείνοις μὲν γὰρ
φανερὰ ἦν ἡ ὑποψία εἰς ἐμὲ ἰοῦσα, ἐγὼ δὲ ὑπὲρ ἐκείνων
ὑπαίτιος ἐσόμενος σαφῶς ᾔδειν.
    Τοῦ δὲ ἀκολούθου ἡ μαρτυρία πῶς ἀξία πιστεύεσθαί ἐστιν;
ὑπό τε γὰρ τοῦ κινδύνου ἐκπεπληγμένον αὐτὸν οὐκ εἰκὸς ἦν
15 τοὺς ἀποκτείναντας γνῶναι, ὑπό τε τῶν κυρίων ἀναγιγνωσκ-
όμενον ἐπινεῦσαι ἦν εἰκός. ἀπιστουμένων δὲ καὶ τῶν ἄλλων
δούλων ἐν ταῖς μαρτυρίαις—οὐ γὰρ ἂν ἐβασανίζομεν αὐτούς—
πῶς δίκαιον τούτῳ μαρτυροῦντι πιστεύσαντας διαφθεῖραί με;
εἰ δέ τις τὰ εἰκότα ἀλήθεσιν ἴσα ἡγεῖται καταμαρτυρῆσαί μου,
20 ταὐτὸν ἀντιλογισάσθω ὅτι με εἰκότερον ἦν τὴν ἀσφάλειαν τῆς
ἐπιβουλῆς τηροῦντα φυλάξασθαι καὶ μὴ παραγενέσθαι τῷ
ἔργῳ μᾶλλον ἢ τοῦτον σφαζόμενον ὀρθῶς γνῶναι.

1–2. ἀωρὶ τῶν νυκτῶν: 'at dead of night'. Plural is found in
other phrases, e.g. περὶ μέσας νύκτας 'around midnight'.

2. ἐπὶ τοῖς ἱματίοις: 'for the sake of his clothes'. (G § 1210.
2(c)).

5. ἐσωφρόνουν καὶ οὐκ ἐμαίνοντο: 'they acted sanely, not
madly'; the thought is expressed twice, once positively and once
negatively: WS § 3042.

6. εἰ δὲ μὴ . . .: depends on τίς οἶδε. For μὴ as negative, see
WS § 2676(c).

καὶ: 'in fact'. Denniston, Particles, 299 f. has a lengthy
discussion of καὶ in εἰ-clauses; the nuance is often hard to grasp.

9–12. 'Was it not likely that they should have killed him
rather than that I should? It was plain to them that the suspicion
should fall on me, whereas I knew that I should bear the blame
for them!'

15–16. ἀναγιγνωσκόμενον: 'persuaded' by his masters. This
use of ἀναγιγνώσκω (later = 'read') is found in Herodotus and
quoted by a later Greek grammarian from 'Antiphon and
Isaeus'.

17. οὐ γὰρ ἂν . . . αὐτούς: 'for otherwise, we should be
torturing them'. Denniston, Particles, 62.

20. ταὐτόν: adverbial, 'by the same reasoning'; but the text has been doubted. Suggestions include τοὖργον, τοῦτ' αὖ, τοῦτον.

22. τοῦτον is the subject of γνῶναι: 'than that he (the slave) should have a genuine knowledge of the man's murder.'

14. The affair of the mysteries

Andocides, born c.440 BC of an aristocratic Athenian family, became involved in 415 in the scandal over the mutilation of the Hermae and the profane celebration of the Eleusinian Mysteries, which resulted in the recall of Alcibiades soon after the start of the Sicilian expedition. Following a decree forbidding those who had confessed to impiety to take part in civil life, Andocides went into exile, and he was not successful in sustaining his right to live in Athens until 400 or 399, when the de Mysteriis was delivered. [Lysias] VI is the speech of one of his accusers. Our extract (§§ 11–18) shows Andocides beginning his defence in the matter of the mysteries with an unvarnished account of the earlier events. D. M. MacDowell's edition with commentary (1962) contains discussion of the truthfulness of his speech (pp. 167–71) and comment on his style, which was not much affected by rhetorical fashions: 'a gentleman orator' (pp. 18–19).

Ἦν μὲν γὰρ ἐκκλησία τοῖς στρατηγοῖς τοῖς εἰς Σικελίαν,
Νικίᾳ καὶ Λαμάχῳ καὶ Ἀλκιβιάδῃ, καὶ τριήρης ἡ στρατηγὶς
ἤδη ἐξώρμει ἡ Λαμάχου· ἀναστὰς δὲ Πυθόνικος ἐν τῷ δήμῳ
εἶπεν· Ὦ Ἀθηναῖοι, ὑμεῖς μὲν στρατιὰν ἐκπέμπετε καὶ
παρασκευὴν τοσαύτην, καὶ κίνδυνον ἀρεῖσθαι μέλλετε·   5
Ἀλκιβιάδην δὲ τὸν στρατηγὸν ἀποδείξω ὑμῖν τὰ μυστήρια
ποιοῦντα ἐν οἰκίᾳ μεθ' ἑτέρων, καὶ ἐὰν ψηφίσησθε ἄδειαν ᾧ
ἐγὼ κελεύω, θεράπων ὑμῖν ἑνὸς τῶν ἐνθάδε ἀνδρῶν ἀμύητος
ὢν ἐρεῖ τὰ μυστήρια· εἰ δὲ μή, χρῆσθέ μοι ὅτι ἂν ὑμῖν δοκῇ,
ἐὰν μὴ τἀληθῆ λέγω. ἀντιλέγοντος δὲ Ἀλκιβιάδου πολλὰ καὶ   10
ἐξάρνου ὄντος, ἔδοξε τοῖς πρυτάνεσι τοὺς μὲν ἀμυήτους
μεταστήσασθαι, αὐτοὺς δ' ἰέναι ἐπὶ τὸ μειράκιον ὃ ὁ
Πυθόνικος ἐκέλευε. καὶ ᾤχοντο, καὶ ἤγαγον θεράποντα

Ἀρχεβιάδου <τοῦ> Πολεμάρχου· Ἀνδρόμαχος αὐτῷ ὄνομα
15 ἦν. ἐπεὶ δ' ἐψηφίσαντο αὐτῷ τὴν ἄδειαν, ἔλεγεν ὅτι ἐν τῇ
οἰκίᾳ τῇ Πουλυτίωνος γίγνοιτο μυστήρια· Ἀλκιβιάδην μὲν οὖν
καὶ Νικιάδην καὶ Μέλητον, τούτους μὲν αὐτοὺς εἶναι τοὺς
ποιοῦντας, συμπαρεῖναι δὲ καὶ ὁρᾶν τὰ γιγνόμενα καὶ ἄλλους,
παρεῖναι δὲ καὶ δούλους, ἑαυτόν τε καὶ τὸν ἀδελφὸν καὶ
20 Ἰκέσιον τὸν αὐλητὴν καὶ τὸν Μελήτου δοῦλον.

Πρῶτος μὲν οὗτος ταῦτ' ἐμήνυσε, καὶ ἀπέγραψε τούτους·
ὧν Πολύστρατος μὲν συνελήφθη καὶ ἀπέθανεν, οἱ δ' ἄλλοι
φεύγοντες ᾤχοντο, καὶ αὐτῶν ὑμεῖς θάνατον κατέγνωτε. καί
μοι λαβὲ καὶ ἀνάγνωθι αὐτῶν τὰ ὀνόματα.

25 ΟΝΟΜΑΤΑ

Τούσδε Ἀνδρόμαχος ἐμήνυσεν· Ἀλκιβιάδην Νικιάδην Μέλητον
Ἀρχεβιάδην Ἄρχιππον Διογένη Πολύστρατον Ἀριστομένη Οἰωνίαν
Παναίτιον.

Πρώτη μέν, ὦ ἄνδρες, μήνυσις ἐγένετο αὕτη ὑπὸ Ἀνδρο-
30 μάχου κατὰ τούτων τῶν ἀνδρῶν. καί μοι κάλει Διόγνητον.

Ἦσθα ζητητής, ὦ Διόγνητε, ὅτε Πυθόνικος εἰσήγγειλεν ἐν τῷ
δήμῳ περὶ Ἀλκιβιάδου;
Ἦ.
Οἶσθα οὖν μηνύσαντα Ἀνδρόμαχον τὰ ἐν τῇ οἰκίᾳ τῇ Πουλυτίω-
35 νος γιγνόμενα;
Οἶδα.
Τὰ ὀνόματα οὖν τῶν ἀνδρῶν ἐστὶ ταῦτα, καθ' ὧν ἐκεῖνος
ἐμήνυσεν;
Ἔστι ταῦτα.

40 Δευτέρα τοίνυν μήνυσις ἐγένετο. Τεῦκρος ἦν ἐνθάδε μέτ-
οικος, ὃς ᾤχετο Μεγαράδε ὑπεξελθών, ἐκεῖθεν δ' ἐπ-
αγγέλλεται τῇ βουλῇ, εἴ οἱ ἄδειαν δοῖεν, μηνύσειν περὶ
τῶν μυστηρίων, σύνεργος ὤν, καὶ τοὺς ἄλλους τοὺς ποιοῦντας
μεθ' ἑαυτοῦ, καὶ περὶ τῶν Ἑρμῶν τῆς περικοπῆς ἃ ᾔδει.
45 ψηφισαμένης δὲ τῆς βουλῆς (ἦν γὰρ αὐτοκράτωρ) ᾤχοντο ἐπ'
αὐτὸν Μεγαράδε· καὶ κομισθείς, ἄδειαν εὑρόμενος, ἀπογράφει
τοὺς μεθ' ἑαυτοῦ. καὶ οὗτοι κατὰ τὴν Τεύκρου μήνυσιν ᾤχ-
οντο φεύγοντες. καί μοι λαβὲ καὶ ἀνάγνωθι τὰ ὀνόματα
αὐτῶν.

ΟΝΟΜΑΤΑ 50

Τούσδε Τεῦκρος ἐμήνυσε· Φαῖδρον, Γνιφωνίδην, Ἰσόνομον, Ἡφαιστόδωρον, Κηφισόδωρον, ἑαυτὸν, Διόγνητον, Σμινδυρίδην, Φιλοκράτη, Ἀντιφῶντα, Τείσαρχον, Παντακλέα. Μέμνησθε δέ, ὦ ἄνδρες, ὅτι καὶ ταῦθ᾿ ὑμῖν προσωμολόγηται ἅπαντα. τρίτη μήνυσις ἐγένετο. ἡ γυνὴ Ἀλκμεωνίδου, γενο- 55 μένη δὲ καὶ Δάμωνος (Ἀγαρίστη ὄνομα αὐτῇ), αὕτη ἐμήνυσεν ἐν τῇ οἰκίᾳ τῇ Χαρμίδου τῇ παρὰ τὸ Ὀλυμπιεῖον μυστήρια ποιεῖν Ἀλκιβιάδην καὶ Ἀξίοχον καὶ Ἀδείμαντον· καὶ ἔφυγον οὗτοι πάντες ἐπὶ ταύτῃ τῇ μηνύσει.

ΜΑΡΤΥΡΕΣ 60

Ἔτι μήνυσις ἐγένετο μία. Λυδὸς ὁ Φερεκλέους τοῦ Θημακέως ἐμήνυσε μυστήρια γίγνεσθαι ἐν τῇ οἰκίᾳ Φερεκλέους τοῦ δεσπότου τοῦ ἑαυτοῦ, ἐν Θημακῷ· καὶ ἀπογράφει τούς τε ἄλλους, καὶ τὸν πατέρα ἔφη τὸν ἐμὸν παρεῖναι μέν, καθεύδειν δὲ ἐγκεκαλυμμένον. Σπεύσιππος δὲ βουλεύων παραδίδωσιν 65 αὐτοὺς τῷ δικαστηρίῳ. κἄπειτα ὁ πατὴρ καταστήσας ἐγγυη- τὰς ἐγράψατο τὸν Σπεύσιππον παρανόμων, καὶ ἠγωνίσατο ἐν ἑξακισχιλίοις Ἀθηναίων, καὶ μετέλαβε δικαστῶν τοσούτων οὐδὲ διακοσίας ψήφους ὁ Σπεύσιππος. ὁ δὲ πείσας καὶ δεόμενος μεῖναι τὸν πατέρα ἐγὼ ἦν μάλιστα, εἶτα δὲ καὶ οἱ 70 ἄλλοι συγγενεῖς. καί μοι κάλει Καλλίαν καὶ Στέφανον—κάλει δὲ καὶ Φίλιππον καὶ Ἀλέξιππον· οὗτοι γάρ εἰσιν Ἀκουμενοῦ καὶ Αὐτοκράτορος συγγενεῖς, οἳ ἔφυγον ἐπὶ τῇ Λυδοῦ μηνύσει· τοῦ μὲν ἀδελφιδοῦς ἐστιν Αὐτοκράτωρ, τοῦ δὲ θεῖος Ἀκουμενός· οἷς προσήκει μισεῖν μὲν τὸν ἐξελάσαντα ἐκείνους 75 εἰδέναι δὲ μάλιστα δι᾿ ὅντινα ἔφυγον. βλέπετε εἰς τούτους, καὶ μαρτυρεῖτε εἰ ἀληθῆ λέγω.

ΜΑΡΤΥΡΕΣ

1. τοῖς στρατηγοῖς: the meeting is for the generals, i.e. to give them a hearing.

εἰς Σικελίαν: a verb of motion ('who were going to . . .') is understood. LSJ, s.v. εἰς I. 4. b.

3. ἐξώρμει: 'was leaving harbour'.

5. ἀρεῖσθαι: MSS have αἱρεῖσθαι, the wrong verb. Either present (αἵρεσθαι) or future infinitive is possible with μέλλω.

7. ποιοῦντα: represents historic present or imperfect in direct speech; cf. below 22, 67, 71.

ἄδειαν: immunity against prosecution as an accomplice.

8. Text unsure: Blass wished to transpose ἐνθάδε to precede ἑνός. τῶν ἀνδρῶν would then mean the guilty. The slave belonged to Archebiades (below 14, if text is right).

9. εἰ δὲ μή: 'otherwise'.

11. τοῖς πρυτάνεσι: i.e. the 50 members of the βουλή (which had 500 members) who acted as a standing committee at the time. Each tribe had 50 members, and the year was then divided into 10 periods (πρυτανεῖαι) between them.

12. μεταστήσασθαι: 'remove from the meeting'. The uninitiated were not allowed to hear details of the Mysteries which might emerge during the subsequent proceedings.

αὐτούς: strict grammar requires αὐτοῖς (after ἔδοξε), but this anacoluthon (change of case to accusative) is very common.

14. Text again unsure. MSS give Ἀλκιβιάδου, which Mac-Dowell accepts, deleting Πολέμαρχον (which is the MSS reading). If this is right, τῶν ἐνθάδε ἀνδρῶν (8) will be a masking of a surprise revelation that the slave was Alcibiades' own.

16. μὲν οὖν: μὲν looks forward to παρεῖναι δέ (19), οὖν has little force ('now'). μὲν is then repeated (17), with the effect of emphasizing the names (Denniston, *Particles*, 385).

19. ἑαυτόν: accusative, because in 'part apposition' to δούλους.

23. φεύγοντες ᾤχοντο: G § 1587.

αὐτῶν ὑμεῖς θάνατον κατέγνωτε: G § 1171.

24. μοι: G § 1171.

26–8. Fragments of pillars (στῆλαι) recording the sales of the property of the condemned still exist, and enable us to correct two of the names on the list.

32–40. Andocides gets a member of the commission to confirm the facts just stated.

41. τοίνυν: 'transitional', not 'logical'. Denniston, *Particles*, 575.

Τεῦκρος: as at 70 below, the explanatory story begins in asyndeton—a normal practice.

42. Μεγαράδε: *G* § 293.

ὑπ- indicates that the departure was secret.

43–5. μηνύσειν: has two direct objects: (i) τοὺς . . . ποιοῦντας, (ii) ἃ ᾔδει.

46. αὐτοκράτωρ: 'having power to act on its own initiative'.

ᾤχοντο: sc. the officials sent to fetch him.

54. Μέμνησθε: apparently imperative. This information 'also' (καὶ) is admitted by some other evidence. (The point is obscure: perhaps it is just that no one denies it, perhaps, as in 37–45, Andocides produced a witness.)

56 ff. We move in high circles. Alcmeonides and Agariste (cf. Herodotus, **8** above) are connections of Pericles and Alcibiades, Damon is also a famous name: friend of Pericles, political and musical adviser, ostracized perhaps in 440's.

The word-order ἡ γυνὴ Ἀλκμεωνίδου (no second article) is unusual; but cf. 63 τῇ οἰκίᾳ Φερεκλέους.

62. τοῦ Θημακέως: i.e. of the deme Themakos.

66. βουλεύων: 'serving as a member of the βουλή', 'a bouletes'.

παραδίδωσιν: 'was ready to hand them over'. Goodwin, *GMT* § 25.

68. ἐγράψατο . . . **παρανόμων:** 'prosecuted for making an illegal proposal'. *G* § 1121. The trial of Speusippus, it seems, was held before a court of 6000, all the jurors available in any one year.

77. βλέπετε: addressed to the witnesses.

THUCYDIDES

The greatest of Greek historians holds a special place in the history of prose. Innovative, ingenious, and serious, he is affected by the 'Gorgianic' rhetoric of his day, but goes far beyond it in the expression of sophisticated and complex judgments. *Variatio* and anacoluthon are common features. We notice also some dialectal forms not followed in later Attic (ἐς, ξύν, αἰεί, -σσ- for -ττ-), and also the frequent use of τε as a sentence connective. There is no concern for hiatus or rhythm.

15. *Athens and Sparta*

This passage (1. 70–1) is the peroration of the Corinthians' speech to the Spartans in the famous Debate in 432 BC. It consists of a comparison between the characters of the Athenians and the Spartans, and an exhortation to the latter to bestir themselves.

Καὶ ἅμα, εἴπερ τινὲς καὶ ἄλλοι, ἄξιοι νομίζομεν εἶναι τοῖς
πέλας ψόγον ἐπενεγκεῖν, ἄλλως τε καὶ μεγάλων τῶν διαφερ-
όντων καθεστώτων, περὶ ὧν οὐκ αἰσθάνεσθαι ἡμῖν γε δοκεῖτε,
οὐδ' ἐκλογίσασθαι πώποτε πρὸς οἵους ὑμῖν Ἀθηναίους ὄντας
5 καὶ ὅσον ὑμῶν καὶ ὡς πᾶν διαφέροντας ὁ ἀγὼν ἔσται. οἱ μέν
γε νεωτεροποιοὶ καὶ ἐπινοῆσαι ὀξεῖς καὶ ἐπιτελέσαι ἔργῳ ἃ ἂν
γνῶσιν· ὑμεῖς δὲ τὰ ὑπάρχοντά τε σῴζειν καὶ ἐπιγνῶναι μηδὲν
καὶ ἔργῳ οὐδὲ τἀναγκαῖα ἐξικέσθαι. αὖθις δὲ οἱ μὲν καὶ παρὰ
δύναμιν τολμηταὶ καὶ παρὰ γνώμην κινδυνευταὶ καὶ ἐν τοῖς
10 δεινοῖς εὐέλπιδες· τὸ δὲ ὑμέτερον τῆς τε δυνάμεως ἐνδεᾶ
πρᾶξαι τῆς τε γνώμης μηδὲ τοῖς βεβαίοις πιστεῦσαι τῶν τε
δεινῶν μηδέποτε οἴεσθαι ἀπολυθήσεσθαι. καὶ μὴν καὶ ἄοκνοι
πρὸς ὑμᾶς μελλητὰς καὶ ἀποδημηταὶ πρὸς ἐνδημοτάτους·
οἴονται γὰρ οἱ μὲν τῇ ἀπουσίᾳ ἄν τι κτᾶσθαι, ὑμεῖς δὲ τῷ
15 ἐπελθεῖν καὶ τὰ ἑτοῖμα ἂν βλάψαι. κρατοῦντές τε τῶν ἐχθρῶν
ἐπὶ πλεῖστον ἐξέρχονται καὶ νικώμενοι ἐπ' ἐλάχιστον ἀνα-

πίπτουσιν. ἔτι δὲ τοῖς μὲν σώμασιν ἀλλοτριωτάτοις ὑπὲρ τῆς
πόλεως χρῶνται, τῇ δὲ γνώμῃ οἰκειοτάτῃ ἐς τὸ πράσσειν τι
ὑπὲρ αὐτῆς. καὶ ἃ μὲν ἂν ἐπινοήσαντες μὴ ἐπεξέλθωσιν,
οἰκείων στέρεσθαι ἡγοῦνται. ἃ δ’ ἂν ἐπελθόντες κτήσωνται,   20
ὀλίγα πρὸς τὰ μέλλοντα τυχεῖν πράξαντες. ἢν δ’ ἄρα του καὶ
πείρᾳ σφαλῶσιν, ἀντελπίσαντες ἄλλα ἐπλήρωσαν τὴν χρείαν·
μόνοι γὰρ ἔχουσί τε ὁμοίως καὶ ἐλπίζουσιν ἃ ἂν ἐπινοήσωσι
διὰ τὸ ταχεῖαν τὴν ἐπιχείρησιν ποιεῖσθαι ὧν ἂν γνῶσιν. καὶ
ταῦτα μετὰ πόνων πάντα καὶ κινδύνων δι’ ὅλου τοῦ αἰῶνος   25
μοχθοῦσι, καὶ ἀπολαύουσιν ἐλάχιστα τῶν ὑπαρχόντων διὰ τὸ
αἰεὶ κτᾶσθαι καὶ μήτε ἑορτὴν ἄλλο τι ἡγεῖσθαι ἢ τὸ τὰ δέοντα
πρᾶξαι ξυμφοράν τε οὐχ ἧσσον ἡσυχίαν ἀπράγμονα ἢ
ἀσχολίαν ἐπίπονον· ὥστε εἴ τις αὐτοὺς ξυνελὼν φαίη πεφυ-
κέναι ἐπὶ τῷ μήτε αὐτοὺς ἔχειν ἡσυχίαν μήτε τοὺς ἄλλους   30
ἀνθρώπους ἐᾶν, ὀρθῶς ἂν εἴποι.

Ταύτης μέντοι τοιαύτης ἀντικαθεστηκυίας πόλεως, ὦ
Λακεδαιμόνιοι, διαμέλλετε καὶ οἴεσθε τὴν ἡσυχίαν οὐ τούτοις
τῶν ἀνθρώπων ἐπὶ πλεῖστον ἀρκεῖν οἳ ἂν τῇ μὲν παρασκευῇ
δίκαια πράσσωσι, τῇ δὲ γνώμῃ, ἢν ἀδικῶνται, δῆλοι ὦσι μὴ   35
ἐπιτρέποντες, ἀλλ’ ἐπὶ τῷ μὴ λυπεῖν τε τοὺς ἄλλους καὶ αὐτοὶ
ἀμυνόμενοι μὴ βλάπτεσθαι τὸ ἴσον νέμετε. μόλις δ’ ἂν πόλει
ὁμοίᾳ παροικοῦντες ἐτυγχάνετε τούτου· νῦν δ’ ὅπερ καὶ ἄρτι
ἐδηλώσαμεν, ἀρχαιότροπα ὑμῶν τὰ ἐπιτηδεύματα πρὸς αὐτούς
ἐστιν. ἀνάγκη δὲ ὥσπερ τέχνης αἰεὶ τὰ ἐπιγιγνόμενα κρατεῖν·   40
καὶ ἡσυχαζούσῃ μὲν πόλει τὰ ἀκίνητα νόμιμα ἄριστα, πρὸς
πολλὰ δὲ ἀναγκαζομένοις ἰέναι πολλῆς καὶ τῆς ἐπιτεχνήσεως
δεῖ. δι’ ὅπερ καὶ τὰ τῶν Ἀθηναίων ἀπὸ τῆς πολυπειρίας ἐπὶ
πλέον ὑμῶν κεκαίνωται. μέχρι μὲν οὖν τοῦδε ὡρίσθω ὑμῶν ἡ
βραδυτής· νῦν δὲ τοῖς τε ἄλλοις καὶ Ποτειδεάταις ὥσπερ   45
ὑπεδέξασθε, βοηθήσατε κατὰ τάχος ἐσβαλόντες ἐς τὴν
Ἀττικήν, ἵνα μὴ ἄνδρας τε φίλους καὶ ξυγγενεῖς τοῖς
ἐχθίστοις προῆσθε καὶ ἡμᾶς τοὺς ἄλλους ἀθυμίᾳ πρὸς ἑτέραν
τινὰ ξυμμαχίαν τρέπητε. δρῶμεν δ’ ἂν ἄδικον οὐδὲν οὔτε πρὸς
θεῶν τῶν ὁρκίων οὔτε πρὸς ἀνθρώπων τῶν αἰσθανομένων·   50
λύουσι γὰρ σπονδὰς οὐχ οἱ δι’ ἐρημίαν ἄλλοις προσιόντες, ἀλλ’
οἱ μὴ βοηθοῦντες οἷς ἂν ξυνομόσωσιν. βουλομένων δὲ ὑμῶν
προθύμων εἶναι μενοῦμεν· οὔτε γὰρ ὅσια ἂν ποιοῖμεν μετα-
βαλλόμενοι οὔτε ξυνηθεστέρους ἂν ἄλλους εὕροιμεν. πρὸς τάδε

55 βουλεύεσθε εὖ καὶ τὴν Πελοπόννησον πειρᾶσθε μὴ ἐλάσσω
ἐξηγεῖσθαι ἢ οἱ πατέρες ὑμῖν παρέδοσαν.

1. εἴπερ τινὲς καὶ ἄλλοι: 'if any other group of people'.
Denniston, *Particles*, 304.

3. 'In regard to which you do not appear to *us* to have any
certainty (awareness) . . .'

4. πρὸς οἵους: See *G* § 1036 for this kind of 'assimilation':
'what kind of opponents you will face in the Athenians, how
different they are from you, indeed how totally different'.

5–6. μέν γε: Denniston, *Particles*, 159.

6–9. ὀξεῖς: 'quick to . . .' governs the five following infini-
tives, though its special force is lost when we come to the
Spartans (σῴζειν etc.); we should mentally substitute some less
exact word, δεινοὶ or οἷοι. Four of the infinitives are aorist and
one present; in what follows there is also variation between the
tenses, the reason for which it is not always easy to see: strictly
the present indicates continuing or lasting activity, the aorist
actions or achievements seen as single events.

9. τολμηταὶ . . . κινδυνευταὶ: these agent nouns (cf. μελληταί,
ἀποδημηταί (13–14)) are probably coinages of Thucydides, and
have a marked rhetorical effect. They are in parallel with
adjectives (here εὐέλπιδες), a form of 'variation'.

10. τὸ δὲ ὑμέτερον: 'it is your characteristic to . . .'

16–17. ἀναπίπτουσιν: i.e. 'stay on the ground'.

17–18. ἀλλοτριωτάτοις . . . οἰκειοτάτῃ: they do not think of
their bodies as their own, but they treat their minds as their own
special property to be used for the city's sake. A forced and very
Gorgianic antithesis. Cf. Thuc. 1. 78; 3. 13. 5.

21. ὀλίγα . . . πράξαντες: πράξαντες depends on τυχεῖν, 'that
they have in fact done very little compared with what is to
come'.

22. ἐπλήρωσαν: gnomic aorist. *G* § 1292.

25–6. αἰῶνος and **μοχθοῦσι** are both somewhat elevated
(largely poetical) words.

28–9. ἡσυχίαν . . . ἐπίπονον: qualification of abstract nouns by adjectives, common in Thuc., is generally outside the range of Attic orators (Denniston, *Style*, 35).

29. ξυνελών: 'summing up'.

32. 'When such a city as this is your opponent.' Despite lack of article, ταύτης . . . τοιαύτης . . . πόλεως is probably the subject.

35. μὴ: *G* § 1496.

36–7. 'You act even-handedly, on the principle that you do not harm others but ensure by self-defence that you come to no harm yourselves.'

40. ὥσπερ τέχνης: 'as in an art'.

41–3. 'But people obliged to deal with many situations necessarily require a great deal of ingenuity.'

43–4. 'This is why Athens, as a result of its diverse experience, has gone through more innovations than you have.'

44. ὡρίσθω: 'the perfect passive imperative is used of a fixed decision concerning what is to be done.' *WS* § 1864. 'Let the present moment mark the end of your dilatoriness.'

48. ἀθυμίᾳ: *G* § 1181.

50. πρὸς: *G* § 1216. 1, 'in the eyes of'.

54. ξυνηθεστέρους: 'more congenial'.

55–6. μὴ ἐλάσσω: predicative. 'Try not to lessen your hegemony over the Peloponnese from that which your fathers bequeathed to you.' *WS* § 1371.

16. *Cleon in the Mitylene debate*

Mitylene revolted from Athens in June 428, but surrendered within a year. The Athenian assembly voted for the execution of all adult males and the enslavement of the rest. But they subsequently repented, and the question was raised again. This passage (3. 37–8) is the beginning of the democratic politician Cleon's speech in favour of the original cruel resolution. In the event, he lost, and news reached the commander in Lesbos just in time to save the lives of the population. Thucydides gives this debate a good deal of space, sensing its obvious moral and political significance. He had characterized Cleon (36. 6) as καὶ ἐς τὰ ἄλλα βιαιότατος τῶν πολιτῶν τῷ τε δήμῳ παρὰ πολὺ ἐν τῷ τότε πιθανώτατος.

On this passage see C. W. Macleod, *JHS* 98 (1978), 64–78 (= *Collected Essays* (Oxford, 1983), 88–100).

Πολλάκις μὲν ἤδη ἔγωγε καὶ ἄλλοτε ἔγνων δημοκρατίαν ὅτι ἀδύνατόν ἐστιν ἑτέρων ἄρχειν, μάλιστα δ᾿ ἐν τῇ νῦν ὑμετέρᾳ περὶ Μυτιληναίων μεταμελείᾳ. διὰ γὰρ τὸ καθ᾿ ἡμέραν ἀδεὲς καὶ ἀνεπιβούλευτον πρὸς ἀλλήλους καὶ ἐς τοὺς ξυμμάχους τὸ
5 αὐτὸ ἔχετε, καὶ ὅτι ἂν ἢ λόγῳ πεισθέντες ὑπ᾿ αὐτῶν ἁμάρτητε ἢ οἴκτῳ ἐνδῶτε, οὐκ ἐπικινδύνως ἡγεῖσθε ἐς ὑμᾶς καὶ οὐκ ἐς τὴν τῶν ξυμμάχων χάριν μαλακίζεσθαι, οὐ σκοποῦντες ὅτι τυραννίδα ἔχετε τὴν ἀρχὴν καὶ πρὸς ἐπιβουλεύοντας αὐτοὺς καὶ ἄκοντας ἀρχομένους, οἳ οὐκ ἐξ ὧν ἂν
10 χαρίζησθε βλαπτόμενοι αὐτοὶ ἀκροῶνται ὑμῶν, ἀλλ᾿ ἐξ ὧν ἂν ἰσχύϊ μᾶλλον ἢ τῇ ἐκείνων εὐνοίᾳ περιγένησθε. πάντων δὲ δεινότατον εἰ βέβαιον ἡμῖν μηδὲν καθεστήξει ὧν ἂν δόξῃ πέρι, μηδὲ γνωσόμεθα ὅτι χείροσι νόμοις ἀκινήτοις χρωμένη πόλις κρείσσων ἐστὶν ἢ καλῶς ἔχουσιν ἀκύροις, ἀμαθία τε μετὰ
15 σωφροσύνης ὠφελιμώτερον ἢ δεξιότης μετὰ ἀκολασίας, οἵ τε φαυλότεροι τῶν ἀνθρώπων πρὸς τοὺς ξυνετωτέρους ὡς ἐπὶ τὸ πλέον ἄμεινον οἰκοῦσι τὰς πόλεις. οἱ μὲν γὰρ τῶν τε νόμων σοφώτεροι βούλονται φαίνεσθαι τῶν τε αἰεὶ λεγομένων ἐς τὸ κοινὸν περιγίγνεσθαι, ὡς ἐν ἄλλοις μείζοσιν οὐκ ἂν
20 δηλώσαντες τὴν γνώμην, καὶ ἐκ τοῦ τοιούτου τὰ πολλὰ σφάλλουσι τὰς πόλεις· οἱ δ᾿ ἀπιστοῦντες τῇ ἐξ αὑτῶν ξυνέσει ἀμαθέστεροι μὲν τῶν νόμων ἀξιοῦσιν εἶναι, ἀδυνατώτεροι δὲ τοῦ καλῶς εἰπόντος μέμψασθαι λόγον, κριταὶ δὲ ὄντες ἀπὸ τοῦ ἴσου μᾶλλον ἢ ἀγωνισταὶ ὀρθοῦνται τὰ πλείω. ὡς οὖν χρὴ
25 καὶ ἡμᾶς μὴ δεινότητι καὶ ξυνέσεως ἀγῶνι ἐπαιρομένους παρὰ δόξαν τῷ ὑμετέρῳ πλήθει παραινεῖν.

Ἐγὼ μὲν οὖν ὁ αὐτός εἰμι τῇ γνώμῃ καὶ θαυμάζω μὲν τῶν προθέντων αὖθις περὶ Μυτιληναίων λέγειν καὶ χρόνου διατριβὴν ἐμποιησάντων, ὅ ἐστι πρὸς τῶν ἠδικηκότων μᾶλλον (ὁ
30 γὰρ παθὼν τῷ δράσαντι ἀμβλυτέρᾳ τῇ ὀργῇ ἐπεξέρχεται, ἀμύνεσθαι δὲ τῷ παθεῖν ὅτι ἐγγυτάτω κείμενον ἀντίπαλον

μάλιστα τὴν τιμωρίαν ἀναλαμβάνει), θαυμάζω δὲ καὶ ὅστις
ἔσται ὁ ἀντερῶν καὶ ἀξιώσων ἀποφαίνειν τὰς μὲν Μυτι-
ληναίων ἀδικίας ἡμῖν ὠφελίμους οὔσας, τὰς δ' ἡμετέρας
ξυμφορὰς τοῖς ξυμμάχοις βλάβας καθισταμένας. καὶ δῆλον ὅτι 35
ἢ τῷ λέγειν πιστεύσας τὸ πάνυ δοκοῦν ἀνταποφῆναι ὡς οὐκ
ἔγνωσται ἀγωνίσαιτ' ἄν, ἢ κέρδει ἐπαιρόμενος τὸ εὐπρεπὲς
τοῦ λόγου ἐκπονήσας παράγειν πειράσεται. ἡ δὲ πόλις ἐκ τῶν
τοιῶνδε ἀγώνων τὰ μὲν ἆθλα ἑτέροις δίδωσιν, αὐτὴ δὲ τοὺς
κινδύνους ἀναφέρει. αἴτιοι δ' ὑμεῖς κακῶς ἀγωνοθετοῦντες, 40
οἵτινες εἰώθατε θεαταὶ μὲν τῶν λόγων γίγνεσθαι, ἀκροαταὶ δὲ
τῶν ἔργων, τὰ μὲν μέλλοντα ἔργα ἀπὸ τῶν εὖ εἰπόντων
σκοποῦντες ὡς δυνατὰ γίγνεσθαι, τὰ δὲ πεπραγμένα ἤδη, οὐ
τὸ δρασθὲν πιστότερον ὄψει λαβόντες ἢ τὸ ἀκουσθέν, ἀπὸ τῶν
λόγῳ καλῶς ἐπιτιμησάντων· καὶ μετὰ καινότητος μὲν λόγου 45
ἀπατᾶσθαι ἄριστοι, μετὰ δεδοκιμασμένου δὲ μὴ ξυνέπεσθαι
ἐθέλειν, δοῦλοι ὄντες τῶν αἰεὶ ἀτόπων, ὑπερόπται δὲ τῶν
εἰωθότων, καὶ μάλιστα μὲν αὐτὸς εἰπεῖν ἕκαστος βουλόμενος
δύνασθαι, εἰ δὲ μή, ἀνταγωνιζόμενοι τοῖς τοιαῦτα λέγουσι μὴ
ὕστεροι ἀκολουθῆσαι δοκεῖν τῇ γνώμῃ, ὀξέως δέ τι λέγοντος 50
προεπαινέσαι, καὶ προαισθέσθαι τε πρόθυμοι εἶναι τὰ λεγό-
μενα καὶ προνοῆσαι βραδεῖς τὰ ἐξ αὐτῶν ἀποβησόμενα,
ζητοῦντές τε ἄλλο τι, ὡς εἰπεῖν, ἢ ἐν οἷς ζῶμεν, φρονοῦντες
δὲ οὐδὲ περὶ τῶν παρόντων ἱκανῶς· ἁπλῶς τε ἀκοῆς ἡδονῇ
ἡσσώμενοι καὶ σοφιστῶν θεαταῖς ἐοικότες καθημένοις μᾶλλον 55
ἢ περὶ πόλεως βουλευσομένοις.

2. ἀδύνατόν: 'an impossible thing' for ruling others. Fem.
ἀδύνατος would be more obvious and banal.

6–7. οὐκ goes with ἡγεῖσθε: 'you fail to realize that this
softness is perilous to you and does not gain you your allies'
gratitude.'

8–11. i.e. 'The empire you hold is a tyranny. Your allies
conspire against you and are unwilling subjects. They obey you
though they suffer disadvantage not because of any favours you
give them, but because you prevail through strength rather than
through their good will.'

12. εἰ . . . καθεστήξει: G § 1405.
   ὧν ἂν δόξῃ πέρι: i.e. περὶ τούτων ἃ ἂν δόξῃ. G § 1031.

25–6. παρὰ δόξαν: Reiske conjectured παρὰ τὸ δόξαν 'contrary to what has been decided' rather than 'contrary to expectation'. He was probably right, and the dative then depends on δόξαν.

29 ff. Difficult. 'For the victim then pursues the aggressor with his anger blunted, though it is retaliation following hard on the heels of the wrong done that best achieves a punishment adequate to the offence.'

37. Observe Cleon's insinuation that his opponent is corrupt. The alternative—that he is so confident in his own eloquence that he hopes to prove that what was decided wasn't in fact decided—is obviously implausible.

41 ff. Thucydides makes Cleon, with very Gorgianic antitheses (θεαταὶ ... ἀκροαταί), attack the Athenian liking for fine speeches, and the readiness of the demos to be deceived by those who stimulated its wish for novelty best in the speech competitions of the assembly. Note κακῶς ἀγωνοθετοῦντες ('because you organize the competition so badly'). He implies it is all a game to the Athenians, vain as they are of their cleverness.

53. 'Looking for something, I might almost say, other than the world we live in.' *WS* § *2012*: ὡς εἰπεῖν shows that the sentence is something of an exaggeration, not that it is an unduly bold image.

55. 'And more like people sitting down to witness sophists' performances than people about to debate affairs of state.'

17. The final defeat and death of Nicias

The Athenian expedition to Sicily (415–413 BC) ended in disaster, with the destruction of the army following a naval defeat in the Great Harbour of Syracuse. Thucydides' account (we give 7. 84–6) has always been recognized as one of the most graphic and moving narratives in any ancient historian.

Νικίας δ' ἐπειδὴ ἡμέρα ἐγένετο ἦγε τὴν στρατιάν· οἱ δὲ Συρακόσιοι καὶ οἱ ξύμμαχοι προσέκειντο τὸν αὐτὸν τρόπον πανταχόθεν βάλλοντές τε καὶ ἀκοντίζοντες. καὶ οἱ Ἀθηναῖοι ἠπ-

εἴγοντο πρὸς τὸν Ἀσσίναρον ποταμόν, ἅμα μὲν βιαζόμενοι
ὑπὸ τῆς πανταχόθεν προσβολῆς ἱππέων τε πολλῶν καὶ τοῦ 5
ἄλλου ὄχλου, οἰόμενοι ῥᾷόν τι σφίσιν ἔσεσθαι, ἢν διαβῶσι τὸν
ποταμόν, ἅμα δ' ὑπὸ τῆς ταλαιπωρίας καὶ τοῦ πιεῖν ἐπιθυμίᾳ.
ὡς δὲ γίγνονται ἐπ' αὐτῷ, ἐσπίπτουσιν οὐδενὶ κόσμῳ ἔτι,
ἀλλὰ πᾶς τέ τις διαβῆναι αὐτὸς πρῶτος βουλόμενος καὶ οἱ
πολέμιοι ἐπικείμενοι χαλεπὴν ἤδη τὴν διάβασιν ἐποίουν· 10
ἀθρόοι γὰρ ἀναγκαζόμενοι χωρεῖν ἐπέπιπτόν τε ἀλλήλοις καὶ
κατεπάτουν, περί τε τοῖς δορατίοις καὶ σκεύεσιν οἱ μὲν εὐθὺς
διεφθείροντο, οἱ δὲ ἐμπαλασσόμενοι κατέρρεον. ἐς τὰ ἐπὶ
θάτερά τε τοῦ ποταμοῦ παραστάντες οἱ Συρακόσιοι (ἦν δὲ
κρημνῶδες) ἔβαλλον ἄνωθεν τοὺς Ἀθηναίους, πίνοντάς τε τοὺς 15
πολλοὺς ἀσμένους καὶ ἐν κοίλῳ ὄντι τῷ ποταμῷ ἐν σφίσιν
αὐτοῖς ταρασσομένους. οἵ τε Πελοποννήσιοι ἐπικαταβάντες
τοὺς ἐν τῷ ποταμῷ μάλιστα ἔσφαζον. καὶ τὸ ὕδωρ εὐθὺς
διέφθαρτο, ἀλλ' οὐδὲν ἧσσον ἐπίνετό τε ὁμοῦ τῷ πηλῷ
ᾑματωμένον καὶ περιμάχητον ἦν τοῖς πολλοῖς. τέλος δὲ 20
νεκρῶν τε πολλῶν ἐπ' ἀλλήλοις ἤδη κειμένων ἐν τῷ ποταμῷ
καὶ διεφθαρμένου τοῦ στρατεύματος τοῦ μὲν κατὰ τὸν
ποταμόν, τοῦ δὲ καί, εἴ τι διαφύγοι, ὑπὸ τῶν ἱππέων, Νικίας
Γυλίππῳ ἑαυτὸν παραδίδωσι, πιστεύσας μᾶλλον αὐτῷ ἢ τοῖς
Συρακοσίοις· καὶ ἑαυτῷ μὲν χρήσασθαι ἐκέλευεν ἐκεῖνόν τε 25
καὶ Λακεδαιμονίους ὅτι βούλονται, τοὺς δὲ ἄλλους στρα-
τιώτας παύσασθαι φονεύοντας. καὶ ὁ Γύλιππος μετὰ τοῦτο
ζωγρεῖν ἤδη ἐκέλευεν· καὶ τούς τε λοιποὺς ὅσους μὴ
ἀπεκρύψαντο (πολλοὶ δὲ οὗτοι ἐγένοντο) ξυνεκόμισαν ζῶντας,
καὶ ἐπὶ τοὺς τριακοσίους, οἳ τὴν φυλακὴν διεξῆλθον τῆς 30
νυκτός, πέμψαντες τοὺς διωξομένους ξυνέλαβον. τὸ μὲν οὖν
ἀθροισθὲν τοῦ στρατεύματος ἐς τὸ κοινὸν οὐ πολὺ ἐγένετο, τὸ
δὲ διακλαπὲν πολύ, καὶ διεπλήσθη πᾶσα Σικελία αὐτῶν, ἅτε
οὐκ ἀπὸ ξυμβάσεως ὥσπερ τῶν μετὰ Δημοσθένους ληφθέν-
των. μέρος δέ τι οὐκ ὀλίγον καὶ ἀπέθανεν· πλεῖστος γὰρ δὴ 35
φόνος οὗτος καὶ οὐδενὸς ἐλάσσων τῶν ἐν τῷ πολέμῳ τούτῳ
ἐγένετο. καὶ ἐν ταῖς ἄλλαις προσβολαῖς ταῖς κατὰ τὴν πορείαν
συχναῖς γενομέναις οὐκ ὀλίγοι ἐτεθνήκεσαν. πολλοὶ δ' ὅμως
καὶ διέφυγον, οἱ μὲν καὶ παραυτίκα, οἱ δὲ καὶ δουλεύσαντες
καὶ διαδιδράσκοντες ὕστερον· τούτοις δ' ἦν ἀναχώρησις ἐς 40
Κατάνην.

Ξυναθροισθέντες δὲ οἱ Συρακόσιοι καὶ οἱ ξύμμαχοι, τῶν τε
αἰχμαλώτων ὅσους ἐδύναντο πλείστους καὶ τὰ σκῦλα ἀνα-
λαβόντες, ἀνεχώρησαν ἐς τὴν πόλιν. καὶ τοὺς μὲν ἄλλους
45 Ἀθηναίων καὶ τῶν ξυμμάχων ὁπόσους ἔλαβον κατεβίβασαν ἐς
τὰς λιθοτομίας, ἀσφαλεστάτην εἶναι νομίσαντες τήρησιν,
Νικίαν δὲ καὶ Δημοσθένη ἄκοντος τοῦ Γυλίππου ἀπέσφαξαν.
ὁ γὰρ Γύλιππος καλὸν τὸ ἀγώνισμα ἐνόμιζέν οἱ εἶναι ἐπὶ τοῖς
ἄλλοις καὶ τοὺς ἀντιστρατήγους κομίσαι Λακεδαιμονίοις.
50 ξυνέβαινε δὲ τὸν μὲν πολεμιώτατον αὐτοῖς εἶναι, Δημοσθένη, διὰ
τὰ ἐν τῇ νήσῳ καὶ Πύλῳ, τὸν δὲ διὰ τὰ αὐτὰ ἐπιτηδειότατον·
τοὺς γὰρ ἐκ τῆς νήσου ἄνδρας τῶν Λακεδαιμονίων ὁ Νικίας
προύθυμήθη, σπονδὰς πείσας τοὺς Ἀθηναίους ποιήσασθαι,
ὥστε ἀφεθῆναι. ἀνθ᾽ ὧν οἵ τε Λακεδαιμόνιοι ἦσαν αὐτῷ
55 προσφιλεῖς κἀκεῖνος οὐχ ἥκιστα διὰ τοῦτο πιστεύσας ἑαυτὸν
τῷ Γυλίππῳ παρέδωκεν. ἀλλὰ τῶν Συρακοσίων τινές, ὡς
ἐλέγετο, οἱ μὲν δείσαντες, ὅτι πρὸς αὐτὸν ἐκεκοινολόγηντο, μὴ
βασανιζόμενος διὰ τὸ τοιοῦτο ταραχὴν σφίσιν ἐν εὐπραγίᾳ
ποιήσῃ, ἄλλοι δέ, καὶ οὐχ ἥκιστα οἱ Κορίνθιοι, μὴ χρήμασι δὴ
60 πείσας τινάς, ὅτι πλούσιος ἦν, ἀποδρᾷ καὶ αὖθις σφίσι
νεώτερόν τι ἀπ᾽ αὐτοῦ γένηται, πείσαντες τοὺς ξυμμάχους
ἀπέκτειναν αὐτόν. καὶ ὁ μὲν τοιαύτῃ ἢ ὅτι ἐγγύτατα τούτων
αἰτίᾳ ἐτεθνήκει, ἥκιστα δὴ ἄξιος ὢν τῶν γε ἐπ᾽ ἐμοῦ Ἑλλήνων
ἐς τοῦτο δυστυχίας ἀφικέσθαι διὰ τὴν πᾶσαν ἐς ἀρετὴν
65 νενομισμένην ἐπιτήδευσιν.

2. τὸν αὐτὸν τρόπον: G § 1060.

6–7. οἰόμενοι ... ὑπὸ τῆς ταλαιπωρίας ... ἐπιθυμίᾳ: note the
variety of construction. Thuc. avoids the symmetry that would
be given by a succession of participles.

8. Note historic presents. G § 1060.

9–10. 'The fact that everyone wanted to get across first and
that the enemy were on their heels . . .' See WS § 2053 for this
post urbem conditam type of construction.

12. περὶ with dative: G § 1214 (mainly poetical).

13. 'Became entangled and collapsed.'

23. εἴ τι διαφύγοι: WS § 2568; G § 1393.

26. ὅτι βούλονται: 'however they chose'. G § 1497 (2).

30–1. τῆς νυκτός: 'during the night'. *G* § 1136.

38. ἐτεθνήκεσαν: 'were dead' in these earlier encounters.

39–40. The present participle διαδιδράσκοντες explains how they escaped (διέφυγον); the aorist participle δουλεύσαντες states as a fact what happened to them (they were enslaved) which delayed their escape.

48–9. 'Gylippus thought that it would be a glorious success for him, on top of everything else, to take the enemy generals to Sparta.'

51. τὰ ἐν τῇ νήσῳ: i.e. the battle at Sphacteria in 425 BC, resulting in the Athenians capturing 120 Spartan hoplites. Demosthenes had been the successful general on that occasion, whereas Nicias had negotiated the peace of 421 BC, which interrupted the war for some years.

54. ὥστε ἀφεθῆναι: depends on προύθυμήθη.

59. δή indicates that this is what was then alleged or imagined. Denniston, *Particles*, 233.

62. ἤ . . . τούτων: 'or something very close to this'. Thuc. is cautious about his statements of motivation.

63. ἐτεθνήκει: 'was dead'.

64. ἐς τοῦτο δυστυχίας: *G* § 1088.

64–5. διὰ τὴν πᾶσαν ἐς ἀρετὴν νενομισμένην ἐπιτήδευσιν: the doubtful points are (1) whether πᾶσαν goes with ἀρετήν or with ἐπιτήδευσιν, (2) whether νενομισμένην agrees with ἀρετήν ('conventionally held *arete*') or with ἐπιτήδευσιν. Dover (p. 463) shows convincingly that the second answer is right in both questions, so: 'because the whole practice (of his life) was ordered in the direction of *arete*'. He always strove for honourable success.

ATTIC ORATORS: LYSIAS
AND ISOCRATES

18. A suspicious husband

Lysias (*c.*460–*c.*380 BC) was the son of a Syracusan (Cephalus)
who settled in Athens and ran a prosperous shield factory.
Exiled by the Thirty in 404 BC, Lysias returned after the
restoration of the democracy, and practised as a speech-writer
(λογογράφος) for the rest of his life. He was always regarded as
the model of clarity (σαφήνεια) and skilful character-portrayal;
he knew better than anyone how to put into his client's mouth
the speech that would convince the jury. Which of the speeches
in the extant *corpus* are really his has been much debated.
Whoever wrote it, the speech (*Or.* 1) from which this passage (§§
6–14) is taken is a masterpiece of ἠθοποιΐα, and a precious piece
of evidence about Athenian life. Euphiletus has killed his wife's
lover; he pleads that his act was legitimate, in accordance with
the 'law of Dracon' which permitted a husband to kill his wife's
lover caught 'in the act'.

Ἐγὼ γάρ, ὦ Ἀθηναῖοι, ἐπειδὴ ἔδοξέ μοι γῆμαι καὶ γυναῖκα
ἠγαγόμην εἰς τὴν οἰκίαν, τὸν μὲν ἄλλον χρόνον οὕτω
διεκείμην ὥστε μήτε λυπεῖν μήτε λίαν ἐπ' ἐκείνῃ εἶναι ὅ τι ἂν
ἐθέλῃ ποιεῖν, ἐφύλαττόν τε ὡς οἷόν τε ἦν, καὶ προσεῖχον τὸν
5 νοῦν ὥσπερ εἰκὸς ἦν· ἐπειδὴ δέ μοι παιδίον γίγνεται,
ἐπίστευον ἤδη καὶ πάντα τὰ ἐμαυτοῦ ἐκείνῃ παρέδωκα,
ἡγούμενος ταύτην οἰκειότητα μεγίστην εἶναι. ἐν μὲν οὖν τῷ
πρώτῳ χρόνῳ, ὦ Ἀθηναῖοι, πασῶν ἦν βελτίστη, καὶ οἰκο-
νόμος δεινὴ καὶ φειδωλὸς καὶ ἀκριβῶς πάντα διοικοῦσα·
10 ἐπειδὴ δέ μοι ἡ μήτηρ ἐτελεύτησεν, ἣ πάντων τῶν κακῶν
ἀποθανοῦσα αἰτία μοι γεγένηται—ἐπ' ἐκφορὰν γὰρ αὐτῇ
ἀκολουθήσασα ἡ ἐμὴ γυνὴ ὑπὸ τούτου τοῦ ἀνθρώπου ὀφθεῖσα,
χρόνῳ διαφθείρεται· ἐπιτηρῶν γὰρ τὴν θεράπαιναν τὴν εἰς τὴν
ἀγορὰν βαδίζουσαν καὶ λόγους προσφέρων ἀπώλεσεν αὐτήν.
15 πρῶτον μὲν οὖν, ὦ ἄνδρες, (δεῖ γὰρ καὶ ταῦθ' ὑμῖν διηγήσα-

σθαι) οἰκίδιον ἔστι μοι διπλοῦν, ἴσα ἔχον τὰ ἄνω τοῖς κάτω
κατὰ τὴν γυναικωνῖτιν καὶ κατὰ τὴν ἀνδρωνῖτιν. ἐπειδὴ δὲ τὸ
παιδίον ἐγένετο ἡμῖν, ἡ μήτηρ αὐτὸ ἐθήλαζεν· ἵνα δὲ μή,
ὁπότε λοῦσθαι δέοι, κινδυνεύῃ κατὰ τῆς κλίμακος κατα-
βαίνουσα, ἐγὼ μὲν ἄνω διῃτώμην, αἱ δὲ γυναῖκες κάτω. καὶ 20
οὕτως ἤδη συνειθισμένον ἦν, ὥστε πολλάκις ἡ γυνὴ ἀπῄει
κάτω καθευδήσουσα ὡς τὸ παιδίον, ἵνα τὸν τιτθὸν αὐτῷ διδῷ
καὶ μὴ βοᾷ. καὶ ταῦτα πολὺν χρόνον οὕτως ἐγίγνετο, καὶ ἐγὼ
οὐδέποτε ὑπώπτευσα, ἀλλ᾽ ἠλιθίως διεκείμην ὥστε ᾤμην τὴν
ἐαυτοῦ γυναῖκα πασῶν σωφρονεστάτην εἶναι τῶν ἐν τῇ πόλει. 25
Προϊόντος δὲ τοῦ χρόνου, ὦ ἄνδρες, ἧκον μὲν ἀπροσ-
δοκήτως ἐξ ἀγροῦ, μετὰ δὲ τὸ δεῖπνον τὸ παιδίον ἐβόα καὶ
ἐδυσκόλαινεν ὑπὸ τῆς θεραπαίνης ἐπίτηδες λυπούμενον, ἵνα
ταῦτα ποιῇ· ὁ γὰρ ἄνθρωπος ἔνδον ἦν· ὕστερον γὰρ ἅπαντα
ἐπυθόμην. καὶ ἐγὼ τὴν γυναῖκα ἀπιέναι ἐκέλευον καὶ δοῦναι 30
τῷ παιδίῳ τὸν τιτθόν, ἵνα παύσηται κλᾶον. ἡ δὲ τὸ μὲν
πρῶτον οὐκ ἤθελεν, ὡς ἂν ἀσμένη με ἑορακυῖα ἥκοντα διὰ
χρόνου· ἐπειδὴ δὲ ἐγὼ ὠργιζόμην καὶ ἐκέλευον αὐτὴν ἀπιέναι,
Ἵνα σύ γε, ἔφη, πειρᾷς ἐνταῦθα τὴν παιδίσκην· καὶ πρότερον
δὲ μεθύων εἷλκες αὐτήν. κἀγὼ μὲν ἐγέλων, ἐκείνη δὲ 35
ἀναστᾶσα καὶ ἀπιοῦσα προστίθησι τὴν θύραν, προσποιουμένη
παίζειν, καὶ τὴν κλεῖν ἐφέλκεται. κἀγὼ τούτων οὐδὲν
ἐνθυμούμενος οὐδ᾽ ὑπονοῶν ἐκάθευδον ἄσμενος, ἥκων ἐξ
ἀγροῦ. ἐπειδὴ δὲ ἦν πρὸς ἡμέραν, ἧκεν ἐκείνη καὶ τὴν θύραν
ἀνέῳξεν. ἐρομένου δέ μου τί αἱ θύραι νύκτωρ ψοφοῖεν, ἔφασκε 40
τὸν λύχνον ἀποσβεσθῆναι τὸν παρὰ τῷ παιδίῳ, εἶτα ἐκ τῶν
γειτόνων ἐνάψασθαι. ἐσιώπων ἐγὼ καὶ ταῦτα οὕτως ἔχειν
ἡγούμην. ἔδοξε δέ μοι, ὦ ἄνδρες, τὸ πρόσωπον ἐψιμυθιῶσθαι,
τοῦ ἀδελφοῦ τεθνεῶτος οὔπω τριάκονθ᾽ ἡμέρας· ὅμως δ᾽ οὐδ᾽
οὕτως οὐδὲν εἰπὼν περὶ τοῦ πράγματος ἐξελθὼν ᾠχόμην ἔξω 45
σιωπῇ.

3–4. 'So as neither to upset her nor to be too much in her
power, to do as she pleased with me.'

6. ἐπίστευον . . . παρέδωκα: the imperfect gives his state of
mind, the aorist his action.

7. ταύτην: WS § 1239.

50 LYSIAS

10–11. ἤ . . . ἀποθανοῦσα: 'whose death', 'and her death'.
WS § 2053; *GMT* § 829. Cf. above 17. 9–10.

11 ff. ἐπ᾽ ἐκφοράν: 'to the funeral'. The sentence contains an anacoluthon: 'When my mother died—and her death was the cause of all my problems—for it was when my wife went to her funeral that she was seen by this man, and in due course seduced by him.' Wives were not often seen in public: the funeral is an opportunity.

19. λοῦσθαι: *G* § 19.

κινδυνεύῃ: the (more vivid) subjunctive is retained—if the text is right—despite the proximity of the optative δέοι. (*GMT* § 318).

22. ὡς: *G* § 1220.

25. ἑαυτοῦ = ἐμαυτοῦ. *G* § 995.

27. ἐξ ἀγροῦ: 'from the farm'. Idiomatic omission of the article: *WS* § 1141. Like many Athenians he lives in town but works his land in the country, walking back and forth to work.

34–5. 'Yes,' she said, 'so that you could make a pass at the maid here: you used to molest her when you were drunk.'

37. τὴν κλεῖν ἐφέλκεται: 'pulled the key through after her'.

42. ἐνάψασθαι: she had 'got a light' from the neighbours.

43. ἐψιμυθιῶσθαι: 'whitened'. ψιμύθιον (white lead) was used as a cosmetic.

19. *The invalid and his pension*

The speaker, an invalid in receipt of a pension (cf. Arist. *Ath. Pol.* 49), has been challenged before the βουλή at his annual δοκιμασία (review of qualification). In this passage (Lysias 24. 10–12) he addresses himself to the charge that he cannot really need a pension because he is rich enough to ride a horse. Neither defendant nor prosecutor is named, and the vagueness of the story suggests that this may be an orator's *jeu d'esprit*, a clever ἠθοποιΐα rather than a real speech.

Περὶ δὲ τῆς ἐμῆς ἱππικῆς, ἧς οὗτος ἐτόλμησε μνησθῆναι πρὸς ὑμᾶς, οὔτε τὴν τύχην δείσας οὔθ᾽ ὑμᾶς αἰσχυνθείς, οὐ πολὺς ὁ

λόγος. ἐγὼ γάρ, ὦ βουλή, πάντας οἶμαι τοὺς ἔχοντάς τι
δυστύχημα τοῦτο ζητεῖν καὶ τοῦτο φιλοσοφεῖν, ὅπως ὡς
ἀλυπότατα μεταχειριοῦνται τὸ συμβεβηκὸς πάθος. ὧν εἷς ἐγώ, 5
καὶ περιπεπτωκὼς τοιαύτῃ συμφορᾷ ταύτην ἐμαυτῷ
ῥᾳστώνην ἐξηῦρον εἰς τὰς ὁδοὺς τὰς μακροτέρας τῶν ἀναγκ-
αίων. ὃ δὲ μέγιστον, ὦ βουλή, τεκμήριον ὅτι διὰ τὴν
συμφορὰν ἀλλ' οὐ διὰ τὴν ὕβριν, ὡς οὗτός φησιν, ἐπὶ τοὺς
ἵππους ἀναβαίνω· εἰ γὰρ ἐκεκτήμην οὐσίαν, ἐπ' ἀστράβης ἂν 10
ὠχούμην, ἀλλ' οὐκ ἐπὶ τοὺς ἀλλοτρίους ἵππους ἀνέβαινον· νυνὶ
δ' ἐπειδὴ τοιοῦτον οὐ δύναμαι κτήσασθαι, τοῖς ἀλλοτρίοις
ἵπποις ἀναγκάζομαι χρῆσθαι πολλάκις. καίτοι πῶς οὐκ
ἄτοπόν ἐστιν, ὦ βουλή, τοῦτον ἄν, εἰ μὲν ἐπ' ἀστράβης
ὀχούμενον ἑώρα με, σιωπᾶν (τί γὰρ ἂν καὶ ἔλεγεν;), ὅτι δὲ ἐπὶ 15
τοὺς ᾐτημένους ἵππους ἀναβαίνω, πειρᾶσθαι πείθειν ὑμᾶς ὡς
δυνατός εἰμι; καὶ ὅτι μὲν δυοῖν βακτηρίαιν χρῶμαι, τῶν
ἄλλων μιᾷ χρωμένων, μὴ κατηγορεῖν ὡς καὶ τοῦτο τῶν
δυναμένων ἐστίν, ὅτι δ' ἐπὶ τοὺς ἵππους ἀναβαίνω, τεκμηρίῳ
χρῆσθαι πρὸς ὑμᾶς ὡς εἰμὶ τῶν δυναμένων; οἷς ἐγὼ διὰ τὴν 20
αὐτὴν αἰτίαν ἀμφοτέροις χρῶμαι.

4. φιλοσοφεῖν: 'contrive' (LSJ s.v. II. 3), here with ὅπως
with fut. ind. (object clause), *G* § 1372.

4–5. ὡς ἀλυπότατα: 'as painlessly as possible'. *WS* § 995.

7. τῶν ἀναγκαίων: partitive genitive, not genitive of compari-
son.

8. ὃ δὲ μέγιστον . . . τεκμήριον: *WS* § 995.

9. ἀλλ' οὐ: 'strictly speaking ἀλλ' οὐ expresses the incompati-
bility of two ideas, καὶ οὐ merely adds a negative idea to a
positive' (Denniston, *Particles*, 2). Cf. 11 below. Usage is fluid,
and it is often hard to say whether there is any real difference.

10. γὰρ: introduces the τεκμήριον.

ἐπ' ἀστράβης: this is a mule saddle with a back, com-
monly used by women.

11–12. νυνὶ δ': 'but, as it is . . .'

17. The argument (it is surely meant to raise a laugh) is that
the accuser doesn't use the defendant's use of two sticks as proof
of his good health, but does use his riding a horse.

20. The power of beauty

Isocrates (436–338 BC) studied under the sophists, including Gorgias. At first a λογογράφος, like Lysias, he later turned to the teaching of rhetoric and the provision of a liberal education of high moral principle, which he called φιλοσοφία, and which was seen by Plato as a rival to the philosophical education offered in the Academy. *Helen*, from which this passage comes (§§ 54–8), is a re-working of a theme treated by Gorgias, and seems to have been in Plato's mind when he wrote *Phaedrus*. The theme here is the power of beauty and our attitudes to it. The structure of the argument is easily seen: κάλλος is contrasted successively (i) with other things we desire, (ii) with other qualities we perceive in others, (iii) with other influences to which we see men subject, (iv) with other valuable possessions whose use or misuse we praise or blame. The style is even smoother and more careful than the logic: Isocrates was famous (and immensely influential) for his periodic manner, his avoidance of hiatus (which made prose obey some of the rules applicable to verse), and his antitheses and repetitions.

Εὐλόγως δὲ κἀκεῖνοι ταῦτ᾽ ἔγνωσαν, κἀγὼ τηλικαύταις
ὑπερβολαῖς ἔχω χρήσασθαι περὶ αὐτῆς· κάλλους γὰρ πλεῖστον
μέρος μετέσχεν, ὃ σεμνότατον καὶ τιμιώτατον καὶ θειότατον
τῶν ὄντων ἐστίν. ῥᾴδιον δὲ γνῶναι τὴν δύναμιν αὐτοῦ· τῶν
5 μὲν γὰρ ἀνδρείας ἢ δικαιοσύνης μὴ μετεχόντων πολλὰ
φανήσεται τιμώμενα μᾶλλον ἢ τούτων ἕκαστον, τῶν δὲ
κάλλους ἀπεστερημένων οὐδὲν εὑρήσομεν ἀγαπώμενον ἀλλὰ
πάντα καταφρονούμενα, πλὴν ὅσα ταύτης τῆς ἰδέας κεκοινών-
ηκε, καὶ τὴν ἀρετὴν διὰ τοῦτο μάλιστ᾽ εὐδοκιμοῦσαν ὅτι
10 κάλλιστον τῶν ἐπιτηδευμάτων ἐστίν. γνοίη δ᾽ ἄν τις κἀκεῖθεν
ὅσον διαφέρει τῶν ὄντων, ἐξ ὧν αὐτοὶ διατιθέμεθα πρὸς
ἕκαστον αὐτῶν. τῶν μὲν γὰρ ἄλλων, ὧν ἂν ἐν χρείᾳ
γενώμεθα, τυχεῖν μόνον βουλόμεθα, περαιτέρω δὲ περὶ αὐτῶν
οὐδὲν τῇ ψυχῇ προσπεπόνθαμεν· τῶν δὲ καλῶν ἔρως ἡμῖν
15 ἐγγίγνεται, τοσούτῳ μείζω τοῦ βούλεσθαι ῥώμην ἔχων, ὅσῳ
περ καὶ τὸ πρᾶγμα κρεῖττόν ἐστιν. καὶ τοῖς μὲν κατὰ σύνεσιν
ἢ κατ᾽ ἄλλο τι προέχουσι φθονοῦμεν, ἢν μὴ τῷ ποιεῖν ἡμᾶς εὖ

καθ' ἑκάστην τὴν ἡμέραν προσαγάγωνται καὶ στέργειν σφᾶς
αὐτοὺς ἀναγκάσωσι· τοῖς δὲ καλοῖς εὐθὺς ἰδόντες εὖνοι
γιγνόμεθα, καὶ μόνους αὐτοὺς ὥσπερ τοὺς θεοὺς οὐκ ἀπαγορ-   20
εύομεν θεραπεύοντες, ἀλλ' ἥδιον δουλεύομεν τοῖς τοιούτοις ἢ
τῶν ἄλλων ἄρχομεν, πλείω χάριν ἔχοντες τοῖς πολλὰ προσ-
τάττουσιν ἢ τοῖς μηδὲν ἐπαγγέλλουσιν. καὶ τοὺς μὲν ὑπ' ἄλλῃ
τινὶ δυνάμει γιγνομένους λοιδοροῦμεν καὶ κόλακας ἀποκαλοῦ-
μεν, τοὺς δὲ τῷ κάλλει λατρεύοντας φιλοκάλους καὶ φιλο-   25
πόνους εἶναι νομίζομεν. τοσαύτῃ δ' εὐσεβείᾳ καὶ προνοίᾳ
χρώμεθα περὶ τὴν ἰδέαν τὴν τοιαύτην, ὥστε καὶ τῶν ἐχόντων
τὸ κάλλος τοὺς μὲν μισθαρνήσαντας καὶ κακῶς βουλευσα-
μένους περὶ τῆς αὐτῶν ἡλικίας μᾶλλον ἀτιμάζομεν ἢ τοὺς εἰς
τὰ τῶν ἄλλων σώματ' ἐξαμαρτόντας· ὅσοι δ' ἂν τὴν αὐτῶν   30
ὥραν διαφυλάξωσιν ἄβατον τοῖς πονηροῖς ὥσπερ ἱερὸν ποιή-
σαντες, τούτους εἰς τὸν ἐπίλοιπον χρόνον ὁμοίως τιμῶμεν
ὥσπερ τοὺς ὅλην τὴν πόλιν ἀγαθόν τι ποιήσαντας.

1. κἀκεῖνοι: sc. the gods, who fought one another in the
course of taking sides in the Trojan War, which was fought over
Helen.

1–2. 'I feel able to use these extreme expressions about her.'

10. κάλλιστον: Isocrates exploits the wide range of meanings
of κάλλος, covering 'noble' and 'honourable' as well as the
physically 'beautiful'.

11–12. 'From the attitudes which we have ourselves in regard
to each of them.' The claim is anticipated by ἐκεῖθεν. Note the
careful 'signposting'.

14. οὐδὲν . . . προσπεπόνθαμεν: 'we have no additional
feelings'.

22–3. Alludes to the 'demands' made upon lovers, which
make the beloved even more attractive.

28. 'Those who rent out and make a bad use of their youth.'
However tolerant Athenian society was of homosexuality, it was
by no means tolerant of homosexual prostitution.

31. ἄβατον: 'untrodden', a word with strong religious asso-
ciations with sacred places which are forbidden to the profane.
Cf. ἱερὸν ('a temple').

21. *Prologue to the* Panegyricus

Isocrates, having played no part in active politics (he was apparently not an effective public speaker) nevertheless sought to influence opinion by publishing fictive political speeches. The *Panegyricus*, of which we give the prooemium (§§ 1–10), appeared in 380 BC, to mark an Olympic festival. According to Plutarch (*Mor.* 350 E) it had taken 'nearly three Olympiads' to write. Its call for unity of Greece in the face of the barbarian is in a tradition of speeches delivered at festivals (πανηγύρεις, hence πανηγυρικὸς λόγος) e.g. by Gorgias in 392 and Lysias (*Or.* 38) in 388, both at Olympia.

Πολλάκις ἐθαύμασα τῶν τὰς πανηγύρεις συναγαγόντων καὶ τοὺς γυμνικοὺς ἀγῶνας καταστησάντων, ὅτι τὰς τῶν σωμάτων εὐτυχίας οὕτω μεγάλων δωρεῶν ἠξίωσαν, τοῖς δ' ὑπὲρ τῶν κοινῶν ἰδίᾳ πονήσασι καὶ τὰς αὐτῶν ψυχὰς οὕτω παρα-
5 σκευάσασιν ὥστε καὶ τοὺς ἄλλους ὠφελεῖν δύνασθαι, τούτοις δ' οὐδεμίαν τιμὴν ἀπένειμαν, ὧν εἰκὸς ἦν αὐτοὺς μᾶλλον ποιήσασθαι πρόνοιαν· τῶν μὲν γὰρ ἀθλητῶν δὶς τοσαύτην ῥώμην λαβόντων οὐδὲν ἂν πλέον γένοιτο τοῖς ἄλλοις, ἑνὸς δ' ἀνδρὸς εὖ φρονήσαντος ἅπαντες ἂν ἀπολαύσειαν οἱ βουλόμενοι
10 κοινωνεῖν τῆς ἐκείνου διανοίας. οὐ μὴν ἐπὶ τούτοις ἀθυμήσας εἱλόμην ῥᾳθυμεῖν, ἀλλ' ἱκανὸν νομίσας ἆθλον ἔσεσθαί μοι τὴν δόξαν τὴν ἀπ' αὐτοῦ τοῦ λόγου γενησομένην ἥκω συμβουλεύσων περί τε τοῦ πολέμου τοῦ πρὸς τοὺς βαρβάρους καὶ τῆς ὁμονοίας τῆς πρὸς ἡμᾶς αὐτούς, οὐκ ἀγνοῶν ὅτι πολλοὶ τῶν
15 προσποιησαμένων εἶναι σοφιστῶν ἐπὶ τοῦτον τὸν λόγον ὥρμησαν, ἀλλ' ἅμα μὲν ἐλπίζων τοσοῦτον διοίσειν ὥστε τοῖς ἄλλοις μηδὲν πώποτε δοκεῖν εἰρῆσθαι περὶ αὐτῶν, ἅμα δὲ προκρίνας τούτους καλλίστους εἶναι τῶν λόγων, οἵτινες περὶ μεγίστων τυγχάνουσιν ὄντες καὶ τούς τε λέγοντας μάλιστ'
20 ἐπιδεικνύουσι καὶ τοὺς ἀκούοντας πλεῖστ' ὠφελοῦσιν, ὧν εἷς οὗτός ἐστιν. ἔπειτ' οὐδ' οἱ καιροί πω παρεληλύθασαν ὥστ' ἤδη μάτην εἶναι τὸ μεμνῆσθαι περὶ τούτων. τότε γὰρ χρὴ παύεσθαι λέγοντας, ὅταν ἢ τὰ πράγματα λάβῃ τέλος καὶ μηκέτι δέῃ βουλεύεσθαι περὶ αὐτῶν, ἢ τὸν λόγον ἴδῃ τις
25 ἔχοντα πέρας ὥστε μηδεμίαν λελεῖφθαι τοῖς ἄλλοις ὑπερβολήν.

ἔως δ' ἂν τὰ μὲν ὁμοίως ὥσπερ πρότερον φέρηται, τὰ δ'
εἰρημένα φαύλως ἔχοντα τυγχάνῃ, πῶς οὐ χρὴ σκοπεῖν καὶ
φιλοσοφεῖν τοῦτον τὸν λόγον, ὅς, ἢν κατορθωθῇ, καὶ τοῦ
πολέμου τοῦ πρὸς ἀλλήλους καὶ τῆς ταραχῆς τῆς παρούσης
καὶ τῶν μεγίστων κακῶν ἡμᾶς ἀπαλλάξει; πρὸς δὲ τούτοις εἰ   30
μὲν μηδαμῶς ἄλλως οἷόν τ' ἦν δηλοῦν τὰς αὐτὰς πράξεις ἀλλ'
ἢ διὰ μιᾶς ἰδέας, εἶχεν ἄν τις ὑπολαβεῖν ὡς περίεργόν ἐστι τὸν
αὐτὸν τρόπον ἐκείνοις λέγοντα πάλιν ἐνοχλεῖν τοῖς ἀκούουσιν·
ἐπειδὴ δ' οἱ λόγοι τοιαύτην ἔχουσι τὴν φύσιν ὥσθ' οἷόν τ' εἶναι
περὶ τῶν αὐτῶν πολλαχῶς ἐξηγήσασθαι, καὶ τά τε μεγάλα   35
ταπεινὰ ποιῆσαι καὶ τοῖς μικροῖς μέγεθος περιθεῖναι, καὶ τά
τε παλαιὰ καινῶς διελθεῖν καὶ περὶ τῶν νεωστὶ γεγενημένων
ἀρχαίως εἰπεῖν, οὐκέτι φευκτέον ταῦτ' ἐστὶ περὶ ὧν ἕτεροι
πρότερον εἰρήκασιν, ἀλλ' ἄμεινον ἐκείνων εἰπεῖν πειρατέον. αἱ
μὲν γὰρ πράξεις αἱ προγεγενημέναι κοιναὶ πᾶσιν ἡμῖν   40
κατελείφθησαν, τὸ δ' ἐν καιρῷ ταύταις καταχρήσασθαι καὶ τὰ
προσήκοντα περὶ ἑκάστης ἐνθυμηθῆναι καὶ τοῖς ὀνόμασιν εὖ
θέσθαι τῶν εὖ φρονούντων ἴδιόν ἐστιν. ἡγοῦμαι δ' οὕτως ἂν
μεγίστην ἐπίδοσιν λαμβάνειν καὶ τὰς ἄλλας τέχνας καὶ τὴν
περὶ τοὺς λόγους φιλοσοφίαν, εἴ τις θαυμάζοι καὶ τιμῴη μὴ   45
τοὺς πρώτους τῶν ἔργων ἀρχομένους ἀλλὰ τοὺς ἄρισθ'
ἕκαστον αὐτῶν ἐξεργαζομένους, μηδὲ τοὺς περὶ τούτων
ζητοῦντας λέγειν περὶ ὧν μηδεὶς πρότερον εἴρηκεν, ἀλλὰ τοὺς
οὕτως ἐπισταμένους εἰπεῖν ὡς οὐδεὶς ἂν ἄλλος δύναιτο.

1–2. τῶν . . . καταστησάντων: *G* § 1102.

5. τούτοις δ': Denniston, *Particles*, 184, *WS* § 2837 (a).

8. οὐδὲν ἂν πλέον γένοιτο: 'there would be no advantage for
the others . . .'

10–22. See Introduction p. xxvi–vii.

10. οὐ μήν: Denniston, *Particles*, 334–5. This use of μήν
without a following γε is unusual.

15. σοφιστῶν: he is thinking, no doubt, of Gorgias and
Lysias.

16. διοίσειν: 'surpass'—to the extent of making them appear
quite insignificant.

20. ἐπιδεικνύουσι: 'show off', 'advertise'. This use recalls the

common term λόγος ἐπιδεικτικός, 'display' or 'ceremonial' oratory.

28. φιλοσοφεῖν: 'study', 'work at'. Cf. φιλοσοφίαν, 45 below. **34–9.** A classic statement of the rhetorical ideal: cf. Plato, *Phaedrus* for the similar claims attributed to Tisias and Gorgias. **41.** ἐν καιρῷ: 'in due season', another key notion in rhetorical teaching, anticipating the modern 'argument from unripe time'. **44.** ἐπίδοσιν: 'progress'. Isocrates' doctrine here—which seems to reject originality of content—may be suggested by his need to recommend an unoriginal subject; but the principle behind it is common in ancient literature (cf. Seneca's remarks (*Epist.* 79. 5) on the value to be attached to a good poem on Etna, however much the subject has been worked over before).

22. *Isocratean culture*

Isocrates' speech 'On the Exchange of Properties' (*Or.* 15, περὶ τῆς ἀντιδόσεως) is a late work (354/3 BC). It is a speech for an event that never happened—an imagined prosecution by one Lysimachus for corrupting the youth, the sort of prosecution that really had been laid against Socrates in 399 BC. The idea came, it seems, from an actual attempt, a few years earlier, by one Megaclides to challenge Isocrates to 'exchange properties' with him, or else undertake the expensive λειτουργία (public service) of fitting out a trireme, which Megaclides himself had been required to undertake; his action (a recognized legal procedure) was a claim that Isocrates was richer and ought to be made to perform the service in his stead. In fact, this speech is Isocrates' last defence of his educational and cultural ideals. Our passage (§§ 180–5) sets out some of the main points.

Βούλομαι δὲ περὶ τῆς τῶν λόγων παιδείας ὥσπερ οἱ γενεαλογοῦντες πρῶτον διελθεῖν πρὸς ὑμᾶς. ὁμολογεῖται μὲν γὰρ τὴν φύσιν ἡμῶν ἔκ τε τοῦ σώματος συγκεῖσθαι καὶ τῆς ψυχῆς. αὐτοῖν δὲ τούτοιν οὐδείς ἐστιν ὅστις οὐκ ἂν φήσειεν
5 ἡγεμονικωτέραν πεφυκέναι τὴν ψυχὴν καὶ πλείονος ἀξίαν· τῆς μὲν γὰρ ἔργον εἶναι βουλεύσασθαι καὶ περὶ τῶν ἰδίων καὶ περὶ

τῶν κοινῶν, τοῦ δὲ σώματος ὑπηρετῆσαι τοῖς ὑπὸ τῆς ψυχῆς
γνωσθεῖσιν. οὕτω δὲ τούτων ἐχόντων ὁρῶντές τινες τῶν πολὺ
πρὸ ἡμῶν γεγονότων περὶ μὲν τῶν ἄλλων πολλὰς τέχνας
συνεστηκυίας, περὶ δὲ τὸ σῶμα καὶ τὴν ψυχὴν οὐδὲν τοιοῦτον 10
συντεταγμένον, εὑρόντες διττὰς ἐπιμελείας κατέλιπον ἡμῖν,
περὶ μὲν τὰ σώματα τὴν παιδοτριβικήν, ἧς ἡ γυμναστικὴ
μέρος ἐστίν, περὶ δὲ τὰς ψυχὰς τὴν φιλοσοφίαν, περὶ ἧς ἐγὼ
μέλλω ποιεῖσθαι τοὺς λόγους, ἀντιστρόφους καὶ σύζυγας καὶ
σφίσιν αὐτοῖς ὁμολογουμένας, δι' ὧν οἱ προεστῶτες αὐτῶν τάς 15
τε ψυχὰς φρονιμωτέρας καὶ τὰ σώματα χρησιμώτερα παρα-
σκευάζουσιν, οὐ πολὺ διαστησάμενοι τὰς παιδείας ἀπ'
ἀλλήλων ἀλλὰ παραπλησίαις χρώμενοι καὶ ταῖς διδασκαλίαις
καὶ ταῖς γυμνασίαις καὶ ταῖς ἄλλαις ἐπιμελείας. ἐπειδὰν γὰρ
λάβωσι μαθητάς, οἱ μὲν παιδοτρίβαι τὰ σχήματα τὰ πρὸς τὴν 20
ἀγωνίαν εὑρημένα τοὺς φοιτῶντας διδάσκουσιν, οἱ δὲ περὶ τὴν
φιλοσοφίαν ὄντες τὰς ἰδέας ἀπάσας, αἷς ὁ λόγος τυγχάνει
χρώμενος, διεξέρχονται τοῖς μαθηταῖς.
    Ἐμπείρους δὲ τούτων ποιήσαντες καὶ διακριβώσαντες ἐν
τούτοις πάλιν γυμνάζουσιν αὐτοὺς καὶ πονεῖν ἐθίζουσι καὶ 25
συνείρειν καθ' ἕκαστον ὧν ἔμαθον ἀναγκάζουσιν, ἵνα ταῦτα
βεβαιότερον κατάσχωσι καὶ τῶν καιρῶν ἐγγυτέρω ταῖς δόξαις
γένωνται. τῷ μὲν γὰρ εἰδέναι περιλαβεῖν αὐτοὺς οὐχ οἷόν τ'
ἐστίν· ἐπὶ γὰρ ἁπάντων τῶν πραγμάτων διαφεύγουσι τὰς
ἐπιστήμας· οἱ δὲ μάλιστα προσέχοντες τὸν νοῦν καὶ δυνάμενοι 30
θεωρεῖν τὸ συμβαῖνον ὡς ἐπὶ τὸ πολὺ πλειστάκις αὐτῶν
τυγχάνουσιν. τοῦτον δὲ τὸν τρόπον ἐπιμελούμενοι καὶ παιδ-
εύοντες μέχρι μὲν τοῦ γενέσθαι βελτίους αὐτοὺς αὐτῶν τοὺς
μαθητάς, καὶ ἔχειν ἄμεινον τοὺς μὲν τὰς διανοίας, τοὺς δὲ τὰς
τῶν σωμάτων ἕξεις, ἀμφότεροι δύνανται προαγαγεῖν. ἐκείνην 35
δὲ τὴν ἐπιστήμην οὐδέτεροι τυγχάνουσιν ἔχοντες, δι' ἧς ἂν οἳ
μὲν ἀθλητὰς οὓς βουληθεῖεν, οἳ δὲ ῥήτορας ἱκανοὺς ποιήσειαν,
ἀλλὰ μέρος μὲν ἄν τι συμβάλοιτο, τὸ δ' ὅλον αἱ δυνάμεις
αὗται παραγίγνονται τοῖς καὶ τῇ φύσει καὶ ταῖς ἐπιμελείαις
διενεγκοῦσιν. 40

1–2. ὥσπερ οἱ γενεαλογοῦντες: i.e. he will trace the origins of
ἡ τῶν λόγων παιδεία (below, 7 ff.).

11 ff. Cf. Plato *Gorgias* 464 B with Dodds' note. In our passage (perhaps an answer to Plato) Isocrates draws the analogy between his φιλοσοφία (i.e. rhetoric) and the training of athletes (παιδοτριβική).

14–15. 'Corresponding, linked, and mutually in accord.' For ἀντίστροφος, cf. Plato loc. cit. and Ar. *Rhet.* 1354 a ἡ ῥητορική ἐστιν ἀντίστροφος τῇ διαλεκτικῇ.

18. Instruction, exercise, and general supervision are all parts of the training process.

20–1. 'The trainers teach their pupils the positions which have been invented for the purposes of competitive sport.' σχήματα are the ways in which the body is to be held in e.g. wrestling, running, jumping.

22. ἰδέας: in later rhetoric ἰδέα means 'style', 'manner', but Isocrates does not teach a variety of styles, only a variety of themes ('des thèmes généraux qu'utilise le discours', Mathieu).

24. διακριβώσαντες: 'having sharpened them up', i.e. made them accomplished performers (διηκριβωμένοι). The procedure (like that of later rhetorical teaching) involves two stages, one in which individual themes and arguments are practised, and one in which the pupils learn to put it all together (συνείρειν, 26).

27–8. καὶ . . . γένωνται: 'and approach closer in their opinions to the individual circumstances'.

28. αὐτούς: i.e. τοὺς καιρούς.

33. αὐτοὺς αὐτῶν: *WS* § 1078.

36–40. Natural talent and careful general education are needed to supplement the technical training of the potential athlete or orator.

PLATO

Plato (428–348 BC) is the most versatile of all Greek writers. In his long career as a teacher—he abandoned his political prospects early in life—he wrote nothing for his pupils, because he believed in the unique importance of discussion, but much, in dialogue form, for the world at large. He began by immortalizing Socrates as the champion of right thinking, but later came to present doctrines of his own, on many philosophical and political matters, in an increasingly grandiose manner: the *Laws*, his last work, is a disconcerting development in the history of Greek prose. His styles match his subjects. Sometimes, especially in early works, he seems to reproduce educated speech; the abundance of particles, unique to Plato, suggests a conscious effort to put down in writing nuances normally conveyed by gesture or expression. At other times he mirrors and caricatures the rhetorical fashions of the day, or rises to the sublime height of his own philosophical and imaginative vision with a richness of imagery unparalleled in prose. We offer a selection which illustrates much, but not all, of this diversity: pastiche of oratory (**23, 27**) or myth (**25**), representation of conversation (**24, 31, 32**) and some grander registers (**26, 29, 30**).

23. Socrates begins his defence

The prooemium of Plato's *Apology* (17 A–18 E) is full of elements that parody the standard tricks of the forensic speaker. Socrates denies he has skill in speaking, asserts that he is unfamiliar with the law courts, asks for the noise to die down, pleads his age in mitigation, and so on. At the same time, the ἦθος of Socrates as an informal talker is maintained, and strengthens the conventional denial of δεινότης.

῞Οτι μὲν ὑμεῖς, ὦ ἄνδρες ᾽Αθηναῖοι, πεπόνθατε ὑπὸ τῶν ἐμῶν κατηγόρων, οὐκ οἶδα· ἐγὼ δ᾽ οὖν καὶ αὐτὸς ὑπ᾽ αὐτῶν ὀλίγου ἐμαυτοῦ ἐπελαθόμην, οὕτω πιθανῶς ἔλεγον. καίτοι ἀληθές γε

ὡς ἔπος εἰπεῖν οὐδὲν εἰρήκασιν. μάλιστα δὲ αὐτῶν ἓν
5 ἐθαύμασα τῶν πολλῶν ὧν ἐψεύσαντο, τοῦτο ἐν ᾧ ἔλεγον ὡς
χρὴ ὑμᾶς εὐλαβεῖσθαι μὴ ὑπ' ἐμοῦ ἐξαπατηθῆτε ὡς δεινοῦ
ὄντος λέγειν. τὸ γὰρ μὴ αἰσχυνθῆναι ὅτι αὐτίκα ὑπ' ἐμοῦ
ἐξελεγχθήσονται ἔργῳ, ἐπειδὰν μηδ' ὁπωστιοῦν φαίνωμαι
δεινὸς λέγειν, τοῦτό μοι ἔδοξεν αὐτῶν ἀναισχυντότατον εἶναι,
10 εἰ μὴ ἄρα δεινὸν καλοῦσιν οὗτοι λέγειν τὸν τἀληθῆ λέγοντα· εἰ
μὲν γὰρ τοῦτο λέγουσιν, ὁμολογοίην ἂν ἔγωγε οὐ κατὰ
τούτους εἶναι ῥήτωρ. οὗτοι μὲν οὖν, ὥσπερ ἐγὼ λέγω, ἤ τι ἢ
οὐδὲν ἀληθὲς εἰρήκασιν, ὑμεῖς δέ μου ἀκούσεσθε πᾶσαν τὴν
ἀλήθειαν—οὐ μέντοι μὰ Δία, ὦ ἄνδρες Ἀθηναῖοι, κεκαλλι-
15 επημένους γε λόγους, ὥσπερ οἱ τούτων, ῥήμασι καὶ ὀνόμα-
σιν οὐδὲ κεκοσμημένους, ἀλλ' ἀκούσεσθε εἰκῇ λεγόμενα τοῖς
ἐπιτυχοῦσιν ὀνόμασιν—πιστεύω γὰρ δίκαια εἶναι ἃ λέγω—
καὶ μηδεὶς ὑμῶν προσδοκησάτω ἄλλως· οὐδὲ γὰρ ἂν δήπου
πρέποι, ὦ ἄνδρες, τῇδε τῇ ἡλικίᾳ ὥσπερ μειρακίῳ πλάττοντι
20 λόγους εἰς ὑμᾶς εἰσιέναι. καὶ μέντοι καὶ πάνυ, ὦ ἄνδρες
Ἀθηναῖοι, τοῦτο ὑμῶν δέομαι καὶ παρίεμαι· ἐὰν διὰ τῶν
αὐτῶν λόγων ἀκούητέ μου ἀπολογουμένου δι' ὧνπερ εἴωθα
λέγειν καὶ ἐν ἀγορᾷ ἐπὶ τῶν τραπεζῶν, ἵνα ὑμῶν πολλοὶ
ἀκηκόασι, καὶ ἄλλοθι, μήτε θαυμάζειν μήτε θορυβεῖν τούτου
25 ἕνεκα. ἔχει γὰρ οὑτωσί. νῦν ἐγὼ πρῶτον ἐπὶ δικαστήριον
ἀναβέβηκα, ἔτη γεγονὼς ἑβδομήκοντα· ἀτεχνῶς οὖν ξένως
ἔχω τῆς ἐνθάδε λέξεως. ὥσπερ οὖν ἂν εἰ τῷ ὄντι ξένος
ἐτύγχανον ὤν, συνεγιγνώσκετε δήπου ἄν μοι εἰ ἐν ἐκείνῃ τῇ
φωνῇ τε καὶ τῷ τρόπῳ ἔλεγον ἐν οἷσπερ ἐτεθράμμην, καὶ δὴ
30 καὶ νῦν τοῦτο ὑμῶν δέομαι δίκαιον, ὥς γέ μοι δοκῶ, τὸν μὲν
τρόπον τῆς λέξεως ἐᾶν—ἴσως μὲν γὰρ χείρων, ἴσως δὲ
βελτίων ἂν εἴη—αὐτὸ δὲ τοῦτο σκοπεῖν, καὶ τούτῳ τὸν νοῦν
προσέχειν, εἰ δίκαια λέγω ἢ μή· δικαστοῦ μὲν γὰρ αὕτη
ἀρετή, ῥήτορος δὲ τἀληθῆ λέγειν.
35 Πρῶτον μὲν οὖν δίκαιός εἰμι ἀπολογήσασθαι, ὦ ἄνδρες
Ἀθηναῖοι, πρὸς τὰ πρῶτά μου ψευδῆ κατηγορημένα καὶ τοὺς
πρώτους κατηγόρους, ἔπειτα δὲ πρὸς τὰ ὕστερον καὶ πρὸς
ὑστέρους. ἐμοῦ γὰρ πολλοὶ κατήγοροι γεγόνασι πρὸς ὑμᾶς καὶ
πάλαι πολλὰ ἤδη ἔτη καὶ οὐδὲν ἀληθὲς λέγοντες, οὓς ἐγὼ
40 μᾶλλον φοβοῦμαι ἢ τοὺς ἀμφὶ Ἄνυτον, καίπερ ὄντας καὶ
τούτους δεινούς· ἀλλ' ἐκεῖνοι δεινότεροι, ὦ ἄνδρες, οἳ ὑμῶν

τοὺς πολλοὺς ἐκ παίδων παραλαμβάνοντες ἔπειθόν τε καὶ
κατηγόρουν ἐμοῦ οὐδὲν ἀληθές, ὡς ἔστιν τις Σωκράτης σοφὸς
ἀνήρ, τά τε μετέωρα φροντιστὴς καὶ τὰ ὑπὸ γῆς πάντα
ἀνεζητηκὼς καὶ τὸν ἥττον λόγον κρείττω ποιῶν. οὗτοι, ὦ 45
ἄνδρες Ἀθηναῖοι, <οἱ> ταύτην τὴν φήμην κατασκεδάσαντες,
οἱ δεινοί εἰσίν μου κατήγοροι· οἱ γὰρ ἀκούοντες ἡγοῦνται τοὺς
ταῦτα ζητοῦντας οὐδὲ θεοὺς νομίζειν. ἔπειτά εἰσιν οὗτοι
κατήγοροι πολλοὶ καὶ πολὺν χρόνον ἤδη κατηγορηκότες, ἔτι
δὲ καὶ ἐν ταύτῃ τῇ ἡλικίᾳ λέγοντες πρὸς ὑμᾶς ἐν ᾗ ἂν 50
μάλιστα ἐπιστεύσατε, παῖδες ὄντες ἔνιοι ὑμῶν καὶ μειράκια,
ἀτεχνῶς ἐρήμην κατηγοροῦντες ἀπολογουμένου οὐδενός. ὃ δὲ
πάντων ἀλογώτατον, ὅτι οὐδὲ τὰ ὀνόματα οἷόν τε αὐτῶν
εἰδέναι καὶ εἰπεῖν, πλὴν εἴ τις κωμῳδοποιὸς τυγχάνει ὤν. ὅσοι
δὲ φθόνῳ καὶ διαβολῇ χρώμενοι ὑμᾶς ἀνέπειθον—οἱ δὲ καὶ 55
αὐτοὶ πεπεισμένοι ἄλλους πείθοντες—οὗτοι πάντες ἀπορώ-
τατοί εἰσιν· οὐδὲ γὰρ ἀναβιβάσασθαι οἷόν τ' ἐστὶν αὐτῶν
ἐνταυθοῖ οὐδ' ἐλέγξαι οὐδένα, ἀλλ' ἀνάγκη ἀτεχνῶς ὥσπερ
σκιαμαχεῖν ἀπολογούμενόν τε καὶ ἐλέγχειν μηδενὸς ἀπο-
κρινομένου. ἀξιώσατε οὖν καὶ ὑμᾶς, ὥσπερ ἐγὼ λέγω, διττούς 60
μου τοὺς κατηγόρους γεγονέναι, ἑτέρους μὲν τοὺς ἄρτι
κατηγορήσαντας, ἑτέρους δὲ τοὺς πάλαι οὓς ἐγὼ λέγω, καὶ
οἰήθητε δεῖν πρὸς ἐκείνους πρῶτόν με ἀπολογήσασθαι· καὶ
γὰρ ὑμεῖς ἐκείνων πρότερον ἠκούσατε κατηγορούντων καὶ
πολὺ μᾶλλον ἢ τῶνδε τῶν ὕστερον. 65

2. δ' οὖν: somewhat more pointed than simple δέ: the feelings
of the jury are dismissed, what S. experienced is what is really
important. Denniston, *Particles*, 461.

ὀλίγου: G § 1116, § 1534.

4. ὡς ἔπος εἰπεῖν: this phrase modifies οὐδέν: 'to all intents
and purposes'.

6. μὴ ... ἐξαπατηθῆτε: an object clause (ὅπως μὴ with future
indic.) would also be possible, but with a slightly different
nuance: ('take care that you're not taken in ...' as against 'take
care lest you're taken in ...').

8–9. ἐπειδὰν ... λέγειν: 'when it becomes clear that I am not
in the least clever'.

10. εἰ μὴ ἄρα: 'unless, indeed', like *nisi forte*: Denniston, *Particles*, 37.

11–12. οὐ κατὰ τούτους: 'not on their level'—because of course, they do not tell the truth.

12–13. ἤ τι ἤ οὐδέν: 'little or nothing'.

15. ῥήμασί τε καὶ ὀνόμασιν: here (cf. *Symp.* 198 B) the distinction seems to be between 'phrases' and 'words'; but elsewhere in Plato (e.g. *Soph.* 262 A) ῥῆμα means 'verb' and ὄνομα 'noun'.

19. τῇδε τῇ ἡλικίᾳ: 'to a man of my age' (cf. Latin *huic aetati*).

19–20. 'Like a boy making up a tale', or 'like a boy fashioning his words'. Burnet thinks the former (S. has stressed his truthfulness), but the reference to 'beautiful words' suggests that the implication is that young students like immature and pretentious language (τὸ μειρακιῶδες, 'Longinus' 3.4, etc.).

21. παρίεμαι: 'request you' (*not* to do something).

23. ἐπὶ τῶν τραπεζῶν: 'at the bankers' tables' in the agora, a place where talking and lecturing could go on (*Hipp. Min.* 368 B).

25. νῦν ἐγὼ . . .: asyndeton after introductory οὑτωσί: Denniston, *Style*, 111.

26–7. ἀτεχνῶς . . . ξένως ἔχω: 'I am a perfect stranger to . . .' ἀτεχνῶς (specialized variant of ἀτέχνως 'without artifice') is a common Attic colloquialism, but not liked by orators.

27. ἐνθάδε: i.e. in the courts.

27–8. For repeated ἄν see *G* § 1312.

34. ῥήτορος: 'a speaker'.

35. δίκαιός εἰμι: *G* § 1527.

44–5. τά τε μετέωρα . . . ποιῶν: 'a thinker of Things Above, who has also explored everything under the earth and makes the Worse Argument the Better'. The reference is esp. to Aristophanes' *Clouds* (v. Dover, *Clouds*, xxxiii–lxvi). The accusative depending on a verbal noun (here φροντιστής) is unusual in prose: *G* § 1050.

48. οὐδὲ θεοὺς νομίζειν: 'do not believe in the gods either'.

According to *Apol.* 24 B, Meletos indicted Socrates as θεοὺς οὓς ἡ πόλις νομίζει οὐ νομίζοντα, ἕτερα δὲ δαιμόνια καινά.

52. ἀτεχνῶς . . . **οὐδενός:** 'literally making an accusation by default, with no one defending the case'. ἐρήμην, sc. δίκην 'case', internal acc. with κατηγοροῦντες: G § 1052. For the 'ellipse', *WS* § 1027.

52–3. ὃ δὲ . . . **ἀλογώτατον:** relative in apposition to the sentence (here introduced by ὅτι). Cf. *Symp.* 220 A. *WS* § 2494.

54–6. ὅσοι is subdivided into those who spoke out of malice and 'those who persuaded others because they believed it themselves'.

57. αὐτῶν depends on οὐδένα.

59. σκιαμαχεῖν: 'engage in shadow boxing'.

μηδενός: since the participle is not conditional, the choice of μη- rather than οὐ- may be due to the influence of ἀνάγκη: G § 1614, *WS* § 2737.

24. *The poet's inspiration*

In Plato's *Ion*, Socrates punctures the pretensions to knowledge of the Homeric rhapsode (i.e. reciter) Ion. In this long speech (533 C–535 A) he talks about poetical inspiration and the features of it which show that it is not a rational activity or a τέχνη, but a 'god-given' and so inexplicable thing.

ΣΩ. Καὶ ὁρῶ, ὦ Ἴων, καὶ ἔρχομαί γέ σοι ἀποφανούμενος ὅ μοι δοκεῖ τοῦτο εἶναι. ἔστι γὰρ τοῦτο τέχνη μὲν οὐκ ὂν παρὰ σοὶ περὶ Ὁμήρου εὖ λέγειν, ὃ νυνδὴ ἔλεγον, θεία δὲ δύναμις ἥ σε κινεῖ, ὥσπερ ἐν τῇ λίθῳ ἣν Εὐριπίδης μὲν Μαγνῆτιν ὠνόμασεν, οἱ δὲ πολλοὶ Ἡρακλείαν. καὶ γὰρ αὕτη ἡ λίθος οὐ 5 μόνον αὐτοὺς τοὺς δακτυλίους ἄγει τοὺς σιδηροῦς, ἀλλὰ καὶ δύναμιν ἐντίθησι τοῖς δακτυλίοις ὥστ' αὖ δύνασθαι ταὐτὸν τοῦτο ποιεῖν ὅπερ ἡ λίθος, ἄλλους ἄγειν δακτυλίους, ὥστ' ἐνίοτε ὁρμαθὸς μακρὸς πάνυ σιδηρίων καὶ δακτυλίων ἐξ ἀλλήλων ἤρτηται· πᾶσι δὲ τούτοις ἐξ ἐκείνης τῆς λίθου ἡ 10 δύναμις ἀνήρτηται. οὕτω δὲ καὶ ἡ Μοῦσα ἐνθέους μὲν ποιεῖ

αὐτή, διὰ δὲ τῶν ἐνθέων τούτων ἄλλων ἐνθουσιαζόντων
ὁρμαθὸς ἐξαρτᾶται. πάντες γὰρ οἵ τε τῶν ἐπῶν ποιηταὶ οἱ
ἀγαθοὶ οὐκ ἐκ τέχνης ἀλλ' ἔνθεοι ὄντες καὶ κατεχόμενοι πάντα
15 ταῦτα τὰ καλὰ λέγουσι ποιήματα, καὶ οἱ μελοποιοὶ οἱ ἀγαθοὶ
ὡσαύτως· ὥσπερ οἱ κορυβαντιῶντες οὐκ ἔμφρονες ὄντες
ὀρχοῦνται, οὕτω καὶ οἱ μελοποιοὶ οὐκ ἔμφρονες ὄντες τὰ καλὰ
μέλη ταῦτα ποιοῦσιν, ἀλλ' ἐπειδὰν ἐμβῶσιν εἰς τὴν ἁρμονίαν
καὶ εἰς τὸν ῥυθμόν, βακχεύουσι, καὶ κατεχόμενοι, ὥσπερ αἱ
20 βάκχαι ἀρύονται ἐκ τῶν ποταμῶν μέλι καὶ γάλα κατεχόμεναι,
ἔμφρονες δὲ οὖσαι οὔ, καὶ τῶν μελοποιῶν ἡ ψυχὴ τοῦτο
ἐργάζεται, ὅπερ αὐτοὶ λέγουσι. λέγουσι γὰρ δήπουθεν πρὸς
ἡμᾶς οἱ ποιηταὶ ὅτι ἀπὸ κρηνῶν μελιρρύτων ἐκ Μουσῶν
κήπων τινῶν καὶ ναπῶν δρεπόμενοι τὰ μέλη ἡμῖν φέρουσιν
25 ὥσπερ αἱ μέλιτται, καὶ αὐτοὶ οὕτω πετόμενοι· καὶ ἀληθῆ
λέγουσι. κοῦφον γὰρ χρῆμα ποιητής ἐστιν καὶ πτηνὸν καὶ
ἱερόν, καὶ οὐ πρότερον οἷός τε ποιεῖν πρὶν ἂν ἔνθεός τε
γένηται καὶ ἔκφρων καὶ ὁ νοῦς μηκέτι ἐν αὐτῷ ἐνῇ· ἕως δ' ἂν
τουτὶ ἔχῃ τὸ κτῆμα, ἀδύνατος πᾶς ποιεῖν ἄνθρωπός ἐστιν καὶ
30 χρησμῳδεῖν. ἅτε οὖν οὐ τέχνῃ ποιοῦντες καὶ πολλὰ λέγοντες
καὶ καλὰ περὶ τῶν πραγμάτων, ὥσπερ σὺ περὶ Ὁμήρου, ἀλλὰ
θείᾳ μοίρᾳ, τοῦτο μόνον οἷός τε ἕκαστος ποιεῖν καλῶς ἐφ' ὃ ἡ
Μοῦσα αὐτὸν ὥρμησεν, ὁ μὲν διθυράμβους, ὁ δὲ ἐγκώμια, ὁ
δὲ ὑπορχήματα, ὁ δ' ἔπη, ὁ δ' ἰάμβους· τὰ δ' ἄλλα φαῦλος
35 αὐτῶν ἕκαστός ἐστιν. οὐ γὰρ τέχνῃ ταῦτα λέγουσιν ἀλλὰ θείᾳ
δυνάμει, ἐπεί, εἰ περὶ ἑνὸς τέχνῃ καλῶς ἠπίσταντο λέγειν, κἂν
περὶ τῶν ἄλλων ἁπάντων· διὰ ταῦτα δὲ ὁ θεὸς ἐξαιρούμενος
τούτων τὸν νοῦν τούτοις χρῆται ὑπηρέταις καὶ τοῖς
χρησμῳδοῖς καὶ τοῖς μάντεσι τοῖς θείοις, ἵνα ἡμεῖς οἱ
40 ἀκούοντες εἰδῶμεν ὅτι οὐχ οὗτοί εἰσιν οἱ ταῦτα λέγοντες οὕτω
πολλοῦ ἄξια, οἷς νοῦς μὴ πάρεστιν, ἀλλ' ὁ θεὸς αὐτός ἐστιν ὁ
λέγων, διὰ τούτων δὲ φθέγγεται πρὸς ἡμᾶς. μέγιστον δὲ
τεκμήριον τῷ λόγῳ Τύννιχος ὁ Χαλκιδεύς, ὃς ἄλλο μὲν οὐδὲν
πώποτε ἐποίησε ποίημα ὅτου τις ἂν ἀξιώσειεν μνησθῆναι, τὸν
45 δὲ παιῶνα ὃν πάντες ᾄδουσι, σχεδόν τι πάντων μελῶν
κάλλιστον, ἀτεχνῶς, ὅπερ αὐτὸς λέγει, εὕρημά τι Μοισᾶν. ἐν
τούτῳ γὰρ μάλιστά μοι δοκεῖ ὁ θεὸς ἐνδείξασθαι ἡμῖν, ἵνα μὴ
διστάζωμεν, ὅτι οὐκ ἀνθρώπινά ἐστιν τὰ καλὰ ταῦτα ποιή-
ματα οὐδὲ ἀνθρώπων, ἀλλὰ θεῖα καὶ θεῶν, οἱ δὲ ποιηταὶ οὐδὲν

ἀλλ' ἢ ἑρμηνῆς εἰσιν τῶν θεῶν, κατεχόμενοι ἐξ ὅτου ἂν 50
ἕκαστος κατέχηται. ταῦτα ἐνδεικνύμενος ὁ θεὸς ἐξεπίτηδες
διὰ τοῦ φαυλοτάτου ποιητοῦ τὸ κάλλιστον μέλος ᾖσεν· ἢ οὐ
δοκῶ σοι ἀληθῆ λέγειν, ὦ Ἴων;

4. Εὐριπίδης: from his *Oeneus*, cf. fr. 567 Nauck. The phenomenon of magnetism was well known in antiquity and many magical and speculative explanations were given. Magnetic loadstone ore was fairly plentiful on the peninsula Magnesia, whence the name.

8. ἄλλους . . . δακτυλίους: epexegetic of ταὐτὸν ποιεῖν.

13–22. A long loose sentence, confusing to read. We should make a pause at ὡσαύτως (16) and begin again. ὥσπερ (16) is answered by οὕτω (17). At κατεχόμενοι (19) another simile is introduced (down to οὔ (21)), and this interruption leads to a change in the form of the sentence when the main thought is resumed: we expect a plural verb in 22, but instead we have ἡ ψυχὴ . . . ἐργάζεται. τοῦτο in 21 looks forward to the clause ὅπερ . . . λέγουσι, and this in turn to the explanation of what the poets themselves tell us.

20. ἀρύονται: 'draw'. The word occurs only here in Plato, and ἀρύτω (which at least one MS has) is said to be the 'Attic' form.

24. ναπῶν: 'glades', a generally poetic word, once elsewhere in Plato (*Laws* 761 B 1).

29. τουτὶ . . . τὸ κτῆμα: 'this possession', i.e. control by a god.

33–4. 'Dithyrambs' are choral lyrics of free form, originally associated with Dionysus. 'Encomia' are songs in praise of men or heroes. 'Hyporchemata' are choral hymns to Apollo, associated with a certain style of dance. By ἔπη is meant 'hexameter poetry', by ἴαμβοι 'iambic'—not, it seems, drama, but e.g. invective or gnomic poetry. (There is much doubt about the exact sense of these and other lyric genre-names.) What Socrates alleges is untrue: many poets (notably Pindar, whom Plato admired) composed in several of these forms.

36. κἄν = καὶ ἄν sc. ἠπίσταντο.

38. ὑπηρέταις: 'as servants', predicate (as absence of article shows).

66   PLATO

43. Tynnichus of Chalcis is unheard of apart from this passage.

45. παιῶνα: a 'paean', a type of hymn to Apollo (Pindar's were famous).

46. Μοισᾶν: Doric for Μουσῶν.

50. ἑρμηνῆς: G § 266.

25. The origin of society

In *Protagoras*, Plato represents the famous sophist Protagoras of Abdera expounding in a long speech his theory of how human society arose. The theory is in part a myth; and here (320 C–322 A) we have the story told in a very traditional form (cf. 1 above). It is a variant of the legend of Prometheus. How far content and style reproduce the real Protagoras is uncertain. There must be a recognizable similarity, but there is nothing to prevent Plato telling the tale better than he found it or giving it a twist to suit his intended argument. The poetical words (and the iambic rhythm) in this piece remind us that these subjects were sometimes treated on the stage, as in the extant *Prometheus Vinctus* and in plays attributed to Critias and Moschion, of which we have fragments.

Ἦν γάρ ποτε χρόνος ὅτε θεοὶ μὲν ἦσαν, θνητὰ δὲ γένη οὐκ ἦν. ἐπειδὴ δὲ καὶ τούτοις χρόνος ἦλθεν εἱμαρμένος γενέσεως, τυποῦσιν αὐτὰ θεοὶ γῆς ἔνδον ἐκ γῆς καὶ πυρὸς μείξαντες καὶ τῶν ὅσα πυρὶ καὶ γῇ κεράννυται. ἐπειδὴ δ' ἄγειν αὐτὰ πρὸς
5 φῶς ἔμελλον, προσέταξαν Προμηθεῖ καὶ Ἐπιμηθεῖ κοσμῆσαί τε καὶ νεῖμαι δυνάμεις ἑκάστοις ὡς πρέπει. Προμηθέα δὲ παραιτεῖται Ἐπιμηθεὺς αὐτὸς νεῖμαι, Νείμαντος δέ μου, ἔφη, ἐπίσκεψαι· καὶ οὕτω πείσας νέμει. νέμων δὲ τοῖς μὲν ἰσχὺν ἄνευ τάχους προσῆπτεν, τοὺς δ' ἀσθενεστέρους τάχει
10 ἐκόσμει· τοὺς δὲ ὥπλιζε, τοῖς δ' ἄοπλον διδοὺς φύσιν ἄλλην τιν' αὐτοῖς ἐμηχανᾶτο δύναμιν εἰς σωτηρίαν. ἃ μὲν γὰρ αὐτῶν σμικρότητι ἤμπισχεν, πτηνὸν φυγὴν ἢ κατάγειον φύσιν ἔνεμεν· ἃ δὲ ηὖξε μεγέθει, τῷδε αὐτῷ αὐτὰ ἔσῳζεν· καὶ τἆλλα οὕτως ἐπανισῶν ἔνεμεν. ταῦτα δὲ ἐμηχανᾶτο εὐλάβειαν ἔχων

μή τι γένος ἀϊστωθείη· ἐπειδὴ δὲ αὐτοῖς ἀλληλοφθοριῶν 15
διαφυγὰς διήρκεσε, πρὸς τὰς ἐκ Διὸς ὥρας εὐμάρειαν
ἐμηχανᾶτο ἀμφιεννὺς αὐτὰ πυκναῖς τε θριξὶν καὶ στερεοῖς
δέρμασιν, ἱκανοῖς μὲν ἀμῦναι χειμῶνα, δυνατοῖς δὲ καὶ
καύματα, καὶ εἰς εὐνὰς ἰοῦσιν ὅπως ὑπάρχοι τὰ αὐτὰ ταῦτα
στρωμνὴ οἰκεία τε καὶ αὐτοφυὴς ἑκάστῳ· καὶ ὑποδῶν τὰ μὲν 20
ὁπλαῖς, τὰ δὲ δέρμασιν στερεοῖς καὶ ἀναίμοις. τοὐντεῦθεν
τροφὰς ἄλλοις ἄλλας ἐξεπόριζεν, τοῖς μὲν ἐκ γῆς βοτάνην,
ἄλλοις δὲ δένδρων καρπούς, τοῖς δὲ ῥίζας· ἔστι δ' οἷς ἔδωκεν
εἶναι τροφὴν ζῴων ἄλλων βοράν· καὶ τοῖς μὲν ὀλιγογονίαν
προσῆψε, τοῖς δ' ἀναλισκομένοις ὑπὸ τούτων πολυγονίαν, 25
σωτηρίαν τῷ γένει πορίζων. ἅτε δὴ οὖν οὐ πάνυ σοφὸς ὢν ὁ
Ἐπιμηθεὺς ἔλαθεν αὑτὸν καταναλώσας τὰς δυνάμεις εἰς τὰ
ἄλογα· λοιπὸν δὴ ἀκόσμητον ἔτι αὐτῷ ἦν τὸ ἀνθρώπων γένος,
καὶ ἠπόρει ὅτι χρήσαιτο. ἀποροῦντι δὲ αὐτῷ ἔρχεται Προ-
μηθεὺς ἐπισκεψόμενος τὴν νομήν, καὶ ὁρᾷ τὰ μὲν ἄλλα ζῷα 30
ἐμμελῶς πάντων ἔχοντα, τὸν δὲ ἄνθρωπον γυμνόν τε καὶ
ἀνυπόδητον καὶ ἄστρωτον καὶ ἄοπλον· ἤδη δὲ καὶ ἡ εἱμαρμένη
ἡμέρα παρῆν ἐν ᾗ ἔδει καὶ ἄνθρωπον ἐξιέναι ἐκ γῆς εἰς φῶς.
ἀπορίᾳ οὖν σχόμενος ὁ Προμηθεὺς ἥντινα σωτηρίαν τῷ
ἀνθρώπῳ εὕροι, κλέπτει Ἡφαίστου καὶ Ἀθηνᾶς τὴν ἔντεχνον 35
σοφίαν σὺν πυρί—ἀμήχανον γὰρ ἦν ἄνευ πυρὸς αὐτὴν κτητήν
τῳ ἢ χρησίμην γενέσθαι—καὶ οὕτω δὴ δωρεῖται ἀνθρώπῳ.
τὴν μὲν οὖν περὶ τὸν βίον σοφίαν ἄνθρωπος ταύτῃ ἔσχεν, τὴν
δὲ πολιτικὴν οὐκ εἶχεν· ἦν γὰρ παρὰ τῷ Διί. τῷ δὲ Προμηθεῖ
εἰς μὲν τὴν ἀκρόπολιν τὴν τοῦ Διὸς οἴκησιν οὐκέτι ἐνεχώρει 40
εἰσελθεῖν—πρὸς δὲ καὶ αἱ Διὸς φυλακαὶ φοβεραὶ ἦσαν—εἰς δὲ
τὸ τῆς Ἀθηνᾶς καὶ Ἡφαίστου οἴκημα τὸ κοινόν, ἐν ᾧ
ἐφιλοτεχνείτην, λαθὼν εἰσέρχεται, καὶ κλέψας τήν τε ἔμπυρον
τέχνην τὴν τοῦ Ἡφαίστου καὶ τὴν ἄλλην τὴν τῆς Ἀθηνᾶς
δίδωσιν ἀνθρώπῳ, καὶ ἐκ τούτου εὐπορία μὲν ἀνθρώπῳ τοῦ 45
βίου γίγνεται, Προμηθέα δὲ δι' Ἐπιμηθέα ὕστερον, ᾗπερ
λέγεται, κλοπῆς δίκη μετῆλθεν.

1. Ἦν γάρ ποτε χρόνος: 'once upon a time'. So 'Critias' (fr. 1
Nauck): ἦν χρόνος ὅτ' ἦν ἄτακτος ἀνθρώπων βίος . . . A
traditional way of beginning a story: note lack of a connecting
particle.

θεοί . . . θνητὰ δὲ γένη: note absence of article, a sign that this is not normal Attic prose.

2. εἱμαρμένος: 'destined'. So too ἡ εἱμαρμένη (sc. μοῖρα) means one's 'allotted destiny'.

3. ἔνδον: 'within'. Prepositional use is commoner in poetry; normal prose prefers ἐντός.

6–8. νεῖμαι . . . νεῖμαι . . . νείμαντος . . . νέμει . . . νέμων. Cf. below 29–30, and Pherecydes, above 1 (b).

11. ἐμηχανᾶτο . . . σωτηρίαν: could be an iambic line of dramatic verse, and there are similar rhythms throughout this context.

15. ἀϊστωθείη: 'be annihilated'. Poetical and Ionic word, cf. *Prometheus Vinctus* 232, 668.

15–16. ἀλληλοφθοριῶν διαφυγὰς διήρκεσεν: the unusual use of διαρκεῖν (not again till Plutarch?), the compound of ἀλληλο— (also characteristic of late Greek or poetry) and the plural abstracts (Denniston, *Style*, 38), all mark this passage as distinctive.

18–19. ἱκανῆς . . . καύματα: note the carefully balanced clauses.

21. The words θριξὶν καὶ which stand in the MSS before δέρμασιν cannot be right (feet are not shod with hair): best delete or emend to e.g. ὄνυξι καὶ (Baiter).

33. καὶ ἄνθρωπον: 'man also'.

34. σχόμενος: middle form with passive sense, *WS* § 802; a poetical or Ionic use.

39. An earlier stage of the story, given here without explanation: Introd. p. xxiv.

47. 'A charge of theft pursued Prometheus.' Note once again iambic rhythm and the bold personification.

26. *Socrates and Callicles*

The last part of *Gorgias* contains some of Plato's most powerful and moving writing, full of the bitterness caused by the indignity and injustice of Socrates' condemnation. Callicles—of

whom nothing is known apart from what the dialogue tells us—
represents the view that 'might is right'. He is a potential
'tyrannical man', and the link between insatiable desire and
irresponsible power is personified in the portrayal of his atti-
tude. He reproaches Socrates with his failure to protect himself.
This passage (508 C–509 C) is part of Socrates' answer.

Τούτων δὲ οὕτως ἐχόντων σκεψώμεθα τί ποτ' ἐστὶν ἃ σὺ ἐμοὶ
ὀνειδίζεις, ἆρα καλῶς λέγεται ἢ οὔ, ὡς ἄρα ἐγὼ οὐχ οἷός τ'
εἰμὶ βοηθῆσαι οὔτε ἐμαυτῷ οὔτε τῶν φίλων οὐδενὶ οὐδὲ τῶν
οἰκείων, οὐδ' ἐκσῶσαι ἐκ τῶν μεγίστων κινδύνων, εἰμὶ δὲ ἐπὶ
τῷ βουλομένῳ ὥσπερ οἱ ἄτιμοι τοῦ ἐθέλοντος, ἄντε τύπτειν   5
βούληται, τὸ νεανικὸν δὴ τοῦτο τὸ τοῦ σοῦ λόγου, ἐπὶ κόρρης,
ἐάντε χρήματα ἀφαιρεῖσθαι, ἐάντε ἐκβάλλειν ἐκ τῆς πόλεως,
ἐάντε, τὸ ἔσχατον, ἀποκτεῖναι· καὶ οὕτω διακεῖσθαι πάντων
αἴσχιστόν ἐστιν, ὡς ὁ σὸς λόγος. ὁ δὲ δὴ ἐμὸς ὅστις, πολλάκις
μὲν ἤδη εἴρηται, οὐδὲν δὲ κωλύει καὶ ἔτι λέγεσθαι· Οὔ φημι,   10
ὦ Καλλίκλεις, τὸ τύπτεσθαι ἐπὶ κόρρης ἀδίκως αἴσχιστον
εἶναι, οὐδέ γε τὸ τέμνεσθαι οὔτε τὸ σῶμα τὸ ἐμὸν οὔτε τὸ
βαλλάντιον, ἀλλὰ τὸ τύπτειν καὶ ἐμὲ καὶ τὰ ἐμὰ ἀδίκως καὶ
τέμνειν καὶ αἴσχιον καὶ κάκιον, καὶ κλέπτειν γε ἅμα καὶ
ἀνδραποδίζεσθαι καὶ τοιχωρυχεῖν καὶ συλλήβδην ὁτιοῦν   15
ἀδικεῖν καὶ ἐμὲ καὶ τὰ ἐμὰ τῷ ἀδικοῦντι καὶ κάκιον καὶ
αἴσχιον εἶναι ἢ ἐμοὶ τῷ ἀδικουμένῳ. ταῦτα ἡμῖν ἄνω ἐκεῖ ἐν
τοῖς πρόσθεν λόγοις οὕτω φανέντα, ὡς ἐγὼ λέγω, κατέχεται
καὶ δέδεται, καὶ εἰ ἀγροικότερόν τι εἰπεῖν ἔστι, σιδηροῖς καὶ
ἀδαμαντίνοις λόγοις, ὡς γοῦν ἂν δόξειεν οὑτωσί, οὓς σὺ εἰ μὴ   20
λύσεις ἢ σοῦ τις νεανικώτερος, οὐχ οἷόν τε ἄλλως λέγοντα ἢ
ὡς ἐγὼ νῦν λέγω καλῶς λέγειν· ἐπεὶ ἔμοιγε ὁ αὐτὸς λόγος
ἐστὶν ἀεί, ὅτι ἐγὼ ταῦτα οὐκ οἶδα ὅπως ἔχει, ὅτι μέντοι ὧν
ἐγὼ ἐντετύχηκα, ὥσπερ νῦν, οὐδεὶς οἷός τ' ἐστὶν ἄλλως λέγων
μὴ οὐ καταγέλαστος εἶναι. ἐγὼ μὲν οὖν αὖ τίθημι ταῦτα   25
οὕτως ἔχειν· εἰ δὲ οὕτως ἔχει καὶ μέγιστον τῶν κακῶν ἐστιν ἡ
ἀδικία τῷ ἀδικοῦντι καὶ ἔτι τούτου μεῖζον μεγίστου ὄντος, εἰ
οἷόν τε, τὸ ἀδικοῦντα μὴ διδόναι δίκην, τίνα ἂν βοήθειαν μὴ
δυνάμενος ἄνθρωπος βοηθεῖν ἑαυτῷ καταγέλαστος ἂν τῇ
ἀληθείᾳ εἴη; ἆρα οὐ ταύτην, ἥτις ἀποτρέψει τὴν μεγίστην   30
ἡμῶν βλάβην; ἀλλὰ πολλὴ ἀνάγκη ταύτην εἶναι τὴν αἰσχίστην

βοήθειαν μὴ δύνασθαι βοηθεῖν μήτε αὐτῷ μήτε τοῖς αὑτοῦ
φίλοις τε καὶ οἰκείοις, δευτέραν δὲ τὴν τοῦ δευτέρου κακοῦ
καὶ τρίτην τὴν τοῦ τρίτου καὶ τἆλλα οὕτως· ὡς ἑκάστου κακοῦ
35 μέγεθος πέφυκεν, οὕτω καὶ κάλλος τοῦ δυνατὸν εἶναι ἐφ᾽
ἕκαστα βοηθεῖν καὶ αἰσχύνη τοῦ μή. ἆρα ἄλλως ἢ οὕτως ἔχει,
ὦ Καλλίκλεις;

2. ἄρα: indicates that Socrates is quoting Callicles' view,
from which he strongly dissents: Denniston, *Particles*, 38.

4–5. ἐπὶ τῷ βουλομένῳ: 'in the power of anyone who chooses'
(*G* § 1210). The gen. τοῦ ἐθέλοντος has the same force: οἱ ἄτιμοι
are people deprived of citizen rights.

6. τὸ . . . τοῦ σοῦ λόγου: in apposition to the sentence (*WS* §
994): 'to use your own vigorous expression'.

6. ἐπὶ κόρρης: a 'crack on the jaw' (see Dodds on 486 c) was
legally ὕβρις, 'assault'.

9. ὅστις: sc. ἐστι.

12. τέμνεσθαι: 'to be cut up', 'to be slashed'—the word is
meant to be appropriate both to 'beating up' and to 'purse
slashing'. (Cf. βαλλαντιοτόμος, 'cutpurse'.)

15. ἀνδραποδίζεσθαι: 'kidnap'.

τοιχωρυχεῖν: 'burgle' (by breaking in through mud
house-walls).

19. εἰ . . . ἔστιν: 'if one may be allowed to say something
rather crude'—an apology for the uncompromising (and un-
characteristic) dogmatism.

20. ὡς . . . οὑτωσί: 'as it would appear from this standpoint at
any rate'.

23. Socrates is represented, as often, as asserting his own
ignorance.

25. μὴ οὐ: *G* § 1616.

28. βοήθειαν: *G* § 1051.

30. ἀποτρέψει: *G* § 1442.

34. ὡς ἑκάστου κτλ: the clause explains οὕτως, and gives the
general rule. Asyndeton is therefore natural: 'the beauty of
being able to offer help in the several circumstances, and the
disgrace of not being able to do so, vary with the gravity of the
various evils.'

27. Agathon's peroration

Plato's *Symposium*, more than any other dialogue, abounds in his brilliant, parodic displays of various styles and fashions of oratory. Here (197 C–197 E) the poet Agathon concludes his encomium of Eros in a high-flown peroration, even bursting into verse. The antitheses and word-plays are in the manner of Gorgias (see 9 above).

Οὕτως ἐμοὶ δοκεῖ, ὦ Φαῖδρε, Ἔρως πρῶτος αὐτὸς ὢν κάλλιστος καὶ ἄριστος μετὰ τοῦτο τοῖς ἄλλοις ἄλλων τοιούτων αἴτιος εἶναι. ἐπέρχεται δέ μοί τι καὶ ἔμμετρον εἰπεῖν, ὅτι οὗτός ἐστιν ὁ ποιῶν

εἰρήνην μὲν ἐν ἀνθρώποις, πελάγει δὲ γαλήνην   5
νηνεμίαν, ἀνέμων κοίτην ὕπνον τ' ἐνὶ κήδει.

οὗτος δὲ ἡμᾶς ἀλλοτριότητος μὲν κενοῖ, οἰκειότητος δὲ πληροῖ, τὰς τοιάσδε συνόδους μετ' ἀλλήλων πάσας τιθεὶς συνιέναι, ἐν ἑορταῖς, ἐν χοροῖς, ἐν θυσίαις γιγνόμενος ἡγεμών· πρᾳότητα μὲν πορίζων, ἀγριότητα δ' ἐξορίζων· φιλόδωρος   10
εὐμενείας, ἄδωρος δυσμενείας· ἵλεως ἀγανός· θεατὸς σοφοῖς, ἀγαστὸς θεοῖς· ζηλωτὸς ἀμοίροις, κτητὸς εὐμοίροις· τρυφῆς, ἁβρότητος, χλιδῆς, χαρίτων, ἱμέρου, πόθου πατήρ· ἐπιμελὴς ἀγαθῶν, ἀμελὴς κακῶν· ἐν πόνῳ, ἐν φόβῳ, ἐν πόθῳ, ἐν λόγῳ κυβερνήτης, ἐπιβάτης, παραστάτης τε καὶ σωτὴρ ἄριστος,   15
συμπάντων τε θεῶν καὶ ἀνθρώπων κόσμος, ἡγεμὼν κάλλιστος καὶ ἄριστος, ᾧ χρὴ ἕπεσθαι πάντα ἄνδρα ἐφυμνοῦντα καλῶς, ᾠδῆς μετέχοντα ἣν ᾄδει θέλγων πάντων θεῶν τε καὶ ἀνθρώπων νόημα.

Οὗτος, ἔφη, ὁ παρ' ἐμοῦ λόγος, ὦ Φαῖδρε, τῷ θεῷ   20
ἀνακείσθω, τὰ μὲν παιδιᾶς, τὰ δὲ σπουδῆς μετρίας, καθ' ὅσον ἐγὼ δύναμαι, μετέχων.

5–6. Agathon is inspired by *Odyssey* 5. 391–2:
καὶ τότ' ἔπειτ' ἄνεμος μὲν ἐπαύσατο, ἡ δὲ γαλήνη
ἔπλετο νηνεμίη.

7. 'Empties us of alienation, fills us with reconciliation.'

8–9. σύνοδους . . . συνιέναι: *G* § 1057.
τιθείς: 'causing us to . . .'
10. ἐξορίζων: 'banishing'.
11. ἵλεως ἀγανός: 'gracious, gentle'.
14. Alliteration (π and φ alliterate!).
15. If the text is right, 'helmsman, comrade, defender, and saviour'. The first two words suggest the metaphor of naval warfare, since an ἐπιβάτης is often a soldier on board a ship. As to παραστάτης τε καὶ σωτήρ, J. G. Griffith suggests that these words refer to the Dioscuri, who protect ships, in the form of 'St Elmo's fire'; cf. Aelian *V.H.* I. 30, quoting a line of tragedy (*fr. adesp.* 14 Nauck), and explicitly linking this phrase with the Dioscuri. This gives us a seafaring meaning for all four words.

28. *Socrates at Potidaea*

Alcibiades' encomium of Socrates, which Plato makes him give in lieu of the 'praise of love' demanded by the other speakers in the *Symposium*, is the uninhibited speech of a drunken man. Here (219 E–220 D) he tells the story of Socrates' conduct in the army besieging Potidaea (432–429 BC) and his hardiness in the terrible winter cold of Northern Greece. Alcibiades would then have been about 20, Socrates about 40. The immediately preceding passage tells how Alcibiades was 'enslaved' by Socrates, and could not win him by love or money.

Ταῦτά τε γάρ μοι ἅπαντα προυγεγόνει, καὶ μετὰ ταῦτα
στρατεία ἡμῖν εἰς Ποτείδαιαν ἐγένετο κοινὴ καὶ συνεσιτοῦμεν
ἐκεῖ. πρῶτον μὲν οὖν τοῖς πόνοις οὐ μόνον ἐμοῦ περιῆν, ἀλλὰ
καὶ τῶν ἄλλων ἁπάντων—ὁπότ' ἀναγκασθεῖμεν ἀπολειφθέντες
5 που, οἷα δὴ ἐπὶ στρατείας, ἀσιτεῖν, οὐδὲν ἦσαν οἱ ἄλλοι πρὸς
τὸ καρτερεῖν—ἔν τ' αὖ ταῖς εὐωχίαις μόνος ἀπολαύειν οἷός τ'
ἦν τά τ' ἄλλα καὶ πίνειν οὐκ ἐθέλων ὁπότε ἀναγκασθείη
πάντας ἐκράτει, καὶ ὃ πάντων θαυμαστότατον, Σωκράτη
μεθύοντα οὐδεὶς πώποτε ἑώρακεν ἀνθρώπων. τούτου μὲν οὖν
10 μοι δοκεῖ καὶ αὐτίκα ὁ ἔλεγχος ἔσεσθαι. πρὸς δὲ αὖ τὰς τοῦ
χειμῶνος καρτερήσεις—δεινοὶ γὰρ αὐτόθι χειμῶνες—

θαυμάσια ἠργάζετο τά τε ἄλλα καί ποτε ὄντος πάγου οἵου
δεινοτάτου καὶ πάντων ἢ οὐκ ἐξιόντων ἔνδοθεν ἢ εἴ τις ἐξίοι
ἠμφιεσμένων τε θαυμαστὰ δὴ ὅσα καὶ ὑποδεδεμένων καὶ
ἐνειλιγμένων τοὺς πόδας εἰς πίλους καὶ ἀρνακίδας, οὗτος δ' ἐν 15
τούτοις ἐξῄει ἔχων ἱμάτιον μὲν τοιοῦτον οἷόνπερ καὶ πρότερον
εἰώθει φορεῖν, ἀνυπόδητος δὲ διὰ τοῦ κρυστάλλου ῥᾷον
ἐπορεύετο ἢ οἱ ἄλλοι ὑποδεδεμένοι, οἱ δὲ στρατιῶται ὑπέ-
βλεπον αὐτὸν ὡς καταφρονοῦντα σφῶν. καὶ ταῦτα μὲν δὴ
ταῦτα· 20

οἷον δ' αὖ τόδ' ἔρεξε καὶ ἔτλη καρτερὸς ἀνὴρ

ἐκεῖ ποτε ἐπὶ στρατιᾶς ἄξιον ἀκοῦσαι. συννοήσας γὰρ αὐτόθι
ἕωθέν τι εἱστήκει σκοπῶν, καὶ ἐπειδὴ οὐ προύχώρει αὐτῷ,
οὐκ ἀνίει ἀλλὰ εἱστήκει ζητῶν. καὶ ἤδη ἦν μεσημβρία καὶ
ἄνθρωποι ἠσθάνοντο καὶ θαυμάζοντες ἄλλος ἄλλῳ ἔλεγεν ὅτι 25
Σωκράτης ἐξ ἑωθινοῦ φροντίζων τι ἕστηκε. τελευτῶντες δέ
τινες τῶν Ἰώνων, ἐπειδὴ ἑσπέρα ἦν, δειπνήσαντες—καὶ γὰρ
θέρος τότε γ' ἦν—χαμεύνια ἐξενεγκάμενοι ἅμα μὲν ἐν τῷ
ψύχει καθηῦδον ἅμα δ' ἐφύλαττον αὐτὸν εἰ καὶ τὴν νύκτα
ἑστήξοι. ὁ δὲ εἱστήκει μέχρι ἕως ἐγένετο καὶ ἥλιος ἀνέσχεν· 30
ἔπειτα ᾤχετ' ἀπιὼν προσευξάμενος τῷ ἡλίῳ.

2. **συνεσιτοῦμεν**: 'we were in the same mess'.

5. **οἷα δὴ**: sc. γίγνεται, 'as happens'.

7. Socrates was able to 'enjoy' the occasion 'in other respects
and < in particular >, though he didn't want to drink, he did
better than anyone else when he was compelled'.

8. **ὃ πάντων θαυμαστότατον**: see *WS* § 995 for such relative
clauses, in apposition to what follows; ἐστι is often omitted, as
here.

10. **αὐτίκα**: 'any minute now', since the party has been going
on for some time. Socrates does indeed outlast all the other
guests.

12–13. **πάγου οἵου δεινοτάτου**: *G* § 1036; *WS* §§ 1087, 2533.
What is really a relative clause (οἷος δεινότατός ἐστι) is wholly
attracted into the case of the antecedent πάγου.

14. **θαυμαστὰ δὴ ὅσα**: clothed with 'a wonderful lot of
things'. Here the full expression θαυμαστόν ἐστιν ὅσα ἠμφιεσμέ-

νοι εἰσί has been abbreviated and attraction has taken place. *G* § 1035 is less clear than *WS* § 2535. The force of θαυμαστὰ ὅσα *may* extend to ὑποδεδεμένων, 'wearing shoes', 'shod'.

15. ἐνειλιγμένων . . . ἀρνακίδας: 'with their feet wrapped up in felts and fleeces'. *G* § 1058.

οὖτος δ': this 'apodotic' δέ marks the beginning of the main clause: *G* § 1422, Denniston, *Particles*, 181.

21. *Od.* 4. 22 and 271.

22–4. 'Having thought of something on the spot in the morning, he would stand working it out, and when it didn't come right, he wouldn't give up but just stood there searching for the answer.' For the initial explanatory γάρ, Denniston, *Particles*, 58.

24–6. Note paratactic form of narrative: more vivid than, e.g. καὶ ἤδη μεσημβρίας οὔσης καὶ αἰσθανομένων τῶν ἀνθρώπων.

25. θαυμάζοντες ἄλλος ἄλλῳ ἔλεγεν: a natural irregularity of concord. Cf. *G* § 914 on 'partitive apposition'.

27. τελευτῶντες: 'in the end', *G* § 1564. The 'Ionians' are the allied troops in the Athenian force: if their reputation for 'creature comforts' underlies the mention of them here, the point will be that Socrates' ascetic behaviour seemed to them so extraordinary that even they put up with the cold night air outdoors to see it through to the end.

28. χαμεύνια: 'mattresses'.

30. ἐστήξοι: this fut. perf. opt. (rare) represents ἑστήξει, will he go on standing?' *G* §§ 1280, 1287.

29. *The transition from democracy to tyranny*

Plato's *Republic* is his most elaborate dialogue, with a puzzling and complex structure, and many brilliant episodes. No part is more spectacular than the sections of Books 8 and 9 in which Socrates fantasizes on the psychological causes which lead the ideal state to its progressive decline through various phases. In this passage (572 D–575 D) he describes how the 'democratic' man, who had rebelled against his stingy, 'timocratic' father (the representative of a constitution dependent on wealth), now has a son who will in turn be discontented with the liberal but orderly ways in which he has been brought up, and will acquire the insatiable desires that are satisfied only by absolute power. The passage illustrates how Plato combines the vividness of dialogue (irregular sentences, rapidity produced by urgent questions and quick, perfunctory answers) with elaborate emotive language (bold metaphors, grand words, Gorgianic figures, sporadic and irregular use of the article—a small but clear sign of the effort after elevation).

Θὲς τοίνυν, ἦν δ' ἐγώ, πάλιν τοῦ τοιούτου ἤδη πρεσβυτέρου γεγονότος νέον υὸν ἐν τοῖς τούτου αὖ ἤθεσιν τεθραμμένον.
Τίθημι.

Τίθει τοίνυν καὶ τὰ αὐτὰ ἐκεῖνα περὶ αὐτὸν γιγνόμενα ἅπερ καὶ περὶ τὸν πατέρα αὐτοῦ, ἀγόμενόν τε εἰς πᾶσαν παρα- 5
νομίαν, ὀνομαζομένην δ' ὑπὸ τῶν ἀγόντων ἐλευθερίαν ἅπασαν, βοηθοῦντά τε ταῖς ἐν μέσῳ ταύταις ἐπιθυμίαις πατέρα τε καὶ τοὺς ἄλλους οἰκείους, τοὺς δ' αὖ παραβοηθοῦντας· ὅταν δ' ἐλπίσωσιν οἱ δεινοὶ μάγοι τε καὶ τυραννοποιοὶ οὗτοι μὴ ἄλλως τὸν νέον καθέξειν, ἔρωτά τινα αὐτῷ μηχανωμένους ἐμποιῆσαι 10
προστάτην τῶν ἀργῶν καὶ τὰ ἕτοιμα διανεμομένων ἐπιθυμιῶν, ὑπόπτερον καὶ μέγαν κηφῆνά τινα—ἢ τί ἄλλο οἴει εἶναι τὸν τῶν τοιούτων ἔρωτα;
Οὐδὲν ἔγωγε, ἦ δ' ὅς, ἀλλ' ἢ τοῦτο.

Οὐκοῦν ὅταν δὴ περὶ αὐτὸν βομβοῦσαι αἱ ἄλλαι ἐπιθυμίαι, 15
θυμιαμάτων τε γέμουσαι καὶ μύρων καὶ στεφάνων καὶ οἴνων καὶ τῶν ἐν ταῖς τοιαύταις συνουσίαις ἡδονῶν ἀνειμένων, ἐπὶ τὸ ἔσχατον αὔξουσαί τε καὶ τρέφουσαι πόθου κέντρον ἐμποιήσωσι τῷ κηφῆνι, τότε δὴ δορυφορεῖταί τε ὑπὸ μανίας καὶ οἴστρᾳ οὗτος ὁ προστάτης τῆς ψυχῆς, καὶ ἐάν τινας ἐν 20
αὐτῷ δόξας ἢ ἐπιθυμίας λάβῃ ποιουμένας χρηστὰς καὶ ἔτι ἐπαισχυνομένας, ἀποκτείνει τε καὶ ἔξω ὠθεῖ παρ' αὐτοῦ, ἕως ἂν καθήρῃ σωφροσύνης, μανίας δὲ πληρώσῃ ἐπακτοῦ.
Παντελῶς, ἔφη, τυραννικοῦ ἀνδρὸς λέγεις γένεσιν.

Ἆρ' οὖν, ἦν δ' ἐγώ, καὶ τὸ πάλαι διὰ τὸ τοιοῦτον τύραννος 25
ὁ Ἔρως λέγεται;
Κινδυνεύει, ἔφη.

Οὐκοῦν, ὦ φίλε, εἶπον, καὶ μεθυσθεὶς ἀνὴρ τυραννικόν τι φρόνημα ἴσχει;

30   Ἴσχει γάρ.

Καὶ μὴν ὅ γε μαινόμενος καὶ ὑποκεκινηκὼς οὐ μόνον ἀνθρώπων ἀλλὰ καὶ θεῶν ἐπιχειρεῖ τε καὶ ἐλπίζει δυνατὸς εἶναι ἄρχειν:

Τυραννικὸς δέ, ἦν δ᾽ ἐγώ, ὦ δαιμόνιε, ἀνὴρ ἀκριβῶς
35   γίγνεται, ὅταν ἢ φύσει ἢ ἐπιτηδεύμασιν ἢ ἀμφοτέροις μεθυστικός τε καὶ ἐρωτικὸς καὶ μελαγχολικὸς γίγνεται.

Παντελῶς μὲν οὖν.

Γίγνεται μέν, ὡς ἔοικεν, οὕτω καὶ τοιοῦτος ἀνήρ· ζῇ δὲ δὴ πῶς;

40   Τὸ τῶν παιζόντων, ἔφη, τοῦτο σὺ καὶ ἐμοὶ ἐρεῖς.

Λέγω δή, ἔφην. οἶμαι γὰρ τὸ μετὰ τοῦτο ἑορταὶ γίγνονται παρ᾽ αὐτοῖς καὶ κῶμοι καὶ θαλίαι καὶ ἑταῖραι καὶ τὰ τοιαῦτα πάντα, ὧν ἂν Ἔρως τύραννος ἔνδον οἰκῶν διακυβερνᾷ τὰ τῆς ψυχῆς ἅπαντα.

45   Ἀνάγκη, ἔφη.

Ἀρ᾽ οὖν οὐ πολλαὶ καὶ δειναὶ παραβλαστάνουσιν ἐπιθυμίαι ἡμέρας τε καὶ νυκτὸς ἑκάστης, πολλῶν δεόμεναι;

Πολλαὶ μέντοι.

Ταχὺ ἄρα ἀναλίσκονται ἐάν τινες ὦσι πρόσοδοι.

50   Πῶς δ᾽ οὔ;

Καὶ μετὰ τοῦτο δὴ δανεισμοὶ καὶ τῆς οὐσίας παραιρέσεις;

Τί μήν;

Ὅταν δὲ δὴ πάντ᾽ ἐπιλείπῃ, ἆρα οὐκ ἀνάγκη μὲν τὰς ἐπιθυμίας βοᾶν πυκνάς τε καὶ σφοδρὰς ἐννενεοττευμένας, τοὺς
55   δ᾽ ὥσπερ ὑπὸ κέντρων ἐλαυνομένους τῶν τε ἄλλων ἐπιθυμιῶν καὶ διαφερόντως ὑπ᾽ αὐτοῦ τοῦ Ἔρωτος, πάσαις ταῖς ἄλλαις ὥσπερ δορυφόροις ἡγουμένου, οἰστρᾶν καὶ σκοπεῖν τίς τι ἔχει, ὃν δυνατὸν ἀφελέσθαι ἀπατήσαντα ἢ βιασάμενον;

Σφόδρα γ᾽, ἔφη.

60   Ἀναγκαῖον δὴ πανταχόθεν φέρειν, ἢ μεγάλαις ὠδῖσί τε καὶ ὀδύναις συνέχεσθαι.

Ἀρ᾽ οὖν, ὥσπερ αἱ ἐν αὐτῷ ἡδοναὶ ἐπιγιγνόμεναι τῶν ἀρχαίων πλέον εἶχον καὶ τὰ ἐκείνων ἀφῃροῦντο, οὕτω καὶ αὐτὸς ἀξιώσει νεώτερος ὢν πατρός τε καὶ μητρὸς πλέον ἔχειν,

καὶ ἀφαιρεῖσθαι, ἐὰν τὸ αὑτοῦ μέρος ἀναλώσῃ, ἀπονειμάμενος 65
τῶν πατρῴων;
Ἀλλὰ τί μήν; ἔφη.
Ἂν δὲ δὴ αὐτῷ μὴ ἐπιτρέπωσιν, ἆρ' οὐ τὸ μὲν πρῶτον
ἐπιχειροῖ ἂν κλέπτειν καὶ ἀπατᾶν τοὺς γονέας;
Πάντως. 70
Ὁπότε δὲ μὴ δύναιτο, ἁρπάζοι ἂν καὶ βιάζοιτο μετὰ
τοῦτο;
Οἶμαι, ἔφη.
Ἀντεχομένων δὴ καὶ μαχομένων, ὦ θαυμάσιε, γέροντός τε
καὶ γραός, ἆρ' εὐλαβηθείη ἂν καὶ φείσαιτο μή τι δρᾶσαι τῶν 75
τυραννικῶν;
Οὐ πάνυ, ἦ δ' ὅς, ἔγωγε θαρρῶ περὶ τῶν γονέων τοῦ
τοιούτου.
Ἀλλ', ὦ Ἀδείμαντε, πρὸς Διός, ἕνεκα νεωστὶ φίλης καὶ
οὐκ ἀναγκαίας ἑταίρας γεγονυίας τὴν πάλαι φίλην καὶ ἀναγ- 80
καίαν μητέρα, ἢ ἕνεκα ὡραίου νεωστὶ φίλου γεγονότος οὐκ
ἀναγκαίου τὸν ἄωρόν τε καὶ ἀναγκαῖον πρεσβύτην πατέρα καὶ
τῶν φίλων ἀρχαιότατον δοκεῖ ἄν σοι ὁ τοιοῦτος πληγαῖς τε
δοῦναι καὶ καταδουλώσασθαι ἂν αὐτοὺς ὑπ' ἐκείνοις, εἰ εἰς τὴν
αὐτὴν οἰκίαν ἀγάγοιτο; 85
Ναὶ μὰ Δία, ἦ δ' ὅς.
Σφόδρα γε μακάριον, ἦν δ' ἐγώ, ἔοικεν εἶναι τὸ τυραννικὸν
ὑὸν τεκεῖν.
Πάνυ γ', ἔφη.
Τί δ', ὅταν δὴ τὰ πατρὸς καὶ μητρὸς ἐπιλείπῃ τὸν 90
τοιοῦτον, πολὺ δὲ ἤδη συνειλιγμένον ἐν αὐτῷ ᾖ τὸ τῶν
ἡδονῶν σμῆνος, οὐ πρῶτον μὲν οἰκίας τινὸς ἐφάψεται τοίχου ἤ
τινος ὀψὲ νύκτωρ ἰόντος τοῦ ἱματίου, μετὰ δὲ ταῦτα ἱερόν τι
νεωκορήσει; καὶ ἐν τούτοις δὴ πᾶσιν, ἃς πάλαι εἶχεν δόξας ἐκ
παιδὸς περὶ καλῶν τε καὶ αἰσχρῶν, τὰς δικαίας ποιουμένας, 95
αἱ νεωστὶ ἐκ δουλείας λελυμέναι, δορυφοροῦσαι τὸν Ἔρωτα,
κρατήσουσι μετ' ἐκείνου, αἳ πρότερον μὲν ὄναρ ἐλύοντο ἐν
ὕπνῳ, ὅτε ἦν αὐτὸς ἔτι ὑπὸ νόμοις τε καὶ πατρὶ δημοκρατού-
μενος ἐν ἑαυτῷ· τυραννευθεὶς δὲ ὑπὸ Ἔρωτος, οἷος ὀλιγάκις
ἐγίνετο ὄναρ, ὕπαρ τοιοῦτος ἀεὶ γενόμενος, οὔτε τινὸς φόνου 100
δεινοῦ ἀφέξεται οὔτε βρώματος οὔτ' ἔργου, ἀλλὰ τυραννικῶς

78   PLATO

ἐν αὑτῷ ὁ Ἔρως ἐν πάσῃ ἀναρχίᾳ καὶ ἀνομίᾳ ζῶν, ἅτε αὐτὸς
ὢν μόναρχος, τὸν ἔχοντά τε αὐτὸν ὥσπερ πόλιν ἄξει ἐπὶ
πᾶσαν τόλμαν, ὅθεν αὑτόν τε καὶ τὸν περὶ αὐτὸν θόρυβον
105 θρέψει, τὸν μὲν ἔξωθεν εἰσεληλυθότα ἀπὸ κακῆς ὁμιλίας, τὸν
δ' ἔνδοθεν ὑπὸ τῶν αὐτῶν τρόπων καὶ ἑαυτὸν ἀνεθέντα καὶ
ἐλευθερωθέντα· ἢ οὐχ οὗτος ὁ βίος τοῦ τοιούτου;
Οὗτος μὲν οὖν, ἔφη.
Καὶ ἂν μέν γε, ἦν δ' ἐγώ, ὀλίγοι τοιοῦτοι ἐν πόλει ὦσι καὶ
110 τὸ ἄλλο πλῆθος σωφρονῇ, ἐξελθόντες ἄλλον τινὰ δορυφοροῦσι
τύραννον ἢ μισθοῦ ἐπικουροῦσιν, ἐάν που πόλεμος ᾖ· ἐὰν δ' ἐν
εἰρήνῃ τε καὶ ἡσυχίᾳ γένωνται, αὐτοῦ δὴ ἐν τῇ πόλει κακὰ
δρῶσι σμικρὰ πολλά.
Τὰ ποῖα δὴ λέγεις;
115 Οἷα κλέπτουσι τοιχωρυχοῦσι βαλλαντιοτομοῦσι λωποδυ-
τοῦσιν ἱεροσυλοῦσιν ἀνδραποδίζονται· ἔστι δ' ὅτε συκοφαν-
τοῦσι, ἐὰν δυνατοὶ ὦσι λέγειν, καὶ ψευδομαρτυροῦσι καὶ
δωροδοκοῦσιν.
Σμικρά γ', ἔφη, κακὰ λέγεις, ἐὰν ὀλίγοι ὦσιν οἱ τοιοῦτοι.
120 Τὰ γὰρ σμικρά, ἦν δ' ἐγώ, πρὸς τὰ μεγάλα σμικρά ἐστιν,
καὶ ταῦτα δὴ πάντα πρὸς τύραννον πονηρίᾳ τε καὶ ἀθλιότητι
πόλεως, τὸ λεγόμενον, οὐδ' ἴκταρ βάλλει. ὅταν γὰρ δὴ πολλοὶ
ἐν πόλει γένωνται οἱ τοιοῦτοι καὶ ἄλλοι οἱ συνεπόμενοι
αὐτοῖς, καὶ αἴσθωνται ἑαυτῶν τὸ πλῆθος, τότε οὗτοί εἰσιν οἱ
125 τὸν τύραννον γεννῶντες μετὰ δήμου ἀνοίας ἐκεῖνον, ὃς ἂν
αὐτῶν μάλιστα αὐτὸς ἐν αὑτῷ μέγιστον καὶ πλεῖστον ἐν τῇ
ψυχῇ τύραννον ἔχῃ.
Εἰκότως γ', ἔφη· τυραννικώτατος γὰρ ἂν εἴη.
Οὐκοῦν ἐὰν μὲν ἑκόντες ὑπείκωσιν· ἐὰν δὲ μὴ ἐπιτρέπῃ ἡ
130 πόλις, ὥσπερ τότε μητέρα καὶ πατέρα ἐκόλαζεν, οὕτω πάλιν
τὴν πατρίδα, ἐὰν οἷός τ' ᾖ, κολάσεται ἐπεισαγόμενος νέους
ἑταίρους, καὶ ὑπὸ τούτοις δὴ δουλεύουσαν τὴν πάλαι φίλην
μητρίδα τε, Κρῆτές φασι, καὶ πατρίδα ἕξει τε καὶ θρέψει. καὶ
τοῦτο δὴ τὸ τέλος ἂν εἴη τῆς ἐπιθυμίας τοῦ τοιούτου ἀνδρός.

1. τοῦ τοιούτου: i.e. the 'democratic' man.

4. τοίνυν: 'further'. Denniston, Particles, 575–6.

5–6. παρανομίαν ... ἐλευθερίαν: misuse of moral terms was

identified as a sign of moral corruption by Thucydides (3. 82), and the idea becomes common later.

7. ἐν μέσῳ: 'moderate'. The 'democratic' man, having reacted against his own father's stinginess, has settled to what he believes to be a moderate enjoyment of pleasures; his son comes under more severe temptations.

9. 'These fearful sorcerers and tyrant-makers.'

μὴ . . . : *G* § 1496.

11. προστάτην: predicative, 'as a champion of'. The term has political connotations (προστάτης τοῦ δήμου, e.g. Thuc. 3. 82).

12. κηφῆνά: 'drone' (cf. 552 C, 554 D, etc.).

13. τῶν τοιούτων: masculine: 'the love inspired by such people'.

16. γέμουσαι: Plato may have had in mind Soph. *OT* 4, πόλις . . . θυμιαμάτων γέμει.

οἴνων: plural is unusual, perhaps 'drinking bouts'.

19. δορυφορεῖται: 'is guarded'. Acquiring a bodyguard is traditionally the tyrant's way to power. Here the passion which is προστάτης τῆς ψυχῆς is analogous to the προστάτης τοῦ δήμου who uses popular support to ensure his rise.

21. ποιουμένας: 'reckoned to be' (cf. 498 A, 538 C, and 95 below).

21–2. ἔτι ἐπαισχυνομένας: 'still able to feel shame'.

23. ἐπακτοῦ: 'imported'. Note the paradox (καθήρῃ σωφροσύνης) and the chiastic arrangement of the sentence.

26. λέγεται: cf. Eur. *Hippol.* 538, and fr. 136. 1.

31. ὑποκεκινηκώς: 'deranged'. Note the very unusual intransitive use and the litotes in ὑπο- ('a bit', cf. ὑποπεπωκώς, 'slightly drunk').

33. εἶναι: for present infin. with ἐλπίζει, see *G* § 1286.

35. φύσει . . . ἐπιτηδεύμασιν: i.e. inborn qualities and accomplishments acquired by practice.

36. 'An alcoholic, a sex-maniac, and a madman.' -ικός adjectives are freely coined, and became 'the tools of the sophists and of abstract thought' (Buck, *Reverse Index*, 636): there are 347 in Plato, 600–700 in Aristotle. A μελαγχολικός has an excess of 'black bile', which was supposed to produce mental and emotional instability, not necessarily what we call 'melancholy'.

40. 'As the children say "You tell me!".' Appositional phrases of this kind (cf. τὸ λεγόμενον, line 122 below) are common. *WS* § 994.

41. τὸ μετὰ τοῦτο: *G* § 1060.

43–44. 'Whose whole mental life is governed by the tyrant Love dwelling within.'

48. μέντοι: marks assent, πολλαί being echoed from the previous speaker. Denniston, *Particles*, 401.

51. παραιρέσεις: 'stripping of assets'.

54. ἐννενεοττευμένας: 'hatched out' in the nest: the desires are greedy chicks.

57. τίς τι ἔχει: 'who has got something', i.e. something worth having (cf. τι λέγειν, 'to say something worth saying').

58. ὅν: ἀφελέσθαι takes two accusatives (*G* § 1069).

60. ἤ: 'or else'—indicates that a given result will follow in case the action of the previous clause is not realized (*WS* § 2859).

68–9. ἐπιτρέπωσιν . . . ἐπιχειροῖ ἄν: *G* §§ 1434, 1436. But neither here nor below (71 δύναιτο . . . ἁρπάζοι ἄν) does the variation in construction seem very significant.

74. Ἀντεχομένων: 'resisting'.

74–5. γέροντός τε καὶ γραός: note striking absence of articles.

75. φείσαιτο μή τι δρᾶσαι: *G* § 1550.

80. ἀναγκαίας: 'closely bound to him'.

82. ἄωρόν: the allusion to the father's lack of youthful beauty sharpens the contrast with the new (homosexual) friend, who is ὡραῖος, in his prime.

83–4. πληγαῖς τε δοῦναι: 'submit them to a beating'. For repetition of ἄν, see *G* § 1312.

93. τοῦ ἱματίου: 'by his cloak'.

94. νεωκορήσει: 'will clean out', lit. 'sweep a temple'.

97. κρατήσουσι: 'will dominate', here with acc. (δόξας), with no difference in meaning from genitive.

100. ὕπαρ: 'when awake' (cf. *Od.* 19. 547). Note the chiastic order.

101. βρώματος: implies cannibalism.

104. ὅθεν κτλ: 'from which to keep himself and his noisy mob, some coming from outside through bad company, and some from within, released and liberated through the same qualities within him.' Note alliteration of θ.

111. μισθοῦ: G § 1133.

115–16. Asyndeton in list: Denniston, *Style*, 100 ff.

122. τὸ λεγόμενον: see on 40.

οὐδ' ἴκταρ βάλλει: 'comes nowhere near the mark'. Proverbial.

129. ἐὰν μὲν κτλ: 'if they give in willingly, < that's fine >; but if . . .'. Cf. *Protag.* 325 D, G § 1416, *WS* § 2352.

133. Κρῆτές φασιν: 'as the Cretans say'. That the Cretans said 'motherland', not 'fatherland' is a remark taken from Plato by later writers ([Plut.] *Mor.* 2 C, Synesius *epist.* 93).

30. The immortality of the soul

This passage (*Phaedrus* 245 C 2–246 A 2) is a very special one. Archaic and solemn language is used to convey an abstract argument, which Plato wishes to represent as authoritative. Note the short cola, sentences without verbs, omission of article, simple but striking figures of anaphora and balance.

Latin translation by Cicero: *Anthology of Latin Prose*, 17.

Ψυχὴ πᾶσα ἀθάνατος. τὸ γὰρ ἀεικίνητον ἀθάνατον· τὸ δ' ἄλλο κινοῦν καὶ ὑπ' ἄλλου κινούμενον, παῦλαν ἔχον κινήσεως, παῦλαν ἔχει ζωῆς. μόνον δὴ τὸ αὐτὸ κινοῦν, ἅτε οὐκ ἀπολεῖπον ἑαυτό, οὔποτε λήγει κινούμενον, ἀλλὰ καὶ τοῖς ἄλλοις ὅσα κινεῖται τοῦτο πηγὴ καὶ ἀρχὴ κινήσεως. ἀρχὴ δὲ 5 ἀκίνητον. ἐξ ἀρχῆς γὰρ ἀνάγκη πᾶν τὸ γιγνόμενον γίγνεσθαι, αὐτὴν δὲ μηδ' ἐξ ἑνός· εἰ γὰρ ἔκ του ἀρχὴ γίγνοιτο, οὐκ ἂν ἔτι ἀρχὴ γίγνοιτο. ἐπειδὴ δὲ ἀγένητόν ἐστιν, καὶ ἀδιάφθορον αὐτὸ ἀνάγκη εἶναι. ἀρχῆς γὰρ δὴ ἀπολομένης οὔτε αὐτή ποτε ἔκ

10 τοῦ οὔτε ἄλλο ἐξ ἐκείνης γενήσεται, εἴπερ ἐξ ἀρχῆς δεῖ τὰ
πάντα γίγνεσθαι. οὕτω δὴ κινήσεως μὲν ἀρχὴ τὸ αὐτὸ αὑτὸ
κινοῦν. τοῦτο δὲ οὔτ' ἀπόλλυσθαι οὔτε γίγνεσθαι δυνατόν, ἢ
πάντα τε οὐρανὸν πᾶσάν τε γένεσιν συμπεσοῦσαν στῆναι καὶ
μήποτε αὖθις ἔχειν ὅθεν κινηθέντα γενήσεται. ἀθανάτου δὲ
15 πεφασμένου τοῦ ὑφ' ἑαυτοῦ κινουμένου, ψυχῆς οὐσίαν τε καὶ
λόγον τοῦτον αὐτόν τις λέγων οὐκ αἰσχυνεῖται. πᾶν γὰρ
σῶμα, ᾧ μὲν ἔξωθεν τὸ κινεῖσθαι, ἄψυχον, ᾧ δὲ ἔνδοθεν αὐτῷ
ἐξ αὑτοῦ, ἔμψυχον, ὡς ταύτης οὔσης φύσεως ψυχῆς· εἰ δ'
ἔστιν τοῦτο οὕτως ἔχον, μὴ ἄλλο τι εἶναι τὸ αὐτὸ ἑαυτὸ
20 κινοῦν ἢ ψυχήν, ἐξ ἀνάγκης ἀγένητόν τε καὶ ἀθάνατον ψυχὴ
ἂν εἴη.

1. ἀεικίνητον: 'perpetually in motion'; a papyrus gives
αὐτοκίνητον, 'self-moved', and many commentators think this
simplifies the argument.

7. μηδ' ἐξ ἑνός = ἐκ μηδενός without any nuance of 'not even'
(*pace* G § 378).

7–8. οὐκ ἂν ἔτι ἀρχή: so Cicero, 'neque enim esset id
principium'. The direct tradition of Plato has (mostly) οὐκ ἂν ἐξ
ἀρχῆς. ἔτι is (as often) logical, not temporal in sense.

10. εἴπερ: 'if (as is the case),' so 'since'.

10–11. τὰ πάντα: 'the universe'.

12–14. ἢ ... στῆναι ... ἔχειν: 'or else must come to rest ...'
We have to supply mentally, e.g. ἀνάγκη.

13. οὐρανὸν ... γένεσιν: 'universe and creation', i.e. the
world seen as (1) extended in time and space, (2) in flux.

14. ὅθεν ... γενήσεται: 'a place from which they can be
activated and so come into being'. G § 1442.

15–16. οὐσίαν τε καὶ λόγον: 'essence and principle'.

16. οὐκ αἰσχυνεῖται: 'will feel no embarrassment'.

31. An introductory dialogue

The introduction to Plato's *Theaetetus* (142 A–143 C) is said by
some to have been written later than the dialogue itself. It refers

to fighting near Corinth where Theaetetus has fallen ill, after distinguishing himself in battle: the date of this event is probably 369 BC, but just possibly 394 BC (the Corinthian war). In any case this is a fairly late dialogue, and the conversation, though lively, shows a certain stiffness. The scene is Megara. Euclides and Terpsion had both known Socrates.

EY. ῎Αρτι, ὦ Τερψίων, ἢ πάλαι ἐξ ἀγροῦ;
TEP. Ἐπιεικῶς πάλαι. καὶ σέ γε ἐζήτουν κατ' ἀγορὰν καὶ ἐθαύμαζον ὅτι οὐχ οἷός τ' ἦ εὑρεῖν.
EY. Οὐ γὰρ ἦ κατὰ πόλιν.
TEP. Ποῦ μήν;   5
EY. Εἰς λιμένα καταβαίνων Θεαιτήτῳ ἐνέτυχον φερομένῳ ἐκ Κορίνθου ἀπὸ τοῦ στρατοπέδου Ἀθήναζε.
TEP. Ζῶντι ἢ τετελευτηκότι;
EY. Ζῶντι καὶ μάλα μόλις· χαλεπῶς μὲν γὰρ ἔχει καὶ ὑπὸ τραυμάτων τινῶν, μᾶλλον μὴν αὐτὸν αἱρεῖ τὸ γεγονὸς νόσημα   10
ἐν τῷ στρατεύματι.
TEP. Μῶν ἡ δυσεντερία;
EY. Ναί.
TEP. Οἷον ἄνδρα λέγεις ἐν κινδύνῳ εἶναι.
EY. Καλόν τε καὶ ἀγαθόν, ὦ Τερψίων, ἐπεί τοι καὶ νῦν   15
ἤκουόν τινων μάλα ἐγκωμιαζόντων αὐτὸν περὶ τὴν μάχην.
TEP. Καὶ οὐδὲν γ' ἄτοπον, ἀλλὰ πολὺ θαυμαστότερον εἰ μὴ τοιοῦτος ἦν. ἀτὰρ πῶς οὐκ αὐτοῦ Μεγαροῖ κατέλυεν;
EY. Ἠπείγετο οἴκαδε· ἐπεὶ ἔγωγ' ἐδεόμην καὶ συνεβούλευον, ἀλλ' οὐκ ἤθελεν. καὶ δῆτα προπέμψας αὐτόν, ἀπιὼν   20
πάλιν ἀνεμνήσθην καὶ ἐθαύμασα Σωκράτους ὡς μαντικῶς ἄλλα τε δὴ εἶπε καὶ περὶ τούτου. δοκεῖ γάρ μοι ὀλίγον πρὸ τοῦ θανάτου ἐντυχεῖν αὐτῷ μειρακίῳ ὄντι, καὶ συγγενόμενός τε καὶ διαλεχθεὶς πάνυ ἀγασθῆναι αὐτοῦ τὴν φύσιν. καί μοι ἐλθόντι Ἀθήναζε τούς τε λόγους οὓς διελέχθη αὐτῷ διηγή-   25
σατο καὶ μάλα ἀξίους ἀκοῆς, εἶπέ τε ὅτι πᾶσα ἀνάγκη εἴη τοῦτον ἐλλόγιμον γενέσθαι, εἴπερ εἰς ἡλικίαν ἔλθοι.
TEP. Καὶ ἀληθῆ γε, ὡς ἔοικεν, εἶπεν. ἀτὰρ τίνες ἦσαν οἱ λόγοι; ἔχοις ἂν διηγήσασθαι;
EY. Οὐ μὰ τὸν Δία, οὔκουν οὕτω γε ἀπὸ στόματος· ἀλλ'   30
ἐγραψάμην μὲν τότ' εὐθὺς οἴκαδ' ἐλθὼν ὑπομνήματα, ὑστε-

ρον δὲ κατὰ σχολὴν ἀναμιμνῃσκόμενος ἔγραφον, καὶ ὁσάκις
Ἀθήναζε ἀφικόμην, ἐπανηρώτων τὸν Σωκράτη ὃ μὴ
ἐμεμνήμην καὶ δεῦρο ἐλθὼν ἐπηνορθούμην· ὥστε μοι σχεδόν
35 τι πᾶς ὁ λόγος γέγραπται.
    ΤΕΡ. Ἀληθῆ· ἤκουσά σου καὶ πρότερον, καὶ μέντοι ἀεὶ
μέλλων κελεύσειν ἐπιδεῖξαι διατέτριφα δεῦρο. ἀλλὰ τί κωλύει
νῦν ἡμᾶς διελθεῖν; πάντως ἔγωγε καὶ ἀναπαύσασθαι δέομαι
ὡς ἐξ ἀγροῦ ἥκων.
40 ΕΥ. Ἀλλὰ μὲν δὴ καὶ αὐτὸς μέχρι Ἐρινοῦ Θεαίτητον
προὔπεμψα, ὥστε οὐκ ἂν ἀηδῶς ἀναπαυοίμην. ἀλλ' ἴωμεν, καὶ
ἡμῖν ἅμα ἀναπαυομένοις ὁ παῖς ἀναγνώσεται.
    ΤΕΡ. Ὀρθῶς λέγεις.
    ΕΥ. Τὸ μὲν δὴ βιβλίον, ὦ Τερψίων, τουτί· ἐγραψάμην δὲ
45 δὴ οὑτωσὶ τὸν λόγον, οὐκ ἐμοὶ Σωκράτη διηγούμενον ὡς
διηγεῖτο, ἀλλὰ διαλεγόμενον οἷς ἔφη διαλεχθῆναι. ἔφη δὲ τῷ
τε γεωμέτρῃ Θεοδώρῳ καὶ τῷ Θεαιτήτῳ. ἵνα οὖν ἐν τῇ
γραφῇ μὴ παρέχοιεν πράγματα αἱ μεταξὺ τῶν λόγων διηγή-
σεις, περὶ αὑτοῦ τε ὁπότε λέγοι ὁ Σωκράτης, οἷον Καὶ ἐγὼ
50 ἔφην ἢ Καὶ ἐγὼ εἶπον, ἢ αὖ περὶ τοῦ ἀποκρινομένου ὅτι
Συνέφη ἢ Οὐχ ὡμολόγει, τούτων ἕνεκα ὡς αὐτὸν αὐτοῖς
διαλεγόμενον ἔγραψα, ἐξελὼν τὰ τοιαῦτα.
    ΤΕΡ. Καὶ οὐδέν γε ἀπὸ τρόπου, ὦ Εὐκλείδη.
    ΕΥ. Ἀλλά, παῖ, λαβὲ τὸ βιβλίον καὶ λέγε.

1. 'Have you just come up from the country, or some time
ago?' Note brevity (verb not needed) and idiomatic ἐξ ἀγροῦ
without article (cf. above **18**. 27: Terpsion has been on his
farm).

2. 'Quite a long time ago': ἐπιεικῶς, 'fairly', may be an
understatement.

5. 'Well, where *were* you?' (Denniston, *Particles*, 333). μήν,
relatively uncommon in Attic, is more conspicuous in Plato's
later work than elsewhere (cf. 10 below, where it answers μέν
instead of the normal δέ).

7. 'As contrasted with ἀπὸ *away from*, ἐκ denotes *from
within*', WS § 1688.

12. Μῶν: WS § 2651 (e).

18. αὐτοῦ Μεγαροῖ: 'here in Megara'. G § 296.

19. ἐπεί: 'because', i.e. 'I know this because . . .'

20. καὶ δῆτα: more lively than καὶ δή. Denniston, *Particles*, 278.

21. Σωκράτους: G § 1102.

31. ἐγραψάμην: 'I wrote down for myself' (*WS* § 1719), not 'I had them written down', e.g. by a slave. These ὑπομνήματα were enough to enable him to recall the whole conversation later when he had time to write it out more fully.

36. καὶ μέντοι: 'and moreover'. Denniston, *Particles*, 413–15.

37. διατέτριφα δεῦρο: 'I have hesitated till now.'

40. μέχρι Ἐρινοῦ: 'as far as the Fig Tree'—presumably a landmark on the road to Athens. Theaetetus has arrived at Megara (at its harbour, Nisaea) by sea, but is now being taken overland to Athens.

42. ὁ παῖς: 'my slave'.

44. Change of scene: we are now in Euclides' house.

44, 53. ἐγραψάμην . . . ἔγραψα: difference between middle and active not clear, but note that the active is used of a particular technique, not of the whole writing of the λόγος.

46. οἶς = τούτοις οἶς.

53. οὐδέν γε ἀπὸ τρόπου: 'not unreasonably', 'not a bad idea'.

54. Note the tenses of the imperatives: *WS* § 1864.

32. *A conversation in Crete*

This is the prologue (624 A–625 C) of Plato's last and longest work, the *Laws*. The scene is set in Crete. An unnamed Athenian, a Spartan (Megillus), and a Cretan (Clinias) are to discuss the constitution of a new city to be founded on the island. This last work has a distinctive style, consciously elevated, mannered, yet with many anacolutha. As in his other late works, Plato now avoids hiatus; and the conversational tone is masked by artifice and magniloquence.

ΑΘ. Θεὸς ἤ τις ἀνθρώπων ὑμῖν, ὦ ξένοι, εἴληφε τὴν
αἰτίαν τῆς τῶν νόμων διαθέσεως;

ΚΛ. Θεός, ὦ ξένε, θεός, ὥς γε τὸ δικαιότατον εἰπεῖν·
παρὰ μὲν ἡμῖν Ζεύς, παρὰ δὲ Λακεδαιμονίοις, ὅθεν ὅδε ἐστίν,
5 οἶμαι φάναι τούτους Ἀπόλλωνα. ἢ γάρ;

ΜΕ. Ναί.

ΑΘ. Μῶν οὖν καθ᾽ Ὅμηρον λέγεις ὡς τοῦ Μίνω φοιτ-
ῶντος πρὸς τὴν τοῦ πατρὸς ἑκάστοτε συνουσίαν δι᾽ ἐνάτου
ἔτους καὶ κατὰ τὰς παρ᾽ ἐκείνου φήμας ταῖς πόλεσιν ὑμῖν
10 θέντος τοὺς νόμους;

ΚΛ. Λέγεται γὰρ οὕτω παρ᾽ ἡμῖν· καὶ δὴ καὶ τὸν ἀδελφόν
γε αὐτοῦ Ῥαδάμανθυν—ἀκούετε γὰρ τὸ ὄνομα—δικαιότατον
γεγονέναι. τοῦτον οὖν φαῖμεν ἂν ἡμεῖς γε οἱ Κρῆτες, ἐκ τοῦ
τότε διανέμειν τὰ περὶ τὰς δίκας, ὀρθῶς τοῦτον τὸν ἔπαινον
15 αὐτὸν εἰληφέναι.

ΑΘ. Καὶ καλόν γε τὸ κλέος ὑεῖ τε Διὸς μάλα πρέπον.
ἐπειδὴ δὲ ἐν τοιούτοις ἤθεσι τέθραφθε νομικοῖς σύ τε καὶ ὅδε,
προσδοκῶ οὐκ ἂν ἀηδῶς περί τε πολιτείας τὰ νῦν καὶ νόμων
τὴν διατριβήν, λέγοντάς τε καὶ ἀκούοντας ἅμα κατὰ τὴν
20 πορείαν, ποιήσασθαι. πάντως δ᾽ ἥ γε ἐκ Κνωσοῦ ὁδὸς εἰς τὸ
τοῦ Διὸς ἄντρον καὶ ἱερόν, ὡς ἀκούομεν, ἱκανή, καὶ ἀνάπαυ-
λαι κατὰ τὴν ὁδόν, ὡς εἰκός, πνίγους ὄντος τὰ νῦν, ἐν τοῖς
ὑψηλοῖς δένδρεσίν εἰσι σκιαραί, καὶ ταῖς ἡλικίαις πρέπον ἂν
ἡμῶν εἴη τὸ διαναπαύεσθαι πυκνὰ ἐν αὐταῖς λόγοις τε
25 ἀλλήλοις παραμυθουμένους τὴν ὁδὸν ἅπασαν οὕτω μετὰ
ῥᾳστώνης διαπερᾶναι.

ΚΛ. Καὶ μὴν ἔστιν γε, ὦ ξένε, προϊόντι κυπαρίττων τε ἐν
τοῖς ἄλσεσιν ὕψη καὶ κάλλη θαυμάσια καὶ λειμῶνες ἐν οἷσιν
ἀναπαυόμενοι διατρίβοιμεν ἄν.

30 ΑΘ. Ὀρθῶς λέγεις.

ΚΛ. Πάνυ μὲν οὖν· ἰδόντες δὲ μᾶλλον φήσομεν. ἀλλ᾽ ἴωμεν
ἀγαθῇ τύχῃ.

3. ὡς . . . εἰπεῖν: G § 1534.

5. τούτους: a slight anacoluthon, since we expect the second
half of the sentence to be simply Ἀπόλλων.

ἡ γάρ Denniston, *Particles*, 284–5. This 'elliptical' use is common in Plato: cf. *Gorg.* 449 D, where the respondent again answers ναί.

7. Μῶν οὖν . . . : μῶν (= μὴ οὖν, but origin is forgotten, so that it can even be combined with οὖν) expects a negative answer, but the expectation here is not serious. Cf. *WS* § 2625 (e).

7–8. ὡς . . . **φοιτῶντος**: 'on the assumption that Minos used to visit . . .' The reference is to *Od.* 19. 179, and Plato interprets Homer's ἐννέωρος as meaning δι' ἐνάτου ἔτους, 'every ninth year', and takes it as epithet with ὀαριστής. The Homeric passage was variously understood even in ancient times.

9. φήμας: 'pronouncements'.

12. ἀκούετε: *G* § 1258.

15. αὐτὸν: pleonastic, repeating the sense of the τοῦτον with which the sentence began.

16. κλέος: a poetical word, only in elevated contexts in prose (*Symp.* 208–9).

20. MSS have ποιήσεσθαι; ἂν with future is rare in Attic, but not impossible; *G* § 1303, *WS* § 1793.

23–4. ταῖς ἡλικίαις . . . **ἡμῶν**: 'to men of our age', 'to our time of life'. Plural (a) avoids hiatus, (b) is appropriate because there are several of them (so with σώματα, ψυχαί, φύσεις, etc.). Denniston, *Style*, 38–9.

24. πυκνά: 'often': *G* § 1060.

25. παραμυθουμένους: strict grammar would require a dative, but acc. often replaces this in extended clauses like this, where the formal syntax is forgotten. *WS* § 2148 (d).

27–8. κυπαρίττων . . . **ὕψη καὶ κάλλη θαυμάσια**: 'wonderfully tall and beautiful cypresses'. Note plural abstracts again.

28. ἐν οἶσιν: this Ionic and poetical dative form gives solemnity and emphasis. Not uncommon in late Plato and in solemn contexts elsewhere.

32. ἀγαθῇ τύχῃ: 'and good luck be with us', a standard formula of well-wishing, found in the preambles of documents: see Tod, *Greek Historical Inscriptions* 2. 342 (and index).

XENOPHON AND A CONTEMPORARY SOLDIER

Xenophon (430–c.355 BC), a contemporary of Plato, was one of the most versatile and original of Athenian writers. His early acquaintance with Socrates and his adventures with the Greek mercenary army raised by Cyrus in his attempt to depose his brother Artaxerxes II (401 BC) were the events which shaped his life. He spent his later years in exile at Scillus, near Olympia. His works include, besides the *Anabasis* (his account of Cyrus' expedition and its sequel) and his Socratic works (*Memorabilia, Oeconomicus, Symposium, Apology*), the fictional history of Cyrus the Great (*Cyropaedia*), a history of Greece (*Hellenica*) beginning where Thucydides breaks off, and a number of dialogues and pamphlets. He was much admired in antiquity for his style and his manly morality; this has not stood so much to his credit with modern taste, and his originality and his immense historical interest have been seriously undervalued.

33. *Xenophon comes forward*

Xenophon here introduces himself into the story of the *Anabasis*, and tells how the Greek troops despaired after Cyrus' defeat at Cunaxa. 'They could not sleep for grief . . .' What was he to do? A dream gave the answer, and he came forward to give a lead to his fellow commanders. He addresses Proxenus' company commanders in a speech which was much admired in Antiquity, and is indeed a very clever piece of oratory. We give a longish extract (3. 1. 4–25) including this.

Ἦν δέ τις ἐν τῇ στρατιᾷ Ξενοφῶν Ἀθηναῖος, ὃς οὔτε στρατηγὸς οὔτε λοχαγὸς οὔτε στρατιώτης συνηκολούθει, ἀλλὰ Πρόξενος αὐτὸν μετεπέμψατο οἴκοθεν ξένος ὢν ἀρχαῖος· ὑπισχνεῖτο δὲ αὐτῷ, εἰ ἔλθοι, φίλον αὐτὸν Κύρῳ ποιήσειν, ὃν

αὐτὸς ἔφη κρείττω ἑαυτῷ νομίζειν τῆς πατρίδος. ὁ μέντοι 5
Ξενοφῶν ἀναγνοὺς τὴν ἐπιστολὴν ἀνακοινοῦται Σωκράτει τῷ
Ἀθηναίῳ περὶ τῆς πορείας. καὶ ὁ Σωκράτης ὑποπτεύσας μή
τι πρὸς τῆς πόλεως ὑπαίτιον εἴη Κύρῳ φίλον γενέσθαι, ὅτι
ἐδόκει ὁ Κῦρος προθύμως τοῖς Λακεδαιμονίοις ἐπὶ τὰς
Ἀθήνας συμπολεμῆσαι, συμβουλεύει τῷ Ξενοφῶντι ἐλθόντα 10
εἰς Δελφοὺς ἀνακοινῶσαι τῷ θεῷ περὶ τῆς πορείας. ἐλθὼν δ' ὁ
Ξενοφῶν ἐπήρετο τὸν Ἀπόλλω τίνι ἂν θεῶν θύων καὶ
εὐχόμενος κάλλιστα καὶ ἄριστα ἔλθοι τὴν ὁδὸν ἣν ἐπινοεῖ καὶ
καλῶς πράξας σωθείη. καὶ ἀνεῖλεν αὐτῷ ὁ Ἀπόλλων θεοῖς οἷς
ἔδει θύειν. ἐπεὶ δὲ πάλιν ἦλθε, λέγει τὴν μαντείαν τῷ 15
Σωκράτει. ὁ δ' ἀκούσας ᾐτιᾶτο αὐτὸν ὅτι οὐ τοῦτο πρῶτον
ἠρώτα πότερον λῷον εἴη αὐτῷ πορεύεσθαι ἢ μένειν, ἀλλ'
αὐτὸς κρίνας ἰτέον εἶναι τοῦτ' ἐπυνθάνετο ὅπως ἂν κάλλιστα
πορευθείη. Ἐπεὶ μέντοι οὕτως ἤρου, ταῦτ', ἔφη, χρὴ ποιεῖν
ὅσα ὁ θεὸς ἐκέλευσεν. ὁ μὲν δὴ Ξενοφῶν οὕτω θυσάμενος οἷς 20
ἀνεῖλεν ὁ θεὸς ἐξέπλει, καὶ καταλαμβάνει ἐν Σάρδεσι Πρόξε-
νον καὶ Κῦρον μέλλοντας ἤδη ὁρμᾶν τὴν ἄνω ὁδόν, καὶ
συνεστάθη Κύρῳ. προθυμουμένου δὲ τοῦ Προξένου καὶ ὁ
Κῦρος συμπρουθυμεῖτο μεῖναι αὐτόν, εἶπε δὲ ὅτι ἐπειδὰν
τάχιστα ἡ στρατεία λήξῃ, εὐθὺς ἀποπέμψει αὐτόν. ἐλέγετο δὲ 25
ὁ στόλος εἶναι εἰς Πισίδας. ἐστρατεύετο μὲν δὴ οὕτως
ἐξαπατηθείς, οὐχ ὑπὸ Προξένου· οὐ γὰρ ᾔδει τὴν ἐπὶ βασιλέα
ὁρμὴν οὐδὲ ἄλλος οὐδεὶς τῶν Ἑλλήνων πλὴν Κλε-
άρχου· ἐπεὶ μέντοι εἰς Κιλικίαν ἦλθον, σαφὲς πᾶσιν ἤδη
ἐδόκει εἶναι ὅτι ὁ στόλος εἴη ἐπὶ βασιλέα. φοβούμενοι δὲ τὴν 30
ὁδὸν καὶ ἄκοντες ὅμως οἱ πολλοὶ δι' αἰσχύνην καὶ ἀλλήλων
καὶ Κύρου συνηκολούθησαν· ὧν εἷς καὶ Ξενοφῶν ἦν. ἐπεὶ δὲ
ἀπορία ἦν, ἐλυπεῖτο μὲν σὺν τοῖς ἄλλοις καὶ οὐκ ἐδύνατο
καθεύδειν. μικρὸν δ' ὕπνου λαχὼν εἶδεν ὄναρ· ἔδοξεν αὐτῷ
βροντῆς γενομένης σκηπτὸς πεσεῖν εἰς τὴν πατρῴαν οἰκίαν, 35
καὶ ἐκ τούτου λάμπεσθαι πᾶσα. περίφοβος δ' εὐθὺς ἀνηγέρθη,
καὶ τὸ ὄναρ τῇ μὲν ἔκρινεν ἀγαθόν, ὅτι ἐν πόνοις ὢν καὶ
κινδύνοις φῶς μέγα ἐκ Διὸς ἰδεῖν ἔδοξεν· τῇ δὲ καὶ ἐφοβεῖτο,
ὅτι ἀπὸ Διὸς μὲν βασιλέως τὸ ὄναρ ἐδόκει αὐτῷ εἶναι κύκλῳ
δὲ ἐδόκει λάμπεσθαι τὸ πῦρ, μὴ οὐ δύναιτο ἐκ τῆς χώρας 40
ἐξελθεῖν τῆς βασιλέως ἀλλ' εἴργοιτο πάντοθεν ὑπό τινων
ἀποριῶν. ὁποῖόν τι μὲν δὴ ἐστὶ τὸ τοιοῦτον ὄναρ ἰδεῖν ἔξεστι

σκοπεῖν ἐκ τῶν συμβάντων μετὰ τὸ ὄναρ. γίγνεται γὰρ τάδε·
εὐθὺς ἐπειδὴ ἀνηγέρθη πρῶτον μὲν ἔννοια αὐτῷ ἐμπίπτει· τί
45 κατάκειμαι; ἡ δὲ νὺξ προβαίνει· ἅμα δὲ ἡμέρᾳ εἰκὸς τοὺς
πολεμίους ἥξειν. εἰ δὲ γενησόμεθα ἐπὶ βασιλεῖ, τί ἐμποδὼν μὴ
οὐχὶ πάντα μὲν τὰ χαλεπώτατα ἐπιδόντας, πάντα δὲ τὰ
δεινότατα παθόντας ὑβριζομένους ἀποθανεῖν; ὅπως δ᾽
ἀμυνούμεθα οὐδεὶς παρασκευάζεται οὐδὲ ἐπιμελεῖται, ἀλλὰ
50 κατακείμεθα ὥσπερ ἐξὸν ἡσυχίαν ἄγειν. ἐγὼ οὖν τὸν ἐκ ποίας
πόλεως στρατηγὸν προσδοκῶ ταῦτα πράξειν; ποίαν δ᾽ ἡλικίαν
ἐμαυτῷ ἐλθεῖν ἀναμένω; οὐ γὰρ ἔγωγε ἔτι πρεσβύτερος
ἔσομαι, ἐὰν τήμερον προδῶ ἐμαυτὸν τοῖς πολεμίοις. ἐκ τούτου
ἀνίσταται καὶ συγκαλεῖ τοὺς Προξένου πρῶτον λοχαγούς.
55 ἐπεὶ δὲ συνῆλθον, ἔλεξεν· Ἐγώ, ὦ ἄνδρες λοχαγοί, οὔτε
καθεύδειν δύναμαι, ὥσπερ οἶμαι οὐδ᾽ ὑμεῖς, οὔτε κατακεῖσθαι
ἔτι, ὁρῶν ἐν οἵοις ἐσμέν. οἱ μὲν γὰρ πολέμιοι δῆλον ὅτι οὐ
πρότερον πρὸς ἡμᾶς τὸν πόλεμον ἐξέφηναν πρὶν ἐνόμισαν
καλῶς τὰ ἑαυτῶν παρασκευάσασθαι, ἡμῶν δ᾽ οὐδεὶς οὐδὲν
60 ἀντεπιμελεῖται ὅπως ὡς κάλλιστα ἀγωνιούμεθα. καὶ μὴν εἰ
ὑφησόμεθα καὶ ἐπὶ βασιλεῖ γενησόμεθα, τί οἰόμεθα πείσεσθαι;
ὃς καὶ τοῦ ὁμομητρίου ἀδελφοῦ καὶ τεθνηκότος ἤδη ἀποτεμὼν
τὴν κεφαλὴν καὶ τὴν χεῖρα ἀνεσταύρωσεν· ἡμᾶς δέ, οἷς
κηδεμὼν μὲν οὐδεὶς πάρεστιν, ἐστρατεύσαμεν δὲ ἐπ᾽ αὐτὸν
65 ὡς δοῦλον ἀντὶ βασιλέως ποιήσοντες καὶ ἀποκτενοῦ-
ντες εἰ δυναίμεθα, τί ἂν οἰόμεθα παθεῖν; ἆρ᾽ οὐκ ἂν ἐπὶ πᾶν
ἔλθοι ὡς ἡμᾶς τὰ ἔσχατα αἰκισάμενος πᾶσιν ἀνθρώποις φόβον
παράσχοι τοῦ στρατεῦσαί ποτε ἐπ᾽ αὐτόν; ἀλλ᾽ ὅπως τοι μὴ
ἐπ᾽ ἐκείνῳ γενησόμεθα πάντα ποιητέον. ἐγὼ μὲν οὖν ἔστε μὲν
70 αἱ σπονδαὶ ἦσαν οὔποτε ἐπαυόμην ἡμᾶς μὲν οἰκτίρων, βασιλέα
δὲ καὶ τοὺς σὺν αὐτῷ μακαρίζων, διαθεώμενος αὐτῶν ὅσην
μὲν χώραν καὶ οἵαν ἔχοιεν, ὡς δὲ ἄφθονα τὰ ἐπιτήδεια, ὅσους
δὲ θεράποντας, ὅσα δὲ κτήνη, χρυσὸν δέ, ἐσθῆτα δέ· τὰ δ᾽ αὖ
τῶν στρατιωτῶν ὁπότε ἐνθυμοίμην, ὅτι τῶν μὲν ἀγαθῶν
75 τούτων οὐδενὸς ἡμῖν μετείη, εἰ μὴ πριαίμεθα, ὅτου δ᾽
ὠνησόμεθα ᾔδειν ἔτι ὀλίγους ἔχοντας, ἄλλως δέ πως πορίζε-
σθαι τὰ ἐπιτήδεια ἢ ὠνουμένους ὅρκους ἤδη κατέχοντας ἡμᾶς·
ταῦτ᾽ οὖν λογιζόμενος ἐνίοτε τὰς σπονδὰς μᾶλλον ἐφοβούμην ἢ
νῦν τὸν πόλεμον. ἐπεὶ μέντοι ἐκεῖνοι ἔλυσαν τὰς σπονδάς,
80 λελύσθαι μοι δοκεῖ καὶ ἡ ἐκείνων ὕβρις καὶ ἡ ἡμετέρα ὑποψία.

ἐν μέσῳ γὰρ ἤδη κεῖται ταῦτα τὰ ἀγαθὰ ἆθλα ὁπότεροι ἂν
ἡμῶν ἄνδρες ἀμείνονες ὦσιν, ἀγωνοθέται δ' οἱ θεοί εἰσιν, οἳ
σὺν ἡμῖν, ὡς τὸ εἰκός, ἔσονται. οὗτοι μὲν γὰρ αὐτοὺς
ἐπιωρκήκασιν· ἡμεῖς δὲ πολλὰ ὁρῶντες ἀγαθὰ στερρῶς αὐτῶν
ἀπειχόμεθα διὰ τοὺς τῶν θεῶν ὅρκους· ὥστε ἐξεῖναί μοι δοκεῖ 85
ἰέναι ἐπὶ τὸν ἀγῶνα πολὺ σὺν φρονήματι μείζονι ἢ τούτοις.
ἔτι δ' ἔχομεν σώματα ἱκανώτερα τούτων καὶ ψύχη καὶ θάλπη
καὶ πόνους φέρειν· ἔχομεν δὲ καὶ ψυχὰς σὺν τοῖς θεοῖς
ἀμείνονας· οἱ δὲ ἄνδρες καὶ τρωτοὶ καὶ θνητοὶ μᾶλλον ἡμῶν,
ἢν οἱ θεοὶ ὥσπερ τὸ πρόσθεν νίκην ἡμῖν διδῶσιν. ἀλλ' ἴσως 90
γὰρ καὶ ἄλλοι ταὐτὰ ἐνθυμοῦνται, πρὸς τῶν θεῶν μὴ
ἀναμένωμεν ἄλλους ἐφ' ἡμᾶς ἐλθεῖν παρακαλοῦντας ἐπὶ τὰ
κάλλιστα ἔργα, ἀλλ' ἡμεῖς ἄρξωμεν τοῦ ἐξορμῆσαι καὶ τοὺς
ἄλλους ἐπὶ τὴν ἀρετήν· φάνητε τῶν λοχαγῶν ἄριστοι καὶ τῶν
στρατηγῶν ἀξιοστρατηγότεροι. κἀγὼ δέ, εἰ μὲν ὑμεῖς ἐθέλετε 95
ἐξορμᾶν ἐπὶ ταῦτα, ἕπεσθαι ὑμῖν βούλομαι, εἰ δ' ὑμεῖς τάττετ'
ἐμὲ ἡγεῖσθαι, οὐδὲν προφασίζομαι τὴν ἡλικίαν, ἀλλὰ καὶ
ἀκμάζειν ἡγοῦμαι ἐρύκειν ἀπ' ἐμαυτοῦ τὰ κακά.

2–3. ἀλλὰ Πρόξενος: a slight natural anacoluthon (*WS* §§
3004–8), the relative clause being extended by an independent
clause with Proxenos as subject.

3. ξένος ὢν ἀρχαῖος: 'a friend from far back'—presumably a
family connection of ξενία; such ties between prominent fami-
lies in different cities were an important means of promoting
political and commercial relations.

4. εἰ ἔλθοι: represents direct ἐὰν ἔλθῃ, which could have been
kept, cf. ἐπειδὰν . . . λήξῃ (24–5).

5. μέντοι: 'thereupon', Denniston, *Particles*, 406.

6–7. Socrates, however well-known a figure, is qualified by
τῷ Ἀθηναίῳ in this context, where people from all parts of
Greece are mentioned.

7–8. μή τι . . . γενέσθαι: 'that to become Cyrus' friend might
make him in some way open to accusation at Athens'. Cyrus had
been hostile to Athens in the last stages of the war (407–404 BC),
and Sparta was now ready to help his attempt to supplant
Artaxerxes. It is interesting that Socrates (who fell victim

himself in 399) gives prudent advice about not offending the democracy.

10. ἐλθόντα: acc. agreeing with the unexpressed subject of the infinitive; a dative (agreeing with Ξενοφῶντι) would also be possible, though strict agreement of case is the exception rather than the rule in this idiom. *G* § 928, *WS* § 1062.

14. ἀνεῖλεν: 'answered', a technical term for the oracle's response; lit. 'picked up' a lot (*cleromancy*, not only divination by the pronouncements of the priestess in a trance, was practised at Delphi).

θεοῖς *G* 1035, § *WS* § 2533.

17. λῷον: a more solemn synonym of ἄμεινον, and so appropriate in speaking of a religious matter. The comparative sense, often weak, is present here.

22. τὴν ἄνω ὁδόν: 'their journey up-country'.

23. συνεστάθη: 'was introduced to'.

27–8. ἐπὶ βασιλέα: i.e. the king of Persia, so no article. (*G* § 957).

34. Xenophon has to reconcile the story of his dream with his alleged sleeplessness!

ἔδοξεν: asyndeton at the beginning of narrative (Denniston, *Particles*, xliv, *Style*, 110); cf. εὐθὺς (44). ἔδοξεν is a very common way of expressing the content of a dream.

45. ἡ δὲ νὺξ προβαίνει: 'And all the time the night is going on . . .' τί κατάκειμαι; implies a contrast: 'I am lying here, and time is going on; the enemy will come at first light.'

46. εἰ . . . γενησόμεθα: *G* § 1405 and cf. 61 below.

46–7. μὴ οὐχὶ: *G* § 1616.

48–9. ὅπως δ᾽ ἀμυνούμεθα: *G* § 1569, and cf. 61 and 70 below.

50. ἐξόν: *G* § 1569.

51–2. 'What city's general do I expect to do this?' Xenophon implies that an Athenian should take the lead.

56. οὐδ᾽ ὑμεῖς: Note the 'weakened' force of οὐδέ here: it means 'also not', best rendered here as 'just as I think you can't (sleep) either'. Denniston, *Particles*, 194 ff.

66 ff. 'Would he not go to any lengths to deter everyone from ever attacking him by inflicting the most terrible punishment on us?' αἰκισάμενος implies torture and mutilation: cf. 64. Persian penalties were notoriously horrendous.

69. ἔστε = ἕως (Xenophon is the only Attic prose writer to use ἔστε). οὔποτε = οὐδέποτε, another 'lapse' from normal Attic usage.

73. i.e. ὅσον δὲ χρυσὸν . . . ὅσην δ' ἐσθῆτα.

75. οὐδενὸς ἡμῖν μετείη: G §§ 1097, 1161.

75–6. ὅτου δ' ὠνησόμεθα: 'the wherewithal to buy'. G § 1133.

77. κατέχοντας: sc. ᾔδειν.

80. ὑποψία: 'suspicion', 'doubt'.

84. στερρῶς: 'resolutely', a mainly poetical word.

86. φρονήματι: 'confidence', 'high hearts'. πολὺ goes with μείζονι.

89. οἱ . . . ἄνδρες: 'these people', perhaps contemptuous. So Plato, *Rep.* 556 D, ἄνδρες ἡμέτεροι, 'the men are ours for the taking'.

θνητοί: 'liable to death', an unusual use, as θνητοί commonly = 'mortal' of men in general.

91. The γάρ-clause is a parenthesis. Denniston, *Particles*, 98.

97. 'I do not plead my youth' to get out of responsibility.

98. ἐρύκειν: 'ward off', another poetical word.

34. Heracles at the crossroads

Xenophon (*Memorabilia* 2. 1. 21–34) here reports a moral fable told by the sophist Prodicus of Ceos. He doubtless re-works Prodicus' treatment extensively (cf. Plato's adaptation of Protagoras' myth, **25** above). Heracles, not sure which road to choose, is advised first by Happiness or Vice, then by Virtue. Virtue is like a chaste married woman, Vice like a *hetaira*, vain and forward. The sophistic antithetical style (Gorgianic) is conspicuous in many places.

Φησὶ γὰρ Ἡρακλέα, ἐπεὶ ἐκ παίδων εἰς ἥβην ὡρμᾶτο, ἐν ᾧ οἱ
νέοι ἤδη αὐτοκράτορες γιγνόμενοι δηλοῦσιν εἴτε τὴν δι' ἀρετῆς
ὁδὸν τρέψονται ἐπὶ τὸν βίον εἴτε τὴν διὰ κακίας, ἐξελθόντα εἰς
ἡσυχίαν καθῆσθαι ἀποροῦντα ποτέραν τῶν ὁδῶν τράπηται·
5 καὶ φανῆναι αὐτῷ δύο γυναῖκας προσιέναι μεγάλας, τὴν μὲν
ἑτέραν εὐπρεπῆ τε ἰδεῖν καὶ ἐλευθέριον φύσει, κεκοσμημένην
τὸ μὲν σῶμα καθαρότητι, τὰ δ' ὄμματα αἰδοῖ, τὸ δὲ σχῆμα
σωφροσύνῃ, ἐσθῆτι δὲ λευκῇ, τὴν δ' ἑτέραν τεθραμμένην μὲν
εἰς πολυσαρκίαν τε καὶ ἁπαλότητα, κεκαλλωπισμένην δὲ τὸ
10 μὲν χρῶμα ὥστε λευκοτέραν τε καὶ ἐρυθροτέραν τοῦ ὄντος
δοκεῖν φαίνεσθαι, τὸ δὲ σχῆμα ὥστε δοκεῖν ὀρθοτέραν τῆς
φύσεως εἶναι, τὰ δὲ ὄμματα ἔχειν ἀναπεπταμένα, ἐσθῆτα δ' ἐξ
ἧς ἂν μάλιστα ὥρα διαλάμποι· κατασκοπεῖσθαι δὲ θαμὰ
ἑαυτήν, ἐπισκοπεῖν δὲ καὶ εἴ τις ἄλλος αὐτὴν θεᾶται, πολλάκις
15 δὲ καὶ εἰς τὴν ἑαυτῆς σκιὰν ἀποβλέπειν. ὡς δ' ἐγένοντο
πλησιαίτερον τοῦ Ἡρακλέους, τὴν μὲν πρόσθεν ῥηθεῖσαν ἰέναι
τὸν αὐτὸν τρόπον, τὴν δ' ἑτέραν φθάσαι βουλομένην προσ-
δραμεῖν τῷ Ἡρακλεῖ καὶ εἰπεῖν· Ὁρῶ σε, ὦ Ἡράκλεις,
ἀποροῦντα ποίαν ὁδὸν ἐπὶ τὸν βίον τράπῃ. ἐὰν οὖν ἐμὲ φίλην
20 ποιησάμενος ἔπῃ, τὴν ἡδίστην τε καὶ ῥᾴστην ὁδὸν ἄξω σε, καὶ
τῶν μὲν τερπνῶν οὐδενὸς ἄγευστος ἔσει, τῶν δὲ χαλεπῶν
ἄπειρος διαβιώσῃ. πρῶτον μὲν γὰρ οὐ πολέμων οὐδὲ πρα-
γμάτων φροντιεῖς, ἀλλὰ σκοπούμενος διατελεῖς τί ἂν κεχαρι-
σμένον ἢ σιτίον ἢ ποτὸν εὕροις, ἢ τί ἂν ἰδὼν ἢ ἀκούσας
25 τερφθείης ἢ τίνων ὀσφραινόμενος ἢ ἁπτόμενος, τίσι δὲ
παιδικοῖς ὁμιλῶν μάλιστ' ἂν εὐφρανθείης, καὶ πῶς ἂν
μαλακώτατα καθεύδοις, καὶ πῶς ἂν ἀπονώτατα τούτων
πάντων τυγχάνοις. ἐὰν δέ ποτε γένηταί τις ὑποψία σπάνεως
ἀφ' ὧν ἔσται ταῦτα, οὐ φόβος μή σε ἀνάγω ἐπὶ τὸ πονοῦντα
30 καὶ ταλαιπωροῦντα τῷ σώματι καὶ τῇ ψυχῇ ταῦτα πορί-
ζεσθαι, ἀλλ' οἷς ἂν οἱ ἄλλοι ἐργάζωνται, τούτοις σὺ χρήσῃ,
οὐδενὸς ἀπεχόμενος ὅθεν ἂν δυνατὸν ᾖ τι κερδᾶναι. παντα-
χόθεν γὰρ ὠφελεῖσθαι τοῖς ἐμοὶ συνοῦσιν ἐξουσίαν ἐγὼ
παρέχω. καὶ ὁ Ἡρακλῆς ἀκούσας ταῦτα, Ὦ γύναι, ἔφη,
35 ὄνομα δέ σοι τί ἐστιν; ἡ δέ, Οἱ μὲν ἐμοὶ φίλοι, ἔφη, καλοῦσί
με Εὐδαιμονίαν, οἱ δὲ μισοῦντές με ὑποκοριζόμενοι ὀνομάζ-
ουσι Κακίαν. καὶ ἐν τούτῳ ἡ ἑτέρα γυνὴ προσελθοῦσα εἶπε·
Καὶ ἐγὼ ἥκω πρός σε, ὦ Ἡράκλεις, εἰδυῖα τοὺς γεννήσαντάς

σε καὶ τὴν φύσιν τὴν σὴν ἐν τῇ παιδείᾳ καταμαθοῦσα, ἐξ ὧν
ἐλπίζω, εἰ τὴν πρὸς ἐμὲ ὁδὸν τράποιο, σφόδρ᾽ ἄν σε τῶν 40
καλῶν καὶ σεμνῶν ἀγαθὸν ἐργάτην γενέσθαι καὶ ἐμὲ ἔτι πολὺ
ἐντιμοτέραν καὶ ἐπ᾽ ἀγαθοῖς διαπρεπεστέραν φανῆναι. οὐκ
ἐξαπατήσω δέ σε προοιμίοις ἡδονῆς, ἀλλ᾽ ᾗπερ οἱ θεοὶ
διέθεσαν τὰ ὄντα διηγήσομαι μετ᾽ ἀληθείας. τῶν γὰρ ὄντων
ἀγαθῶν καὶ καλῶν οὐδὲν ἄνευ πόνου καὶ ἐπιμελείας θεοὶ 45
διδόασιν ἀνθρώποις, ἀλλ᾽ εἴτε τοὺς θεοὺς ἵλεως εἶναί σοι
βούλει, θεραπευτέον τοὺς θεούς, εἴτε ὑπὸ φίλων ἐθέλεις
ἀγαπᾶσθαι, τοὺς φίλους εὐεργετητέον, εἴτε ὑπό τινος πόλεως
ἐπιθυμεῖς τιμᾶσθαι, τὴν πόλιν ὠφελητέον, εἴτε ὑπὸ τῆς
Ἑλλάδος πάσης ἀξιοῖς ἐπ᾽ ἀρετῇ θαυμάζεσθαι, τὴν Ἑλλάδα 50
πειρατέον εὖ ποιεῖν, εἴτε γῆν βούλει σοι καρποὺς ἀφθόνους
φέρειν, τὴν γῆν θεραπευτέον, εἴτε ἀπὸ βοσκημάτων οἴει δεῖν
πλουτίζεσθαι, τῶν βοσκημάτων ἐπιμελητέον, εἴτε διὰ πολέμου
ὁρμᾷς αὔξεσθαι καὶ βούλει δύνασθαι τούς τε φίλους ἐλευθερ-
οῦν καὶ τοὺς ἐχθροὺς χειροῦσθαι, τὰς πολεμικὰς τέχνας αὐτάς 55
τε παρὰ τῶν ἐπισταμένων μαθητέον καὶ ὅπως αὐταῖς δεῖ
χρῆσθαι ἀσκητέον· εἰ δὲ καὶ τῷ σώματι βούλει δυνατὸς εἶναι,
τῇ γνώμῃ ὑπηρετεῖν ἐθιστέον τὸ σῶμα καὶ γυμναστέον σὺν
πόνοις καὶ ἱδρῶτι. καὶ ἡ Κακία ὑπολαβοῦσα εἶπεν, ὥς φησι
Πρόδικος· Ἐννοεῖς, ὦ Ἡράκλεις, ὡς χαλεπὴν καὶ μακρὰν 60
ὁδὸν ἐπὶ τὰς εὐφροσύνας ἡ γυνή σοι αὕτη διηγεῖται; ἐγὼ δὲ
ῥᾳδίαν καὶ βραχεῖαν ὁδὸν ἐπὶ τὴν εὐδαιμονίαν ἄξω σε.
Καὶ ἡ Ἀρετὴ εἶπεν· Ὦ τλῆμον, τί δὲ σὺ ἀγαθὸν ἔχεις; ἢ
τί ἡδὺ οἶσθα μηδὲν τούτων ἕνεκα πράττειν ἐθέλουσα; ἥτις
οὐδὲ τὴν τῶν ἡδέων ἐπιθυμίαν ἀναμένεις, ἀλλὰ πρὶν ἐπι- 65
θυμῆσαι πάντων ἐμπίμπλασαι, πρὶν μὲν πεινῆν ἐσθίουσα, πρὶν
δὲ διψῆν πίνουσα, ἵνα μὲν ἡδέως φάγῃς ὀψοποιοὺς μηχανω-
μένη, ἵνα δὲ ἡδέως πίῃς οἴνους τε πολυτελεῖς παρασκευάζῃ
καὶ τοῦ θέρους χιόνα περιθέουσα ζητεῖς, ἵνα δὲ καθυπνώσῃς
ἡδέως οὐ μόνον τὰς στρωμνὰς μαλακὰς ἀλλὰ καὶ τὰ ὑπόβαθρα 70
ταῖς κλίναις παρασκευάζῃ· οὐ γὰρ διὰ τὸ πονεῖν, ἀλλὰ διὰ τὸ
μηδὲν ἔχειν ὅτι ποιῇς ὕπνου ἐπιθυμεῖς. τὰ δ᾽ ἀφροδίσια πρὸ
τοῦ δεῖσθαι ἀναγκάζεις, πάντα μηχανωμένη καὶ γυναιξὶ τοῖς
ἀνδράσι χρωμένη· οὕτω γὰρ παιδεύεις τοὺς σεαυτῆς φίλους,
τῆς μὲν νυκτὸς ὑβρίζουσα, τῆς δ᾽ ἡμέρας τὸ χρησιμώτατον 75
κατακοιμίζουσα. ἀθάνατος δὲ οὖσα ἐκ θεῶν μὲν ἀπέρριψαι,

ὑπὸ δὲ ἀνθρώπων ἀγαθῶν ἀτιμάζῃ· τοῦ δὲ πάντων ἡδίστου
ἀκούσματος, ἐπαίνου σεαυτῆς, ἀνήκοος εἶ, καὶ τοῦ πάντων
ἡδίστου θεάματος ἀθέατος· οὐδὲν γὰρ πώποτε σεαυτῆς ἔργον
80 καλὸν τεθέασαι. τίς δ᾽ ἄν σοι λεγούσῃ τι πιστεύσειε; τίς δ᾽ ἄν
δεομένῃ τινὸς ἐπαρκέσειεν; ἢ τίς ἂν εὖ φρονῶν τοῦ σοῦ θιάσου
τολμήσειεν εἶναι; οἳ νέοι μὲν ὄντες τοῖς σώμασιν ἀδύνατοί
εἰσι, πρεσβύτεροι δὲ γενόμενοι ταῖς ψυχαῖς ἀνόητοι, ἀπόνως
μὲν λιπαροὶ διὰ νεότητος τρεφόμενοι, ἐπιπόνως δὲ αὐχμηροὶ
85 διὰ γήρως περῶντες, τοῖς μὲν πεπραγμένοις αἰσχυνόμενοι,
τοῖς δὲ πραττομένοις βαρυνόμενοι, τὰ μὲν ἡδέα ἐν τῇ νεότητι
διαδραμόντες, τὰ δὲ χαλεπὰ εἰς τὸ γῆρας ἀποθέμενοι. ἐγὼ δὲ
σύνειμι μὲν θεοῖς, σύνειμι δὲ ἀνθρώποις τοῖς ἀγαθοῖς· ἔργον δὲ
καλὸν οὔτε θεῖον οὔτ᾽ ἀνθρώπειον χωρὶς ἐμοῦ γίγνεται·
90 τιμῶμαι δὲ μάλιστα πάντων καὶ παρὰ θεοῖς καὶ παρ᾽
ἀνθρώποις οἷς προσήκω, ἀγαπητὴ μὲν συνεργὸς τεχνίταις,
πιστὴ δὲ φύλαξ οἴκων δεσπόταις, εὐμενὴς δὲ παραστάτις
οἰκέταις, ἀγαθὴ δὲ συλλήπτρια τῶν ἐν εἰρήνῃ πόνων, βεβαία
δὲ τῶν ἐν πολέμῳ σύμμαχος ἔργων, ἀρίστη δὲ φιλίας
95 κοινωνός. ἔστι δὲ τοῖς μὲν ἐμοῖς φίλοις ἡδεῖα μὲν καὶ
ἀπράγμων σίτων καὶ ποτῶν ἀπόλαυσις· ἀνέχονται γὰρ ἕως ἂν
ἐπιθυμήσωσιν αὐτῶν. ὕπνος δ᾽ αὐτοῖς πάρεστιν ἡδίων ἢ τοῖς
ἀμόχθοις, καὶ οὔτε ἀπολείποντες αὐτὸν ἄχθονται οὔτε διὰ
τοῦτον μεθιᾶσι τὰ δέοντα πράττειν. καὶ οἱ μὲν νέοι τοῖς τῶν
100 πρεσβυτέρων ἐπαίνοις χαίρουσιν, οἱ δὲ γεραίτεροι ταῖς τῶν
νέων τιμαῖς ἀγάλλονται. καὶ ἡδέως μὲν τῶν παλαιῶν πράξεων
μέμνηνται, εὖ δὲ τὰς παρούσας ἥδονται πράττοντες, δι᾽ ἐμὲ
φίλοι μὲν θεοῖς ὄντες, ἀγαπητοὶ δὲ φίλοις, τίμιοι δὲ πατρίσιν·
ὅταν δὲ ἔλθῃ τὸ πεπρωμένον τέλος, οὐ μετὰ λήθης ἄτιμοι
105 κεῖνται, ἀλλὰ μετὰ μνήμης τὸν ἀεὶ χρόνον ὑμνούμενοι
θάλλουσιν. τοιαῦτά σοι, ὦ παῖ τοκέων ἀγαθῶν Ἡράκλεις,
ἔξεστι διαπονησαμένῳ τὴν μακαριστοτάτην εὐδαιμονίαν κεκτ-
ῆσθαι. οὕτω πως διώκει Πρόδικος τὴν ὑπ᾽ Ἀρετῆς
Ἡρακλέους παίδευσιν· ἐκόσμησε μέντοι τὰς γνώμας ἔτι
110 μεγαλειοτέροις ῥήμασιν ἢ ἐγὼ νῦν.

1. φησὶ: sc. Prodicus.
2–3. τὴν . . . ὁδόν: G § 1057.
6. ἰδεῖν: G § 1528.

φύσει: 'in looks', 'in her physical appearance'.

7. The eyes are traditionally the seat of shamelessness.

8. ἐσθῆτι: dative seems to depend on κεκοσμημένην. Note how the converse of this description (8–10) takes up the same points.

9. πολυσαρκίαν: 'fleshiness'. She is 'fat and soft'.

10–11. She has whitened and rouged her face.

12. Her wide eyes show shamelessness, and her dress is 'such that her physical attractions would be most obvious'.

13. θαμά: 'often'. Compare the description of Glauce with her new (and fatal) dress, Eur. *Medea*, 1165: πολλὰ πολλάκις τένοντ' ἐς ὀρθὸν ὄμμασι σκοπουμένη.

20. ἕπῃ: 'you follow' is an emendation (Radermacher) for ἐπί. We do not need ἐπί, and a finite verb is desirable in the ἐάν-clause (though we *could* supply τράπῃ).

23. διατελεῖς: an emendation (it is future, not present) for the *vox nihili* διέσῃ; some read διοίσει ('you will endure to the end'), but διαφέρομαι seems usually to be used of enduring bad circumstances.

25–6. τίσι . . . παιδικοῖς: 'what lover'.

28–9. ὑποψία . . . ταῦτα: 'suspicion of want of means to secure these comforts'.

35. δέ . . . τί . . .: Denniston, *Particles*, 173–4 (cf. 65 below).

36. ὑποκοριζόμενοι: 'nicknaming'. The word is generally used of pet names or endearments and Xenophon's pejorative use here seemed strange to later readers (Suda Υ 517, Adler). It is perhaps ironical: 'call me by the pet name Vice'.

40–1. ἄν . . . γενέσθαι: infin. with ἄν, representing a potential optative, is a less common construction after ἐλπίζω than a future infinitive (*WS* § 1868); perhaps the expression of a little more uncertainty suits the modest character of Virtue, who will not promise too much.

57–61. The arts of war have a theoretical side, to be learned from others, and a practical, to be acquired by ἄσκησις. Observe that in this long sentence (45–60) it is in the last two divisions (54–60) that Virtue really comes near to Heracles' main concerns.

59. ὑπολαβοῦσα εἶπεν: 'answered', *G* § 1290.

64. μηδέν: some conditional nuance leads to μή being preferred to οὐ: *WS* § 2728.

68. παρασκευάζῃ: at this point the construction changes, and the succession of participles is given up in favour of a finite verb: a natural anacoluthon.

70. μαλακὰς: predicative here: supply μαλακά with τὰ ὑπόβαθρα, since the 'base' of the bed (i.e. the strapping) has to be made flexible.

71–2. διὰ τὸ . . . ποιῇς: *G* § 1358.

72–3. 'You force yourself to have sex before you need it.'

73–4. γυναιξὶ . . . χρωμένη: 'using men as women'. *G* § 956.

74–6. 'Treating them with violence at night, and making them sleep through the most valuable part of the day.'

80. λεγούσῃ τι: is idiomatic: (who would believe you) 'even though you were talking sense'. The opposite is οὐδὲν λέγειν, to talk nonsense.

81–2. τοῦ σοῦ θιάσου . . . εἶναι: 'to be a member of your troop'.

82 ff. Note the 'Gorgianic' antitheses and nearly-balancing clauses (τοῖς μὲν . . . βαρυνόμενοι is two exactly equal cola). 94–8 in particular may be compared with Agathon's speech in Plato's *Symposium* (above **27**).

86–7. 'Running through pleasures in youth, and postponing troubles till old age.'

103. θεοῖς . . . φίλοις . . . πατρίσιν: cf. her earlier speech (above 4 ff.).

108. διῴκει: 'tried to manage'. This reading is clearly right, against the variant διώκει, 'pursues' (i.e. pursues the topic of Heracles' education).

109–10. ἔτι μεγαλειοτέροις: 'even grander', but Xenophon has certainly used some grandiose words.

35. The end of a good dinner

The scene of Xenophon's *Symposium* (probably later than
Plato's, which seems to have influenced it) is the dinner given by
Callias for his boy-friend Autolycus, who has had an athletic
success. Dramatic date 422 BC, six years before that of the
Platonic *Symposium*. Socrates makes a long speech about love,
and at the end a dancing troupe perform a mime on the theme of
the love of Dionysus and Ariadne. This extract: 9. 1–7.

Οὗτος μὲν δὴ ὁ λόγος ἐνταῦθα ἔληξεν. Αὐτόλυκος δέ, ἤδη γὰρ
ὥρα ἦν αὐτῷ, ἐξανίστατο εἰς περίπατον· καὶ ὁ Λύκων ὁ
πατὴρ αὐτῷ συνεξιὼν ἐπιστραφεὶς εἶπε· Νὴ τὴν "Ηραν, ὦ
Σώκρατες, καλός γε κἀγαθὸς δοκεῖς μοι ἄνθρωπος εἶναι.

Ἐκ δὲ τούτου πρῶτον μὲν θρόνος τις ἔνδον κατετέθη,   5
ἔπειτα δὲ ὁ Συρακόσιος εἰσελθὼν εἶπεν· Ὦ ἄνδρες, Ἀριάδνη
εἴσεισιν εἰς τὸν ἑαυτῆς τε καὶ Διονύσου θάλαμον· μετὰ δὲ
τοῦθ᾽ ἥξει Διόνυσος ὑποπεπωκὼς παρὰ θεοῖς καὶ εἴσεισιν πρὸς
αὐτήν, ἔπειτα παιξοῦνται πρὸς ἀλλήλους.

Ἐκ τούτου πρῶτον μὲν ἡ Ἀριάδνη ὡς νύμφη κεκοσμ-   10
ημένη παρῆλθε καὶ ἐκαθέζετο ἐπὶ τοῦ θρόνου. οὔπω δὲ
φαινομένου τοῦ Διονύσου ηὐλεῖτο ὁ βακχεῖος ῥυθμός. ἔνθα δὴ
ἠγάσθησαν τὸν ὀρχηστοδιδάσκαλον. εὐθὺς μὲν γὰρ ἡ Ἀριάδνη
ἀκούσασα τοιοῦτόν τι ἐποίησεν ὡς πᾶς ἂν ἔγνω ὅτι ἀσμένη
ἤκουσε· καὶ ὑπήντησε μὲν οὔκ, οὐδὲ ἀνέστη, δήλη δ᾽ ἦν μόλις   15
ἠρεμοῦσα. ἐπεί γε μὴν κατεῖδεν αὐτὴν ὁ Διόνυσος,
ἐπιχορεύσας ὥσπερ ἂν εἴ τις φιλικώτατα ἐκαθέζετο ἐπὶ τῶν
γονάτων καὶ περιλαβὼν ἐφίλησεν αὐτήν. ἡ δ᾽ αἰδουμένη μὲν
ἐῴκει, ὅμως δὲ φιλικῶς ἀντιπεριελάμβανεν. οἱ δὲ συμπόται
ὁρῶντες ἅμα μὲν ἐκρότουν, ἅμα δὲ ἐβόων Αὖθις. ὡς δὲ ὁ   20
Διόνυσος ἀνιστάμενος συνανέστησε μεθ᾽ ἑαυτοῦ τὴν Ἀριάδνην,
ἐκ τούτου δὴ φιλούντων τε καὶ ἀσπαζομένων ἀλλήλους
σχήματα παρῆν θεάσασθαι. οἱ δ᾽ ὁρῶντες ὄντως καλὸν μὲν τὸν
Διόνυσον, ὡραίαν δὲ τὴν Ἀριάδνην, οὐ σκώπτοντας δὲ ἀλλ᾽
ἀληθινῶς τοῖς στόμασι φιλοῦντας, πάντες ἀνεπτερωμένοι   25
ἐθεῶντο. καὶ γὰρ ἤκουον τοῦ Διονύσου μὲν ἐπερωτῶντος
αὐτὴν εἰ φιλεῖ αὐτόν, τῆς δὲ οὕτως ἐπομνυούσης ὥστε μὴ
μόνον τὸν Διόνυσον ἀλλὰ καὶ τοὺς παρόντας ἅπαντας συνομό-

σαι ἂν ἦ μὴν τὸν παῖδα καὶ τὴν παῖδα ὑπ' ἀλλήλων φιλεῖσθαι.
30 ἑώκεσαν γὰρ οὐ δεδιδαγμένοις τὰ σχήματα ἀλλ' ἐφειμένοις
πράττειν ἃ πάλαι ἐπεθύμουν. τέλος δὲ οἱ συμπόται ἰδόντες
περιβεβληκότας τε ἀλλήλοις καὶ ὡς εἰς εὐνὴν ἀπιόντας, οἱ μὲν
ἄγαμοι γαμεῖν ἐπώμνυσαν, οἱ δὲ γεγαμηκότες ἀναβάντες ἐπὶ
τοὺς ἵππους ἀπήλαυνον πρὸς τὰς ἑαυτῶν γυναῖκας, ὅπως
35 τούτων τύχοιεν. Σωκράτης δὲ καὶ τῶν ἄλλων οἱ ὑπομείναντες
πρὸς Λύκωνα καὶ τὸν υἱὸν σὺν Καλλίᾳ περιπατήσοντες
ἀπῆλθον.
Αὕτη τοῦ τότε συμποσίου κατάλυσις ἐγένετο.

1–2. Autolycus goes out for a 'constitutional' for health or training.

2–3. 'Lycon turned round as he was going out with him, and said . . .'

4. καλός . . . κἀγαθός: the significance of this term is a subject of the dialogue. It means, essentially, 'both intrinsically good (beautiful) and manifesting goodness in action (esp. in courage)'. But it has a wider range of connotations: for some comments, see K. J. Dover, *Greek Popular Morality*, 41–5.

8. ὑποπεπωκώς: 'having had a bit to drink'.

9. παιξοῦνται: so-called 'Doric future', G §§ 590 and 666. Other examples are κλαυσοῦμαι, πλευσοῦμαι, πεσοῦμαι, φευξοῦμαι, χεσοῦμαι. There *may* be a point in making the (Doric-speaking) Syracusan use this (otherwise unattested) form παιξοῦνται.

12. Playing the 'bacchic tune' at once suggests Dionysus' presence. The metrical unit βακχεῖος (˘ – –) owes its name to association with tunes appropriate to Dionysus.

14–15. 'Ariadne did something that was such that anyone would have known she was happy to hear it.' G § 1456.

15–16. 'And obviously could hardly keep still.' WS § 2107.

17. 'Approaching her with a dance movement expressing great affection.' For ὥσπερ ἂν εἰ, G § 1313.

18. ἐφίλησεν: 'kissed'.

20. Αὖθις: 'encore!'

23. σχήματα: 'gestures', 'movements'.

25. ἀνεπτερωμένοι: lit. 'taking to flight', i.e. 'in a state of high excitement'.

26. ἤκουον: as it is a pantomime, the dancers do not in fact speak, but their act is so vivid that the audience feel that they can hear them.

29. ἦ μὴν: commonly used to introduce strong assertions or promises: *WS* § 2865.

31. 'What they had long been wanting to do.'

36. *Abradatas and Panthea*

The love-story of Abradatas, King of Susa, and his wife Panthea is a sub-plot of Xenophon's vast 'historical novel', the *Cyropaedia*. Both are prisoners of Cyrus, who puts Araspas in charge of Panthea. Araspas falls in love with her, but Cyrus persuades him to control his passion. In this passage (6. 4. 1–11), Abradatas takes leave of his wife, and goes out as a volunteer to fight in Cyrus' army against the Lydians. He will be killed in the battle.

For the whole story, read also *Cyr.* 4. 6. 11; 5. 1. 2–18; 6. 1. 31–51; 7. 3. 2–16.

Τῇ δ' ὑστεραίᾳ πρῲ Κῦρος μὲν ἐθύετο, ὁ δ' ἄλλος στρατὸς
ἀριστήσας καὶ σπονδὰς ποιησάμενος ἐξωπλίζετο πολλοῖς μὲν
καὶ καλοῖς χιτῶσι, πολλοῖς δὲ καὶ καλοῖς θώραξι καὶ
κράνεσιν· ὥπλιζον δὲ ἵππους προμετωπιδίοις καὶ προστερ-
νιδίοις· καὶ τοὺς μὲν μονίππους παραμηριδίοις, τοὺς δ' ὑπὸ   5
τοῖς ἅρμασιν ὄντας παραπλευριδίοις· ὥστε ἤστραπτε μὲν
χαλκῷ, ἤνθει δὲ φοινίκισι πᾶσα ἡ στρατιά.
    Καὶ τῷ Ἀβραδάτᾳ δὲ τὸ τετράρρυμον ἅρμα καὶ ἵππων
ὀκτὼ παγκάλως ἐκεκόσμητο. ἐπεὶ δ' ἔμελλε τὸν λινοῦν
θώρακα, ὃς ἐπιχώριος ἦν αὐτοῖς, ἐνδύεσθαι, προσφέρει αὐτῷ ἡ   10
Πάνθεια <χρυσοῦν> καὶ χρυσοῦν κράνος καὶ περιβραχιόνια
καὶ ψέλια πλατέα περὶ τοὺς καρποὺς τῶν χειρῶν καὶ χιτῶνα
πορφυροῦν ποδήρη στολιδωτὸν τὰ κάτω καὶ λόφον ὑακινθινο-
βαφῆ. ταῦτα δ' ἐποιήσατο λάθρᾳ τοῦ ἀνδρὸς ἐκμετρη-
σαμένη τὰ ἐκείνου ὅπλα. ὁ δὲ ἰδὼν ἐθαύμασέ τε καὶ ἐπήρετο   15
τὴν Πάνθειαν· Οὐ δήπου, ὦ γύναι συγκόψασα τὸν σαυτῆς

κόσμον τὰ ὅπλα μοι ἐποιήσω; Μὰ Δι᾽, ἔφη ἡ Πάνθεια, οὔκουν
τόν γε πλείστου ἄξιον· σὺ γὰρ ἔμοιγε, ἦν καὶ τοῖς ἄλλοις
φανῇς οἷόσπερ ἐμοὶ δοκεῖς εἶναι, μέγιστος κόσμος ἔσῃ. ταῦτα
20 δὲ λέγουσα ἅμα ἐνέδυε τὰ ὅπλα, καὶ λανθάνειν μὲν ἐπειρᾶτο,
ἐλείβετο δὲ αὐτῇ τὰ δάκρυα κατὰ τῶν παρειῶν.
Ἐπεὶ δὲ καὶ πρόσθεν ὢν ἀξιοθέατος ὁ Ἀβραδάτας ὡπλίσθη
τοῖς ὅπλοις τούτοις, ἐφάνη μὲν κάλλιστος καὶ ἐλευθεριώτατος,
ἅτε καὶ τῆς φύσεως ὑπαρχούσης· λαβὼν δὲ παρὰ τοῦ
25 ὑφηνιόχου τὰς ἡνίας παρεσκευάζετο ὡς ἀνα-
βησόμενος ἤδη ἐπὶ τὸ ἅρμα. ἐν δὲ τούτῳ ἡ Πάνθεια
ἀποχωρῆσαι κελεύσασα τοὺς παρόντας πάντας ἔλεξεν· Ἀλλ᾽
ὅτι μέν, ὦ Ἀβραδάτα, εἴ τις καὶ ἄλλη πώποτε γυνὴ τὸν
ἑαυτῆς ἄνδρα μεῖζον τῆς αὑτῆς ψυχῆς ἐτίμησεν, οἶμαί σε
30 γιγνώσκειν ὅτι καὶ ἐγὼ μία τούτων εἰμί. τί οὖν ἐμὲ δεῖ καθ᾽
ἓν ἕκαστον λέγειν; τὰ γὰρ ἔργα οἶμαί σοι πιθανώτερα
παρεσχῆσθαι τῶν νῦν λεχθέντων λόγων. ὅμως δὲ οὕτως
ἔχουσα πρὸς σὲ ὥσπερ σὺ οἶσθα, ἐπομνύω σοι τὴν ἐμὴν καὶ
σὴν φιλίαν ἦ μὴν ἐγὼ βούλεσθαι ἂν μετὰ σοῦ ἀνδρὸς ἀγαθοῦ
35 γενομένου κοινῇ γῆν ἐπιέσασθαι μᾶλλον ἢ ζῆν μετ᾽ αἰσχυν-
ομένου αἰσχυνομένη· οὕτως ἐγὼ καὶ σὲ τῶν καλλίστων καὶ
ἐμαυτὴν ἠξίωκα. καὶ Κύρῳ δὲ μεγάλην τινὰ δοκῶ ἡμᾶς χάριν
ὀφείλειν, ὅτι με αἰχμάλωτον γενομένην καὶ ἐξαιρεθεῖσαν αὐτῷ
οὔτε ὡς δούλην ἠξίωσε κεκτῆσθαι οὔτε ὡς ἐλευθέραν ἐν
40 ἀτίμῳ ὀνόματι, διεφύλαξε δὲ σοὶ ὥσπερ ἀδελφοῦ γυναῖκα
λαβών. πρὸς δὲ καὶ ὅτε Ἀράσπας ἀπέστη αὐτοῦ ὁ ἐμὲ
φυλάττων, ὑπεσχόμην αὐτῷ, εἴ με ἐάσειε πρὸς σὲ πέμψαι,
ἥξειν αὐτῷ σὲ πολὺ Ἀράσπου ἄνδρα καὶ πιστότερον καὶ
ἀμείνονα.
45 Ἡ μὲν ταῦτα εἶπεν· ὁ δὲ Ἀβραδάτας ἀγασθεὶς τοῖς λόγοις
καὶ θιγὼν αὐτῆς τῆς κεφαλῆς ἀναβλέψας εἰς τὸν οὐρανὸν
ἐπηύξατο· Ἀλλ᾽, ὦ Ζεῦ μέγιστε, δός μοι φανῆναι ἀξίῳ μὲν
Πανθείας ἀνδρί, ἀξίῳ δὲ Κύρου φίλῳ τοῦ ἡμᾶς τιμήσαντος.
ταῦτ᾽ εἰπὼν κατὰ τὰς θύρας τοῦ ἁρματείου δίφρου ἀνέβαινεν
50 ἐπὶ τὸ ἅρμα. ἐπεὶ δὲ ἀναβάντος αὐτοῦ κατέκλεισεν τὸν δίφρον
ὁ ὑφηνίοχος, οὐκ ἔχουσα ἡ Πάνθεια πῶς ἂν ἔτι ἄλλως
ἀσπάσαιτο αὐτόν, κατεφίλησε τὸν δίφρον· καὶ τῷ μὲν προῄει
ἤδη τὸ ἅρμα, ἡ δὲ λαθοῦσα αὐτὸν συνεφείπετο, ἕως
ἐπιστραφεὶς καὶ ἰδὼν αὐτὴν Ἀβραδάτας εἶπε· Θάρρει, Πάν-

θεια, καὶ χαῖρε καὶ ἄπιθι ἤδη. ἐκ τούτου δὴ οἱ εὐνοῦχοι καὶ αἱ 55
θεράπαιναι λαβοῦσαι ἀπῆγον αὐτὴν εἰς τὴν ἁρμάμαξαν καὶ
κατακλίναντες κατεκάλυψαν τῇ σκηνῇ. οἱ δὲ ἄνθρωποι, καλοῦ
ὄντος τοῦ θεάματος τοῦ τε Ἀβραδάτου καὶ τοῦ ἅρματος, οὐ
πρόσθεν ἐδύναντο θεάσασθαι αὐτὸν πρὶν ἡ Πάνθεια ἀπῆλθεν.

2. ἀριστήσας: 'having had their midday meal'.

3–7. Note balances, anaphora, effect of the technical terms for pieces of horse-armour (face-pieces, chest-pieces, thigh-pieces, flank-pieces), and the metaphors ἤστραπτε and ἤνθει.

11. Meyer added χρυσοῦν to make Panthea replace Abradatas' linen breastplate. But καὶ may mean 'also' rather than 'and'. The other items are: gold helmet, arm-guards, flat bracelets for his wrists, and an ankle-length purple tunic, pleated (στολιδω-τόν) in the skirt (τὰ κάτω), with, finally, a helmet crest dyed 'hyacinthus-colour' (perhaps dark-blue).

14. ἐποιήσατο: 'she had had these things made'. *WS* § 1725. By measuring his armour she avoided having to have him measured for the new set.

20–1. 'She tried not to be noticed, but the tears trickled down her cheeks.'

24. τῆς φύσεως: i.e. his physique helped to show off the splendid armour and dress.

33. ἐπομνύω: Hdt. and Attic prose-writers use this form as well as -όμνυμι.

34. ἦ μὴν . . . βούλεσθαι ἄν: 'that I would rather . . .' She makes a solemn assertion (Denniston, *Particles*, 50) not of what she will do but her state of mind.

35. γῆν ἐπιέσασθαι: 'wear a coat of earth', a poetical metaphor (e.g. *Il.* 3. 57).

35–6. Note the juxtaposition αἰσχυνομένου αἰσχυνομένη.

37. καὶ . . . δέ: a particularly common combination in Xenophon. Denniston, *Particles*, 200–2.

39–40. ἐν ἀτίμῳ ὀνόματι: 'in a dishonourable status'.

46. θιγὼν: θιγγάνω is much less common than ἅπτομαι in Attic prose.

τῆς κεφαλῆς: *G* § 1099.

47. Ἀλλ' ὦ Ζεῦ: Xenophon likes to begin a speech with ἀλλά, which is also a natural particle to introduce the prayer. Denniston, *Particles*, 15.

49. τοῦ ἀρματείου δίφρου: 'the driving-board of the chariot'. The charioteer stands in a compartment closed by a door behind.

52. κατεφίλησε: 'kissed'.

56. ἁρμάμαξαν: a covered carriage, much used by women (*Cyr.* 4. 3. 1, *Anab.* 1. 2. 10). Here it has a removable cover (σκήνη). It will have had four wheels, and probably been drawn by mules.

58–9. i.e. all eyes were on Panthea as long as she was present.

37. Secret letters

Aeneas, the author of a treatise on military discipline and tactics from which this extract (31. 1–5, 9–16) is taken, clearly wrote some time around the middle of the fourth century BC. He has often been identified with an Arcadian general mentioned by Xenophon (*Hell.* 7. 3. 1). The book is lively, unaffected, and indeed unliterary in style. Note the frequent changes and irregularities of construction. This chapter deals with various ways of making secret communications: compare the lover's clandestine correspondence described by Ovid in *AA* 3. 493 ff., 619 ff.

Περὶ δὲ ἐπιστολῶν κρυφαίων παντοῖαι μέν εἰσιν αἱ πέμψεις, προσυγκεῖσθαι δὲ δεῖ τῷ πέμψαντι καὶ δεχομένῳ ἰδίᾳ· αἱ δὲ λανθάνουσαι μάλιστα τοιαίδε ἂν εἶεν.

Ἐπέμφθη ἐπιστολὴ ὧδε· εἰς φορτία ἢ ἄλλα σκεύη
5 ἐνεβλήθη βυβλίον ἢ ἄλλο τι γράμμα τὸ τυχὸν καὶ μεγέθει καὶ παλαιότητι. ἐν τούτῳ δὲ γέγραπται ἡ ἐπιστολὴ ἐπιστιζομένων γραμμάτων τοῦ πρώτου στίχου ἢ δευτέρου ἢ τρίτου, ἐπιστιγμαῖς δὲ ἐλαχίσταις καὶ ἀδηλοτάταις πλὴν τῷ πεμπομένῳ. εἶτα ἀφικομένου τοῦ βυβλίου παρ' ὃν δεῖ, ἐξεγράφετο καὶ ἐπισεσ-
10 ημασμένα γράμματα τιθεὶς ἐφεξῆς τὰ ἐκ τοῦ πρώτου στίχου

καὶ δευτέρου καὶ τὰ ἄλλα ὡσαύτως, ἐγνώριζε τὰ ἐπισταλέντα.
ὀλίγα δ᾽ ἄν τις θέλων ἐπιστεῖλαι καὶ ὧδε ποιῆσαι. παρόμοιον
τούτῳ ἐπιστολὴν γράψαντα περί τινων φανερῶς ἐν πλείοσιν,
ἐν ταύτῃ τῇ ἐπιστολῇ τὸ αὐτὸ ποιεῖν ἐπισημαινόμενον
γράμματα, δι᾽ ὅτων ἐμφανιεῖς ἅπερ ἂν βούλῃ. τὴν δὲ 15
ἐπισημασίαν εἶναι ὡς ἀδηλοτάτην ἐπιστιγμαῖς διὰ πολλοῦ ἢ
γραμμαῖς παραμήκεσιν. ἃ τοῖς μὲν ἄλλοις μηδεμίαν ὑπόνοιαν
ἕξει, τῷ δὲ πεμπομένῳ γνωστὴ ἔσται ἡ ἐπιστολή
...πεμπέσθω ἀνὴρ ἀγγελίαν φέρων τινὰ ἢ καὶ ἐπιστολὴν περὶ
ἄλλων φανερῶν· τοῦ δὲ μέλλοντος πορεύεσθαι κρυφαίως αὐτοῦ 20
εἰς τὸ τῶν ὑποδημάτων πέλμα ἐντεθήτω εἰς τὸ μεταξὺ
βυβλίον καὶ καταρραπτέσθω, πρὸς δὲ τοὺς πηλοὺς καὶ τὰ
ὕδατα εἰς κασσίτερον ἐληλασμένον λεπτὸν γραφέσθω πρὸς τὸ
μὴ ἀφανίζεσθαι ὑπὸ τῶν ὑδάτων τὰ γράμματα. ἀφικομένου δὲ
παρ᾽ ὃν δεῖ καὶ ἀναπαυομένου ἐν τῇ νυκτί, ἀναλυέτω τὰς 25
ῥαφὰς τῶν ὑποδημάτων, καὶ ἐξελὼν καὶ ἀναγνούς, ἄλλα
γράψας λάθρᾳ ἔτι καθεύδοντος καὶ ἐγκαταρράψας ἀποστελ-
λέτω τὸν ἄνδρα, ἀνταγγείλας καὶ δούς τι φέρειν φανερῶς.
οὕτως οὖν οὔτε ἄλλος οὔτε ὁ φέρων εἰδήσει· χρὴ δὲ τὰς ῥαφὰς
τῶν ὑποδημάτων ὡς ἀδηλοτάτας ποιεῖν... 30
    Ἐγένετο δὲ περὶ ἐπιστολὴν τοιόνδε· πόλεως γὰρ πολιορ-
κουμένης ἐπεὶ παρῆλθεν ἔσω τῆς πόλεως ὁ κομίζων τὰς
ἐπιστολὰς τῷ μὲν προδιδόντι καὶ οἷς ἔφερεν οὐκ ἀποδίδωσιν,
πρὸς δὲ τὸν ἄρχοντα τῆς πόλεως ἦλθεν μηνύων καὶ τὰς
ἐπιστολὰς ἐδίδου. ὁ δ᾽ ἀκούσας ἐκέλευεν ταύτας μὲν τὰς 35
ἐπιστολὰς οἷς ἔφερεν ἀποδοῦναι, τὰ δὲ παρ᾽ ἐκείνων, εἰ ἀληθές
τι μηνύει, παρ᾽ αὐτὸν ἐνεγκεῖν· καὶ ὁ μηνύων ταῦτα ἔπραξεν.
ὁ δὲ ἄρχων λαβὼν τὰς ἐπιστολὰς καὶ ἀνακαλεσάμενος τοὺς
ἀνθρώπους τὰ σημεῖά τε ἐδείκνυεν τῶν δακτυλίων, ἅπερ
ὡμολόγουν αὐτῶν εἶναι, καὶ λύων τὰ βυβλία ἐδήλου τὸ 40
πρᾶγμα. τεχνικῶς δὲ δοκεῖ φωρᾶσαι, ὅτι τὰς πεμπομένας
παρὰ τοῦ ἀνθρώπου οὐκ ἀπέλαβεν· ἦν γὰρ αὐτοῖς ἀρνηθῆναι
καὶ φάσκειν ἐπιβουλεύεσθαι ὑπό τινος. τὰς δ᾽ ἀνταποστελ-
λομένας λαβὼν ἀναντιλέκτως ἤλεγξεν.
    Κομίζεται δὲ καὶ ὧδε· κύστιν ἰσομεγέθη ληκύθῳ ὁπόσῃ 45
ἂν βούλῃ πρὸς τὸ πλῆθος τῶν γραφησομένων φυσήσαντα καὶ
ἀποδήσαντα σφόδρα ξηρᾶναι, ἔπειτα ἐπ᾽ αὐτῆς γράψαι ὅτι ἂν
βούλῃ μέλανι κατακόλλῳ. ξηρανθέντων δὲ τῶν γραμμάτων

ἐξελεῖν τὴν πνοὴν τῆς κύστιδος καὶ συμπιέσαντα εἰς τὴν
50 λήκυθον ἐνθεῖναι· τὸ δὲ στόμα τῆς κύστιδος ὑπερεχέτω τοῦ
στόματος τῆς ληκύθου. ἔπειτα φυσήσαντα τὴν κύστιν ἐν τῇ
ληκύθῳ ἐνοῦσαν, ἵνα διευρυνθῇ ὡς μάλιστα, ἐλαίου ἐμπλή-
σαντα περιτεμεῖν τῆς κύστιδος τὸ ὑπερέχον τῆς ληκύθου καὶ
προσαρμόσαι τῷ στόματι ὡς ἀδηλότατα, καὶ βύσαντα τὴν
55 λήκυθον κομίζειν φανερῶς. διαφανές τε οὖν τὸ ἔλαιον ἔσται ἐν
τῇ ληκύθῳ καὶ οὐδὲν ἄλλο φανεῖται ἐνόν. ὅταν δὲ ἔλθῃ παρ' ὃν
δεῖ, ἐξεράσας τὸ ἔλαιον ἀναγνώσεται φυσήσας τὴν κύστιν· καὶ
ἐκσπογγίσας καὶ κατὰ ταὐτὰ εἰς τὴν αὐτὴν γράψας
ἀποστελλέτω.
60 Ἤδη δέ τις ἐν δέλτου ξύλῳ γράψας κηρὸν ἐπέτηξεν καὶ
ἄλλα εἰς τὸν κηρὸν ἐνέγραψεν. εἶτα ὅταν ἔλθῃ παρ' ὃν δεῖ,
ἐκκνήσας τὸν κηρὸν καὶ ἀναγνοὺς γράψας πάλιν ὡσαύτως
ἐπέστειλεν. ἐνδέχεται δὲ καὶ εἰς πυξίον γράψαντα μέλανι ὡς
βελτίστῳ ἐᾶν ξηρανθῆναι, ἔπειτα λευκώσαντα ἀφανίζειν τὰ
65 γράμματα. ὅταν οὖν ἀφίκηται παρὰ τὸν πεμπόμενον, λαθόντα
εἰς ὕδωρ θεῖναι τὸ πυξίον· φανεῖται οὖν ἐν τῷ ὕδατι ἀκριβῶς
ἅπαντα τὰ γεγραμμένα. γράφοιτο δ' ἂν καὶ εἰς πινάκιον
ἡρωϊκὸν ἅπερ ἂν βούλῃ. ἔπειτα καταλευκῶσαι καὶ ξηράναντα
γράψαι ἱππέα φωσφόρον ἢ ὅτι ἂν βούλῃ, ἔχοντα ἱματισμὸν
70 λευκὸν καὶ τὸν ἵππον λευκόν· εἰ δὲ μή, καὶ ἄλλῳ χρώματι,
πλὴν μέλανος. ἔπειτα δοῦναί τινι ἀναθεῖναι ἐγγὺς τῆς πόλεως
εἰς ὃ ἂν τύχῃ ἱερὸν ὡς εὐξάμενος. ὃν δὲ δεῖ ἀναγνῶναι τὰ
γεγραμμένα, χρὴ ἐλθόντα εἰς τὸ ἱερὸν καὶ γνόντα τὸ πινάκιον
συσσήμῳ τινὶ προσυγκειμένῳ, ἀπενέγκαντα εἰς οἶκον θεῖναι
75 εἰς ἔλαιον· πάντα οὖν τὰ γεγραμμένα φανεῖται.

2. προσυγκεῖσθαι: 'to be prearranged'.

4. Ἐπέμφθη: 'is sent', 'has been known to be sent'. WS §
1930. The writer is not thinking a *single* historical instance, as is
shown by ἢ ἄλλα σκεύη (4), ἄλλο τι γράμμα (5).

5–6. τὸ τυχὸν . . . παλαιότητι: 'of any size or age whatever'.
Cf. ὁ τυχὼν ἀνήρ 'any man you come across', 'any ordinary
person'.

6. ἐπιστιζομένων: 'marked with dots' (ἐπιστιγμαί).

9. ἐξεγράφετο: 'he would copy it out'.

12. ποιῆσαι: optative (as the accent shows), see *WS* § 668 (d).

13–14. γράψαντα . . . ποιεῖν: acc. and inf. as a command; cf. *WS* § 2013 (c). So also εἶναι (16).

16–17. ἐπιστιγμαῖς . . . παραμήκεσιν: 'by dots placed at intervals or lines of abnormal length'.

19. We assume a lacuna here.

21. πέλμα: 'sole'.

ἐντεθήτω: 3rd person imperative from aor. passive (ἐν)-ετέθην.

29. εἰδήσει = εἴσεται (Ionic and Hellenistic form, also found in Biblical Greek).

35. ἐδίδου: 'handed over'. Note the imperfect (indicating the process) following the aorist (indicating the event of his arrival). See *Reading Greek*, 310–12.

42. ἦν: *WS* § 2313.

45. κύστιν: 'a bladder'.

ληκύθῳ: 'flask'.

46–7. φυσήσαντα καὶ ἀποδήσαντα σφόδρα: 'blowing it up and tying it up firmly'.

48. μέλανι κατακόλλῳ: 'ink mixed with glue'.

54. βύσαντα: 'putting the stopper in'.

57. ἐξεράσας: 'after drawing off'.

63. πυξίον:'tablet of box-wood'.

66. οὖν: 'then' (Denniston, *Particles*, 425); cf. 75 below.

67–8. πινάκιον ἡρωϊκόν: i.e. a votive tablet to be deposited in the shrine of a hero.

69. ἱππέα φωσφόρον: 'a horseman carrying a torch'.

THE AGE OF PHILIP: DEMOSTHENES AND SOME CONTEMPORARIES

38. Philip's entourage

This extract is from Book 49 of the *Philippica* of Theopompus of Chios, a pupil of Isocrates who wrote both a general history of Greece from 411 to 394 BC and a history of the age of Philip of Macedon, very discursive and digressive, and marked by strong moral attitudes. Only fragments survive: this passage (F 225 (b) and (c 1), Jacoby) is preserved in two versions, one in Polybius and one in Athenaeus. We give a conflation of the two. It cannot be guaranteed that these are Theopompus' exact words, but the tone and style are clear. Note the freedom from hiatus.

Εἰ γάρ τις ἦν ἐν τοῖς Ἕλλησιν ἢ τοῖς βαρβάροις, λάσταυρος ἢ
θρασὺς τὸν τρόπον, οὗτοι πάντες εἰς Μακεδονίαν ἀθροιζόμενοι
πρὸς Φίλιππον ἑταῖροι τοῦ βασιλέως προσηγορεύοντο. καθ-
όλου γὰρ ὁ Φίλιππος τοὺς μὲν κοσμίους τοῖς ἤθεσι καὶ τῶν
5 ἰδίων βίων ἐπιμελουμένους ἀπεδοκίμαζε, τοὺς δὲ πολυτελεῖς
καὶ ζῶντας ἐν μέθαις καὶ κύβοις ἐτίμα καὶ προῆγεν.
τοιγαροῦν οὐ μόνον ταῦτ' ἔχειν αὐτοὺς παρεσκεύαζεν, ἀλλὰ
καὶ τῆς ἄλλης ἀδικίας καὶ βδελυρίας ἀθλητὰς ἐποίησεν. τί γὰρ
τῶν αἰσχρῶν ἢ δεινῶν αὐτοῖς οὐ προσῆν, ἢ τί τῶν καλῶν καὶ
10 σπουδαίων οὐκ ἀπῆν; ὧν οἱ μὲν ξυρόμενοι καὶ λεαινόμενοι
διετέλουν ἄνδρες ὄντες, οἱ δ' ἀλλήλοις ἐτόλμων ἐπανίστασθαι
πώγωνας ἔχουσι. καὶ περιῆγοντο μὲν δύο καὶ τρεῖς τοὺς
ἑταιρευομένους, αὐτοὶ δὲ τὰς αὐτὰς ἐκείνοις χρήσεις ἑτέροις
παρείχοντο. ὅθεν καὶ δικαίως ἄν τις αὐτοὺς οὐχ ἑταίρους ἀλλ'
15 ἑταίρας ὑπελάμβανεν εἶναι, οὐδὲ στρατιώτας ἀλλὰ χαμαιτύπας
προσηγόρευσεν· ἀνδροφόνοι γὰρ τὴν φύσιν ὄντες ἀνδρόπορνοι
τὸν τρόπον ἦσαν.
Πρὸς δὲ τούτοις ἀντὶ μὲν τοῦ νήφειν τὸ μεθύειν ἠγάπων,
ἀντὶ δὲ τοῦ κοσμίως ζῆν ἁρπάζειν καὶ φονεύειν ἐζήτουν. καὶ

τὸ μὲν ἀληθεύειν καὶ ταῖς ὁμολογίαις ἐμμένειν οὐκ οἰκεῖον 20
αὐτῶν ἐνόμιζον, τὸ δ' ἐπιορκεῖν καὶ φενακίζειν ἐν τοῖς
σεμνοτάτοις ὑπελάμβανον. καὶ τῶν μὲν ὑπαρχόντων ἠμέλουν,
τῶν δὲ ἀπόντων ἐπεθύμουν, καὶ ταῦτα μέρος τι τῆς Εὐρώπης
ἔχοντες. οἴομαι γὰρ τοὺς ἑταίρους, οὐ πλείονας ὄντας κατ'
ἐκεῖνον τὸν χρόνον ὀκτακοσίων, οὐκ ἐλάττω καρπίζεσθαι γῆν 25
ἢ μυρίους τῶν Ἑλλήνων τοὺς τὴν ἀρίστην καὶ πλείστην χώραν
κεκτημένους.

Ἁπλῶς δ' εἰπεῖν, ἵνα παύσωμαι μακρολογῶν, ἄλλως τε
καὶ τοσούτων μοι πραγμάτων ἐπικεχυμένων, ἡγοῦμαι τοιαῦτα
θηρία γεγονέναι καὶ τοιούτους τὸν τρόπον τοὺς φίλους καὶ 30
ἑταίρους Φιλίππου προσαγορευθέντας οἵους οὔτε τοὺς Κενταύ-
ρους τοὺς τὸ Πήλιον κατασχόντας οὔτε Λαιστρυγόνας τοὺς τὸ
Λεοντίνων πεδίον οἰκήσαντας οὔτ' ἄλλους οὐδ' ὁποίους.

1. λάσταυρος: 'pervert'.

5. ἀπεδοκίμαζε: 'rejected'.

8. ἀθλητὰς: 'prize performers'.

8–10. τί γὰρ . . . οὐκ ἀπῆν: adaptation or parody of Gorgias'
Epitaphios (9 above).

10–12. 'Some continued clean-shaven and hairless into man-
hood, others had the audacity to commit indecent assaults on
one another as bearded adults.'

14–15. οὐχ ἑταίρους ἀλλ' ἑταίρας: 'not comrades but con-
cubines'.

15. χαμαιτύπας: another word for prostitutes.

16–17. 'Mankillers by nature, man-seducers by habit.'
Another very Gorgianic antithesis.

23–4. μέρος τι τῆς Εὐρώπης: 'a sizeable part of Europe'.

28–9. 'Especially as such a host of events is pressing upon
me.' The historian, coming to the end of his digression, moti-
vates the transition to his main narrative.

32. The Laestrygones of the *Odyssey* were traditionally
located in Sicily (Thuc. 6. 2) or in Italy (Horace, *Odes* 3. 16).

33. οὐδ' ὁποίους = οὐδ' ὁποιουσοῦν, 'of any kind what-
soever'.

39. Philip's aggressions

Demosthenes (384–322 BC), recognized in later times as the greatest of the Attic orators, began his career by bringing an action against the guardians who had mismanaged his estate; but he was soon active as a λογογράφος and, from 355/4, in public affairs. He repeatedly warned the Athenians of the danger presented by Philip, and his most famous speeches are devoted to that cause. After the battle of Chaeronea (338 BC), he was the inspiration of further resistance, but all in vain. The climax of his career came with the trial of Ctesiphon in 330 BC (40–3). In 323 BC, he was involved in the Harpalus affair, and was in exile for a time; recalled in 322 BC, he supported the last attempt to resist Macedonian power, but after the final defeat at Crannon fled the city and committed suicide at Calauria. We illustrate both public and private speeches. Demosthenes is the most forceful and dramatic of the orators, with marvellous powers of satire and indignation.

In the Third Philippic (341 BC), Demosthenes advocated war with Philip, however perilous that might prove. Philip, he believed, was an aggressor bent on extending his power step by step. Diopeithes, the Athenian mercenary commander in the Chersonese region in Northern Greece, had given Philip cause for complaint; but Demosthenes thinks he should be reinforced, and alliances made with neighbouring cities and indeed with the Persians, to help fend off the Macedonian menace. This passage is §§ 15–20. See Introduction pp. xxvii–viii.

Ἀλλ' ἔστιν, ὦ πρὸς τοῦ Διός, ὅστις εὖ φρονῶν ἐκ τῶν ὀνομάτων μᾶλλον ἢ τῶν πραγμάτων τὸν ἄγοντ' εἰρήνην ἢ πολεμοῦνθ' αὑτῷ σκέψαιτ' ἄν; οὐδεὶς δήπου. ὁ τοίνυν Φίλιππος ἐξ ἀρχῆς, ἄρτι τῆς εἰρήνης γεγονυίας, οὔπω Διοπείθους
5 στρατηγοῦντος οὐδὲ τῶν ὄντων ἐν Χερρονήσῳ νῦν ἀπεσταλμένων, Σέρριον καὶ Δορίσκον ἐλάμβανε καὶ τοὺς ἐκ Σερρείου τείχους καὶ Ἱεροῦ ὄρους στρατιώτας ἐξέβαλλεν, οὓς ὁ ὑμέτερος στρατηγὸς κατέστησεν. καίτοι τοῦτο πράττων τί ἐποίει; εἰρήνην μὲν γὰρ ὠμωμόκει. καὶ μηδεὶς εἴπῃ· Τί δὲ
10 ταῦτ' ἐστίν, ἢ τί τούτων μέλει τῇ πόλει; εἰ μὲν γὰρ μικρὰ ταῦτα, ἢ μηδὲν ὑμῖν αὐτῶν ἔμελεν, ἄλλος ἂν εἴη λόγος οὗτος·

τὸ δ' εὐσεβὲς καὶ τὸ δίκαιον, ἄν τ' ἐπὶ μικροῦ τις ἄν τ' ἐπὶ
μείζονος παραβαίνῃ, τὴν αὐτὴν ἔχει δύναμιν. φέρε δὴ νῦν,
ἡνίκ' εἰς Χερρόνησον, ἣν βασιλεὺς καὶ πάντες οἱ Ἕλληνες
ὑμετέραν ἐγνώκασιν εἶναι, ξένους εἰσπέμπει καὶ βοηθεῖν 15
ὁμολογεῖ καὶ ἐπιστέλλει ταῦτα, τί ποιεῖ; φησὶ μὲν γὰρ οὐ
πολεμεῖν, ἐγὼ δὲ τοσούτου δέω ταῦτα ποιοῦντ' ἐκεῖνον ἄγειν
ὁμολογεῖν τὴν πρὸς ὑμᾶς εἰρήνην, ὥστε καὶ Μεγάρων
ἁπτόμενον κἂν Εὐβοίᾳ τυραννίδα κατασκευάζοντα καὶ νῦν ἐπὶ
Θρᾴκην παριόντα καὶ τὰν Πελοποννήσῳ σκευωρούμενον καὶ 20
πάνθ' ὅσα πράττει μετὰ τῆς δυνάμεως ποιοῦντα, λύειν φημὶ
τὴν εἰρήνην καὶ πολεμεῖν ὑμῖν, εἰ μὴ καὶ τοὺς τὰ μηχανήματ'
ἐφίσταντας εἰρήνην ἄγειν φήσετε, ἕως ἂν αὐτὰ τοῖς τείχεσιν
ἤδη προσαγάγωσιν. ἀλλ' οὐ φήσετε· ὁ γὰρ οἷς ἂν ἐγὼ
ληφθείην, ταῦτα πράττων καὶ κατασκευαζόμενος, οὗτος ἐμοὶ 25
πολεμεῖ, κἂν μήπω βάλλῃ μηδὲ τοξεύῃ. τίσιν οὖν ὑμεῖς
κινδυνεύσαιτ' ἄν, εἴ τι γένοιτο; τῷ τὸν Ἑλλήσποντον ἀλλο-
τριωθῆναι, τῷ Μεγάρων καὶ τῆς Εὐβοίας τὸν πολεμοῦνθ' ὑμῖν
γενέσθαι κύριον, τῷ Πελοποννησίους τἀκείνου φρονῆσαι. εἶτα
τὸν τοῦτο τὸ μηχάνημ' ἐπὶ τὴν πόλιν ἱστάντα, τοῦτον εἰρήνην 30
ἄγειν ἐγὼ φῶ πρὸς ὑμᾶς; πολλοῦ γε καὶ δεῖ, ἀλλ' ἀφ' ἧς
ἡμέρας ἀνεῖλε Φωκέας, ἀπὸ ταύτης ἔγωγ' αὐτὸν πολεμεῖν
ὁρίζομαι. ὑμᾶς δ', ἐὰν ἀμύνησθ' ἤδη, σωφρονήσειν φημί, ἐὰν δ'
ἐάσητε, οὐδὲ τοῦθ' ὅταν βούλησθε δυνήσεσθαι ποιῆσαι. καὶ
τοσοῦτόν γ' ἀφέστηκα τῶν ἄλλων, ὦ ἄνδρες Ἀθηναῖοι, τῶν 35
συμβουλευόντων, ὥστ' οὐδὲ δοκεῖ μοι περὶ Χερρονήσου νῦν
σκοπεῖν οὐδὲ Βυζαντίου, ἀλλ' ἐπαμῦναι μὲν τούτοις, καὶ
διατηρῆσαι μή τι πάθωσι, καὶ τοῖς οὖσιν ἐκεῖ νῦν στρατιώταις
πάνθ' ὅσων ἂν δέωνται ἀποστεῖλαι, βουλεύεσθαι μέντοι περὶ
πάντων τῶν Ἑλλήνων ὡς ἐν κινδύνῳ μεγάλῳ καθεστώτων. 40
βούλομαι δ' εἰπεῖν πρὸς ὑμᾶς ἐξ ὧν ὑπὲρ τῶν πραγμάτων
οὕτω φοβοῦμαι, ἵν', εἰ μὲν ὀρθῶς λογίζομαι, μετάσχητε τῶν
λογισμῶν καὶ πρόνοιάν τιν' ὑμῶν γ' αὐτῶν, εἰ μὴ καὶ τῶν
ἄλλων ἄρα βούλεσθε, ποιήσησθε, ἂν δὲ ληρεῖν καὶ τετυφῶσθαι
δοκῶ, μήτε νῦν μήτ' αὖθις ὡς ὑγιαίνοντί μοι προσέχητε. 45

1. **ὦ πρὸς τοῦ Διός**: such exclamatory oaths are commoner in
D. than in other orators. Formulae with πρός, as here, are used
to make a strong emotional appeal.

3. οὐδεὶς δήπου: 'No one, of course.' Denniston, *Particles*, 267.

9. εἰρήνην μὲν γὰρ ὠμωμόκει: i.e. (I ask this) because he had sworn to keep the peace. μὲν is not answered because the innuendo is clear: Philip had taken an oath, *but* wasn't going to keep it.

10–13. 'If this were a trivial matter, or did not concern you, we should be talking differently: but offences against religion and justice, be they small or great, have equal force.' For the 'mixed' conditional (we should expect ἄλλος ἂν ἦν), see *GMT* § 504, Wyse on Isaeus 1. 30. D. is making it all 'a matter of principle'. τὸ εὐσεβές is involved because of Philip's oath-breaking.

14. βασιλεύς: *G* § 957.

16. ἐπιστέλλει ταῦτα: 'sends these messages'.

17. τοσούτου δέω: *G* § 1116.

18–21. ὥστε . . . ποιοῦντα: the long series of parallel participial phrases builds up the enormity of Philip's behaviour.

21. 'Effecting all his projects by means of his armed forces.'

22–3. εἰ μὴ . . . φήσετε: the future tense in the protasis imparts a threat: *G* § 1405, *WS* § 2301.

τοὺς τὰ μηχανήματ' ἐφιστάντας: 'those who are putting their siege-engines in place'. Cf. 30, below.

24–6. οἷς . . . τοξεύῃ: relative clause (as often) precedes main clause. Imaginary first person makes the argument vivid.

26. τίσιν: 'In what respects . . . ?' answered by the list of infinitives τῷ φρονῆσαι (27–9).

27. εἴ τι γένοιτο: 'if anything happened', euphemism here for 'if war should break out'.

29. εἶτα: 'And *then*', 'and after all that'.

36–7. 'That it is actually not my opinion that we should now debate about . . .' Deliberation (βουλεύεσθαι, 39) is appropriate now only in so far as the rest of Greece is concerned.

43–4. 'If after all you don't wish to take thought for others as well.' Denniston, *Particles*, 37.

55. τετυφῶσθαι: 'have gone quite out of my mind'. The

τυφῶς, a violent wind, was supposed to drive people mad. D. uses this forceful expression several times, other orators not at all.

40. The news of the fall of Elatea

In 336 BC, Ctesiphon proposed that Demosthenes should be honoured at the festival of the Dionysia by the presentation of a gold crown to commemorate his services to the city in its opposition to the Macedonians. He was then prosecuted by Demosthenes' rival Aeschines (43) for making an unconstitutional proposal (γραφὴ παρανόμων); but for various reasons the case did not come up for trial until 330 BC. In his speech in Ctesiphon's defence at that time, Demosthenes said little about the actual legal issues, but developed his attack on Aeschines at length and reviewed his own achievements throughout his career. Our first extract (de corona 169–73) is a vivid description of the panic at Athens when news arrived (autumn 339 BC) that Philip had captured Elatea, which was only two days' march away. Demosthenes represents himself as the only person who knew what to do.

Ἑσπέρα μὲν γὰρ ἦν, ἧκε δ' ἀγγέλλων τις ὡς τοὺς πρυτάνεις
ὡς Ἐλάτεια κατείληπται. καὶ μετὰ ταῦθ' οἱ μὲν εὐθὺς
ἐξαναστάντες μεταξὺ δειπνοῦντες τούς τ' ἐκ τῶν σκηνῶν τῶν
κατὰ τὴν ἀγορὰν ἐξεῖργον καὶ τὰ γέρρ' ἐνεπίμπρασαν, οἱ δὲ
τοὺς στρατηγοὺς μετεπέμποντο καὶ τὸν σαλπιγκτὴν ἐκάλουν·   5
καὶ θορύβου πλήρης ἦν ἡ πόλις. τῇ δ' ὑστεραίᾳ, ἅμα τῇ
ἡμέρᾳ, οἱ μὲν πρυτάνεις τὴν βουλὴν ἐκάλουν εἰς τὸ βουλευτή-
ριον, ὑμεῖς δ' εἰς τὴν ἐκκλησίαν ἐπορεύεσθε, καὶ πρὶν ἐκείνην
χρηματίσαι καὶ προβουλεῦσαι πᾶς ὁ δῆμος ἄνω καθῆτο. καὶ
μετὰ ταῦτα ὡς ἦλθεν ἡ βουλὴ καὶ τὸν ἥκοντα παρήγαγον   10
κἀκεῖνος εἶπεν, ἠρώτα μὲν ὁ κῆρυξ Τίς ἀγορεύειν βούλεται;
παρῄει δ' οὐδείς, ἀπάντων μὲν τῶν στρατηγῶν παρόντων,
ἀπάντων δὲ τῶν ῥητόρων, καλούσης δὲ τῆς πατρίδος τὸν
ἐροῦνθ' ὑπὲρ σωτηρίας· ἦν γὰρ ὁ κῆρυξ κατὰ τοὺς νόμους
φωνὴν ἀφίῃσι, ταύτην κοινὴν τῆς πατρίδος δίκαιον ἡγεῖσθαι.   15

καίτοι εἰ μὲν τοὺς σωθῆναι τὴν πόλιν βουλομένους παρελθεῖν
ἔδει, πάντες ἂν ὑμεῖς καὶ οἱ ἄλλοι Ἀθηναῖοι ἀναστάντες ἐπὶ τὸ
βῆμ' ἐβαδίζετε· πάντες γὰρ οἶδ' ὅτι σωθῆναι αὐτὴν ἐβούλεσθε·
εἰ δὲ τοὺς πλουσιωτάτους, οἱ τριακόσιοι· εἰ δὲ τοὺς ἀμφότερα
20 ταῦτα, καὶ εὔνους τῇ πόλει καὶ πλουσίους, οἱ μετὰ ταῦτα τὰς
μεγάλας ἐπιδόσεις ἐπιδόντες· καὶ γὰρ εὐνοίᾳ καὶ πλούτῳ τοῦτ'
ἐποίησαν. ἀλλ', ὡς ἔοικεν, ἐκεῖνος ὁ καιρὸς καὶ ἡ ἡμέρα 'κείνη
οὐ μόνον εὔνουν καὶ πλούσιον ἄνδρ' ἐκάλει, ἀλλὰ καὶ
παρηκολουθηκότα τοῖς πράγμασιν ἐξ ἀρχῆς καὶ συλλελογισ-
25 μένον ὀρθῶς τίνος εἵνεκα ταῦτ' ἔπραττεν ὁ Φίλιππος καὶ τί
βουλόμενος· ὁ γὰρ μὴ εἰδὼς μηδ' ἐξητακὼς πόρρωθεν, οὔτ' εἰ
εὔνους ἦν οὔτ' εἰ πλούσιος, οὐδὲν μᾶλλον ἔμελλ' ὅτι χρὴ ποιεῖν
εἴσεσθαι οὐδ' ὑμῖν ἕξειν συμβουλεύειν.

1. Ἑσπέρα μὲν . . . ἦκε δ': the paratactic expression is more
vivid than a temporal clause or a gen. abs. (or a simple ἑσπέρας
'in the evening') would be.

ὡς: 'to'. G § 1220.

3. μεταξὺ δειπνοῦντες: G § 1572.

4. τὰ γέρρα: 'awnings' or 'hurdles': we do not know quite
what they were or why they should be burnt.

9–10. The *demos* met ἄνω—'up on the Pnyx'—before the
boule had done its business and produced a proposal for dis-
cussion.

11. εἶπεν: 'made his statement'.

13. ῥητόρων: 'politicians', people who regularly spoke and
made proposals.

18. οἶδ' ὅτι: 'I am sure'. Parenthetical as often. WS § 2585.

19. οἱ τριακόσιοι: 'the Three Hundred', i.e. the leaders of the
syndicates (συμμορίαι) of rich citizens responsible for taxes or
'liturgies'; probably here with special reference to the provision
of ships ('trierarchy').

20–1. οἱ . . . ἐπιδόντες: 'those who subsequently made the big
extra donations' (i.e. after the defeat at Chaeronea, in unhappy
circumstances which D. does not want to specify).

25. εἵνεκα = ἕνεκα: the use of this form avoids a run of five short syllables. It is a feature of Demosthenes' style that he rarely has even three short syllables together.

26. πόρρωθεν: 'from far back'.

41. *Against Aeschines I*

We give two further extracts from the attack Demosthenes makes on Aeschines in *de corona*. In the first (§§ 257–66) their personal fortunes are contrasted, beginning with childhood and education. Invective came easily to both the Greeks and the Romans, and in the first of these passages in particular Demosthenes exploits to the limit the resources of personal abuse. How far the audience was expected to take it seriously may be wondered: for a well-documented discussion see R. G. M. Nisbet, Appendix V to his edition of Cicero, *in Pisonem*, pp. 199 ff. The poets of Old Comedy were just as outspoken as the orators when occasion demanded.

Ἐμοὶ μὲν τοίνυν ὑπῆρξεν, Αἰσχίνη, παιδὶ μὲν ὄντι φοιτᾶν εἰς
τὰ προσήκοντα διδασκαλεῖα, καὶ ἔχειν ὅσα χρὴ τὸν μηδὲν
αἰσχρὸν ποιήσοντα δι' ἔνδειαν, ἐξελθόντι δ' ἐκ παίδων
ἀκόλουθα τούτοις πράττειν, χορηγεῖν τριηραρχεῖν εἰσφέρειν,
μηδεμιᾶς φιλοτιμίας μήτ' ἰδίας μήτε δημοσίας ἀπολείπεσθαι   5
ἀλλὰ καὶ τῇ πόλει καὶ τοῖς φίλοις χρήσιμον εἶναι, ἐπειδὴ δὲ
πρὸς τὰ κοινὰ προσελθεῖν ἔδοξέ μοι, τοιαῦτα πολιτεύμαθ'
ἑλέσθαι ὥστε καὶ ὑπὸ τῆς πατρίδος καὶ ὑπ' ἄλλων Ἑλλήνων
πολλῶν πολλάκις ἐστεφανῶσθαι, καὶ μηδὲ τοὺς ἐχθροὺς ὑμᾶς
ὡς οὐ καλά γ' ἦν ἃ προειλόμην ἐπιχειρεῖν λέγειν. ἐγὼ μὲν δὴ   10
τοιαύτῃ συμβεβίωκα τύχῃ, καὶ πόλλ' ἂν ἔχων ἕτερ' εἰπεῖν περὶ
αὐτῆς παραλείπω, φυλαττόμενος τὸ λυπῆσαί τιν' ἐν οἷς
σεμνύνομαι. σὺ δ' ὁ σεμνὸς ἀνὴρ καὶ διαπτύων τοὺς ἄλλους
σκόπει πρὸς ταύτην ποίᾳ τινὶ κέχρησαι τύχῃ, δι' ἣν παῖς μὲν
ὢν μετὰ πολλῆς τῆς ἐνδείας ἐτράφης, ἅμα τῷ πατρὶ πρὸς τῷ   15
διδασκαλείῳ προσεδρεύων, τὸ μέλαν τρίβων καὶ τὰ βάθρα
σπογγίζων καὶ τὸ παιδαγωγεῖον κορῶν, οἰκέτου τάξιν οὐκ
ἐλευθέρου παιδὸς ἔχων, ἀνὴρ δὲ γενόμενος τῇ μητρὶ τελούσῃ

τὰς βίβλους ἀνεγίγνωσκες καὶ τἆλλα συνεσκευωροῦ, τὴν μὲν
20 νύκτα νεβρίζων καὶ κρατηρίζων καὶ καθαίρων τοὺς τελου-
μένους καὶ ἀπομάττων τῷ πηλῷ καὶ τοῖς πιτύροις, καὶ
ἀνιστὰς ἀπὸ τοῦ καθαρμοῦ κελεύων λέγειν Ἔφυγον κακόν,
εὗρον ἄμεινον, ἐπὶ τῷ μηδένα πώποτε τηλικοῦτ᾽ ὀλολύξαι
σεμνυνόμενος (καὶ ἔγωγε νομίζω· μὴ γὰρ οἴεσθ᾽ αὐτὸν
25 φθέγγεσθαι μὲν οὕτω μέγα, ὀλολύζειν δ᾽ οὐχ ὑπέρλαμπρον), ἐν
δὲ ταῖς ἡμέραις τοὺς καλοὺς θιάσους ἄγων διὰ τῶν ὁδῶν, τοὺς
ἐστεφανωμένους τῷ μαράθῳ καὶ τῇ λεύκῃ, τοὺς ὄφεις τοὺς
παρείας θλίβων καὶ ὑπὲρ τῆς κεφαλῆς αἰωρῶν, καὶ βοῶν Εὐοῖ
σαβοῖ, καὶ ἐπορχούμενος Ὑῆς ἄττης ἄττης ὑῆς, ἔξαρχος καὶ
30 προηγεμὼν καὶ κιττοφόρος καὶ λικνοφόρος καὶ τοιαῦθ᾽ ὑπὸ
τῶν γρᾳδίων προσαγορευόμενος, μισθὸν λαμβάνων τούτων
ἔνθρυπτα καὶ στρεπτοὺς καὶ νεήλατα, ἐφ᾽ οἷς τίς οὐκ ἂν ὡς
ἀληθῶς αὐτὸν εὐδαιμονίσειε καὶ τὴν αὐτοῦ τύχην; ἐπειδὴ δ᾽
εἰς τοὺς δημότας ἐνεγράφης ὁπωσδήποτε—ἐῶ γὰρ τοῦτο—
35 ἐπειδή γ᾽ ἐνεγράφης, εὐθέως τὸ κάλλιστον ἐξελέξω τῶν
ἔργων, γραμματεύειν καὶ ὑπηρετεῖν τοῖς ἀρχιδίοις. ὡς δ᾽
ἀπηλλάγης ποτὲ καὶ τούτου, πάνθ᾽ ἃ τῶν ἄλλων κατηγορεῖς
αὐτὸς ποιήσας, οὐ κατῄσχυνας μὰ Δί᾽ οὐδὲν τῶν προϋπηρ-
γμένων τῷ μετὰ ταῦτα βίῳ, ἀλλὰ μισθώσας σαυτὸν τοῖς
40 βαρυστόνοις ἐκείνοις ὑποκριταῖς Σιμύκᾳ καὶ Σωκράτει, ἐ-
τριταγωνίστεις, σῦκα καὶ βότρυς καὶ ἐλάας συλλέγων ὥσπερ
ὀπωρώνης ἐκ τῶν ἀλλοτρίων χωρίων, πλείω λαμβάνων ἀπὸ
τούτων ἢ τῶν ἀγώνων, οὓς ὑμεῖς περὶ τῆς ψυχῆς ἠγωνίζεσθε·
ἦν γὰρ ἄσπονδος καὶ ἀκήρυκτος ὑμῖν πρὸς τοὺς θεατὰς
45 πόλεμος, ὑφ᾽ ὧν πολλὰ τραύματ᾽ εἰληφὼς εἰκότως τοὺς
ἀπείρους τῶν τοιούτων κινδύνων ὡς δειλοὺς σκώπτεις. ἀλλὰ
γὰρ παρεὶς ὧν τὴν πενίαν αἰτιάσαιτ᾽ ἄν τις, πρὸς αὐτὰ τὰ τοῦ
τρόπου σου βαδιοῦμαι κατηγορήματα. τοιαύτην γὰρ εἵλου
πολιτείαν, ἐπειδή ποτε καὶ τοῦτ᾽ ἐπῆλθέ σοι ποιῆσαι, δι᾽ ἣν
50 εὐτυχούσης μὲν τῆς πατρίδος λαγὼ βίον ἔζης δεδιὼς καὶ
τρέμων καὶ ἀεὶ πληγήσεσθαι προσδοκῶν ἐφ᾽ οἷς σαυτῷ
συνῄδεις ἀδικοῦντι, ἐν οἷς δ᾽ ἠτύχησαν οἱ ἄλλοι, θρασὺς ὢν ὑφ᾽
ἁπάντων ὦψαι. καίτοι ὅστις χιλίων πολιτῶν ἀποθανόντων
ἐθάρρησε, τί οὗτος παθεῖν ὑπὸ τῶν ζώντων δίκαιός ἐστιν;
55 πολλὰ τοίνυν ἕτερ᾽ εἰπεῖν ἔχων περὶ αὐτοῦ παραλείψω· οὐ γὰρ
ὅσ᾽ ἂν δείξαιμι προσόντ᾽ αἰσχρὰ τούτῳ καὶ ὀνείδη, πάντ᾽ οἶμαι

δεῖν εὐχερῶς λέγειν, ἀλλ' ὅσα μηδὲν αἰσχρόν ἐστιν εἰπεῖν ἐμοί.
Ἐξέτασον τοίνυν παρ' ἄλληλα τὰ σοὶ κἀμοὶ βεβιωμένα,
πράως, μὴ πικρῶς, Αἰσχίνη· εἶτ' ἐρώτησον τουτουσὶ τὴν
ποτέρου τύχην ἂν ἕλοιθ' ἕκαστος αὐτῶν. ἐδίδασκες γράμματα,   60
ἐγὼ δ' ἐφοίτων. ἐτέλεις, ἐγὼ δ' ἐτελούμην. ἐγραμμάτευες, ἐγὼ
δ' ἐκκλησίαζον. ἐτριταγωνίστεις, ἐγὼ δ' ἐθεώρουν. ἐξέπιπτες,
ἐγὼ δ' ἐσύριττον. ὑπὲρ τῶν ἐχθρῶν πεπολίτευσαι πάντα, ἐγὼ
δ' ὑπὲρ τῆς πατρίδος. ἐῶ τἆλλα, ἀλλὰ τήμερον ἐγὼ μὲν ὑπὲρ
τοῦ στεφανωθῆναι δοκιμάζομαι, τὸ δὲ μηδ' ὁτιοῦν ἀδικεῖν   65
ἀνωμολόγημαι, σοὶ δὲ συκοφάντῃ μὲν εἶναι δοκεῖν ὑπάρχει,
κινδυνεύεις δ' εἴτε δεῖ σ' ἔτι τοῦτο ποιεῖν, εἴτ' ἤδη πεπαῦσθαι
μὴ μεταλαβόντα τὸ πέμπτον μέρος τῶν ψήφων. ἀγαθῇ γ'—
οὐχ ὁρᾷς;—τύχῃ συμβεβιωκὼς τῆς ἐμῆς κατηγορεῖς.

4–6. χορηγεῖν . . . εἶναι: all this explains πράττειν. These are
the duties of a well-to-do citizen, in a position to serve the state
with his wealth.

5. φιλοτιμίας: 'generosity', an extension of meaning which
became very common: it is 'desire for honour' which leads the
rich to be generous.

10. ὡς οὐ καλά γ' ἦν: 'that my policy was not honourable'.
He excludes questions of the prudential value of his policy.

12–13. 'seeking to avoid paining anyone with my pride'.
GMT 347.

13. σεμνός: picks up σεμνύνομαι, to contrast Aeschines' con-
temptuous pride with D.'s proper reticence.

διαπτύων: 'despising', lit. 'spitting upon'.

14. πρὸς ταύτην: sc. τὴν τύχην.

15. μετὰ πολλῆς τῆς ἐνδείας: note predicative position of
adjective (preceding the article).

16. τὸ μέλαν: 'the ink'.

17. κορῶν: 'sweeping out'.

18. τελούσῃ: 'when she was initiating people'.

20. νεβρίζων καὶ κρατηρίζων: precise meaning obscure, but
fawnskins (νεβρίδες) and winebowls (κρατῆρες) play a part in
the Bacchic rituals in which Aeschines' mother was allegedly
concerned. It is implied that this activity is disreputable.

21. καὶ ἀπομάττων . . . πιτύροις: 'smearing them with mud and bran'. καὶ before ἀπομάττων is probably 'explanatory' ('that is to say'); these are the ways in which he purified (καθαίρων) the initiates.

22–3. Ἔφυγον κακόν, εὗρον ἄμεινον: cf. Eur. *Bacch.* 902–5 with Dodds' note.

24–6. 'Priding himself that no one ever gave such a mighty cry [in the ritual]—and I readily believe him; for you mustn't imagine that he can declaim so loud and not be able to give a superlative cry.'

28. τῷ μαράθῳ καὶ τῇ λεύκῃ: 'fennel and white poplar'.

τοὺς παρείας: 'the brown snakes'.

29. Ὑῆς . . . ὑῆς: a kind of internal object to ἐπορχούμενος: 'dancing the Hyes Attes Attes Hyes'.

30. κιττοφόρος: it is odd that he is carrying 'ivy'; more likely that he is κιστοφόρος, i.e. the bearer of the box (κίστη) containing the snake, as well as of the winnowing-fan (λίκνον). The text should probably be emended.

31. τῶν γρᾳδίων: 'the old women'. The diminutive is contemptuous and old women are thought of as typical devotees of superstition.

32. ἔνθρυπτα . . . νεήλατα: 'sops, plaits, and fresh flat cakes'. Rituals demanded many special kinds of cakes or bread; later antiquarians sought the names out in comedy and oratory (Pollux, 6. 77), but the exact meanings are obscure.

34. ὁπωσδήποτε: 'by whatever means'.

38. οὐ κατῄσχυνας: 'you certainly didn't disgrace . . .' Ironical.

40. βαρυστόνοις: 'the Groaners'. Demosthenes' taunts have become forced. Aeschines is like a greengrocer, collecting the vegetables thrown at him in the theatre; the ἀγών in which his troupe competes is really a 'fight for life', because they wage a 'truceless' (ἄσπονδος) war with no diplomatic communications (ἀκήρυκτος) against the spectators.

47. ὤν: G § 1121.

50. λαγὼ βίον: 'a rabbit's life'.

51–2. ἐφ' οἷς . . . ἀδικοῦντι: 'for the crimes you knew you had committed'. G § 1590.

53. The 'thousand citizens' died at Chaeronea in 338 BC, 8 years previously.

54. δίκαιός ἐστιν: G § 1527.

60–end. A brief summary. Imitated by Milton, in *Apology for Smectymnus*: 'There, while they acted and overacted, among other young scholars, I was a spectator; they thought themselves gallant men, and I thought them fools; they made sport, and I laughed; they mispronounced and I misliked; and to make up the Atticism, they were out and I hissed' (W. Rhys Roberts, *C.R.* 25. 453–4).

42. Against Aeschines II

In this extract (§§ 270–4) the argument moves from private to public matters.

Βούλομαι δὲ τῶν ἰδίων ἀπαλλαγεὶς ἔτι μικρὰ πρὸς ὑμᾶς εἰπεῖν περὶ τῶν κοινῶν. εἰ μὲν γὰρ ἔχεις, Αἰσχίνη, τῶν ὑπὸ τοῦτον τὸν ἥλιον εἰπεῖν ἀνθρώπων ὅστις ἀθῷος τῆς Φιλίππου πρότερον καὶ νῦν τῆς Ἀλεξάνδρου δυναστείας γέγονεν, ἢ τῶν Ἑλλήνων ἢ τῶν βαρβάρων, ἔστω, συγχωρῶ τὴν ἐμὴν εἴτε 5
τύχην εἴτε δυστυχίαν ὀνομάζειν βούλει πάντων αἰτίαν γεγεν-
ῆσθαι. εἰ δὲ καὶ τῶν μηδεπώποτ᾿ ἰδόντων ἐμὲ μηδὲ φωνὴν
ἀκηκοότων ἐμοῦ πολλοὶ πολλὰ καὶ δεινὰ πεπόνθασι, μὴ μόνον
κατ᾿ ἄνδρα, ἀλλὰ καὶ πόλεις ὅλαι καὶ ἔθνη, πόσῳ δικαιότερον
καὶ ἀληθέστερον τὴν ἁπάντων, ὡς ἔοικεν, ἀνθρώπων τύχην 10
κοινὴν καὶ φοράν τινα πραγμάτων χαλεπὴν καὶ οὐχ οἵαν ἔδει
τούτων αἰτίαν ἡγεῖσθαι. σὺ τοίνυν ταῦτ᾿ ἀφεὶς ἐμὲ τὸν παρὰ
τουτοισὶ πεπολιτευμένον αἰτιᾷ, καὶ ταῦτ᾿ εἰδὼς ὅτι, καὶ εἰ μὴ
τὸ ὅλον, μέρος γ᾿ ἐπιβάλλει τῆς βλασφημίας ἅπασι, καὶ
μάλιστα σοί. εἰ γὰρ κατ᾿ ἐμαυτὸν αὐτοκράτωρ περὶ τῶν 15
πραγμάτων ἐβουλευόμην, ἦν ἂν τοῖς ἄλλοις ῥήτορσιν ὑμῖν ἔμ᾿
αἰτιᾶσθαι. εἰ δὲ παρῆτε μὲν ἐν ταῖς ἐκκλησίαις ἁπάσαις ἀεὶ δ᾿
ἐν κοινῷ τὸ συμφέρον ἡ πόλις προὐτίθει σκοπεῖν, πᾶσι δὲ
ταῦτ᾿ ἐδόκει τότ᾿ ἄριστ᾿ εἶναι, καὶ μάλιστα σοί (οὐ γὰρ ἐπὶ
εὐνοίᾳ γ᾿ ἐμοὶ παρεχώρεις ἐλπίδων καὶ ζήλου καὶ τιμῶν, ἃ 20
πάντα προσῆν τοῖς τότε πραττομένοις ὑπ᾿ ἐμοῦ, ἀλλὰ τῆς
ἀληθείας ἡττώμενος δηλονότι καὶ τῷ μηδὲν ἔχειν εἰπεῖν

βέλτιον), πῶς οὐκ ἀδικεῖς καὶ δεινὰ ποιεῖς τούτοις νῦν
ἐγκαλῶν ὧν τότ' οὐκ εἶχες λέγειν βελτίω; παρὰ μὲν τοίνυν
25 τοῖς ἄλλοις ἔγωγ' ὁρῶ πᾶσιν ἀνθρώποις διωρισμένα καὶ
τεταγμένα πως τὰ τοιαῦτα. ἀδικεῖ τις ἑκών· ὀργὴν καὶ
τιμωρίαν κατὰ τούτου. ἐξήμαρτέ τις ἄκων· συγγνώμην ἀντὶ
τῆς τιμωρίας τούτῳ. οὔτ' ἀδικῶν τις οὔτ' ἐξαμαρτάνων εἰς τὰ
πᾶσι δοκοῦντα συμφέρειν ἑαυτὸν δοὺς οὐ κατώρθωσεν μεθ'
30 ἁπάντων· οὐκ ὀνειδίζειν οὐδὲ λοιδορεῖσθαι τῷ τοιούτῳ
δίκαιον, ἀλλὰ συνάχθεσθαι. φανήσεται ταῦτα πάνθ' οὕτως οὐ
μόνον ἐν τοῖς νόμοις, ἀλλὰ καὶ ἡ φύσις αὐτὴ τοῖς ἀγράφοις
νομίμοις καὶ τοῖς ἀνθρωπίνοις ἤθεσιν διώρικεν. Αἰσχίνης
τοίνυν τοσοῦτον ὑπερβέβληκεν ἅπαντας ἀνθρώπους ὠμότητι
35 καὶ συκοφαντίᾳ, ὥστε καὶ ὧν αὐτὸς ὡς ἀτυχημάτων
ἐμέμνητο, καὶ ταῦτ' ἐμοῦ κατηγόρει.

2–3. ὑπὸ τοῦτον τὸν ἥλιον: a phrase meant to impress, cf. *Il.*
5. 267 ὑπ' ἠῶ τ' ἠέλιόν τε.

3. ἀθῷος: 'untouched by'.

6. εἴτε . . . βούλει: note the figure (*diaporesis*).

7–8. ἐμὲ . . . ἐμοῦ: with some stress on the pronoun, hence the
epanaphora, more strikingly used at 15 and 19 below (καὶ
μάλιστα σοί).

9. κατ' ἄνδρα: 'individually', so 'individuals', contrasted with
'cities' and 'nations'.

πόσῳ 'how much . . . !'

11. φοράν . . . χαλεπήν: 'some distressing trend of events'.

οὐχ οἵαν ἔδει 'such as there ought not to be' (*GMT*
§ 417), i.e. by litotes 'very undesirable'.

14. ἐπιβάλλει: 'falls upon'.

19–20. ἐπὶ εὐνοίᾳ: 'out of goodwill to me'.

20. For genitives, *G* § 1117.

24. ὧν: gen. of comparison with βελτίω.

26–31. Note the abrupt paratactic way of expressing con-
ditions (he could have said ἐὰν μὲν γὰρ ἀδικῇ τις ἑκών etc.).
With the accusatives ὀργήν, τιμωρίαν, συγγνώμην, we supply
mentally, e.g. τεταγμένην ὁρῶ out of 26.

31–2. οὐ μόνον . . . ἀλλὰ καί: note the inconcinnity between the two clauses. The idea is that there is an 'unwritten', 'natural' law which enjoins mercy to the unwilling offender. See Arist. *Rhet.* 1. 13, and Goodwin's note on this passage.

34–5. ὠμότητι καὶ συκοφαντίᾳ: 'brutality and malicious misrepresentation'.

43. *Against Demosthenes*

Aeschines (*c*.397–*c*.315 BC) was Demosthenes' greatest rival as an orator, and his implacable political opponent. In negotiations with Philip in 346 BC he seems to have taken a conciliatory, and no doubt realistic, stand; but Demosthenes alleged that he had been bribed. This issue was the subject of Demosthenes' speech *de falsa legatione* attacking Aeschines in 343 BC, and Aeschines' reply. Both speeches are extant, as are the two relating to Ctesiphon's proposal to honour Demosthenes (*de corona* and *in Ctesiphontem*). We give here part of Aeschines' speech against Ctesiphon (*Or.* 3. 168–76), in which he reviews Demosthenes' career against the background of the ideal δημοτικὸς ἀνήρ, of whom Demosthenes is the living opposite. We may contrast this analysis of received opinions with the very different conceptions of democracy and the democratic character in pseudo-Xenophon (**11** above) and Plato (**29** above).

The prosecution was unsuccessful, and Aeschines retired to Rhodes, where he taught oratory and is said to have founded an influential school. The style is vigorous and audience-involvement is carefully sought (5, 10, 27, 42, 73–4); but it is also moderate, and the impression given (and aimed at) is that of a reasonable and authoritative person, free of Demosthenes' violence and eccentricity.

Ναί, ἀλλὰ δημοτικός ἐστιν. ἐὰν μὲν τοίνυν πρὸς τὴν εὐφημίαν αὐτοῦ τῶν λόγων ἀποβλέπητε, ἐξαπατηθήσεσθε ὥσπερ καὶ πρότερον, ἐὰν δ' εἰς τὴν φύσιν καὶ τὴν ἀλήθειαν, οὐκ ἐξαπατηθήσεσθε. ἐκείνως δὲ ἀπολάβετε παρ' αὐτοῦ λόγον. ἐγὼ μὲν μεθ' ὑμῶν λογιοῦμαι ἃ δεῖ ὑπάρξαι ἐν τῇ φύσει τῷ δημοτικῷ ἀνδρὶ καὶ σώφρονι, καὶ πάλιν ἀντιθήσω ποῖόν τινα εἰκός ἐστιν εἶναι τὸν ὀλιγαρχικὸν ἄνθρωπον καὶ φαῦλον· ὑμεῖς 5

δ' ἀντιθέντες ἑκάτερα τούτων θεωρήσατ' αὐτόν, μὴ ὁποτέρου
τοῦ λόγου, ἀλλ' ὁποτέρου τοῦ βίου ἐστίν. οἶμαι τοίνυν
10 ἅπαντας ἂν ὑμᾶς ὁμολογῆσαι τάδε δεῖν ὑπάρξαι τῷ δημοτικῷ,
πρῶτον μὲν ἐλεύθερον αὐτὸν εἶναι καὶ πρὸς πατρὸς καὶ πρὸς
μητρός, ἵνα μὴ διὰ τὴν περὶ τὸ γένος ἀτυχίαν δυσμενὴς ᾖ τοῖς
νόμοις οἳ σῴζουσι τὴν δημοκρατίαν, δεύτερον δ' ἀπὸ τῶν
προγόνων εὐεργεσίαν τινὰ αὐτῷ πρὸς τὸν δῆμον ὑπάρχειν, ἢ
15 τό γ' ἀναγκαιότατον μηδεμίαν ἔχθραν, ἵνα μὴ βοηθῶν τοῖς
τῶν προγόνων ἀτυχήμασι κακῶς ἐπιχειρῇ ποιεῖν τὴν πόλιν,
τρίτον σώφρονα καὶ μέτριον χρὴ πεφυκέναι αὐτὸν πρὸς τὴν
καθ' ἡμέραν δίαιταν, ὅπως μὴ διὰ τὴν ἀσέλγειαν τῆς δαπάνης
δωροδοκῇ κατὰ τοῦ δήμου, τέταρτον εὐγνώμονα καὶ δυνατὸν
20 εἰπεῖν· καλὸν γὰρ τὴν μὲν διάνοιαν προαιρεῖσθαι τὰ βέλτιστα,
τὴν δὲ παιδείαν τὴν τοῦ ῥήτορος καὶ τὸν λόγον πείθειν τοὺς
ἀκούοντας· εἰ δὲ μή, τήν γ' εὐγνωμοσύνην ἀεὶ προτακτέον τῷ
λόγῳ. πέμπτον ἀνδρεῖον εἶναι τὴν ψυχήν, ἵνα μὴ παρὰ τὰ
δεινὰ καὶ τοὺς κινδύνους ἐγκαταλίπῃ τὸν δῆμον. τὸν δ'
25 ὀλιγαρχικὸν πάντα δεῖ τἀναντία τούτων ἔχειν· τί γὰρ δεῖ
πάλιν διεξιέναι; σκέψασθε δὴ τί τούτων ὑπάρχει Δημοσθένει·
ὁ δὲ λογισμὸς ἔστω ἐπὶ πᾶσι δικαίοις.

Τούτῳ πατὴρ μὲν ἦν Δημοσθένης ὁ Παιανιεύς, ἀνὴρ
ἐλεύθερος· οὐ γὰρ δεῖ ψεύδεσθαι. τὰ δ' ἀπὸ τῆς μητρὸς καὶ
30 τοῦ πάππου τοῦ πρὸς μητρὸς πῶς ἔχει αὐτῷ, ἐγὼ φράσω.
Γύλων ἦν ἐκ Κεραμέων. οὗτος προδοὺς τοῖς πολεμίοις
Νύμφαιον τὸ ἐν τῷ Πόντῳ, τότε τῆς πόλεως ἐχούσης τὸ
χωρίον τοῦτο, φυγὰς ἀπ' εἰσαγγελίας ἐκ τῆς πόλεως ἐγένετο
θανάτου καταγνωσθέντος αὐτοῦ, τὴν κρίσιν οὐχ ὑπομείνας,
35 καὶ ἀφικνεῖται εἰς Βόσπορον, κἀκεῖ λαμβάνει δωρεὰν παρὰ
τῶν τυράννων τοὺς ὠνομασμένους Κήπους, καὶ γαμεῖ γυναῖκα
πλουσίαν μὲν νὴ Δία καὶ χρυσίον ἐπιφερομένην πολύ, Σκύθιν
δὲ τὸ γένος, ἐξ ἧς γίγνονται αὐτῷ θυγατέρες δύο, ἃς ἐκεῖνος
δεῦρο μετὰ πολλῶν χρημάτων ἀποστείλας συνῴκισε τὴν μὲν
40 ἑτέραν ὁτῳδήποτε, ἵνα μὴ πολλοῖς ἀπεχθάνωμαι· τὴν δ'
ἑτέραν ἔγημε παριδὼν τοὺς τῆς πόλεως νόμους Δημοσθένης ὁ
Παιανιεύς, ἐξ ἧς ὑμῖν ὁ περίεργος καὶ συκοφάντης γεγένηται
Δημοσθένης. οὐκοῦν ἀπὸ μὲν τοῦ πάππου πολέμιος ἂν εἴη τῷ
δήμῳ (θάνατον γὰρ αὐτοῦ τῶν προγόνων κατέγνωτε), τὰ δ'
45 ἀπὸ τῆς μητρὸς Σκύθης, βάρβαρος Ἑλληνίζων τῇ φωνῇ· ὅθεν

καὶ τὴν πονηρίαν οὐκ ἐπιχώριός ἐστι. περὶ δὲ τὴν καθ' ἡμέραν
δίαιταν τίς ἐστιν; ἐκ τριηράρχου λογογράφος ἀνεφάνη, τὰ
πατρῷα καταγελάστως προέμενος· ἄπιστος δὲ καὶ περὶ ταῦτα
δόξας εἶναι καὶ τοὺς λόγους ἐκφέρων τοῖς ἀντιδίκοις ἀνεπήδ-
ησεν ἐπὶ τὸ βῆμα· πλεῖστον δ' ἐκ τῆς πολιτείας εἰληφὼς 50
ἀργύριον ἐλάχιστα περιεποιήσατο. νῦν μέντοι τὸ βασιλικὸν
χρυσίον ἐπικέκλυκε τὴν δαπάνην αὐτοῦ, ἔσται δ' οὐδὲ τοῦθ'
ἱκανόν· οὐδεὶς γὰρ πώποτε πλοῦτος τρόπου πονηροῦ
περιεγένετο. καὶ τὸ κεφάλαιον, τὸν βίον οὐκ ἐκ τῶν ἰδίων
προσόδων πορίζεται ἀλλ' ἐκ τῶν ὑμετέρων κινδύνων. περὶ δ' 55
εὐγνωμοσύνην καὶ λόγου δύναμιν πῶς πέφυκε; δεινὸς λέγειν,
κακὸς βιῶναι. οὕτω γὰρ κέχρηται καὶ τῷ ἑαυτοῦ σώματι καὶ
παιδοποιίᾳ, ὥστ' ἐμὲ μὴ βούλεσθαι λέγειν ἃ τούτῳ πέπρα-
κται· ἤδη γάρ ποτε εἶδον μισηθέντας τοὺς τὰ τῶν πλησίον
αἰσχρὰ λίαν σαφῶς λέγοντας. ἔπειτα τί συμβαίνει τῇ πόλει; οἱ 60
μὲν λόγοι καλοί, τὰ δ' ἔργα φαῦλα. πρὸς δὲ ἀνδρείαν βραχύς
μοι λείπεται λόγος. εἰ μὲν γὰρ ἠρνεῖτο μὴ δειλὸς εἶναι ἢ ὑμεῖς
μὴ συνῄδετε, διατριβὴν ὁ λόγος ἄν μοι παρεῖχεν· ἐπειδὴ δὲ
καὶ αὐτὸς ὁμολογεῖ ἐν ταῖς ἐκκλησίας καὶ ὑμεῖς σύνιστε,
λοιπὸν ὑπομνῆσαι τοὺς περὶ τούτων κειμένους νόμους. ὁ γὰρ 65
Σόλων ὁ παλαιὸς νομοθέτης ἐν τοῖς αὐτοῖς ἐπιτιμίοις ᾤετο
δεῖν ἐνέχεσθαι τὸν ἀστράτευτον καὶ τὸν λελοιπότα τὴν τάξιν
καὶ τὸν δειλὸν ὁμοίως· εἰσὶ γὰρ καὶ δειλίας γραφαί. καίτοι
θαυμάσειεν ἄν τις ὑμῶν εἰ εἰσὶ φύσεως γραφαί. εἰσίν. τίνος
ἕνεκα; ἵν' ἕκαστος ὑμῶν τὰς ἐν τῶν νόμων ζημίας φοβούμενος 70
μᾶλλον ἢ τοὺς πολεμίους ἀμείνων ἀγωνιστὴς ὑπὲρ τῆς
πατρίδος ὑπάρχῃ. ὁ μὲν τοίνυν νομοθέτης τὸν ἀστράτευτον καὶ
τὸν δειλὸν καὶ τὸν λιπόντα τὴν τάξιν ἔξω τῶν περιρραντηρίων
τῆς ἀγορᾶς ἐξείργει, καὶ οὐκ ἐᾷ στεφανοῦσθαι, οὐδ' εἰσιέναι
εἰς τὰ ἱερὰ τὰ δημοτελῆ· σὺ δὲ τὸν ἀστεφάνωτον ἐκ τῶν 75
νόμων κελεύεις ἡμᾶς στεφανοῦν, καὶ τῷ σαυτοῦ ψηφίσματι
τὸν οὐ προσήκοντα εἰσκαλεῖς τοῖς τραγῳδοῖς εἰς τὴν ὀρχ-
ήστραν, εἰς τὸ ἱερὸν τοῦ Διονύσου τὸν τὰ ἱερὰ διὰ δειλίαν
προδεδωκότα.

1–2. τὴν . . . τῶν λόγων: 'his fair words'.
4. ἐκείνως: 'in the following light'.
  λόγον: 'get an account from him'.

11–26. The points are all taken up in order: 11, origins and family tradition ~ 28–46; life-style and use of money ~ 46–54; 21, fair words, foul life ~ 56–61; 23, cowardice ~ 62–72.

15. τό γ' ἀναγκαιότατον: 'as a bare minimum'.

15–16. βοηθῶν . . . ἀτυχήμασι: 'in the attempt to reverse his ancestors' misfortunes'. Aeschines will be thinking of families which had an 'oligarchic' past in the revolutions of 411 and 404 BC.

19–20. εὐγνώμονα καὶ δυνατὸν εἰπεῖν: 'well-disposed and an effective speaker'. Aeschines anticipates what he will say about Demosthenes by making it clear that εὐγνωμοσύνη comes first.

25–6. 'For why should I go through it all again?' γὰρ 'gives the motive for saying that which has just been said' (Denniston, *Particles*, 60), and the rhetorical question is equivalent to a negative statement.

27. ἐπὶ πᾶσι δικαίοις: 'on absolutely fair terms'.

31. Asyndeton starts the promised examination of Demosthenes' credentials. Denniston, *Particles*, xliii–xliv. The backward-looking pronoun τούτῳ 'diminishes the necessity for a connecting particle'.

32. Νύμφαιον: a place in the Crimean area, an important source of corn exports to Attica.

33. ἀπ' εἰσαγγελίας: 'as a result of an indictment brought against him'.

34. θανάτου: *G* § 1132. Cf. 47 below.

35–8. For the present tenses, cf. *WS* §§ 1843–4.

40. ὁτῳδήποτε: 'to somebody or other'. Aeschines doesn't want to make himself unpopular by naming the husband.

42 ff. In fourth-century Athens there were laws against marrying foreigners. Whether Gylon's half-Scythian daughter infringed the law is unclear. Such accusations are orators' stock-in-trade, and play on strong popular feeling against non-Greeks (cf. *de corona* 129, 130, 261).

45–6. 'So even in his wickedness he's not one of ours.' The accusative of respect here is peculiar, and καὶ otiose. Probably καὶ τὴν . . . should be emended to κατὰ τὴν . . . 'in the matter of wickedness'.

47. λογογράφος: i.e. a writer of speeches for clients to deliver, like Lysias or Isaeus. Having lost his fortune (his guardians cheated him) Demosthenes has to demean himself by turning to a paying profession.

49–50. ἀνεπήδησεν: 'up he jumped on to the platform', i.e. he turned politician.

52–4. 'King's gold has washed his expenses away. But even that won't be enough. No wealth ever gets the better of a wicked nature.'

54. τὸ κεφάλαιον: 'to sum up'. *WS* § 994.

57–8. τῷ . . . παιδοποιΐᾳ: 'his body and his sexual powers'. Accusations of sexual offences are another commonplace of orators' invective. Aeschines is deliberately vague here. Note that in 346 BC he had successfully attacked a supporter of Demosthenes, Timarchus, on the ground of his involvement in homosexual prostitution.

62 ff. This attitude to cowardice, natural in Greek cities where war threatened the lives and freedom of all and the defence lay with the citizen army, is often exploited by the orators: see Dover, *Greek Popular Morality*, 161–70.

62. ἠρνεῖτο μὴ δειλὸς εἶναι: *WS* §§ 2737–40.

69. φύσεως γραφαί: 'legal process for natural temperament', 'for being born like that'. A man may be born cowardly, but none the less the law constrains him not to act like a coward.

73–4. τῶν περιρραντηρίων τῆς ἀγορᾶς: 'the parts of the agora sprinkled with holy water'. This amounted to a removal from the citizen body.

77. τοῖς τραγῳδοῖς: *WS* § 140, dative indicating time, i.e. the time when the τραγῳδοί performed. So commonly with the names of festivals (τοῖς Διονυσίοις).

44. The start of a quarrel

This short narrative (Demosthenes, *Or.* 54. 3–6) is part of a speech written for one Ariston, who accuses Conon of assaulting him. The family quarrel arose out of an episode on army service.

Ἐξῆλθον ἔτος τουτὶ τρίτον, εἰς Πάνακτον φρουρᾶς ἡμῖν
προγραφείσης. ἐσκήνωσαν οὖν οἱ υἱεῖς οἱ Κόνωνος τουτουὶ
ἐγγὺς ἡμῶν, ὡς οὐκ ἂν ἐβουλόμην· ἡ γὰρ ἐξ ἀρχῆς ἔχθρα καὶ
τὰ προσκρούματ' ἐκεῖθεν ἡμῖν συνέβη, ἐξ ὧν δ', ἀκούσεσθε.
5 ἔπινον ἑκάστοθ' οὗτοι τὴν ἡμέραν, ἐπειδὴ τάχιστ' ἀριστήσειαν,
ὅλην, καὶ τοῦθ' ἕως περ ἦμεν ἐν τῇ φρουρᾷ διετέλουν
ποιοῦντες. ἡμεῖς δ' ὥσπερ ἐνθάδ' εἰώθειμεν, οὕτω διήγομεν
καὶ ἔξω. ἦν οὖν δειπνοποιεῖσθαι τοῖς ἄλλοις ὥραν συμβαίνοι,
ταύτην ἂν ἤδη παρῴνουν οὗτοι, τὰ μὲν πόλλ' εἰς τοὺς παῖδας
10 ἡμῶν τοὺς ἀκολούθους, τελευτῶντες δὲ καὶ εἰς ἡμᾶς αὐτούς·
φήσαντες γὰρ καπνίζειν αὐτοὺς ὀψοποιουμένους τοὺς παῖδας ἢ
κακῶς λέγειν, ὅτι τύχοιεν, ἔτυπτον καὶ τὰς ἀμίδας κατε-
σκεδάννυσαν καὶ προσεούρουν καὶ ἀσελγείας καὶ ὕβρεως οὐδ'
ὁτιοῦν ἀπέλειπον. ὁρῶντες δ' ἡμεῖς ταῦτα καὶ λυπούμενοι τὸ
15 μὲν πρῶτον ἐμεμψάμεθα, ὡς δ' ἐχλεύαζον ἡμᾶς καὶ οὐκ
ἐπαύοντο, τῷ στρατηγῷ τὸ πρᾶγμ' εἴπομεν κοινῇ πάντες οἱ
σύσσιτοι προσελθόντες, οὐκ ἐγὼ τῶν ἄλλων ἔξω. λοιδορη-
θέντος δ' αὐτοῖς ἐκείνου καὶ κακίσαντος αὐτοὺς οὐ μόνον περὶ
ὧν εἰς ἡμᾶς ἠσέλγαινον, ἀλλὰ καὶ περὶ ὧν ὅλως ἐποίουν ἐν τῷ
20 στρατοπέδῳ, τοσούτου ἐδέησαν παύσασθαι ἢ αἰσχυνθῆναι,
ὥστ', ἐπειδὴ θᾶττον συνεσκότασεν, εὐθὺς ὡς ἡμᾶς εἰσεπήδ-
ησαν ταύτῃ τῇ ἑσπέρᾳ, καὶ τὸ μὲν πρῶτον κακῶς ἔλεγον,
ἔπειτα δὲ καὶ πληγὰς ἐνέτειναν ἐμοί, καὶ τοσαύτην κραυγὴν
καὶ θόρυβον περὶ τὴν σκηνὴν ἐποίησαν, ὥστε καὶ τὸν
25 στρατηγὸν καὶ τοὺς ταξιάρχους ἐλθεῖν καὶ τῶν ἄλλων τινὰς
στρατιωτῶν, οἵπερ ἐκώλυσαν μηδὲν ἡμᾶς ἀνήκεστον παθεῖν
μηδ' αὐτοὺς ποιῆσαι παροινουμένους ὑπὸ τούτων. τοῦ δὲ
πράγματος εἰς τοῦτο προελθόντος, ὡς δεῦρ' ἐπανήλθομεν, ἦν
ἡμῖν, οἷον εἰκός, ἐκ τούτων ὀργὴ καὶ ἔχθρα πρὸς ἀλλήλους. οὐ
30 μὴν ἔγωγε μὰ τοὺς θεοὺς ᾤμην δεῖν οὔτε δίκην λαχεῖν αὐτοῖς
οὔτε λόγον ποιεῖσθαι τῶν συμβάντων οὐδένα, ἀλλ' ἐκεῖνο
ἁπλῶς ἐγνώκειν, τὸ λοιπὸν εὐλαβεῖσθαι καὶ φυλάττεσθαι μὴ
πλησιάζειν τοῖς τοιούτοις.

1. ἔτος ... τρίτον: 'this is the third year since ...' and so 'two
years ago'. G § 1064.
    Panakton is on the Boeotian frontier.
1–2. φρουρᾶς ἡμῖν προγραφείσης: 'garrison duty being
ordered us', i.e. 'where we were ordered on garrison duty'.

2. οὖν: 'Now'—the next stage in the narrative. Denniston, *Particles*, 425–6.

3. ὡς οὐκ ἂν ἐβουλόμην: 'and I wish they hadn't'. *WS* § 178.

5. ἔπινον: the narrative begins, as often, with asyndeton. See 43, line 31.

ἐπειδὴ . . . ἀριστήσειαν: 'as soon as they had lunched'. And this happened every day (note the optative, *G* § 1431).

8–9. ἦν . . . ὥραν . . . ταύτην: acc. of duration of time (*G* § 1062), here approximating to the sense of a dative, but with emphasis on duration. (ὥρα = 'time of day', not in our sense 'hour', this being a later usage).

9. ἂν . . . παρῴνουν: 'were behaving drunkenly towards . . .' *G* § 1296.

10. τελευτῶντες: 'in the end'. *G* § 1564.

11–12. 'Alleging that our slaves were smoking them out by their cooking, or insulting them, or whatever . . .'

12. ὅτι τύχοιεν is in asyndeton with the previous phrases.

τὰς ἀμίδας: 'their chamber pots'.

13. προσεούρουν: 'urinated on them'.

13–14. οὐδ᾽ ὁτιοῦν ἀπέλιπον: 'omitted no possible insult and injury'.

17–18. λοιδορηθέντος: passive used in middle sense.

20. τοσούτου ἐδέησαν: *WS* § 1397.

21. συνεσκότασεν: 'grew dark'.

26. μηδὲν: see *G* § 1549.

45. A quarrel between neighbours

Demosthenes (*Or.* 55. 1–7) is here employed to write a speech rebutting the complaint of one Callicles, that his neighbour has improperly blocked a watercourse so that the storm water comes on to Callicles' land instead. The ἦθος of the honest countryman is assiduously maintained.

Οὐκ ἦν ἄρ᾽, ὦ ἄνδρες Ἀθηναῖοι, χαλεπώτερον οὐδὲν ἢ γείτονος πονηροῦ ἢ πλεονέκτου τυχεῖν, ὅπερ ἐμοὶ νυνὶ

συμβέβηκεν. ἐπιθυμήσας γὰρ τῶν χωρίων μου Καλλικλῆς
οὕτω διετέθηκέν με συκοφαντῶν, ὥστε πρῶτον μὲν τὸν
5 ἀνεψιὸν τὸν ἑαυτοῦ κατεσκεύασεν ἀμφισβητεῖν μοι τῶν
χωρίων, ἐξελεγχθεὶς δὲ φανερῶς καὶ περιγενομένου μου τῆς
τούτων σκευωρίας πάλιν δύο δίκας ἐρήμους μου κατεδιῃ-
τήσατο, τὴν μὲν αὐτὸς χιλίων δραχμῶν, τὴν δὲ τὸν ἀδελφὸν
τουτονὶ πείσας Καλλικράτην. δέομαι δὴ πάντων ὑμῶν ἀκοῦσαί
10 μου καὶ προσέχειν τὸν νοῦν, οὐχ ὡς αὐτὸς δυνησόμενος εἰπεῖν,
ἀλλ' ἵν' ὑμεῖς ἐξ αὐτῶν τῶν πραγμάτων καταμάθητε, ὅτι
φανερῶς συκοφαντοῦμαι.
  Ἕν μὲν οὖν, ὦ ἄνδρες Ἀθηναῖοι, πρὸς ἅπαντας τοὺς
τούτων λόγους ὑπάρχει μοι δίκαιον. τὸ γὰρ χωρίον τοῦτο
15 περιῳκοδόμησεν ὁ πατὴρ μικροῦ δεῖν πρὶν ἐμὲ γενέσθαι,
ζῶντος μὲν ἔτι Καλλιππίδου τοῦ τούτων πατρὸς καὶ γειτνι-
ῶντος, ὃς ἀκριβέστερον ᾔδει δήπου τούτων, ὄντος δὲ Καλλι-
κλέους ἀνδρὸς ἤδη καὶ ἐπιδημοῦντος Ἀθήνησιν. ἐν δὲ τούτοις
τοῖς ἔτεσιν ἅπασιν οὔτ' ἐγκαλῶν οὐδεὶς πώποτ' ἦλθεν οὔτε
20 μεμφόμενος (καίτοι δῆλον ὅτι καὶ τόθ' ὕδατα πολλάκις
ἐγένετο), οὐδ' ἐκώλυσεν ἐξ ἀρχῆς, εἴπερ ἠδίκει τινὰ
περιοικοδομῶν ὁ πατὴρ τὸ ἡμέτερον χωρίον, ἀλλ' οὐδ'
ἀπηγόρευσεν οὐδὲ διεμαρτύρατο, πλέον μὲν ἢ πεντεκαίδεκ' ἔτη
τοῦ πατρὸς ἐπιβιόντος, οὐκ ἐλάττω δὲ τοῦ τούτων πατρὸς
25 Καλλιππίδου. καίτοι, ὦ Καλλίκλεις, ἐξῆν δήπου τόθ' ὑμῖν,
ὁρῶσιν ἀποικοδομουμένην τὴν χαράδραν, ἐλθοῦσιν εὐθὺς
ἀγανακτεῖν καὶ λέγειν πρὸς τὸν πατέρα· Τεισία, τί ταῦτα
ποιεῖς; ἀποικοδομεῖς τὴν χαράδραν; εἶτ' ἐμπεσεῖται τὸ ὕδωρ
εἰς τὸ χωρίον τὸ ἡμέτερον, ἵν' εἰ μὲν ἐβούλετο παύσασθαι,
30 μηδὲν ἡμῖν ἦν δυσχερὲς πρὸς ἀλλήλους, εἰ δ' ὠλιγώρησεν καὶ
συνέβη τι τοιοῦτον, μάρτυσιν εἶχες τοῖς τότε παραγενομένοις
χρῆσθαι. καὶ νὴ Δί' ἐπιδεῖξαί γέ σ' ἔδει πᾶσιν ἀνθρώποις
χαράδραν οὖσαν, ἵνα μὴ λόγῳ μόνον, ὥσπερ νῦν, ἀλλ' ἔργῳ
τὸν πατέρ' ἀδικοῦντ' ἀπέφαινες. τούτων τοίνυν οὐδὲν πώποτ'
35 οὐδεὶς ποιεῖν ἠξίωσεν. οὐ γὰρ ἂν οὔτ' ἐρήμην, ὥσπερ ἐμοῦ
νῦν, κατεδιῃτήσασθε, οὔτε πλέον ἂν ἦν ὑμῖν συκοφαντοῦσιν
οὐδέν, ἀλλ' ἀπέφαινεν ἂν ἐκεῖνος εἰδὼς ἀκριβῶς ὅπως εἶχεν
ἕκαστα τούτων, καὶ τοὺς ῥᾳδίως τούτοις μαρτυροῦντας
ἐξήλεγχεν. ἀνθρώπου δ' οἶμαι τηλικούτου καὶ ἀπείρου τῶν
40 πραγμάτων ἅπαντες καταπεφρονήκατέ μου. ἀλλ' ἐγὼ πρὸς

ἄπαντας τούτους, ὦ ἄνδρες Ἀθηναῖοι, τὰς αὐτῶν πράξεις ἰσχυροτάτας μαρτυρίας παρέχομαι. διὰ τί γὰρ οὐδεὶς οὔτ᾽ ἐπεμαρτύρατ᾽ οὔτ᾽ ἐνεκάλεσεν, ἀλλ᾽ οὐδ᾽ ἐμέμψατο πώποτε, ἀλλ᾽ ἐξῆρκει ταῦτ᾽ αὐτοῖς ἠδικημένοις περιορᾶν;

1. **Οὐκ ἦν ἄρ᾽**: GMT § 39, WS § 1902, Denniston, Particles, 36–7. The speaker begins by pretending he has just realized the truth of what he says, though it is a proverbial truth: πῆμα κακὸς γείτων, Hes. WD 346.

5. **κατεσκεύασεν**: 'organized'.

7. **σκευωρίας**: 'machinations'.

7–8. **δύο . . . κατεδιῃτήσατο**: 'caused an arbitration to be given against me by default in two actions'.

15. **μικροῦ δεῖν**: G § 1116.

17. **δήπου**: 'surely', the implication being that the children, who have begun this complaint, don't know the story.

20. **ὕδατα**: 'rain'.

21–2. 'Nor put a stop from the start to any wrong my father was doing to anybody by enclosing our land.'

23. **διεμαρτύρατο**: 'protested'.

24. **ἐπιβιόντος**: 'living on' (after the alleged offence).

27–9. **Τεισία . . . τὸ ἡμέτερον**: direct speech.

29–30. **ἵν᾽ . . . ἦν**: For past tenses of the indicative after ἵνα (or other final particle) to denote an unfulfilled purpose, see G § 1371 (so εἶχες, 31 and ἀπέφαινες, 34).

31–2. 'You could have had those who were present at the time as witnesses.' (He will have made the démarche before witnesses, not in private.)

32–4. The speaker's second point is that the area in question is not really a χαράδρα ('watercourse') at all, but it was accident (neglect by neighbours) that had led the water to take this way. He here says that, had the dispute been raised earlier, the complainant would have had to prove that it was a χαράδρα.

37. **ἐκεῖνος**: i.e. Tisias, the speaker's father.

38. **ῥᾳδίως**: 'irresponsibly'.

39. **τηλικούτου**: this word—'of such an age'—more often

refers to old age, but here it is his youth that the speaker wants
to bring to mind.

42–3. Their own actions are the best proof against them. If
they had a case, they would have taken it up long ago.

46. *Funeral speech, 322 BC*

This speech (we give §§ 24–30) was delivered by Hyperides
(389–322 BC) in the spring of 322 BC over those who fell in the
short war in which the Athenians and their allies tried to take
advantage of the death of Alexander and the supposed weakness
of Antipater to regain their independence of Macedonian
influence. Leosthenes had won a victory late in 323, but was
killed in a skirmish soon after. Defeat at sea in spring 322 made
the outcome certain. Athens paid an indemnity and accepted an
oligarchic government, while Hyperides, Demosthenes, and
others were condemned to death. This is the most polished
epitaphios we have: others are Gorgias (**9** above), Thuc. 2. 35–
46, Plato *Menexenus*, Lysias 2, [Demosthenes] 60.
This speech is preserved in a papyrus first published in 1858.

Τὸν δὴ τοιαύτας καρτερίας ἀόκνως ὑπομεῖναι τοὺς πολίτας
προτρεψάμενον Λεωσθένη, καὶ τοὺς τῷ τοιούτῳ στρατηγῷ
προθύμως συναγωνιστὰς σφᾶς αὐτοὺς παρασχόντας, ἆρ' οὐ διὰ
τὴν τῆς ἀρετῆς ἀπόδειξιν εὐτυχεῖς μᾶλλον ἢ διὰ τὴν τοῦ ζῆν
5 ἀπόλειψιν ἀτυχεῖς νομιστέον; οἵτινες θνητοῦ σώματος ἀθά-
νατον δόξαν ἐκτήσαντο, καὶ διὰ τὴν ἰδίαν ἀρετὴν τὴν κοινὴν
ἐλευθερίαν τοῖς Ἕλλησιν ἐβεβαίωσαν. φέρει γὰρ οὐδὲν εὐ-
δαιμονίαν ἄνευ τῆς αὐτονομίας. οὐ γὰρ ἀνδρὸς ἀπειλήν, ἀλλὰ
νόμου φωνὴν κυριεύειν δεῖ τῶν εὐδαιμόνων, οὐδ' αἰτίαν
10 φοβερὰν εἶναι τοῖς ἐλευθέροις ἀλλ' ἔλεγχον, οὐδ' ἐπὶ τοῖς
κολακεύουσιν τοὺς δυνάστας καὶ διαβάλλουσιν τοὺς πολίτας
τὸ τῶν πολιτῶν ἀσφαλές, ἀλλ' ἐπὶ τῇ τῶν νόμων πίστει
γενέσθαι. ὑπὲρ ὧν ἁπάντων οὗτοι πόνους πόνων διαδόχους
ποιούμενοι, καὶ τοῖς καθ' ἡμέραν κινδύνοις τοὺς εἰς τὸν
15 ἅπαντα χρόνον φόβους τῶν πολιτῶν καὶ τῶν Ἑλλήνων
παραιρούμενοι, τὸ ζῆν ἀνήλωσαν εἰς τὸ τοὺς ἄλλους καλῶς

ζῆν. διὰ τούτους πατέρες ἔνδοξοι, μητέρες περίβλεπτοι τοῖς
πολίταις γεγόνασιν, ἀδελφαὶ γάμων τῶν προσηκόντων
ἐννόμως τετυχήκασι καὶ τεύξονται, παῖδες ἐφόδιον εἰς τὴν
πρὸς τὸν δῆμον εὔνοιαν τὴν τῶν οὐκ ἀπολωλότων ἀρετήν· οὐ   20
γὰρ θεμιτὸν τούτου τοῦ ὀνόματος· τυχεῖν τοὺς οὕτως ὑπὲρ
καλῶν τὸν βίον ἐκλιπόντας, ἀλλὰ τῶν τὸ ζῆν εἰς αἰώνιον τάξιν
μετηλλαχότων ἔξουσιν. εἰ γὰρ ὁ τοῖς ἄλλοις ὢν ἀνιαρότατος
θάνατος τούτοις ἀρχηγὸς μεγάλων ἀγαθῶν γέγονε, πῶς
τούτους οὐκ εὐτυχεῖς κρίνειν δίκαιον, ἢ πῶς ἐκλελοιπέναι τὸν   25
βίον, ἀλλ᾽ οὐκ ἐξ ἀρχῆς γεγονέναι καλλίω γένεσιν τῆς πρώτης
ὑπαρξάσης; τότε μὲν γὰρ παῖδες ὄντες ἄφρονες ἦσαν, νῦν δ᾽
ἄνδρες ἀγαθοὶ γεγόνασιν. καὶ τότε μὲν ἐν πολλῷ χρόνῳ καὶ
διὰ πολλῶν κινδύνων τὴν ἀρετὴν ἀπέδειξαν· νῦν δ᾽ ἀπὸ ταύτης
ἀρξαμένους ὑπάρχει γνωρίμους πᾶσι καὶ μνημονευτοὺς διὰ   30
ἀνδραγαθίαν γεγονέναι. τίς καιρὸς ἐν ᾧ τῆς τούτων ἀρετῆς οὐ
μνημονεύσομεν; τίς τόπος ἐν ᾧ ζήλου καὶ τῶν ἐντιμοτάτων
ἐπαίνων τυγχάνοντας οὐκ ὀψόμεθα; πότερον οὐκ ἐν τοῖς τῆς
πόλεως ἀγαθοῖς; ἀλλὰ τὰ διὰ τούτους γεγονότα τίνας ἄλλους
ἢ τούτους ἐπαινεῖσθαι καὶ μνήμης τυγχάνειν ποιήσει; ἀλλ᾽ οὐκ   35
ἐν ταῖς ἰδίαις εὐπραξίαις; ἀλλ᾽ ἐν τῇ τούτων ἀρετῇ βεβαίως
αὐτῶν ἀπολαύσομεν.

5. **οἵτινες**: causal.

θνητοῦ σώματος: 'in return for their mortal body', G
§ 1133. The banal antithesis is conventional in such speeches:
cf. Gorgias (9 above). Note also ἰδίαν ... κοινήν (6–7), καθ᾽
ἡμέραν ... εἰς τὸν ἅπαντα χρόνον (14–15), etc.

9–10. **αἰτίαν ... ἔλεγχον**: free men should not be afraid of
accusations but of being proved wrong.

11–13. Confidence in the law, not submission to despots, is
the source of political security.

16. **παραιρούμενοι**: 'removing'.

19. **ἐφόδιον**: lit. 'provision for a journey', so 'passport to' the
good will of the people. A verb (e.g. κτήσονται) is needed to
govern ἐφόδιον, but is easily supplied mentally from τετυχήκασι
καὶ τεύξονται above.

20. **τῶν οὐκ ἀπολωλότων**: another cliché, paralleled in

Gorgias, loc. cit. The fallen are not really 'lost', but have earned eternal life.

26. ἀλλ' οὐκ: Denniston, *Particles*, 2.

γένεσιν *G* § 1051.

29–31. 'But now, starting from this [i.e. the ἀρετή, heroic conduct they have so painfully displayed], it is their lot to be universally famed and remembered for their courage.'

33–4. ἐν . . . ἀγαθοῖς: 'in the city's prosperity'.

36. ἐν τῇ . . . ἀρετῇ: 'thanks to their valour'.

37. αὐτῶν: sc. τῶν ἰδίων εὐπραξιῶν.

PHILOSOPHY: ARISTOTLE TO EPICURUS

47. *The wisdom of Silenus*

Aristotle (384–322 BC), Plato's pupil and critic, and the greatest philosopher of Antiquity, left two distinct sets of writings: (i) dialogues and essays for the general public, none of which survive in full, though we have extracts in later writers and they were clearly influential; (ii) technical writings for the school, not only on logic and metaphysics but (e.g.) on poetics and zoology. A whole range of sciences and social sciences owes its basic principles to his pioneering explorations, for these technical writings were preserved and much commented on in Roman and medieval times. In his 'popular' works he wrote with elegance and smoothness: *aureum flumen orationis* is Cicero's description of his style. Many of the more technical works are crabbed and difficult: this is a scientific tradition, and we are often reminded of the Hippocratic writings (Aristotle's father was a doctor from Stagira in Macedonia). But these also contain passages of wit and even elegance, like those we give below.

Aristotle's dialogue 'Eudemus, or On the Soul' treated some of the same themes as Plato's *Phaedo*. We give a passage (fr. 44 Rose, 6 Walzer, from [Plut.] *Cons. ad Apollonium* 115 B–E) in which the satyr Silenus has been captured by the wealthy king Midas and expounds his pessimistic philosophy, 'better to die than to be born' (cf. Soph. *OC* 1225, Theognis 427). The piece well illustrates the elegance of these 'exoteric' works.

Διόπερ, ὦ κράτιστε πάντων καὶ μακαριστότατε, πρὸς τῷ
μακαρίους καὶ εὐδαίμονας εἶναι τοὺς τετελευτηκότας νομίζειν
καὶ τὸ ψεύσασθαί τι κατ' αὐτῶν καὶ τὸ βλασφημεῖν οὐχ ὅσιον
ἡγούμεθα ὡς κατὰ βελτιόνων καὶ κρειττόνων ἤδη γεγονότων.
καὶ ταῦθ' οὕτως ἀρχαῖα καὶ παλαιὰ διατελεῖ νενομισμένα παρ'   5
ἡμῖν, ὥστε τὸ παράπαν οὐδεὶς οἶδεν οὔτε τοῦ χρόνου τὴν
ἀρχὴν οὔτε τὸν θέντα πρῶτον, ἀλλὰ τὸν ἄπειρον αἰῶνα

τυγχάνει διὰ τέλους οὕτω νενομισμένα. πρὸς δὲ δὴ τούτοις διὰ
στόματος ὂν τοῖς ἀνθρώποις ὁρᾷς ὃ ἐκ πολλῶν ἐτῶν
10 περιφέρεται θρυλούμενον. Τί τοῦτ'; ἔφη. κἀκεῖνος ὑπολαβών·
Ὡς ἄρα μὴ γίγνεσθαι μέν, ἔφη, ἄριστον πάντων, τὸ δὲ
τεθνάναι τοῦ ζῆν ἐστὶ κρεῖττον. καὶ πολλοῖς οὕτω παρὰ τοῦ
δαιμονίου μεμαρτύρηται. τοῦτο μὲν ἐκείνῳ τῷ Μίδᾳ λέγουσι
δήπου μετὰ τὴν θήραν ὡς ἔλαβε τὸν Σειληνὸν διερωτῶντι καὶ
15 πυνθανομένῳ τί ποτέ ἐστι τὸ βέλτιστον τοῖς ἀνθρώποις καὶ τί
τὸ πάντων αἱρετώτατον, τὸ μὲν πρῶτον οὐδὲν ἐθέλειν εἰπεῖν
ἀλλὰ σιωπᾶν ἀρρήκτως· ἐπειδὴ δέ ποτε μόλις πᾶσαν μηχανὴν
μηχανώμενος προσηγάγετο φθέγξασθαί τι πρὸς αὐτόν, οὕτως
ἀναγκαζόμενον εἰπεῖν· Δαίμονος ἐπιπόνου καὶ τύχης χαλεπῆς
20 ἐφήμερον σπέρμα, τί με βιάζεσθε λέγειν ἃ ὑμῖν ἄρειον μὴ
γνῶναι; μετ' ἀγνοίας γὰρ τῶν οἰκείων κακῶν ἀλυπότατος ὁ
βίος. ἀνθρώποις δὲ πάμπαν οὐκ ἔστι γενέσθαι τὸ πάντων
ἄριστον οὐδὲ μετασχεῖν τῆς τοῦ βελτίστου φύσεως· ἄριστον
γὰρ πᾶσι καὶ πάσαις τὸ μὴ γενέσθαι, τὸ μέντοι μετὰ τοῦτο
25 καὶ τὸ πρῶτον τῶν ἀνθρώποις ἀνυστῶν τὸ γενομένους
ἀποθανεῖν ὡς τάχιστα. δῆλον οὖν ὅτι ὡς οὔσης κρείττονος τῆς
ἐν τῷ τεθνάναι διαγωγῆς ἢ τῆς ἐν τῷ ζῆν οὕτως ἀπεφήνατο.

1–2. πρὸς τῷ . . . νομίζειν: equivalent to οὐ μόνον . . .
νομίζομεν, ἀλλά . . .

4. κατά: G § 1211 (c).

4–5. βελτιόνων . . . κρειττόνων . . . ἀρχαῖα καὶ παλαιά: there
seems to be very little difference between the terms of these
pairs. This is full, pleonastic writing.

8–9. διὰ στόματος ὄν: 'is on men's lips'.

11. ἄρα: indicates a statement cited, not necessarily the
speaker's own view. Denniston, *Particles*, 38–9.

13. τοῦτο μὲν . . . : implies that a further illustrative example
is to follow (our fragment however breaks off before the speaker
reaches it).

17. ἀρρήκτως: 'inflexibly', a conjecture of Reiske for
ἀρρήτως.

19–21. 'O short-lived seed of toilsome destiny and hard
fortune, why do you force me to say what it is better for you not

to know?' For the lofty style of this address, cf. the proclamation of Ananke in Plato, *Rep.* 617 D. The plurals show that Silenus is addressing the whole human race.

22–3. 'It is quite impossible for the best of all things to happen to man, or for him to share the nature of the best.'

25. ἀνθρώποις: Wilamowitz: -ῳ codd. Aristotle avoids hiatus throughout this piece.

ἀνυστῶν: 'achievable'.

48. On humour

Aristotle's *Ethics* deals not only with the major themes of εὐδαιμονία and moral choice, but with individual good and bad qualities. Here we have (*EN* 4. 8, 1127ᵇ34–1128ᵇ9) a discussion of the right and wrong ways to exercise wit and humour: the 'mean' (μεσότης) is best, excess and defect (ὑπερβολή, ἔλλειψις) are wrong. See also *EN* 2. 7, *Rhet.* 3. 18, Cic. *de officiis* 1. 104.

Οὔσης δὲ καὶ ἀναπαύσεως ἐν τῷ βίῳ, καὶ ἐν ταύτῃ διαγωγῆς μετὰ παιδιᾶς, δοκεῖ καὶ ἐνταῦθα εἶναι ὁμιλία τις ἐμμελής, καὶ οἷα δεῖ λέγειν καὶ ὥς, ὁμοίως δὲ καὶ ἀκούειν. διοίσει δὲ καὶ τὸ ἐν τοιούτοις λέγειν ἢ τοιούτων ἀκούειν. δῆλον δ' ὡς καὶ περὶ ταῦτ' ἔστιν ὑπερβολή τε καὶ ἔλλειψις τοῦ μέσου. οἱ μὲν 5 οὖν τῷ γελοίῳ ὑπερβάλλοντες βωμολόχοι δοκοῦσιν εἶναι καὶ φορτικοί, γλιχόμενοι πάντως τοῦ γελοίου, καὶ μᾶλλον στοχα-ζόμενοι τοῦ γέλωτα ποιῆσαι ἢ τοῦ λέγειν εὐσχήμονα καὶ μὴ λυπεῖν τὸν σκωπτόμενον· οἱ δὲ μήτ' αὐτοὶ ἂν εἰπόντες μηδὲν γελοῖον τοῖς τε λέγουσι δυσχεραίνοντες ἄγροικοι καὶ σκληροὶ 10 δοκοῦσιν εἶναι. οἱ δ' ἐμμελῶς παίζοντες εὐτράπελοι προσαγο-ρεύονται, οἷον εὔτροποι· τοῦ γὰρ ἤθους αἱ τοιαῦται δοκοῦσι κινήσεις εἶναι, ὥσπερ δὲ τὰ σώματα ἐκ τῶν κινήσεων κρίνεται, οὕτω καὶ τὰ ἤθη. ἐπιπολάζοντος δὲ τοῦ γελοίου, καὶ τῶν πλείστων χαιρόντων τῇ παιδιᾷ καὶ τῷ σκώπτειν μᾶλλον 15 ἢ δεῖ, καὶ οἱ βωμολόχοι εὐτράπελοι προσαγορεύονται ὡς χαρίεντες· ὅτι δὲ διαφέρουσι, καὶ οὐ μικρόν, ἐκ τῶν εἰρημένων δῆλον. τῇ μέσῃ δ' ἕξει οἰκεῖον καὶ ἡ ἐπιδεξιότης ἐστίν· τοῦ δ' ἐπιδεξίου ἐστὶ τοιαῦτα λέγειν καὶ ἀκούειν οἷα τῷ ἐπιεικεῖ καὶ ἐλευθερίῳ ἁρμόττει· ἔστι γάρ τινα πρέποντα τῷ τοιούτῳ 20

λέγειν ἐν παιδιᾶς μέρει καὶ ἀκούειν, καὶ ἡ τοῦ ἐλευθερίου
παιδιὰ διαφέρει τῆς τοῦ ἀνδραποδώδους, καὶ πεπαιδευμένου
καὶ ἀπαιδεύτου. ἴδοι δ᾽ ἄν τις καὶ ἐκ τῶν κωμῳδιῶν τῶν
παλαιῶν καὶ τῶν καινῶν· τοῖς μὲν γὰρ ἦν γελοῖον ἡ
25 αἰσχρολογία, τοῖς δὲ μᾶλλον ἡ ὑπόνοια· διαφέρει δ᾽ οὐ μικρὸν
ταῦτα πρὸς εὐσχημοσύνην. πότερον οὖν τὸν εὖ σκώπτοντα
ὁριστέον τῷ λέγειν μὴ ἀπρεπῆ ἐλευθερίῳ, ἢ τῷ μὴ λυπεῖν τὸν
ἀκούοντα ἢ καὶ τέρπειν; ἢ καὶ τό γε τοιοῦτον ἀόριστον; ἄλλο
γὰρ ἄλλῳ μισητόν τε καὶ ἡδύ. τοιαῦτα δὲ καὶ ἀκούσεται· ἃ
30 γὰρ ὑπομένει ἀκούων, ταῦτα καὶ ποιεῖν δοκεῖ. οὐ δὴ πᾶν
ποιήσει· τὸ γὰρ σκῶμμα λοιδόρημά τι ἐστίν, οἱ δὲ νομοθέται
ἔνια λοιδορεῖν κωλύουσιν· ἔδει δ᾽ ἴσως καὶ σκώπτειν. ὁ δὴ
χαρίεις καὶ ἐλευθέριος οὕτως ἕξει, οἷον νόμος ὢν ἑαυτῷ.
τοιοῦτος μὲν οὖν ὁ μέσος ἐστίν, εἴτ᾽ ἐπιδέξιος εἴτ᾽ εὐτράπελος
35 λέγεται. ὁ δὲ βωμολόχος ἥττων ἐστὶ τοῦ γελοίου, καὶ οὔτε
ἑαυτοῦ οὔτε τῶν ἄλλων ἀπεχόμενος εἰ γέλωτα ποιήσει, καὶ
τοιαῦτα λέγων ὧν οὐδὲν ἂν εἴποι ὁ χαρίεις, ἔνια δ᾽ οὐδ᾽ ἂν
ἀκοῦσαι. ὁ δ᾽ ἄγροικος εἰς τὰς τοιαύτας ὁμιλίας ἀχρεῖος·
οὐθὲν γὰρ συμβαλλόμενος πᾶσι δυσχεραίνει. δοκεῖ δὲ ἡ
40 ἀνάπαυσις καὶ ἡ παιδιὰ ἐν τῷ βίῳ εἶναι ἀναγκαῖον.

2. δοκεῖ: 'is generally held', rather than 'seems'.

2–3. ὁμιλία τις . . . ὥς: 'an appropriate style of social
intercourse, in respect of what sort of things should be said, and
in what way'.

5. 'An excess and a deficiency in respect of the mean.'
Aristotle is applying his regular formula for ἀρετή to this case.

6. βωμολόχοι: lit. 'altar-lickers', i.e. scavengers who hang
around to get a meal out of the left-overs of sacrifice; but
commonly, as in Aristophanes and elsewhere, used of vulgar
jokers.

7. πάντως: 'at all costs'.

10. ἄγροικοι: 'boorish', 'countrified', the ἀστεῖος (urbanus)
being the sophisticated wit.

11. εὐτράπελοι: 'witty'. Aristotle rightly connects it with
εὔτροπος 'versatile' (from τρέπω); it is a sort of mental agility.
As he himself notes (16–17), the word does not always have a

good sense (in Ephesians 5: 4 it is coarse jesting, just like βωμολοχία). In *Rhet*. 2. 12 A. defines it as 'educated insolence' πεπαιδευμένη ὕβρις.

14. ἐπιπολάζοντος: 'coming to the top', so: 'as the ridiculous is the most conspicuous aspect of it'.

15–16. μᾶλλον ἢ δεῖ: with χαιρόντων.

18. ἕξει: 'state', 'condition'.

ἐπιδεξιότης: 'cleverness', 'dexterity', 'felicitousness'.

19–20. τῷ ἐπιεικεῖ καὶ ἐλευθερίῳ: 'the good and well-bred man' (Ross). ἐπιεικής seems here to have its more general meaning of 'morally good' than its narrower one of 'fair-minded, not insisting on one's entire rights'. The ἐλευθέριος has the qualities of a free man, as opposed to a slave: generosity, self-respect, independence. Cf. English 'liberal'.

23–4. On 'Old' and 'New' Comedy, see R. Janko, *Aristotle on Comedy*, 243. When A. was writing (presumably after his return to Athens in 335; he died there in 322), comedy was developing in the direction he indicates here, though Menander's first play was probably produced after A.'s death.

25. αἰσχρολογία . . . ὑπόνοια: 'obscenity . . . innuendo'.

26–7. A. proposes two criteria, and then rejects the second, on the ground that pleasure and dislike vary with individuals.

30. 'The jokes a man tolerates, he gives the impression of making.'

31–2. A. seems to say that there are laws against λοιδορία of some subjects (ἔνια) and there ought also to be against some σκώμματα. The extent to which Attic law regulated comic abuse is uncertain: see Hor. *AP* 281, with Brink, ad loc.

49. *The nature of philosophy*

Aristotle's *Metaphysics* begins with an elegant discussion of what σοφία is and what its lovers (φιλόσοφοι) seek, viz. knowledge of the causes of things. In this passage (982ᵇ11–983ᵃ5) he explains how men come to 'philosophize' out of wonder, and how such understanding really belongs to God, though God,

not being jealous, does not grudge it to mankind. All this may
well be a version of what he wrote for a wider audience in the
(lost) *Protrepticus* ('Exhortation to Philosophy'). It is in any
case more carefully written than much of his more technical
discussion.

Ὅτι δ' οὐ ποιητική, δῆλον καὶ ἐκ τῶν πρώτων φιλοσοφη-
σάντων· διὰ γὰρ τὸ θαυμάζειν οἱ ἄνθρωποι καὶ νῦν καὶ τὸ
πρῶτον ἤρξαντο φιλοσοφεῖν, ἐξ ἀρχῆς μὲν τὰ πρόχειρα τῶν
ἀτόπων θαυμάσαντες, εἶτα κατὰ μικρὸν οὕτω προϊόντες καὶ
5 περὶ τῶν μειζόνων διαπορήσαντες, οἷον περί τε τῶν τῆς
σελήνης παθημάτων καὶ τῶν περὶ τὸν ἥλιον καὶ ἄστρα καὶ
περὶ τῆς τοῦ παντὸς γενέσεως. ὁ δ' ἀπορῶν καὶ θαυμάζων
οἴεται ἀγνοεῖν (διὸ καὶ ὁ φιλόμυθος φιλόσοφός πως ἐστίν· ὁ
γὰρ μῦθος σύγκειται ἐκ θαυμασίων)· ὥστ' εἴπερ διὰ τὸ
10 φεύγειν τὴν ἄγνοιαν ἐφιλοσόφησαν, φανερὸν ὅτι διὰ τὸ εἰδέναι
τὸ ἐπίστασθαι ἐδίωκον καὶ οὐ χρήσεώς τινος ἕνεκεν. μαρτυρεῖ
δὲ αὐτὸ τὸ συμβεβηκός· σχεδὸν γὰρ πάντων ὑπαρχόντων τῶν
ἀναγκαίων καὶ πρὸς ῥᾳστώνην καὶ διαγωγὴν ἡ τοιαύτη
φρόνησις ἤρξατο ζητεῖσθαι. δῆλον οὖν ὡς δι' οὐδεμίαν αὐτὴν
15 ζητοῦμεν χρείαν ἑτέραν, ἀλλ' ὥσπερ ἄνθρωπος, φαμέν,
ἐλεύθερος ὁ αὑτοῦ ἕνεκα καὶ μὴ ἄλλου ὤν, οὕτω καὶ αὐτὴν ὡς
μόνην οὖσαν ἐλευθέραν τῶν ἐπιστημῶν· μόνη γὰρ αὕτη αὑτῆς
ἕνεκέν ἐστιν. διὸ καὶ δικαίως ἂν οὐκ ἀνθρωπίνη νομίζοιτο
αὐτῆς ἡ κτῆσις· πολλαχῇ γὰρ ἡ φύσις δούλη τῶν ἀνθρώπων
20 ἐστίν, ὥστε κατὰ Σιμωνίδην

θεὸς ἂν μόνος τοῦτ' ἔχοι γέρας,

ἄνδρα δ' οὐκ ἄξιον μὴ οὐ ζητεῖν τὴν καθ' αὑτὸν ἐπιστήμην. εἰ
δὴ λέγουσί τι οἱ ποιηταὶ καὶ πέφυκε φθονεῖν τὸ θεῖον, ἐπὶ
τούτου συμβῆναι μάλιστα εἰκὸς καὶ δυστυχεῖς εἶναι πάντας
25 τοὺς περιττούς. ἀλλ' οὔτε τὸ θεῖον φθονερὸν ἐνδέχεται εἶναι,
ἀλλὰ κατὰ τὴν παροιμίαν

πολλὰ ψεύδονται ἀοιδοί,

οὔτε τῆς τοιαύτης ἄλλην χρὴ νομίζειν τιμιωτέραν.

1. ποιητική: sc. ἐπιστήμη, 'a productive science'.
3. φιλοσοφεῖν: *WS* § 2128.

3–4. τὰ πρόχειρα τῶν ἀτόπων: 'obvious curiosities'.

11. ἐπίστασθαι: 'understand', is applicable to practical as well as to theoretical knowledge; εἰδέναι is the more appropriate word for 'knowledge' as a good in itself.

12. αὐτὸ τὸ συμβεβηκός: 'what has actually happened'.

13. ῥᾳστώνην καὶ διαγωγήν: 'comfort and entertainment'.

19. 'For in many ways human nature is in slavery.'

21. Simonides 542 *PMG*: from the poem discussed by Plato, *Protagoras*, 339 A ff.

22. μὴ οὐ: *G* § 1616.

23. λέγουσί τι: 'say something important', 'have got something'.

23–7. The popular view (Hdt. 1. 32) of god as 'jealous' or 'grudging' to mankind is constantly denied by Plato (esp. *Timaeus* 29 E) and Aristotle.

27. πολλὰ ψεύδονται ἀοιδοί: proverbial, cf. Solon fr. 29 West.

50. *Flattery*

Theophrastus of Eresus (*c*.370–*c*.285 BC), Aristotle's successor as head of the Lyceum, was also a voluminous writer and a polymath. Much less of his work survives, and his importance as a philosopher and scholar is hard to assess. His *Characters*, from which this extract comes (2), is a mysterious book. It is a collection of short, comic sketches of common types of men: the vain, the mean, the garrulous, the insincere. The purpose of all this is unclear: it is perhaps connected with Theophrastus' work on comedy. The tradition of the short character-sketch can also be seen in Aristotle (*Rhetoric*, *Ethics*) and in later moralists and rhetoricians. Theophrastus was especially influential in the seventeenth century; Hall's, Overbury's, and La Bruyère's imitations of the *Characters* are only the most famous of many.

Τὴν δὲ κολακείαν ὑπολάβοι ἄν τις ὁμιλίαν αἰσχρὰν εἶναι, συμφέρουσαν δὲ τῷ κολακεύοντι, τὸν δὲ κόλακα τοιοῦτόν τινα, ὥστε ἅμα πορευόμενον εἰπεῖν· Ἐνθυμῇ ὡς ἀποβλέπουσι

πρός σε οἱ ἄνθρωποι; τοῦτο δὲ οὐθενὶ τῶν ἐν τῇ πόλει
5 γίγνεται πλὴν σοί. ηὐδοκίμεις χθὲς ἐν τῇ στοᾷ· πλειόνων γὰρ
ἢ τριάκοντα ἀνθρώπων καθημένων καὶ ἐμπεσόντος λόγου, τίς
εἴη βέλτιστος, ἀπ' αὐτοῦ ἀρξαμένους πάντας ἐπὶ τὸ ὄνομα
αὐτοῦ κατενεχθῆναι. καὶ ἄλλα τοιαῦτα λέγων ἀπὸ τοῦ ἱματίου
ἀφελεῖν κροκύδα, καὶ ἐάν τι πρὸς τὸ τρίχωμα τῆς κεφαλῆς
10 ὑπὸ πνεύματος προσενεχθῇ ἄχυρον, καρφολογῆσαι. καὶ
ἐπιγελάσας δὲ εἰπεῖν· Ὁρᾷς; ὅτι δυοῖν σοι ἡμερῶν οὐκ
ἐντετύχηκα, πολιῶν ἔσχηκας τὸν πώγωνα μεστόν, καίπερ εἴ
τις καὶ ἄλλος ἔχεις πρὸς τὰ ἔτη μέλαιναν τὴν τρίχα. καὶ
λέγοντος δὲ αὐτοῦ τι τοὺς ἄλλους σιωπᾶν κελεῦσαι, καὶ
15 ἐπαινέσαι δὲ ἀκούοντος, καὶ ἐπισημήνασθαι δέ, εἰ παύσαιτο,
Ὀρθῶς, καὶ σκώψαντι ψυχρῶς ἐπιγελάσαι τό τε ἱμάτιον ὦσαι
εἰς τὸ στόμα ὡς δὴ οὐ δυνάμενος κατασχεῖν τὸν γέλωτα. καὶ
τοὺς ἀπαντῶντας ἐπιστῆναι κελεῦσαι ἕως ἂν αὐτὸς παρέλθῃ.
καὶ τοῖς παιδίοις μῆλα καὶ ἀπίους πριάμενος εἰσενέγκας
20 δοῦναι ὁρῶντος αὐτοῦ, καὶ φιλήσας δὲ εἰπεῖν· Χρηστοῦ
πατρὸς νεοττία. καὶ συνωνούμενος ἐπὶ κρηπῖδας τὸν πόδα
φῆσαι εὐρυθμότερον τοῦ ὑποδήματος. καὶ πορευομένου πρός
τινα τῶν φίλων προδραμὼν εἰπεῖν ὅτι· Πρὸς σὲ ἔρχεται, καὶ
ἀναστρέψας ὅτι Προήγγελκα. ἀμέλει δὲ καὶ τὰ ἐκ γυναικείας
25 ἀγορᾶς διακονῆσαι δυνατὸς ἀπνευστί. καὶ τῶν ἐστιωμένων
πρῶτος ἐπαινέσαι τὸν οἶνον καὶ παραμένων εἰπεῖν· Ὡς
μαλακῶς ἐσθίεις, καὶ ἄρας τι τῶν ἀπὸ τῆς τραπέζης φῆσαι·
Τουτὶ ἄρα ὡς χρηστόν ἐστι, καὶ ἐρωτῆσαι, μὴ ῥιγοῖ, καὶ εἰ
ἐπιβάλλεσθαι βούλεται, καὶ εἴ τι περιστείλῃ αὐτόν· καὶ μὴν
30 ταῦτα λέγων πρὸς τὸ οὖς προσπίπτων διαψιθυρίζειν· καὶ εἰς
ἐκεῖνον ἀποβλέπων τοῖς ἄλλοις λαλεῖν. καὶ τοῦ παιδὸς ἐν τῷ
θεάτρῳ ἀφελόμενος τὰ προσκεφάλαια αὐτὸς ὑποστρῶσαι. καὶ
τὴν οἰκίαν φῆσαι εὖ ἠρχιτεκτονῆσθαι καὶ τὸν ἀγρὸν εὖ
πεφυτεῦσθαι καὶ τὴν εἰκόνα ὁμοίαν εἶναι.

1. **κολακείαν**: Cf. Arist. *EN* 1108ª26, where the κόλαξ is the
person who is agreeable (ἡδύς) to excess and to his own benefit.
Note that this definition is not exemplified in the portrait that
follows.

2–3. τοιοῦτόν τινα ὥστε . . . εἰπεῖν: in what follows the
construction (nom. and infin.) is consequent on something like

τοιοῦτός ἐστιν . . . οἷος . . . the indirect form (ὑπολάβοι ἄν τις, etc.) being lost sight of.

4. οὐθενί = οὐδενί: a later form, not Classical Attic. Cf. 51, line 12.

7. i.e. the discussion of 'who is best' begins and ends with the flatterer's victim.

9. κροκύδα: 'loose thread'.

10. ἄχυρον: 'piece of chaff'.

12. καίπερ: with the indic. is very unusual: some would read καίτοι. Possibly the intervention of εἴ τις . . . ἄλλος may account for this violation of syntax.

13. πρὸς τὰ ἔτη: 'for your years', *WS* § 1695. 3(c).

15. ἀκούοντος: 'in his hearing'.

15–16. ἐπισημήνασθαι . . . 'Ορθῶς: 'and applauds with "How right!" whenever he stops'.

16. ψυχρῶς: 'frigidly', 'making a poor joke'.

17. δή: indicates that he is only pretending, Denniston, *Particles*, 230.

19. ἀπίους: 'pears'.

20. φιλήσας: 'kissing'.

21. ἐπὶ κρηπῖδας: 'to the shoe-shops'. The place where things were bought was idiomatically denoted just by the name of the things, so, e.g. οἱ ἰχθῦς 'the fish-market'.

24–5. ἐκ γυναικείας ἀγορᾶς: it is not certain what this was, whether the place where things used by (or produced by) women were sold, or where women kept the stalls.

ἀπνευστί: 'without drawing breath'.

28. μὴ ῥιγοῖ: 'is he cold?', *WS* § 2651 (b).

29. περιστείλῃ: deliberative question, so subjunctive. *WS* § 2639.

32. τὰ προσκεφάλαια: 'cushions'. Stone theatre seats need a cushion.

34. 'His portrait is life-like.'

51. *Death is nothing to us*

Epicurus (341–270 BC), the founder of the philosophical school whose hedonistic ethics and atomic physics make a sharp break with the doctrines of Plato and Aristotle and a link with the older teachings of Democritus, was also a voluminous writer. This passage is from his *Letter to Menoeceus*, one of three philosophical letters preserved in the tenth book of Diogenes Laertius' 'Lives of the Philosophers'. We give the opening paragraphs (122, 124–7). In this letter he outlines the main tenets of his ethical theory and theology: we must believe in the gods, but also feel convinced that they do not concern themselves with human affairs. Above all, there is no need to fear death: it is nothing.

Despite Epicurus' contempt for traditional literary education, and the highly technical language of much of his writing, he is master of many rhetorical skills, and sometimes (as here) deploys them to great effect. Note the well-planned periods, the avoidance of hiatus, and the use of literary allusion. For all his opposition to Aristotle, he is here working in the same literary tradition as that exemplified by the more polished parts of the *Ethics* and *Metaphysics*.

Ἐπίκουρος Μενοικεῖ χαίρειν

Μήτε νέος τις ὢν μελλέτω φιλοσοφεῖν, μήτε γέρων ὑπάρχων
κοπιάτω φιλοσοφῶν. οὔτε γὰρ ἄωρος οὐδείς ἐστιν οὔτε
πάρωρος πρὸς τὸ κατὰ ψυχὴν ὑγιαῖνον. ὁ δὲ λέγων ἢ μήπω
τοῦ φιλοσοφεῖν ὑπάρχειν ἢ παρεληλυθέναι τὴν ὥραν, ὅμοιός
5   ἐστι τῷ λέγοντι πρὸς εὐδαιμονίαν ἢ μὴ παρεῖναι τὴν ὥραν ἢ
μηκέτ' εἶναι. ὥστε φιλοσοφητέον καὶ νέῳ καὶ γέροντι, τῷ μὲν
ὅπως γηράσκων νεάζῃ τοῖς ἀγαθοῖς διὰ τὴν χάριν τῶν
γεγονότων, τῷ δὲ ὅπως νέος ἅμα καὶ παλαιὸς ᾖ διὰ τὴν
10 ἀφοβίαν τῶν μελλόντων. μελετᾶν οὖν χρὴ τὰ ποιοῦντα τὴν
εὐδαιμονίαν, εἴπερ παρούσης μὲν αὐτῆς πάντα ἔχομεν,
ἀπούσης δὲ πάντα πράττομεν εἰς τὸ ταῦτα ἔχειν.

Συνέθιζε δὲ ἐν τῷ νομίζειν μηδὲν πρὸς ἡμᾶς εἶναι τὸν
θάνατον· ἐπεὶ πᾶν ἀγαθὸν καὶ κακὸν ἐν αἰσθήσει, στέρησις δέ
15 ἐστιν αἰσθήσεως ὁ θάνατος. ὅθεν γνῶσις ὀρθὴ τοῦ μηθὲν εἶναι

πρὸς ἡμᾶς τὸν θάνατον ἀπολαυστὸν ποιεῖ τὸ τῆς ζωῆς θνητόν,
οὐκ ἄπειρον προστιθεῖσα χρόνον ἀλλὰ τὸν τῆς ἀθανασίας
ἀφελομένη πόθον. οὐθὲν γάρ ἐστιν ἐν τῷ ζῆν δεινὸν τῷ
κατειληφότι γνησίως τὸ μηδὲν ὑπάρχειν ἐν τῷ μὴ ζῆν δεινόν.
ὥστε μάταιος ὁ λέγων δεδιέναι τὸν θάνατον οὐχ ὅτι λυπήσει   20
παρών, ἀλλ' ὅτι λυπεῖ μέλλων· ὃ γὰρ παρὸν οὐκ ἐνοχλεῖ,
προσδοκώμενον κενῶς λυπεῖ. τὸ φρικωδέστατον οὖν τῶν
κακῶν ὁ θάνατος οὐθὲν πρὸς ἡμᾶς, ἐπειδήπερ ὅταν μὲν ἡμεῖς
ὦμεν, ὁ θάνατος οὐ πάρεστιν, ὅταν δὲ ὁ θάνατος παρῇ, τόθ'
ἡμεῖς οὐκ ἐσμέν. οὔτε οὖν πρὸς τοὺς ζῶντάς ἐστιν οὔτε πρὸς   25
τοὺς τετελευτηκότας, ἐπειδήπερ περὶ οὓς μὲν οὐκ ἔστιν, οἳ δ'
οὐκέτι εἰσίν. ἀλλ' οἱ πολλοὶ τὸν θάνατον ὁτὲ μὲν ὡς μέγιστον
τῶν κακῶν φεύγουσι, ὁτὲ δὲ ὡς ἀνάπαυσιν τῶν ἐν τῷ ζῆν
<κακῶν αἱροῦνται. ὁ δὲ σοφὸς οὔτε παραιτεῖται τὸ ζῆν>
οὔτε φοβεῖται τὸ μὴ ζῆν· οὔτε γὰρ αὐτῷ προσίσταται τὸ ζῆν   30
οὔτε δοξάζεται κακὸν εἶναί τι τὸ μὴ ζῆν. ὥσπερ δὲ τὸ σιτίον
οὐ τὸ πλεῖστον πάντως ἀλλὰ τὸ ἥδιστον αἱρεῖται, οὕτω καὶ
χρόνον οὐ τὸ μήκιστον ἀλλὰ τὸν ἥδιστον καρπίζεται. ὁ δὲ
παραγγέλλων τὸν μὲν νέον καλῶς ζῆν, τὸν δὲ γέροντα καλῶς
καταστρέφειν, εὐήθης ἐστὶν οὐ μόνον διὰ τὸ τῆς ζωῆς   35
ἀσπαστόν, ἀλλὰ καὶ διὰ τὸ τὴν αὐτὴν μελέτην τοῦ καλῶς ζῆν
καὶ τοῦ καλῶς ἀποθνήσκειν. πολὺ δὲ χείρων καὶ ὁ λέγων·

καλὸν μὲν μὴ φῦναι,
φύντα δ' ὅπως ὤκιστα πύλας Ἀίδαο περῆσαι.

εἰ μὲν γὰρ πεποιθὼς τοῦτό φησιν, πῶς οὐκ ἀπέρχεται ἐκ τοῦ   40
ζῆν; ἐν ἑτοίμῳ γὰρ αὐτῷ τοῦτ' ἐστιν, εἴπερ ἦν βεβουλευμένον
αὐτῷ βεβαίως· εἰ δὲ μωκώμενος, μάταιος ἐν τοῖς οὐκ
ἐπιδεχομένοις.

1–2. Note the balancing clauses, and the *variatio* ὢν . . .
ὑπάρχων.
3. πρὸς . . . ὑγιαῖνον: 'for the health of the soul'. *G* § 934.
7. νεάζῃ: 'grow young'.
13. Συνέθιζε . . . ἐν: 'get used to'.
πρὸς ἡμᾶς: 'to us'. *WS* § 385 (e).
15. μηθὲν: above we had μηδέν, but MSS are unreliable in

this. οὐθείς etc. begin to appear in Attic in the fourth century: cf. **50. 4.**

20. ὁ λέγων δεδιέναι: when λέγω is used in the active voice with an infinitive, it often means 'telling (someone) to do . . .'. For instances, see *GMT* § 99.

20–1. οὐχ . . . μέλλων: 'not because it will give pain when it comes, but because it gives pain when it is in prospect'.

25–7. 'It therefore concerns neither the living nor the dead, because for the former it does not exist, and the latter themselves exist no more.'

29. The text is defective, an early copyist's eye having jumped from ζῆν in 28 to ζῆν in the next line. This common kind of scribal error is known as 'haplography' or as 'saut du même au même'.

παραιτεῖται 'asks to be excused'.

30. προσίσταται: 'is objectionable'.

34–5. καλῶς καταστρέφειν: 'make a good end'.

38–9. Theognis 425–7: cf. Soph. *OC* 122–4. For ὅπως ὤκιστα: *WS* § 1086.

42. 'If he says it with his tongue in his cheek, he is playing the fool on a subject which does not allow it.'

HELLENISTIC PROSE

52. The theorem of Pythagoras

Euclid (*c*.330–270 BC), was an Alexandrian mathematician whose 'Elements' (*Στοιχεῖα*) summarized the work of the classical period, though not without original contributions. It was a standard text-book not only in Antiquity but until very recently: there have been many adaptations for school use. Euclid set out to give an ordered succession of theorems, in which each proof depended on axioms (*αἰτήματα*) and definitions (*ὅροι*) already stated, and on theorems already proved. Here (I. 47) he gives a proof of the famous theorem said to have been discovered by Pythagoras, that the square on the hypotenuse (*ἡ ὑποτείνουσα* sc. *γραμμή*, 'the subtending line') of a right-angled triangle is equal to the sum of the squares on the other two sides. We give the passage to illustrate the elegance and conciseness of mathematicians' Greek.

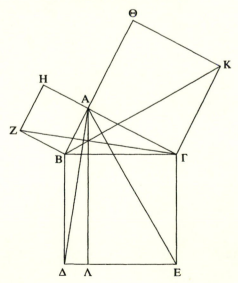

'Εν τοῖς ὀρθογωνίοις τριγώνοις τὸ ἀπὸ τῆς τὴν ὀρθὴν γωνίαν ὑποτεινούσης πλευρᾶς τετράγωνον ἴσον ἐστὶ τοῖς ἀπὸ τῶν τὴν ὀρθὴν γωνίαν περιεχουσῶν πλευρῶν τετραγώνοις.

5 ἔστω τρίγωνον ὀρθογώνιον τὸ ΑΒΓ ὀρθὴν ἔχον τὴν ὑπὸ ΒΑΓ γωνίαν· λέγω ὅτι τὸ ἀπὸ τῆς ΒΓ τετράγωνον ἴσον ἐστὶ τοῖς ἀπὸ τῶν ΒΑ, ΑΓ τετραγώνοις.

'Αναγεγράφθω γὰρ ἀπὸ μὲν τῆς ΒΓ τετράγωνον τὸ ΒΔΕΓ, ἀπὸ δὲ τῶν ΒΑ, ΑΓ τὰ ΗΒ, ΘΓ, καὶ διὰ τοῦ Α
10 ὁποτέρᾳ τῶν ΒΔ, ΓΕ παράλληλος ἤχθω ἡ ΑΛ· καὶ ἐπεζεύχθωσαν αἱ ΑΔ, ΖΓ. καὶ ἐπεὶ ὀρθή ἐστιν ἑκατέρα τῶν ὑπὸ ΒΑΓ, ΒΑΗ γωνιῶν, πρὸς δή τινι εὐθείᾳ τῇ ΒΑ καὶ τῷ πρὸς αὐτῇ σημείῳ τῷ Α δύο εὐθεῖαι αἱ ΑΓ, ΑΗ μὴ ἐπὶ τὰ αὐτὰ μέρη κείμεναι τὰς ἐφεξῆς γωνίας δυσὶν ὀρθαῖς ἴσας ποιοῦσιν· ἐπ'
15 εὐθείας ἄρα ἐστὶν ἡ ΓΑ τῇ ΑΗ. διὰ τὰ αὐτὰ δὴ καὶ ἡ ΒΑ τῇ ΑΘ ἐστιν ἐπ' εὐθείας. καὶ ἐπεὶ ἴση ἐστιν ἡ ὑπὸ ΔΒΓ γωνίᾳ τῇ ὑπὸ ΖΒΑ· ὀρθὴ γὰρ ἑκατέρα· κοινὴ προσκείσθω ἡ ὑπὸ ΑΒΓ· ὅλη ἄρα ἡ ὑπὸ ΔΒΑ ὅλη τῇ ὑπὸ ΖΒΓ ἐστιν ἴση. καὶ ἐπεὶ ἴση ἐστὶν ἡ μὲν ΔΒ τῇ ΒΓ, ἡ δὲ ΖΒ τῇ ΒΑ, δύο δὴ αἱ ΔΒ, ΒΑ
20 δύο ταῖς ΖΒ, ΒΓ ἴσαι εἰσὶν ἑκατέρα ἑκατέρᾳ· καὶ γωνία ἡ ὑπὸ ΔΒΑ γωνίᾳ τῇ ὑπὸ ΖΒΓ ἴση· βάσις ἄρα ἡ ΑΔ βάσει τῇ ΖΓ ἴση, καὶ τὸ ΑΒΔ τρίγωνον τῷ ΖΒΓ τριγώνῳ ἐστὶν ἴσον· καὶ τοῦ μὲν ΑΒΔ τριγώνου διπλάσιον τὸ ΒΛ παραλληλόγραμμον· βάσιν τε γὰρ τὴν αὐτὴν ἔχουσιν τὴν ΒΔ καὶ ἐν ταῖς
25 αὐταῖς εἰσι παραλλήλοις ταῖς ΒΔ, ΑΛ· τοῦ δὲ ΖΒΓ τριγώνου διπλάσιον τὸ ΗΒ τετράγωνον· βάσιν τε γὰρ πάλιν τὴν αὐτὴν ἔχουσι τὴν ΖΒ καὶ ἐν ταῖς αὐταῖς εἰσὶ παραλλήλοις ταῖς ΖΒ, ΗΓ. ἴσον ἄρα ἐστὶ καὶ τὸ ΒΛ παραλληλόγραμμον τῷ ΗΒ τετραγώνῳ. ὁμοίως δὴ ἐπιζευγνυμένων τῶν ΑΕ, ΒΚ δειχθ-
30 ήσεται καὶ τὸ ΓΛ παραλληλόγραμμον ἴσον τῷ ΘΓ τετραγώνῳ· ὅλον ἄρα τὸ ΒΔΕΓ τετράγωνον δυσὶ τοῖς ΗΒ, ΘΓ τετραγώνοις ἴσον ἐστίν. καὶ ἐστι τὸ μὲν ΒΔΕΓ τετράγωνον ἀπὸ τῆς ΒΓ ἀναγραφέν, τὰ δὲ ΗΒ, ΘΓ ἀπὸ τῶν ΒΑ, ΑΓ. τὸ ἄρα ἀπὸ τῆς ΒΓ πλευρᾶς τετράγωνον ἴσον ἐστὶ τοῖς ἀπὸ τῶν
35 ΒΑ, ΑΓ πλευρῶν τετραγώνοις.

1. ἀπό: 'derived from', so (as we say) 'on'.

2. ὑποτεινούσης: 'subtending'.

5–6. τὴν . . . γωνίαν: 'the angle under *BΑΓ*', i.e. 'the angle *BΑΓ*'.

10. ὁποτέρᾳ: 'to either' of the two parallel sides of the square.

12. δή: 'so'.

13. σημείῳ: 'point'.

13 ff. See Euclid 1. 14, the wording of which is incorporated here.

17. προσκείσθω: 'let there be added'.

20–3. See Euclid 1. 4; 'two triangles are congruent if they have two sides equal each to each and the same included angle'.

23–5. See Euclid 1. 41. (The substance of this theorem is quoted in lines 26–7 here.)

29. ἐπιζευγνυμένων: 'joined'.

33. ἀναγραφέν: 'described' (in mathematical sense).

53. *Polybius' preface*

Polybius (c.200–after 118 BC), lived an active political and diplomatic life in Greece and had first-hand experience of many of the major events of the century such as the Roman conquest of Greece and the final destruction of Carthage. His history, in 40 books, covered the period 220–144 BC. Himself a man of affairs, he wrote history to help others in practical life and to teach them 'to bear with dignity the vicissitudes of life'. He was himself deported to Rome in 168, but made use of his exile by becoming the friend and chronicler of the Roman élite, especially the circle around Scipio Aemilianus. Large parts of his history survive intact, other parts in excerpts. In this part of the preface (1. 4) he discusses the value of universal history as against short monographs. Later in life he himself wrote a monograph on the Numantine war (cf. Cic. *ad fam.* 5, 12 = *Anthology of Latin Prose*, 13). Polybius disliked the sensational and picturesque in history, and his own style is practical: smooth, official, inclined to the verbose and full of periphrases and abstract expressions.

Τὸ γὰρ τῆς ἡμετέρας πραγματείας ἴδιον καὶ τὸ θαυμάσιον
τῶν καθ' ἡμᾶς καιρῶν τοῦτ' ἔστιν ὅτι, καθάπερ ἡ τύχη σχεδὸν
ἅπαντα τὰ τῆς οἰκουμένης πράγματα πρὸς ἕν ἔκλινε μέρος καὶ
πάντα νεύειν ἠνάγκασε πρὸς ἕνα καὶ τὸν αὐτὸν σκοπόν, οὕτως
5 καὶ δεῖ διὰ τῆς ἱστορίας ὑπὸ μίαν σύνοψιν ἀγαγεῖν τοῖς
ἐντυγχάνουσι τὸν χειρισμὸν τῆς τύχης, ᾧ κέχρηται πρὸς τὴν
τῶν ὅλων πραγμάτων συντέλειαν. καὶ γὰρ τὸ προσκαλεσά-
μενον ἡμᾶς καὶ παρορμῆσαν πρὸς τὴν ἐπιβολὴν τῆς ἱστορίας
μάλιστα τοῦτο γέγονεν, σὺν δὲ τούτῳ καὶ τὸ μηδένα τῶν καθ'
10 ἡμᾶς ἐπιβεβλῆσθαι τῇ τῶν καθόλου πραγμάτων συντάξει·
πολὺ γὰρ ἂν ἧττον ἔγωγε πρὸς τοῦτο τὸ μέρος ἐφιλοτιμήθην.
νῦν δ' ὁρῶν τοὺς μὲν κατὰ μέρος πολέμους καί τινας τῶν ἅμα
τούτοις πράξεων καὶ πλείους πραγματευομένους, τὴν δὲ
καθόλου καὶ συλλήβδην οἰκονομίαν τῶν γεγονότων πότε καὶ
15 πόθεν ὡρμήθη καὶ πῶς ἔσχεν τὴν συντέλειαν, ταύτην οὐδ'
ἐπιβαλόμενον οὐδένα βασανίζειν, ὅσον γε καὶ ἡμᾶς εἰδέναι,
παντελῶς ὑπέλαβον ἀναγκαῖον εἶναι τὸ μὴ παραλιπεῖν μηδ'
ἐᾶσαι παρελθεῖν ἀνεπιστάτως τὸ κάλλιστον ἅμα δ' ὠφελιμώ-
τατον ἐπιτήδευμα τῆς τύχης. πολλὰ γὰρ αὕτη καινοποιοῦσα
20 καὶ συνεχῶς ἐναγωνιζομένη τοῖς τῶν ἀνθρώπων βίοις οὐδέπω
τοιόνδ' ἁπλῶς οὔτ' εἰργάσατ' ἔργον οὔτ' ἠγωνίσατ' ἀγώνισμα
οἷον τὸ καθ' ἡμᾶς. ὅπερ ἐκ μὲν τῶν κατὰ μέρος γραφόντων
τὰς ἱστορίας οὐχ οἷόν τε συνιδεῖν, εἰ μὴ καὶ τὰς ἐπιφανεσ-
τάτας πόλεις τις κατὰ μίαν ἑκάστην ἐπελθὼν ἢ καὶ νὴ Δία
25 γεγραμμένας χωρὶς ἀλλήλων θεασάμενος εὐθέως ὑπολαμβάνοι
κατανενοηκέναι καὶ τὸ τῆς ὅλης οἰκουμένης σχῆμα καὶ τὴν
σύμπασαν αὐτῆς θέσιν καὶ τάξιν· ὅπερ ἐστὶν οὐδαμῶς εἰκός.
καθόλου μὲν γὰρ ἔμοιγε δοκοῦσιν οἱ πεπεισμένοι διὰ τῆς κατὰ
μέρος ἱστορίας μετρίως συνόψεσθαι τὰ ὅλα παραπλήσιόν τι
30 πάσχειν, ὡς ἂν εἴ τινες ἐμψύχου καὶ καλοῦ σώματος
γεγονότος διερριμμένα τὰ μέρη θεώμενοι νομίζοιεν ἱκανῶς
αὐτόπται γίνεσθαι τῆς ἐνεργείας αὐτοῦ τοῦ ζῴου καὶ καλλ-
ονῆς. εἰ γάρ τις αὐτίκα μάλα συνθεὶς καὶ τέλειον αὖθις
ἀπεργασάμενος τὸ ζῷον τῷ τ' εἴδει καὶ τῇ τῆς ψυχῆς
35 εὐπρεπείᾳ, κἄπειτα πάλιν ἐπιδεικνύοι τοῖς αὐτοῖς ἐκείνοις,
ταχέως ἂν οἶμαι πάντας αὐτοὺς ὁμολογήσειν διότι καὶ λίαν
πολύ τι τῆς ἀληθείας ἀπελείποντο πρόσθεν καὶ παραπλήσιοι
τοῖς ὀνειρώττουσιν ἦσαν. ἔννοιαν μὲν γὰρ λαβεῖν ἀπὸ μέρους

τῶν ὅλων δυνατόν, ἐπιστήμην δὲ καὶ γνώμην ἀτρεκῆ σχεῖν
ἀδύνατον. διὸ παντελῶς βραχύ τι νομιστέον συμβάλλεσθαι τὴν   40
κατὰ μέρος ἱστορίαν πρὸς τὴν τῶν ὅλων ἐμπειρίαν καὶ
πίστιν. ἐκ μέντοι γε τῆς ἁπάντων πρὸς ἄλληλα συμπλοκῆς
καὶ παραθέσεως, ἔτι δ' ὁμοιότητος καὶ διαφορᾶς, μόνως ἄν τις
ἐφίκοιτο καὶ δυνηθείη κατοπτεύσας ἅμα καὶ τὸ χρήσιμον καὶ
τὸ τερπνὸν ἐκ τῆς ἱστορίας ἀναλαβεῖν.   45

1–2. Polybius means that there is an analogy between the
comprehensiveness of his historical undertaking and the re-
markable turn which events had taken in his own day, bringing
everything together under the rising power of Rome.

2. τύχη: Polybius regarded Fortune as a real power that had
raised Rome to pre-eminence because of Roman merits. Cf.
Plutarch, 'Fortune of the Romans' (**70** below).

4. νεύειν: 'incline', 'tend'.

5–6. τοῖς ἐντυγχάνουσι: 'the readers'.

6. χειρισμὸν: 'the handling', i.e. 'the method Fortune uses to
bring about the completion of the whole situation'.

11. γὰρ: 'for otherwise'. Denniston, *Particles*, 62.

ἄν . . . ἐφιλοτιμήθην: 'I should have been much less
eager'.

12. νῦν δ': 'But as things are'.

13. καὶ πλείους: 'a considerable number' (this is the subject
of πραγματευομένους; the object is τοὺς πολέμους . . . πράξεων).

16. ὅσον . . . εἰδέναι: *GMT* § 778.

18. ἀνεπιστάτως: 'without attention'.

19–20. 'While she often innovates and constantly plays a part
in human affairs.'

21. ἁπλῶς: i.e. there had been 'simply' ('absolutely') nothing
of the kind done before.

25. γεγραμμένας: 'painted', 'pictured'.

29. μετρίως: 'adequately'.

36. ἄν . . . ὁμολογήσειν: this combination of the modal
particle ἄν with the future infinitive is rare, and is not Attic

prose usage; but it occurs from time to time in writers of all periods. *GMT* § 208.

36. διότι = ὅτι.

43. μόνως: 'only then', summing up the previous requirements.

43–5. But in practice Polybius thinks 'usefulness' very much more important than 'delight'.

54. Why Cynaetha deserved destruction

The small Arcadian city of Cynaetha (modern Kalávryta) was the scene of horrible events in the period between 241/0 BC, when it joined the Achaean League, and 220, when it was destroyed by the Aetolians. There had been long-standing στάσις, confiscations, and massacres. The 'great massacre' (below, line 69) was presumably a revolution in which the pro-Spartan party (i.e. supporters of the reforming Spartan king Cleomenes) came to power. Polybius here (4. 20–1) moralizes on the fate of this unlucky city, which he regards as justified by the barbarity of its people. This he attributes largely to climate and situation (cf. the Hippocratic treatise. *On Airs, Waters, Places*, a work probably of the fifth century BC). His picture of Arcadian love of music recalls (and has even been held to have suggested) Virgil's singing Arcadian shepherds. Since Polybius was himself a native Arcadian, his frankness about his countrymen is notable.

Ἐπειδὴ δὲ κοινῇ τὸ τῶν Ἀρκάδων ἔθνος ἔχει τινὰ παρὰ πᾶσι τοῖς Ἕλλησιν ἐπ' ἀρετῇ φήμην, οὐ μόνον διὰ τὴν ἐν τοῖς ἤθεσι καὶ βίοις φιλοξενίαν καὶ φιλανθρωπίαν, μάλιστα δὲ διὰ τὴν εἰς τὸ θεῖον εὐσέβειαν, ἄξιον βραχὺ διαπορῆσαι περὶ τῆς Κυναι-
5 θέων ἀγριότητος, πῶς ὄντες ὁμολογουμένως Ἀρκάδες τοσοῦτο κατ' ἐκείνους τοὺς καιροὺς διήνεγκαν τῶν ἄλλων Ἑλλήνων ὠμότητι καὶ παρανομίᾳ. δοκοῦσι δέ μοι, διότι τὰ καλῶς ὑπὸ τῶν ἀρχαίων ἐπινενοημένα καὶ φυσικῶς συντεθεωρημένα περὶ πάντας τοὺς κατοικοῦντας τὴν Ἀρκαδίαν, ταῦτα δὴ πρῶτοι
10 καὶ μόνοι τῶν Ἀρκάδων ἐγκατέλιπον. μουσικὴν γάρ, τήν γε

ἀληθῶς μουσικήν, πᾶσι μὲν ἀνθρώποις ὄφελος ἀσκεῖν, Ἀρκάσι
δὲ καὶ ἀναγκαῖον. οὐ γὰρ ἡγητέον μουσικήν, ὡς Ἔφορός
φησιν ἐν τῷ προοιμίῳ τῆς ὅλης πραγματείας, οὐδαμῶς
ἁρμόζοντα λόγον αὐτῷ ῥίψας, ἐπ' ἀπάτῃ καὶ γοητείᾳ παρεισ-
ῆχθαι τοῖς ἀνθρώποις· οὐδὲ τοὺς παλαιοὺς Κρητῶν καὶ   15
Λακεδαιμονίων αὐλὸν καὶ ῥυθμὸν εἰς τὸν πόλεμον ἀντὶ
σάλπιγγος εἰκῇ νομιστέον εἰσαγαγεῖν, οὐδὲ τοὺς πρώτους
Ἀρκάδων εἰς τὴν ὅλην πολιτείαν τὴν μουσικὴν παραλαβεῖν ἐπὶ
τοσοῦτον ὥστε μὴ μόνον παισὶν οὖσιν ἀλλὰ καὶ νεανίσκοις
γενομένοις ἕως τριάκοντ' ἐτῶν κατ' ἀνάγκην σύντροφον ποιεῖν   20
αὐτήν, τἆλλα τοῖς βίοις ὄντας αὐστηροτάτους. ταῦτα γὰρ
πᾶσίν ἐστι γνώριμα καὶ συνήθη, διότι σχεδὸν παρὰ μόνοις
Ἀρκάσι πρῶτον μὲν οἱ παῖδες ἐκ νηπίων ᾄδειν ἐθίζονται κατὰ
νόμους τοὺς ὕμνους καὶ παιᾶνας, οἷς ἕκαστοι κατὰ τὰ πάτρια
τοὺς ἐπιχωρίους ἥρωας καὶ θεοὺς ὑμνοῦσι· μετὰ δὲ ταῦτα   25
τοὺς Φιλοξένου καὶ Τιμοθέου νόμους μανθάνοντες πολλῇ
φιλοτιμίᾳ χορεύουσι κατ' ἐνιαυτὸν τοῖς Διονυσιακοῖς αὐληταῖς
ἐν τοῖς θεάτροις, οἱ μὲν παῖδες τοὺς παιδικοὺς ἀγῶνας, οἱ δὲ
νεανίσκοι τοὺς τῶν ἀνδρῶν λεγομένους. ὁμοίως γε μὴν καὶ παρ'
ὅλον τὸν βίον τὰς ἀγωγὰς τὰς ἐν ταῖς συνουσίαις οὐχ οὕτω   30
ποιοῦνται διὰ τῶν ἐπεισάκτων ἀκροαμάτων ὡς δι' αὐτῶν,
ἀνὰ μέρος ᾄδειν ἀλλήλοις προστάττοντες. καὶ τῶν μὲν ἄλλων
μαθημάτων ἀρνηθῆναί τι μὴ γινώσκειν οὐδὲν αἰσχρὸν ἡγοῦνται,
τήν γε μὴν ᾠδὴν οὔτ' ἀρνηθῆναι δύνανται διὰ τὸ κατ' ἀνάγκην
πάντας μανθάνειν, οὔθ' ὁμολογοῦντες ἀποτρίβεσθαι διὰ τὸ τῶν   35
αἰσχρῶν παρ' αὐτοῖς νομίζεσθαι τοῦτο. καὶ μὴν ἐμβατήρια
μετ' αὐλοῦ καὶ τάξεως ἀσκοῦντες, ἔτι δ' ὀρχήσεις ἐκπονοῦντες
μετὰ κοινῆς ἐπιστροφῆς καὶ δαπάνης κατ' ἐνιαυτὸν ἐν τοῖς
θεάτροις ἐπιδείκνυνται τοῖς αὑτῶν πολίταις οἱ νέοι. ταῦτά τέ
μοι δοκοῦσιν οἱ πάλαι παρεισαγαγεῖν οὐ τρυφῆς καὶ   40
περιουσίας χάριν, ἀλλὰ θεωροῦντες μὲν τὴν ἑκάστων αὐτουρ-
γίαν καὶ συλλήβδην τὸ τῶν βίων ἐπίπονον καὶ σκληρόν,
θεωροῦντες δὲ τὴν τῶν ἠθῶν αὐστηρίαν, ἥτις αὐτοῖς παρ-
έπεται διὰ τὴν τοῦ περιέχοντος ψυχρότητα καὶ στυγνότητα
τὴν κατὰ τὸ πλεῖστον ἐν τοῖς τόποις ὑπάρχουσαν, ᾧ   45
συνεξομοιοῦσθαι πεφύκαμεν πάντες ἄνθρωποι κατ' ἀνάγκην·
οὐ γὰρ δι' ἄλλην, διὰ δὲ ταύτην τὴν αἰτίαν κατὰ τὰς ἐθνικὰς
καὶ τὰς ὁλοσχερεῖς διαστάσεις πλεῖστον ἀλλήλων διαφέρομεν

ἤθεσί τε καὶ μορφαῖς καὶ χρώμασιν, ἔτι δὲ τῶν ἐπιτηδευμ-
50 άτων τοῖς πλείστοις. βουλόμενοι δὲ μαλάττειν καὶ κιρνᾶν τὸ
τῆς φύσεως αὔθαδες καὶ σκληρόν, τά τε προειρημένα πάντα
παρεισήγαγον, καὶ πρὸς τούτοις συνόδους κοινὰς καὶ θυσίας
πλείστας ὁμοίως ἀνδράσι καὶ γυναιξὶ κατείθισαν, ἔτι δὲ
χόρους παρθένων ὁμοῦ καὶ παίδων, καὶ συλλήβδην πᾶν
55 ἐμηχανήσαντο, σπεύδοντες τὸ τῆς ψυχῆς ἀτέραμνον διὰ τῆς
τῶν ἐθισμῶν κατασκευῆς ἐξημεροῦν καὶ πραΰνειν. ὧν
Κυναιθεῖς ὀλιγωρήσαντες εἰς τέλος, καὶ ταῦτα πλείστης
δεόμενοι τῆς τοιαύτης ἐπικουρίας διὰ τὸ σκληρότατον παρὰ
πολὺ τῆς Ἀρκαδίας ἔχειν ἀέρα καὶ τόπον, πρὸς αὐτὰς δὲ τὰς
60 ἐν ἀλλήλοις παρατριβὰς καὶ φιλοτιμίας ὁρμήσαντες, τέλος
ἀπεθηριώθησαν οὕτως ὥστε μηδ' ἐν ὁποίᾳ γεγονέναι τῶν
Ἑλληνίδων πόλεων ἀσεβήματα μείζονα καὶ συνεχέστερα.
σημεῖον δὲ τῆς Κυναιθέων ἀτυχίας περὶ τοῦτο τὸ μέρος καὶ
τῆς τῶν ἄλλων Ἀρκάδων τοῖς τοιούτοις τῶν ἐπιτηδευμάτων
65 δυσαρεστήσεως· καθ' οὓς γὰρ καιροὺς τὴν μεγάλην σφαγὴν
ποιήσαντες Κυναιθεῖς ἐπρέσβευσαν πρὸς Λακεδαιμονίους, εἰς
ἃς πόλεις ποτὲ Ἀρκαδικὰς εἰσῆλθον κατὰ τὴν ὁδόν, οἱ μὲν
ἄλλοι παραχρῆμα πάντες αὐτοὺς ἐξεκήρυξαν, Μαντινεῖς δὲ
μετὰ τὴν μεταλλαγὴν αὐτῶν καὶ καθαρμὸν ἐποιήσαντο καὶ
70 σφάγια περιήνεγκαν τῆς τε πόλεως κύκλῳ καὶ τῆς χώρας
πάσης.
Ταῦτα μὲν οὖν ἡμῖν εἰρήσθω χάριν τοῦ μὴ διὰ μίαν πόλιν
τὸ κοινὸν ἦθος διαβάλλεσθαι τῶν Ἀρκάδων, ὁμοίως δὲ καὶ
τοῦ μὴ νομίσαντας ἐνίους τῶν κατοικούντων τὴν Ἀρκαδίαν
75 περιουσίας χάριν τὰ κατὰ μουσικὴν ἐπὶ πλεῖον ἀσκεῖσθαι παρ'
αὐτοῖς ὀλιγωρεῖν ἐγχειρῆσαι τούτου τοῦ μέρους, ἔτι δὲ καὶ
Κυναιθέων ἕνεκα, ἵν' ἄν ποτ' αὐτοῖς ὁ θεὸς εὖ δῷ, τραπέντες
πρὸς παιδείαν ἡμερῶσιν αὐτούς, καὶ μάλιστα ταύτης πρὸς
μουσικήν· οὕτως γὰρ μόνως ἂν λήξειαν τῆς τότε περὶ αὐτοὺς
80 γενομένης ἀγριότητος. ἡμεῖς δ' ἐπειδὴ τὰ περὶ Κυναιθέων
ὑποπίπτοντα δεδηλώκαμεν, αὗτις ἐπὶ τὴν ἐκτροπὴν ἐπάνιμεν.

7–8. τὰ καλῶς . . . φυσικῶς συντεθεωρημένα: 'the excellent
ideas and scientifically based speculations of the ancients'.

12. Ἔφορος: 70 F 8 (Jacoby). This view was expressed,

it seems, in the context of a rationalistic scepticism about poetical and mythical traditions.

16. αὐλὸν καὶ ῥυθμόν: almost a hendiadys, 'flute-music'.

22. διότι = 'that' (but in line 7 = 'because').

26. νόμους: here not 'laws' (as probably in line 24 above) but 'nomes', a genre of music. Philoxenus of Cythera and Timotheus of Miletus were musicians and lyric poets of the 5th–4th centuries, both in fact noted for innovations of which conservative critics disapproved.

27. τοῖς Διονυσιακοῖς αὐληταῖς: 'at the Dionysiac flute-competitions'. WS § 1541.

30. τὰς ἀγωγὰς τὰς ἐν ταῖς συνουσίαις: 'the entertainments at their social meetings'.

31. ἐπεισάκτων ἀκροαμάτων: 'hired performances'.

33. μή: WS § 2740.

35. ἀποτρίβεσθαι: 'free themselves from blame', 'avoid embarrassment'.

36. ἐμβατήρια: 'marching tunes', with flute and drill movements (τάξις).

38. ἐπιστροφῆς: 'attention', 'care'.

44. τοῦ περιέχοντος: 'the environment' or 'the climate'.

στυγνότητα: 'grimness', of the stern Arcadian mountains.

47 ff. 'According to our national and overall differences'. By ὁλοσχερεῖς διαστάσεις Polybius probably means primarily spatial distance.

50. κιρνᾶν: 'temper', 'modify'. A poetical and Ionic equivalent of κεράννυμι.

55. ἀτέραμνον: 'hard'. Not a word of Attic prose, but Ionic and Hellenistic.

60. παρατριβὰς καὶ φιλοτιμίας: 'friction and competitiveness'.

61. μηδ' ἐν ὁποίᾳ = ἐν μηδεμιᾷ.

65. δυσαρεστήσεως: 'displeasure', 'indignation'.

69–72. The process of purification involved taking sacrificial victims all round the supposedly defiled area.

75. περιουσίας χάριν: 'for purposes of luxury'.

78. ταύτης: i.e. τῆς παιδείας.

79. περὶ αὐτούς: 'their'. Extensive use of περὶ with no clearly defined meaning is characteristic of Polybius and of much Hellenistic Greek.

81. αὖτις = αὖθις, Ionic form.

55. Athenion

Posidonius of Apamea (c.135–51 BC) was both philosopher and historian, and extremely influential in both capacities. This is part of the longest historical fragment of his which we have (*F GrHist* 87 F 36 = fr. 247 Theiler = fr. 253 Edelstein–Kidd). It is a highly coloured account of an Athenian called Athenion who took the part of Mithridates in the time of his wars with Rome, and established himself as tyrant.

Ἐν τῇ Ἐρυμνέως τοῦ Περιπατητικοῦ σχολῇ διέτριβέ τις
Ἀθηνίων προσκαρτερῶν τοῖς λόγοις· ὅστις Αἰγυπτίαν
ὠνησάμενος θεράπαιναν ἐπεπλέκετο αὐτῇ. ταύτης οὖν εἴτ' ἐξ
αὐτοῦ τεκούσης εἴτ' ἐξ ἄλλου τινός, ὁμώνυμος Ἀθηνίων τῷ
5 δεσπότῃ παρετρέφετο. γράμματα δὲ μαθὼν καὶ πρεσβύτην
γενόμενον τὸν δεσπότην μετὰ τῆς μητρὸς ἐχειραγώγει καὶ
ἀποθανόντα κληρονομήσας παρέγγραφος Ἀθηναίων πολίτης
ἐγένετο. γήμας δὲ παιδισκάριον εὔμορφον μετὰ τούτου πρὸς
τὸ σοφιστεύειν ὥρμησε μειράκια σχολαστικὰ θηρεύων. καὶ
10 σοφιστεύσας ἐν Μεσσήνῃ κἂν Λαρίσῃ τῇ Θετταλικῇ καὶ
πολλὰ ἐργασάμενος χρήματα ἐπανῆλθεν εἰς τὰς Ἀθήνας. καὶ
χειροτονηθεὶς ὑπὸ τῶν Ἀθηναίων πρεσβευτής, ὅτε εἰς Μιθρι-
δάτην τὰ πράγματα μετέρρει, ὑποδραμὼν τὸν βασιλέα τῶν
φίλων εἷς ἐγένετο μεγίστης τυχὼν προαγωγῆς. διόπερ μετεώ-
15 ριζε τοὺς Ἀθηναίους δι' ἐπιστολῶν ὡς τὰ μέγιστα παρὰ τῷ
Καππαδόκῃ δυνάμενος, ὥστε μὴ μόνον τῶν ἐπιφερομένων
ὀφλημάτων ἀπολυθέντας ἐν ὁμονοίᾳ ζῆν, ἀλλὰ καὶ τὴν
δημοκρατίαν ἀνακτησαμένους καὶ δωρεῶν μεγάλων τυχεῖν
ἰδίᾳ καὶ δημοσίᾳ. ταῦτα οἱ Ἀθηναῖοι διεκόμπουν τὴν
20 Ῥωμαίων ἡγεμονίαν καταλελύσθαι πεπιστευκότες. ἤδη οὖν
τῆς Ἀσίας μεταβεβλημένης ὁ Ἀθηνίων ἐπανῆγεν εἰς τὰς

Ἀθήνας καὶ ὑπὸ χειμῶνος ἐνοχληθεὶς εἰς τὴν Καρυστίαν
κατηνέχθη. τοῦτο μαθόντες οἱ Κεκροπίδαι ἔπεμψαν ἐπὶ τὴν
ἐπικομιδὴν αὐτοῦ ναῦς μακρὰς καὶ φορεῖον ἀργυρόπουν. ἀλλ᾽
εἰσῄειν ἤδη, καὶ σχεδὸν τὸ πλεῖστον μέρος τῆς πόλεως ἐπὶ τὴν 25
ἐκδοχὴν αὐτοῦ ἐξεκέχυτο· συνέτρεχον δὲ πολλοὶ καὶ ἄλλοι
θεαταὶ τὸ παράδοξον τῆς τύχης θαυμάζοντες, εἰ ὁ παρέγ-
γραφος Ἀθηνίων εἰς Ἀθήνας ἐπ᾽ ἀργυρόποδος κατακομίζεται
φορείου καὶ πορφυρῶν στρωμάτων, ὁ μηδέποτε ἐπὶ τοῦ
τρίβωνος ἑωρακὼς πορφύραν πρότερον, οὐδενὸς οὐδὲ 30
Ῥωμαίων ἐν τοιαύτῃ φαντασίᾳ καταχλιδῶντος τῆς Ἀττικῆς.
συνέτρεχον οὖν πρὸς τὴν θέαν ταύτην ἄνδρες γυναῖκες παῖδες,
τὰ κάλλιστα προσδοκῶντες παρὰ Μιθριδάτου, ὁπότε Ἀθηνίων
ὁ πένης καὶ τὰς ἐρανικὰς ποιησάμενος ἀκροάσεις διὰ τὸν
βασιλέα σιληπορδῶν διὰ τῆς χώρας καὶ πόλεως πομπεύει. 35
συνήντησαν δ᾽ αὐτῷ καὶ οἱ περὶ τὸν Διόνυσον τεχνῖται τὸν
ἄγγελον τοῦ νέου Διονύσου καλοῦντες ἐπὶ τὴν κοινὴν ἑστίαν
καὶ τὰς περὶ ταύτην εὐχάς τε καὶ σπονδάς. ὁ δὲ πρότερον ἐκ
μισθωτῆς οἰκίας ἐξιὼν εἰς τὴν Διέους οἰκίαν τοῦ τότε
πλουτοῦντος ἀνθρώπου ταῖς ἐκ Δήλου προσόδοις εἰσηνέχθη, 40
κεκοσμημένην στρωμναῖς τε καὶ γραφαῖς καὶ ἀνδριᾶσι καὶ
ἀργυρωμάτων ἐκθέσει. ἀφ᾽ ἧς ἐξῄει χλαμύδα λαμπρὰν
ἐπισύρων καὶ περικείμενος δακτύλιον χρυσίου ἐγγεγλυμμένην
ἔχοντα τὴν Μιθριδάτου εἰκόνα· προεπόμπευον δ᾽ αὐτοῦ καὶ
ἐφείποντο θεράποντες πολλοί. ἐν δὲ τῷ τεμένει τῶν τεχνιτῶν 45
θυσίαι τε ἐπετελοῦντο ἐπὶ τῇ Ἀθηνίωνος παρουσίᾳ καὶ μετὰ
κήρυκος προαναφωνήσεως σπονδαί.

1. Posidonius was a Stoic, and is therefore glad to find a
Peripatetic background for this villain. Nothing is known of
Erymneus, possibly head of the Peripatos c.100 BC.

δ ι έ τ ρ ι β ε: 'studied'.

3. ἐ π ε π λ έ κ ε τ ο: 'consorted with', 'lived with'.

6. ἐ χ ε ι ρ α γ ώ γ ε ι: 'took by the hand', 'manipulated'.

7. π α ρ έ γ γ ρ α φ ο ς: 'illegally enrolled'.

8. π α ι δ ι σ κ ά ρ ι ο ν ε ὔ μ ο ρ φ ο ν: 'a pretty wench'; the diminutive
is derogatory. WS § 856.

μ ε τ ὰ τ ο ύ τ ο υ: 'with *her*' (neuter, as παιδισκάριον is).

9. θηρεύων: sophists 'chase' young men (Pl. *Soph.* 231 D: the 'Definitions' attributed to Plato (415 C) define a sophist as 'a paid hunter of wealthy and distinguished young men'). Athenion uses his young woman as a bait.

10. σοφιστεύσας: 'practising as a sophist'.

13. μετέρρει: 'things were going Mithridates' way'.

ὑποδραμών: 'insinuating himself into the king's favour'.

14. προαγωγῆς: 'advancement'.

14–15. μετεώριζε: 'excited', 'raised (their) hopes': an extravagant and sarcastic word.

15–16. τῷ Καππαδόκῃ: to call the king of Pontos 'the Cappadocian' is derogatory.

19. διεκόμπουν: 'boasted of'.

22. ἐνοχληθείς: 'troubled'—not necessarily shipwrecked, but just finding it too much trouble to go on. Carystus is in Euboea.

23. οἱ Κεκροπίδαι: it emphasizes the decline and corruption of modern Athens to call the citizens by the old mythological name.

24. φορεῖον: 'litter'.

24–5. ἀλλ᾽ εἰσῄειν ἤδη: this does not seem to follow easily from the previous sentence. We should remember that this is an excerpt, not necessarily continuous narrative.

30. τρίβωνος: 'cloak', such as poor men (and philosophers) wore.

30–1. 'When no one, not even of the Romans, insulted Attica with such a parade'. καταχλιδᾶν (with gen.): 'display insulting arrogance against . . .'

32. Repetition of the scene described in 25–6: again, some confusion may be due to the excerptor.

33–4. If Athenion could prosper, anybody might!

34. ἐρανικὰς . . . ἀκροάσεις: 'lectures for a fee'.

35. σιληπορδῶν: 'behaving arrogantly', perhaps 'swanning around': a vulgar word (the second element is etymologically linked with πέρδομαι, 'fart'), whose exact connotation is unknown.

35. πομπεύει: 'goes in procession', 'processes'.

36–7. Mithridates is the 'new Dionysus', saluted by the guilds of musicians, dancers, singers, and actors (see e.g. M. Bieber, *History of the Greek and Roman Theatre*, 84).
43. ἐπισύρων: 'trailing' (it was a long cloak).

56. *Love stories*

We give two short passages from the Ἐρωτικὰ παθήματα of Parthenius, a collection of romantic mythological stories, addressed to Cornelius Gallus, the Roman man of letters whose elegies (almost entirely lost) are believed to have been important in the development of that genre. Parthenius of Nicaea was brought to Rome in 73 BC and lived there till after AD 14. He wrote much elegiac poetry (very little survives) and this short mythological handbook. He may well have had an important influence on Roman literary circles: he is said to have taught Virgil.

(i) Preface

ΠΑΡΘΕΝΙΟΣ ΚΟΡΝΗΛΙΩΙ ΓΑΛΛΩΙ ΧΑΙΡΕΙΝ

Μάλιστά σοι δοκῶν ἁρμόττειν, Κορνήλιε Γάλλε, τὴν ἄθροισιν
τῶν ἐρωτικῶν παθημάτων, ἀναλεξάμενος ὡς ὅτι μάλιστα ἐν
βραχυτάτοις ἀπέσταλκα. τὰ γὰρ παρά τισι τῶν ποιητῶν
κείμενα τούτων μὴ αὐτοτελῶς λελεγμένα κατανοήσεις ἐκ   5
τῶνδε τὰ πλεῖστα· αὐτῷ τέ σοι παρέσται εἰς ἔπη καὶ ἐλεγείας
ἀνάγειν τὰ μάλιστα ἐξ αὐτῶν ἁρμόδια. μηδὲ διὰ τὸ μὴ
παρεῖναι τὸ περιττὸν αὐτοῖς, ὃ δὴ σὺ μετέρχει, χεῖρον περὶ
αὐτῶν ἐννοηθῇς· οἰονεὶ γὰρ ὑπομνηματίων τρόπον αὐτὰ
συνελεξάμεθα, καί σοι νυνὶ τὴν χρῆσιν ὁμοίαν, ὡς ἔοικε,   10
παρέξεται.

(ii) Daphnis (c. 29)

ΠΕΡΙ ΔΑΦΝΙΔΟΣ

Ἱστορεῖ Τίμαιος Σικελικοῖς

Ἐν Σικελίᾳ δὲ Δάφνις Ἑρμοῦ παῖς ἐγένετο, σύρριγγι δή τι
δεξιὸς χρῆσθαι καὶ τὴν ἰδέαν ἐκπρεπής. οὗτος εἰς μὲν τὸν

158   PARTHENIUS

5 πολὺν ὅμιλον ἀνδρῶν οὐ κατῄει, βουκολῶν δὲ κατὰ τὴν
Αἴτνην χείματός τε καὶ θέρους ἠγραύλει. τούτου λέγουσιν
Ἐχεναΐδα νύμφην ἐρασθεῖσαν παρακελεύσασθαι αὐτῷ γυναικὶ
μὴ πλησιάζειν· μὴ πειθομένου γὰρ αὐτοῦ, συμβήσεσθαι τὰς
ὄψεις ἀποβαλεῖν. ὁ δὲ χρόνον μέν τινα καρτερῶς ἀντεῖχε,
10 καίπερ οὐκ ὀλίγων ἐπιμαινομένων αὐτῷ· ὕστερον δὲ μία τῶν
κατὰ τὴν Σικελίαν βασιλίδων οἴνῳ πολλῷ δηλησαμένη αὐτὸν
ἤγαγεν εἰς ἐπιθυμίαν αὐτῇ μιγῆναι. καὶ οὗτος ἐκ τοῦδε,
ὁμοίως Θαμύρᾳ τῷ Θρᾳκί, δι' ἀφροσύνην ἐπεπήρωτο.

(i) Preface

3. ὡς ὅτι: pleonastic, but cf. Plato, *Laws* 908 A.

5. Text unsure: MS has τούτων μὴ αὐτοτελῶς λελεγμένων, but Parthenius perhaps means 'Those of these themes which are found in some of these poets not completely narrated you will discover, for the most part, from what follows'.

8. τὸ περιττόν: 'elaboration', 'polish'.

9. οἱονεὶ . . . τρόπον: 'as if by way of notes'. Parthenius put the collection together for reference purposes, and hopes that it will be useful to Gallus in the same way.

(ii) Daphnis

2. Timaeus (c.356–260 BC) wrote an authoritative history of Sicily, much used by later writers.

3. For the Daphnis myth, see e.g. K. J. Dover, *Theocritus* (1971), pp. 83–6.

6. ἠγραύλει: 'lived out in the open' (like the shepherds in Luke 2: 8; see **89** below).

8. μὴ πειθομένου: 'if he did not obey'.

10. ἐπιμαινομένων αὐτῷ: 'were mad for him'.

11. δηλησαμένη: 'knocking him out' (lit. 'hurting'), used occasionally of magic potions, and so here of wine.

13. Θαμύρᾳ: Thamyras (or Thamyris) challenged the Muses to a contest, was beaten, and was blinded (*Il.* 2. 54).

57. The miseries of life

In this pseudo-Platonic dialogue (perhaps first century BC) Socrates consoles Axiochus, the uncle of Alcibiades, who is gravely ill. He does so both by dwelling on the evils of life and by more positive comforts, using the Epicurean commonplace that 'death is nothing to us' and a myth promising a happy hereafter to initiates. In this passage he gloomily reviews the several Ages of Man. He claims to be echoing a speech of the sophist Prodicus, but this claim should not be taken too seriously. We give [Plato] *Axiochus* 366 D 1–367 D 1.

Τί μέρος τῆς ἡλικίας ἄμοιρον τῶν ἀνιαρῶν; οὐ κατὰ μὲν τὴν πρώτην γένεσιν τὸ νήπιον κλάει, τοῦ ζῆν ἀπὸ λύπης ἀρχόμενον; οὐ λείπεται γοῦν οὐδεμιᾶς ἀλγηδόνος, ἀλλ' ἢ δι' ἔνδειαν ἢ περιψυγμὸν ἢ θάλπος ἢ πληγὴν ὀδυνᾶται, λαλῆσαι μὲν οὔπω δυνάμενον ἃ πάσχει, κλαυθμυριζόμενον δὲ καὶ 5 ταύτην τῆς δυσαρεστήσεως μίαν ἔχον φωνήν. ὁπόταν δὲ εἰς τὴν ἑπταετίαν ἀφίκηται πολλοὺς πόνους διαντλήσαν, ἐπέστησαν παιδαγωγοὶ καὶ γραμματισταὶ καὶ παιδοτρίβαι τυραννοῦντες· αὐξανομένου δὲ κριτικοί, γεωμέτραι, τακτικοί, πολὺ πλῆθος δεσποτῶν. ἐπειδὰν δὲ εἰς τοὺς ἐφήβους ἐγγραφῇ, 10 κοσμητὴς καὶ φόβος χειρῶν, ἔπειτα Λύκειον καὶ Ἀκαδήμεια καὶ γυμνασιαρχία καὶ ῥάβδοι καὶ κακῶν ἀμετρίαι· καὶ πᾶς ὁ τοῦ μειρακίσκου πόνος ἐστὶν ὑπὸ σωφρονιστὰς καὶ τὴν ἐπὶ τοὺς νέους αἵρεσιν τῆς ἐξ Ἀρείου πάγου βουλῆς. ἐπειδὰν δὲ ἀπολυθῇ τούτων, φροντίδες ἄντικρυς ὑπέδυσαν καὶ διαλογι- 15 σμοὶ τίνα τὴν τοῦ βίου ὁδὸν ἐνστήσονται, καὶ τοῖς ὕστερον χαλεποῖς ἐφάνη τὰ πρῶτα παιδιὰ καὶ νηπίων ὡς ἀληθῶς φόβητρα· στρατεῖαί τε γὰρ καὶ τραύματα καὶ συνεχεῖς ἀγῶνες. εἶτα λαθὸν ὑπῆλθεν τὸ γῆρας, εἰς ὃ πᾶν συρρεῖ τὸ τῆς φύσεως ἐπίκηρον καὶ δυσαλθές. κἂν μή τις θᾶττον ὡς χρέος 20 ἀποδιδῷ τὸ ζῆν, ὡς ὀβολοστάτις ἡ φύσις ἐπιστᾶσα ἐνεχυράζει τοῦ μὲν ὄψιν, τοῦ δὲ ἀκοήν, πολλάκις δὲ ἄμφω. κἂν ἐπιμείνῃ τις, παρέλυσεν, ἐλωβήσατο, παρήρθρωσεν. ἄλλοι πολύγηρως ἀκμάζουσιν, καὶ τῷ νῷ δὶς παῖδες οἱ γέροντες γίγνονται. διὰ τοῦτο καὶ οἱ θεοὶ τῶν ἀνθρωπείων ἐπιστήμονες, καὶ οὓς ἂν 25 περὶ πλείστου ποιῶνται, θᾶττον ἀπαλλάττουσι τοῦ ζῆν.

'Αγαμήδης γοῦν καὶ Τροφώνιος οἱ δειμάμενοι τὸ Πυθοῖ τοῦ
θεοῦ τέμενος, εὐξάμενοι τὸ κράτιστον αὐτοῖς γενέσθαι,
κοιμηθέντες οὐκέτ' ἀνέστησαν· οἵ τε τῆς 'Αργείας "Ηρας
30 ἱερείας ὑεῖς, ὁμοίως εὐξαμένης αὐτοῖς τῆς μητρὸς γενέσθαι τι
τῆς εὐσεβείας παρὰ τῆς "Ηρας γέρας, ἐπειδὴ τοῦ ζεύγους
ὑστερήσαντες ὑποδύντες αὐτοὶ διήνεγκαν αὐτὴν εἰς τὸν νεών,
μετὰ τὴν εὐχὴν νυκτὶ μετήλλαξαν.

2. τὸ νήπιον κλάει: cf. Lucr. 5. 226: (the new-born child)
'fills the place with his melancholy howling (*vagitu lugubri*), as is
only natural in someone who has so many troubles to go through
in life'.

4. περιψυγμὸν: 'chill'.

6. τῆς δυσαρεστήσεως: 'its discomfort'.

8. γραμματισταί teach reading and writing, παιδοτρίβαι (as
the word suggests) teach physical exercises to children, though
the word is commonly applied to gymnastic trainers in charge of
ephebes or other young adults. (We have no other *evidence* for
the physical education of children by παιδοτρίβαι.)

9. κριτικοί: here much the same as γραμματισταί, i.e.
teachers and expounders of poetry. This is a post-classical
usage—part of the linguistic evidence that this dialogue is not
from Plato's time.

τακτικοί: teachers of arms-drill—apparently introduced
before the boy becomes an ephebe.

10. εἰς τοὺς ἐφήβους ἐγγραφῇ: at the age of 19 or 20. The
ephebes at Athens served a period of military service and were
organized under a κοσμητὴς (disciplinary officer) and other
officials. From the third century BC onwards, educational sub-
jects came more and more to displace military training. (For the
practice in the fourth century BC, see Aristotle, *Constitution of
Athens*, 42.)

11. Λύκειον καὶ 'Ακαδήμεια: here mentioned as gymnasia,
not as the sites of famous philosophical schools.

13. σωφρονιστὰς: 'controllers'; these were officials charged
with the discipline of the ephebes.

13–14. τὴν . . . βουλῆς: 'the authorities over the young
chosen by the Aeropagus'. This concrete sense of αἵρεσις

('those chosen' instead of 'choice') seems to be unique. Note however that in Christian usage the word means both 'heretical opinion' and 'body of heretics' or 'sect'.

15. ὑπέδυσαν: 'insinuate themselves' (intr. strong aor. of ὑποδύω).

17. παιδιά: 'a mere game'.

18. φόβητρα: 'bugbears'.

20. δυσαλθές: 'distressful' (Ionic and poetic word).

21. ὀβολοστάτις: 'money-lender'; Nature 'forecloses' on our sight or hearing or both, if we fail to give up the life she has lent us. A common idea: Lucr. 3. 971: 'vitaque mancipio nullis datur, omnibus usu', or Sen. *Consolatio ad Polybium* 10. 4: 'rerum natura illum tibi sicut ceteris fratres suos non mancipio dedit sed commodavit'.

23. πολυγήρως: 'in deep old age' (adv., if the reading is right).

24. δὶς παῖδες οἱ γέροντες: Cf. Aristoph. *Clouds* 1417.

27 ff. The story of Agamedes and Trophonius was told by Pindar in *Paean* 4; that of Cleobis and Biton, the sons of the priestess of Hera, by Herodotus (I. 31).

32. ὑστερήσαντες: 'being late'.

FROM AUGUSTUS TO TRAJAN

58. *Strabo's Britain*

Strabo, who came from Amasea in Pontus, lived in Rome throughout the reign of Augustus. He was a voluminous writer: a vast historical work (in 47 books) is lost, but his 17-book *Geography* survives, though partly in epitomes. He seems to have finished the bulk of this work around 2 BC, but it contains some references to events of the early years of Tiberius' reign. Our extract (4. 5) comes from a section largely based on Posidonius, but taking into account Caesar's crossings of the Channel in 55 and 54 BC. Cf. Diodorus 5. 21 and the Latin descriptions of Caesar, Mela, and Tacitus (*Anthology of Latin Prose*, 24, 43, 61).

Ἡ δὲ Πρετανικὴ τρίγωνος μέν ἐστι τῷ σχήματι, παραβέβλ-
ηται δὲ τὸ μέγιστον αὐτῆς πλευρὸν τῇ Κελτικῇ, τοῦ μήκους
οὔθ᾽ ὑπερβάλλον οὔτ᾽ ἐλλεῖπον· ἔστι γὰρ ὅσον τετρακισχιλίων
καὶ τριακοσίων ἢ τετρακοσίων σταδίων ἑκάτερον, τό τε
5 Κελτικὸν τὸ ἀπὸ τῶν ἐκβολῶν τοῦ Ῥήνου μέχρι πρὸς τὰ
βόρεια τῆς Πυρήνης ἄκρα τὰ κατὰ Ἀκουιτανίαν, καὶ τὸ ἀπὸ
Καντίου τοῦ καταντικρὺ τῶν ἐκβολῶν τοῦ Ῥήνου, ἑωθινω-
τάτου σημείου τῆς Πρετανικῆς, μέχρι πρὸς τὸ ἑσπέριον
ἄκρον τῆς νήσου, τὸ κατὰ τὴν Ἀκουιτανίαν καὶ τὴν Πυρήνην
10 ἀντικείμενον. τοῦτο μὲν δὴ τοὐλάχιστον διάστημα ἀπὸ τῆς
Πυρήνης ἐπὶ τὸν Ῥῆνόν ἐστιν, ἐπεὶ τὸ μέγιστον εἴρηται ὅτι
καὶ πεντακισχιλίων σταδίων ἐστίν· ἀλλ᾽ εἰκὸς εἶναί τινα
σύννευσιν ἐκ τῆς παραλλήλου θέσεως τῷ ποταμῷ πρὸς τὸ
ὄρος, ἀμφοτέρωθεν ἐπιστροφῆς τινος γινομένης κατὰ τὰς πρὸς
15 τὸν ὠκεανὸν ἐσχατιάς.
Τέτταρα δ᾽ ἐστὶ διάρματα, οἷς χρῶνται συνήθως ἐπὶ τὴν
νῆσον ἐκ τῆς ἠπείρου, τὰ ἀπὸ τῶν ἐκβολῶν τῶν ποταμῶν, τοῦ
τε Ῥήνου καὶ τοῦ Σηκοάνα καὶ τοῦ Λείγηρος καὶ τοῦ
Γαρούνα. τοῖς δ᾽ ἀπὸ τῶν περὶ τὸν Ῥῆνον τόπων ἀναγομένοις
20 οὐκ ἀπ᾽ αὐτῶν τῶν ἐκβολῶν ὁ πλοῦς ἐστιν, ἀλλ᾽ ἀπὸ τῶν
ὁμορούντων τοῖς Μεναπίοις Μορίνων, παρ᾽ οἷς ἐστι καὶ τὸ

Ἴτιον, ᾧ ἐχρήσατο ναυστάθμῳ Καῖσαρ ὁ θεός, διαίρων εἰς τὴν
νῆσον· νύκτωρ δ' ἀνήχθη, καὶ τῇ ὑστεραίᾳ κατῆρε περὶ
τετάρτην ὥραν, τριακοσίους καὶ εἴκοσι σταδίους τοῦ διάπλου
τελέσας· κατέλαβε δ' ἐν ἀρούραις τὸν σῖτον. ἔστι δ' ἡ πλείστη   25
τῆς νήσου πεδιὰς καὶ κατάδρυμος, πολλὰ δὲ καὶ γεώλοφα τῶν
χωρίων ἐστί, φέρει δὲ σῖτον καὶ βοσκήματα καὶ χρυσὸν καὶ
ἄργυρον καὶ σίδηρον· ταῦτα δὴ κομίζεται ἐξ αὐτῆς καὶ
δέρματα καὶ ἀνδράποδα καὶ κύνες εὐφυεῖς πρὸς τὰς
κυνηγεσίας· Κελτοὶ δὲ καὶ πρὸς τοὺς πολέμους χρῶνται καὶ   30
τούτοις καὶ τοῖς ἐπιχωρίοις. οἱ δὲ ἄνδρες εὐμηκέστεροι τῶν
Κελτῶν εἰσὶ καὶ ἧσσον ξανθότριχες, χαυνότεροι δὲ τοῖς
σώμασι. σημεῖον δὲ τοῦ μεγέθους· ἀντίπαιδας γὰρ εἴδομεν
ἡμεῖς ἐν Ῥώμῃ τῶν ὑψηλοτάτων αὐτόθι ὑπερέχοντας καὶ
ἡμιποδίῳ, βλαισοὺς δὲ καὶ τἆλλα οὐκ εὐγράμμους τῇ   35
συστάσει. τὰ δ' ἤθη τὰ μὲν ὅμοια τοῖς Κελτοῖς, τὰ δ'
ἁπλούστερα καὶ βαρβαρώτερα, ὥστ' ἐνίους γάλακτος εὐπορ-
οῦντας μὴ τυροποιεῖν διὰ τὴν ἀπειρίαν, ἀπείρους δ' εἶναι καὶ
κηπείας καὶ ἄλλων γεωργικῶν. δυναστεῖαι δ' εἰσὶ παρ' αὐτοῖς.
πρὸς δὲ τοὺς πολέμους ἀπήναις χρῶνται τὸ πλέον, καθάπερ   40
καὶ τῶν Κελτῶν ἔνιοι. πόλεις δ' αὐτῶν εἰσὶν οἱ δρυμοί·
περιφράξαντες γὰρ δένδρεσι καταβεβλημένοις εὐρυχωρῆ
κύκλον, ἐνταῦθα καὶ αὐτοὶ καλυβοποιοῦνται καὶ τὰ βοσκή-
ματα κατασταθμεύουσιν οὐ πρὸς πολὺν χρόνον. ἔπομβροι δ'
εἰσὶν οἱ ἀέρες μᾶλλον ἢ νιφετώδεις αὐτοῖς· ἐν δὲ ταῖς αἰθρίαις   45
ὁμίχλη κατέχει πολὺν χρόνον, ὥστε δι' ἡμέρας ὅλης ἐπὶ τρεῖς
μόνον ἢ τέτταρας ὥρας τὰς περὶ μεσημβρίαν ὁρᾶσθαι τὸν
ἥλιον. τοῦτο δὲ κἂν τοῖς Μορίνοις συμβαίνει καὶ τοῖς
Μεναπίοις καὶ ὅσοι τούτων πλησιόχωροι.

Δὶς δὲ διέβη Καῖσαρ εἰς τὴν νῆσον ὁ θεός, ἐπανῆλθε δὲ   50
διὰ ταχέων οὐδὲν μέγα διαπραξάμενος οὐδὲ προελθὼν ἐπὶ
πολὺ τῆς νήσου, διά τε τὰς ἐν τοῖς Κελτοῖς γενομένας στάσεις
τῶν τε βαρβάρων καὶ τῶν οἰκείων στρατιωτῶν, καὶ διὰ τὸ
πολλὰ τῶν πλοίων ἀπολέσθαι κατὰ τὴν πανσέληνον αὔξησιν
λαβουσῶν τῶν ἀμπώτεων καὶ τῶν πλημμυρίδων. δύο μέντοι ἢ   55
τρεῖς νίκας ἐνίκησε τοὺς Πρεταννούς, καίπερ δύο τάγματα
μόνον περαιώσας τῆς στρατιᾶς, καὶ ἀπήγαγεν ὅμηρά τε καὶ
ἀνδράποδα καὶ τῆς ἄλλης λείας πλῆθος. νυνὶ μέντοι τῶν
δυναστῶν τινὲς τῶν αὐτόθι πρεσβεύσεσι καὶ θεραπείαις

60 κατασκευασάμενοι τὴν πρὸς Καίσαρα τὸν Σεβαστὸν φιλίαν,
ἀναθήματά τε ἀνέθηκαν ἐν τῷ Καπετωλίῳ καὶ οἰκείαν τι
σχεδὸν παρεσκεύασαν τοῖς Ῥωμαίοις ὅλην τὴν νῆσον· τέλη τε
οὕτως ὑπομένουσι βαρέα τῶν τε εἰσαγομένων εἰς τὴν Κελτ-
ικὴν ἐκεῖθεν καὶ τῶν ἐξαγομένων ἐνθένδε (ταῦτα δ' ἐστὶν
65 ἐλεφάντινα ψάλια καὶ περιαυχένια καὶ λυγγούρια καὶ ὑαλᾶ
σκεύη καὶ ἄλλος ῥῶπος τοιοῦτος), ὥστε μηδὲν δεῖν φρουρᾶς
τῆς νήσου· τοὐλάχιστον μὲν γὰρ ἑνὸς τάγματος χρῄζοι ἂν καὶ
ἱππικοῦ τινὸς ὥστε καὶ φόρους ἀπάγεσθαι παρ' αὐτῶν, εἰς
ἴσον δὲ καθίσταιτ' ἂν τὸ ἀνάλωμα τῇ στρατιᾷ τοῖς προσφερ-
70 ομένοις χρήμασιν· ἀνάγκη γὰρ μειοῦσθαι τὰ τέλη φόρων
ἐπιβαλλομένων, ἅμα δὲ καὶ κινδύνους ἀπαντᾶν τινὰς βίας
ἐπαγομένης.

Εἰσὶ δὲ καὶ ἄλλαι περὶ τὴν Πρετταννικὴν νῆσοι μικραί·
μεγάλη δ' ἡ Ἰέρνη πρὸς ἄρκτον αὐτῇ παραβεβλημένη,
75 προμήκης μᾶλλον ἢ πλάτος ἔχουσα. περὶ ἧς οὐδὲν ἔχομεν
λέγειν σαφές, πλὴν ὅτι ἀγριώτεροι τῶν Πρεταννῶν ὑπάρχ-
ουσιν οἱ κατοικοῦντες αὐτήν, ἀνθρωποφάγοι τ' ὄντες καὶ
πολυφάγοι, τούς τε πατέρας τελευτήσαντας κατεσθίειν ἐν
καλῷ τιθέμενοι, καὶ φανερῶς μίσγεσθαι ταῖς τ' ἄλλαις γυναιξὶ
80 καὶ μητράσι καὶ ἀδελφαῖς. καὶ ταῦτα δ' οὕτως λέγομεν ὡς οὐκ
ἔχοντες ἀξιοπίστους μάρτυρας· καίτοι τό γε τῆς ἀνθρωπο-
φαγίας καὶ Σκυθικὸν εἶναι λέγεται, καὶ ἐν ἀνάγκαις πολιορκη-
τικαῖς καὶ Κελτοὶ καὶ Ἴβηρες καὶ ἄλλοι πλείους ποιῆσαι
τοῦτο λέγονται.

1. **Πρετταννική**: this form of the name is usual in Greek texts.
It may have been that which was known to Pytheas or other
travellers from Gaulish informants.

8. **σημείου**: 'limit', 'point'.

12–15. Strabo's picture is that the Rhine and the Pyrenees are
roughly parallel to each other, though they approach more
closely 'at the extremes bordering on the ocean'. Britain lies off
the north-facing coast between them.

16. **διάρματα**: 'crossings'. Cf. διαίρων (22).

18–19. Rhine, Seine, Loire, Garonne.

22. **Ἴτιον**: Portus Itius, which Caesar (*BG* 5. 2) names as his

departure point in 54 BC. Its site is much debated: Boulogne, Wissant, St Omer, and Sangatte all have their advocates.

ὁ θεός: *divus*, as again at 50 (below).

25. It was late summer, and the harvest later in England than on the continent.

27–8. Evidence of Roman silver and lead workings can still be seen, notably in the Mendips above the Cheddar Gorge, while the very extensive gold workings at Dolaucothi in Cardiganshire were reopened earlier in this century, but the yield was minimal, and work soon ceased.

32. χαυνότεροι: 'flabbier'.

33. ἀντίπαιδας: 'youngsters little older than children'.

34–5. καὶ ἡμιποδίῳ: 'by as much as half a foot', Denniston, *Particles*, 320.

35. βλαισούς: 'bandy-legged'.

35–6. οὐκ εὐγράμμους τῇ συστάσει: 'ill-proportioned'.

39. δυναστεῖαι: 'chieftainships', 'principalities'.

43–4. 'They build temporary huts for themselves and stabling for their animals'. οὐ πρὸς πολὺν χρόνον points to a population always on the move, or may suggest the practice of transhumance, or seasonal movement of cattle between upland summer pastures and winter stabling.

45. ἐν δὲ ταῖς αἰθρίαις: 'in spells of clear weather'.

54–5. 'At the full moon, when both flood tides and ebb tides were bigger'.

56. τάγματα: 'legions'.

61–2. Strabo was in Rome in 7 BC. Augustus in his *Res Gestae* § 2 mentions the submission of Dumnobellaunus and Tincommius. This is presumably what is meant here.

62. τέλη: 'taxes', 'customs duties' on imports and exports between Britain and Gaul.

65. λυγγούρια: probably 'yellow amber'.

66. ῥῶπος: 'trash', 'rubbish'.

71. 'And at the same time some risks would be incurred (lit. 'would meet us') if force were employed'. The view that the conquest of Britain would be uneconomical persisted under Augustus and Tiberius.

74. This error about the position of Ἰέρνη (Ireland) was not shared by Caesar (*BG* 5. 13) but recurs in Pliny and Mela. Like much else, it may ultimately be due to false information passing through the Massiliote explorer Pytheas to the standard geographical work of Eratosthenes.

78–9. The Irish 'regard it as very proper' to eat their dead fathers.

59. On letter-writing

'Demetrius', the author of the treatise περὶ ἑρμηνείας ('On Style') from which this extract (§§ 223–35) is taken, is unidentifiable. His date lies between the third century BC and the first century AD. The writer shows sympathy with Aristotle and the Peripatetics. He lays out his doctrine under the heading of four styles (χαρακτῆρες): grand, elegant, plain, and forceful, with attendant vices. (Contrast the three-style system of *ad Herennium* and Quintilian [*Anthology of Latin Prose*, 4, 58].)

In this section, from the discussion of the Plain Style, he gives the earliest account of the art of epistolography, which was an important minor genre of Greek—and still more so of Latin—literature. It is remarkable that he does not cite the famous letters of Epicurus (cf. 51).

Ἐπεὶ δὲ καὶ ὁ ἐπιστολικὸς χαρακτὴρ δεῖται ἰσχνότητος, καὶ περὶ αὐτοῦ λέξομεν. Ἀρτέμων μὲν οὖν ὁ τὰς Ἀριστοτέλους ἀναγράψας ἐπιστολάς φησιν ὅτι δεῖ ἐν τῷ αὐτῷ τρόπῳ διάλογόν τε γράφειν καὶ ἐπιστολάς· εἶναι γὰρ τὴν ἐπιστολὴν
5 οἷον τὸ ἕτερον μέρος τοῦ διαλόγου.

Καὶ λέγει μέν τι ἴσως, οὐ μὴν ἅπαν· δεῖ γὰρ ὑποκατεσκευάσθαι πως μᾶλλον τοῦ διαλόγου τὴν ἐπιστολήν· ὁ μὲν γὰρ μιμεῖται αὐτοσχεδιάζοντα, ἡ δὲ γράφεται καὶ δῶρον πέμπεται τρόπον τινά.

10 Τίς γοῦν οὕτως ἂν διαλεχθείη πρὸς φίλον, ὥσπερ ὁ Ἀριστοτέλης πρὸς Ἀντίπατρον ὑπὲρ τοῦ φυγάδος γράφων τοῦ γέροντός φησιν· Εἰ δὲ πρὸς ἁπάσας οἴχεται γᾶς φυγὰς οὗτος, ὥστε μὴ κατάγειν, δῆλον ὡς τοῖς γ᾽ εἰς Ἅιδου κατελθεῖν βουλομένοις οὐδεὶς φθόνος· ὁ γὰρ οὕτω
15 διαλεγόμενος ἐπιδεικνυμένῳ ἔοικεν μᾶλλον, οὐ λαλοῦντι.

Καὶ λύσεις συχναὶ ὁποῖαι... οὐ πρέπουσιν ἐπιστολαῖς·
ἀσαφὲς γὰρ ἐν γραφῇ ἡ λύσις καὶ τὸ μιμητικὸν οὐ γραφῆς
οὕτως οἰκεῖον ὡς ἀγῶνος, οἷον ὡς ἐν τῷ Εὐθυδήμῳ· Τίς ἦν,
ὦ Σώκρατες, ᾧ χθὲς ἐν Λυκείῳ διελέγου; ἢ πολὺς
ὑμᾶς ὄχλος περιειστήκει· καὶ μικρὸν προελθὼν ἐπιφέρει· 20
ἀλλά μοι ξένος τις φαίνεται εἶναι ᾧ διελέγου· τίς ἦν;
ἡ γὰρ τοιαύτη πᾶσα ἑρμηνεία καὶ μίμησις ὑποκριτῇ πρέπει
μᾶλλον, οὐ γραφομέναις ἐπιστολαῖς.
    Πλεῖστον δὲ ἐχέτω τὸ ἠθικὸν ἡ ἐπιστολή, ὥσπερ καὶ ὁ
διάλογος· σχεδὸν γὰρ εἰκόνα ἕκαστος τῆς ἑαυτοῦ ψυχῆς 25
γράφει τὴν ἐπιστολήν. καὶ ἔστι μὲν καὶ ἐξ ἄλλου λόγου
παντὸς ἰδεῖν τὸ ἦθος τοῦ γράφοντος, ἐξ οὐδενὸς δ' οὕτως ὡς
ἐπιστολῆς.
    Τὸ δὲ μέγεθος συνεστάλθω τῆς ἐπιστολῆς, ὥσπερ καὶ ἡ
λέξις. αἱ δὲ ἄγαν μακραὶ καὶ προσέτι κατὰ τὴν ἑρμηνείαν 30
ὀγκωδέστεραι οὐ μὰ τὴν ἀλήθειαν ἐπιστολαὶ γένοιντο ἄν,
ἀλλὰ συγγράμματα τὸ χαίρειν ἔχοντα προσγεγραμμένον,
καθάπερ τῶν Πλάτωνος πολλαὶ καὶ ἡ Θουκυδίδου.
    Τάξει μέντοι λελύσθω μᾶλλον· γελοῖον γὰρ περιοδεύειν,
ὥσπερ οὐκ ἐπιστολὴν ἀλλὰ δίκην γράφοντα· καὶ οὐδὲ γελοῖον 35
μόνον, ἀλλ' οὐδὲ φιλικὸν (τὸ γὰρ δὴ κατὰ τὴν παροιμίαν τὰ
σῦκα σῦκα λεγόμενον) ἐπιστολαῖς ταῦτα ἐπιτηδεύειν.
    Εἰδέναι δὲ χρὴ ὅτι οὐχ ἑρμηνεία μόνον ἀλλὰ καὶ πράγματά
τινα ἐπιστολικά ἐστιν. Ἀριστοτέλης γοῦν, ὃς μάλιστα
ἐπιτετευχέναι δοκεῖ μοι τοῦ ἐπιστολικοῦ, τοῦτο δ' οὐ 40
γράφω σοι φησίν· οὐ γὰρ ἦν ἐπιστολικόν.
    Εἰ γάρ τις ἐν ἐπιστολῇ σοφίσματα γράφοι καὶ
φυσιολογίας, γράφει μέν, οὐ μὴν ἐπιστολὴν γράφει. φιλοφρόν-
ησις γάρ τις βούλεται εἶναι ἡ ἐπιστολὴ σύντομος, καὶ περὶ
ἁπλοῦ πράγματος ἔκθεσις καὶ ἐν ὀνόμασιν ἁπλοῖς. 45
    Κάλλος μέντοι αὐτῆς αἵ τε φιλικαὶ φιλοφρονήσεις καὶ
πυκναὶ παροιμίαι ἐνοῦσαι· καὶ τοῦτο γὰρ μόνον ἐνέστω αὐτῇ
σοφόν, διότι δημοτικόν τί ἐστιν ἡ παροιμία καὶ κοινόν, ὁ δὲ
γνωμολογῶν καὶ προτρεπόμενος οὐ δι' ἐπιστολῆς ἔτι λαλοῦντι
ἔοικεν, ἀλλ' < ἀπὸ > μηχανῆς. 50
    Ἀριστοτέλης μέντοι καὶ ἀποδείξεσί που χρῆται ἐπιστολ-
ικῶς, οἷον διδάξαι βουλόμενος ὅτι ὁμοίως χρὴ εὐεργετεῖν τὰς
μεγάλας πόλεις καὶ τὰς μικράς φησίν· Οἱ γὰρ θεοὶ ἐν
ἀμφοτέραις ἴσοι, ὥστ' ἐπεὶ αἱ χάριτες θεαί, ἴσαι

55 ἀποκείσονταί σοι παρ' ἀμφοτέραις. καὶ γὰρ τὸ ἀποδεικ-
νύμενον αὐτῷ ἐπιστολικὸν καὶ ἡ ἀπόδειξις αὐτή.
     Ἐπεὶ δὲ καὶ πόλεσίν ποτε καὶ βασιλεῦσιν γράφομεν,
ἔστωσαν τοιαῦται αἱ ἐπιστολαὶ μικρὸν ἐξηρμέναι πως. στοχ-
αστέον γὰρ καὶ τοῦ προσώπου ᾧ γράφεται· ἐξηρμένη μέντοι
60 οὐχ ὥστε σύγγραμμα εἶναι ἀντ' ἐπιστολῆς, ὥσπερ αἱ
Ἀριστοτέλους πρὸς Ἀλέξανδρον καὶ πρὸς τοὺς Δίωνος οἰ-
κείους ἡ Πλάτωνος.
     Καθόλου δὲ μεμίχθω ἡ ἐπιστολὴ κατὰ τὴν ἑρμηνείαν ἐκ
δυοῖν χαρακτήροιν τούτοιν, τοῦ τε χαρίεντος καὶ τοῦ ἰσχνοῦ.
65 καὶ περὶ ἐπιστολῆς μὲν τοσαῦτα, καὶ ἅμα περὶ τοῦ χαρακτῆ-
ρος τοῦ ἰσχνοῦ.

2. Nothing certain is known of Artemon.

3. ἀναγράψας: 'who edited'.

6. λέγει . . . ἅπαν: 'perhaps he is talking sense, but not the whole truth'.

     οὐ μὴν: Denniston, *Particles*, 335, and below 43.

6–7. ὑποκατεσκευάσθαι . . . μᾶλλον: 'be somewhat more elaborated'.

8. αὐτοσχεδιάζοντα: 'a person speaking impromptu'.

8–9. δῶρον . . . τινά: 'is, in a certain sense, sent as a present'.

12–14. 'If he travels as an exile to the ends of the earth, with no hope of return, we can find no fault with those who would fain go down to the house of Hades.' A mannered sentence.

14. οὐδεὶς φθόνος: lit. 'there is no reason to grudge', a classical idiom (Plato).

15. ἐπιδεικνυμένῳ: 'making a set speech'.

16. Text uncertain: perhaps best to mark a lacuna. λύσις, 'asyndeton', often causes obscurity, and so is unsuitable in a letter, the essence of which is to be intelligible in written form.

18. ἀγῶνος: 'real debate'.

18–21. The beginning of Plato's *Euthydemus*. 'Demetrius' omits the words ὑπερκύψας μέντοι κατεῖδον, 'but I did manage to get a peep at him'.

22. ὑποκριτῇ: 'an actor', 'a performer'.

24. 'A letter should be very strong in the representation of character.'

31. οὐ μὰ τὴν ἀλήθειαν: 'in the name of Truth', as though Ἀλήθεια were a goddess: an odd expression.

32. 'Treatises with a greeting attached to them'. χαίρειν (sc. λέγει) is the standard formula in Greek letters from the fourth century BC onwards: Lat. *salutem* (*dicit*)

33. τῶν Πλάτωνος πολλαί: the MS (there is only one) has τὰ Πλάτωνος πολλά, 'most of Plato', but the sense needed is 'many of his letters'. Some of the extant Platonic letters (all, with the possible exception of VII, probably spurious, but some will have been known to 'Demetrius') do contain philosophical doctrine (II, VII, VIII especially).

ἡ Θουκυδίδου: presumably a lost letter attributed to Thucydides, and perhaps containing his views on history.

34. περιοδεύειν: 'to write in periods'.

36–7. τὰ σῦκα σῦκα: 'We should call figs figs, as the proverb says.' Another Greek version is τὴν σκάφην σκάφην λέγειν, 'to call a spade a spade'.

42. Εἰ . . .γράφοι: not distinguishable in sense from ἐὰν . . . γράφω.

43–4, 46. φιλοφρόνησις: 'courtesy', 'politeness'.

48. σοφόν: 'clever'.

50. ἀπὸ is a conjecture of Ruhnken's, and is probably right; the reference is to the speeches made by a *deus ex machina* in tragedies.

51. ἀποδείξεσί: 'demonstrations'.

53 ff. 'The gods are equal in both great and small (sc. cities), so since the Graces are goddesses, they will be stored up for you in both in equal manner'. The Χάριτες, 'Graces', symbolize favour and gratitude; Aristotle means that you will get as much credit from a small city as from a large one.

61–2. The extant letters of Aristotle to his pupil Alexander are evident forgeries. Demetrius probably knew others, from the eight books of Artemon's edition; his quotations are probably from genuine works.

62. ἡ Πλάτωνος: Letter VII in our collection, in the view of many scholars the most likely to be genuine.

60. A literary renaissance

Dionysius of Halicarnassus came to Rome around 30 BC and remained there. His admiration for all things Roman is shown in his *Roman Antiquities*, a history which extended from the beginnings down to the First Punic War. In his important works on style he advocated a return to the classical values of Attic oratory. This extract (*de antiquis oratoribus*, praefatio, 1–3) is part of an introduction to a set of detailed studies of the principal orators. It displays great confidence in the achievement of Dionysius' 'reforming' contemporaries. The two kinds of rhetoric, the old Attic and the newer Asian, become wife and mistress in an unseemly rivalry. Rome, says Dionysius, had restored taste and sanity.

Πολλὴν χάριν ἦν εἰδέναι τῷ καθ' ἡμᾶς χρόνῳ δίκαιον, ὦ
κράτιστε Ἀμμαῖε, καὶ ἄλλων μέν τινων ἐπιτηδευμάτων ἕνεκα
νῦν κάλλιον ἀσκουμένων ἢ πρότερον, οὐχ ἥκιστα δὲ τῆς περὶ
τοὺς πολιτικοὺς λόγους ἐπιμελείας οὐ μικρὰν ἐπίδοσιν
5 πεποιημένης ἐπὶ τὰ κρείττω. ἐν γὰρ δὴ τοῖς πρὸ ἡμῶν χρόνοις
ἡ μὲν ἀρχαία καὶ φιλόσοφος ῥητορικὴ προπηλακιζομένη καὶ
δεινὰς ὕβρεις ὑπομένουσα κατελύετο, ἀρξαμένη μὲν ἀπὸ τῆς
Ἀλεξάνδρου τοῦ Μακεδόνος τελευτῆς ἐκπνεῖν καὶ μαραίνεσθαι
κατ' ὀλίγον, ἐπὶ δὲ τῆς καθ' ἡμᾶς ἡλικίας μικροῦ δεήσασα εἰς
10 τέλος ἠφανίσθαι. ἑτέρα δέ τις ἐπὶ τὴν ἐκείνης παρελθοῦσα
τάξιν, ἀφόρητος ἀναιδείᾳ θεατρικῇ καὶ ἀνάγωγος καὶ οὔτε
φιλοσοφίας οὔτε ἄλλου παιδεύματος οὐδενὸς μετειληφυῖα
ἐλευθερίου, λαθοῦσα καὶ παρακρουσαμένη τὴν τῶν ὄχλων
ἄγνοιαν, οὐ μόνον ἐν εὐπορίᾳ καὶ τρυφῇ καὶ μορφῇ πλείονι
15 τῆς ἑτέρας διῆγεν, ἀλλὰ καὶ τὰς τιμὰς καὶ τὰς προστασίας
τῶν πόλεων, ἃς ἔδει τὴν φιλόσοφον ἔχειν, εἰς ἑαυτὴν
ἀνηρτήσατο, καὶ ἦν φορτική τις πάνυ καὶ ὀχληρὰ καὶ
τελευτῶσα παραπλησίαν ἐποίησε γενέσθαι τὴν Ἑλλάδα ταῖς
τῶν ἀσώτων καὶ κακοδαιμόνων οἰκίαις. ὥσπερ γὰρ ἐν ἐκείναις
20 ἡ μὲν ἐλευθέρα καὶ σώφρων γαμετὴ κάθηται μηδενὸς οὖσα
τῶν αὑτῆς κυρία, ἑταίρα δέ τις ἄφρων ἐπ' ὀλέθρῳ τοῦ βίου
παροῦσα πάσης ἀξιοῖ τῆς οὐσίας ἄρχειν, σκυβαλίζουσα καὶ
δεδιττομένη τὴν ἑτέραν· τὸν αὐτὸν τρόπον ἐν πάσῃ πόλει καὶ

οὐδεμιᾶς ἧττον ἐν ταῖς εὐπαιδεύτοις (τουτὶ γὰρ ἁπάντων τῶν
κακῶν· ἔσχατον) ἡ μὲν Ἀττικὴ μοῦσα καὶ ἀρχαία καὶ 25
αὐτόχθων ἄτιμον εἰλήφει σχῆμα, τῶν ἑαυτῆς ἐκπεσοῦσα
ἀγαθῶν, ἡ δὲ ἔκ τινων βαράθρων τῆς Ἀσίας ἐχθὲς καὶ πρῴην
ἀφικομένη, Μυσὴ ἢ Φρυγία τις ἢ Καρικόν τι κακόν,
Ἑλληνίδας ἠξίου διοικεῖν πόλεις ἀπελάσασα τῶν κοινῶν τὴν
ἑτέραν, ἡ ἀμαθὴς τὴν φιλόσοφον καὶ ἡ μαινομένη τὴν 30
σώφρονα.
   Ἀλλὰ γὰρ οὐ μόνον ἀνδρῶν δικαίων χρόνος σωτὴρ
ἄριστος κατὰ Πίνδαρον, ἀλλὰ καὶ τεχνῶν νὴ Δία καὶ
ἐπιτηδευμάτων γε καὶ παντὸς ἄλλου σπουδαίου χρήματος.
ἔδειξε δὲ ὁ καθ' ἡμᾶς χρόνος, εἴτε θεῶν τινος ἄρξαντος εἴτε 35
φυσικῆς περιόδου τὴν ἀρχαίαν τάξιν ἀνακυκλούσης εἴτε
ἀνθρωπίνης ὁρμῆς ἐπὶ τὰ ὅμοια πολλοὺς ἀγούσης, καὶ
ἀπέδωκε τῇ μὲν ἀρχαίᾳ καὶ σώφρονι ῥητορικῇ τὴν δικαίαν
τιμήν, ἣν καὶ πρότερον εἶχε καλῶς, ἀπολαβεῖν, τῇ δὲ νέᾳ καὶ
ἀνοήτῳ παύσασθαι δόξαν οὐ προσήκουσαν καρπουμένῃ καὶ ἐν 40
ἀλλοτρίοις ἀγαθοῖς τρυφώσῃ. καὶ οὐ καθ' ἓν ἴσως τοῦτο μόνον
ἐπαινεῖν τὸν παρόντα χρόνον καὶ τοὺς συμφιλοσοφοῦντας
ἀνθρώπους ἄξιον, ὅτι τὰ κρείττω τιμιώτερα ποιεῖν τῶν
χειρόνων ἤρξαντο (καίτοι μέρος γε τοῦ παντὸς ἥμισυ ἀρχὴ
λέγεταί τε καὶ ἔστιν), ἀλλ' ὅτι καὶ ταχεῖαν τὴν μεταβολὴν καὶ 45
μεγάλην τὴν ἐπίδοσιν αὐτῶν παρεσκεύασε γενέσθαι. ἔξω γὰρ
ὀλίγων τινῶν Ἀσιανῶν πόλεων αἷς δι' ἀμαθίαν βραδεῖά ἐστιν
ἡ τῶν καλῶν μάθησις, αἱ λοιπαὶ πέπαυνται τοὺς φορτικοὺς
καὶ ψυχροὺς καὶ ἀναισθήτους ἀγαπῶσαι λόγους, τῶν μὲν
πρότερον μέγα ἐπ' αὐτοῖς φρονούντων αἰδουμένων ἤδη καὶ 50
κατὰ μικρὸν ἀπαυτομολούντων πρὸς τοὺς ἑτέρους, εἰ μή τινες
παντάπασιν ἀνιάτως ἔχουσι, τῶν δὲ νεωστὶ τοῦ μαθήματος
ἁπτομένων εἰς καταφρόνησιν ἀγόντων τοὺς λόγους καὶ
γέλωτα ποιουμένων τὴν ἐπ' αὐτοῖς σπουδήν.
   Αἰτία δ' οἶμαι καὶ ἀρχὴ τῆς τοιαύτης μεταβολῆς ἐγένετο ἡ 55
πάντων κρατοῦσα Ῥώμη πρὸς ἑαυτὴν ἀναγκάζουσα τὰς ὅλας
πόλεις ἀποβλέπειν καὶ ταύτης δὲ αὐτῆς οἱ δυναστεύοντες κατ'
ἀρετὴν καὶ ἀπὸ τοῦ κρατίστου τὰ κοινὰ διοικοῦντες, εὐ-
παίδευτοι πάνυ καὶ γενναῖοι τὰς κρίσεις γενόμενοι, ὑφ' ὧν
κοσμούμενον τό τε φρόνιμον τῆς πόλεως μέρος ἔτι μᾶλλον 60
ἐπιδέδωκεν καὶ τὸ ἀνόητον ἠνάγκασται νοῦν ἔχειν. τοιγάρτοι

πολλαὶ μὲν ἱστορίαι σπουδῆς ἄξιαι γράφονται τοῖς νῦν, πολλοὶ
δὲ λόγοι πολιτικοὶ χαρίεντες ἐκφέρονται, φιλόσοφοί τε
συντάξεις οὐ μὰ Δία εὐκαταφρόνητοι, ἄλλαι τε πολλαὶ καὶ
65 καλαὶ πραγματεῖαι καὶ Ῥωμαίοις καὶ Ἕλλησιν εὖ μάλα
διεσπουδασμέναι προεληλύθασί τε καὶ προελεύσονται κατὰ τὸ
εἰκός. καὶ οὐκ ἂν θαυμάσαιμι, τηλικαύτης μεταβολῆς ἐν
τούτῳ τῷ βραχεῖ χρόνῳ γεγενημένης, εἰ μηκέτι χωρήσει
προσωτέρω μιᾶς γενεᾶς ὁ ζῆλος ἐκεῖνος τῶν ἀνοήτων λόγων·
70 τὸ γὰρ ἐκ παντὸς εἰς ἐλάχιστον συναχθὲν ῥᾴδιον ἐξ ὀλίγου
μηδὲ εἶναι.

1. ἦν . . . δίκαιον: 'we ought to . . .'. WS § 1905: 'The
imperfect of verbs expressing obligation or duty may refer to
present time and imply that the obligation or duty is not
fulfilled.'

4. τοὺς πολιτικοὺς λόγους: 'oratory'.

7. κατελύετο: 'went into a decline'.

9–10. μικροῦ δεήσασα . . . ἠφανίσθαι: 'has come near to
disappearing altogether'. G § 1116.

11. ἀφόρητος . . . ἀνάγωγος: 'intolerable in her shameless
theatrically, ill-bred . . .'.

12–13. παιδεύματος . . . ἐλευθερίου: presumably with refer-
ence to the other artes liberales, grammar, music, dialectic,
mathematics, some smattering of which was thought a necessary
part of the educated orator's training.

13. παρακρουσαμένη: 'cheating'.

17. ἀνηρτήσατο: 'attached to herself'.
φορτική τις: WS § 1268.

18. τελευτῶσα: 'in the end'. G § 1564.

19. κακοδαιμόνων: 'depraved', here used of culpable wicked-
ness (cf. τλήμων, ἄθλιος, Eng. 'wretch').

20. μηδενὸς: as often in later Greek (and sometimes in
classical Attic, cf. Antiphon above, 13. 8) μη- is used for οὐ-
with a participle but with no suggestion of conditional force.

21. ἑταίρα: 'concubine', living-in mistress.

22. σκυβαλίζουσα: 'treating like dirt' (σκύβαλον 'excre-
ment').

24 ff. Perhaps specially directed at the decadence of Athenian rhetoric.

26. αὐτόχθων: 'indigenous'—as the Athenians claimed to be.

27. βαράθρων: 'pits', 'sewers'; at Athens βάραθρον was a place into which criminals were thrown.

ἐχθὲς καὶ πρῴην: 'the other day'—though above D. has attributed the beginning of the decline to the period just after Alexander. The point is that the new fashion is an upstart. Mysia, Phrygia, and Caria are the places where bad slaves and bad Greek might be expected to come from: yet D. himself was from Halicarnassus, on the Carian coast.

29. τῶν κοινῶν: 'from the government', 'from the public sphere'.

31. σώφρονα: 'sane'.

32–3. Pindar fr. 159 Snell.

35–7. 'Or because a natural cycle brings back the old order.' As D. puts the 'human' explanation last and expands it most fully, it is perhaps this which he most believes.

44–5. 'Well begun is half done', a common proverb.

46. παρεσκεύασε: the subject seems to be ὁ παρὼν χρόνος, though the previous plural verb ἤρξαντο referred to οἱ συμφιλοσοφοῦντες.

51. ἀπαυτομολούντων: 'deserting . . .', 'going over'.

53. τοὺς λόγους: i.e. the tasteless writing on which people used to pride themselves (54).

56–7. τὰς ὅλας πόλεις: 'all cities'.

63. λόγοι πολιτικοί: 'orations'.

70–1. 'For something which has shrunk from the universal to the insignificant easily passes in a short time into non-existence.'

61. *The importance of word-order*

Dionysius of Halicarnassus' most original work of literary criticism is his treatise περὶ συνθέσεως ὀνομάτων, in which he discusses the principles and effects of the arrangement of words

both in prose and in poetry. It is a difficult book, but rewarding.
In this passage (6. 1–8) he explains the most general principles
of his subject.

Δοκεῖ μοι τῆς συνθετικῆς ἐπιστήμης τρία ἔργα εἶναι· ἐν μὲν
ἰδεῖν τί μετὰ τίνος ἁρμοττόμενον πέφυκε καλὴν καὶ ἡδεῖαν
λήψεσθαι συζυγίαν· ἕτερον δὲ γνῶναι τῶν ἁρμόττεσθαι
μελλόντων πρὸς ἄλληλα πῶς ἂν ἕκαστον σχηματισθὲν κρείττ-
5 ονα φαίνεσθαι ποιήσειε τὴν ἁρμονίαν· τρίτον εἴ τι δεῖται
μετασκευῆς τῶν λαμβανομένων, ἀφαιρέσεως λέγω καὶ
προσθήκης καὶ ἀλλοιώσεως, γνῶναί τε καὶ πρὸς τὴν μέλλ-
ουσαν χρείαν οἰκείως ἐξεργάσασθαι.
     Τί δὲ τούτων ἕκαστον δύναται, σαφέστερον ἐρῶ
10 χρησάμενος εἰκόσι τῶν δημιουργικῶν τεχνῶν τισιν ἃς ἅπαντες
ἴσασιν, οἰκοδομικῇ λέγω καὶ ναυπηγικῇ καὶ ταῖς παραπλησ-
ίαις· ὅ τε γὰρ οἰκοδόμος ὅταν πορίσηται τὴν ὕλην ἐξ ἧς
μέλλει κατασκευάζειν τὴν οἰκίαν, λίθους καὶ ξύλα καὶ κέραμον
καὶ τἄλλα πάντα, συντίθησιν ἐκ τούτων ἤδη τὸ ἔργον τρία
15 ταῦτα πραγματευόμενος, ποίῳ δεῖ λίθῳ τε καὶ ξύλῳ καὶ
πλίνθῳ ποῖον ἁρμόσαι λίθον ἢ ξύλον ἢ πλίνθον, ἔπειτα πῶς
τῶν ἁρμοζομένων ἕκαστον καὶ ἐπὶ ποίας πλευρᾶς ἑδράσαι, καὶ
τρίτον, εἴ τι δύσεδρόν ἐστιν, ἀποκροῦσαι καὶ περικόψαι καὶ
αὐτὸ τοῦτο εὔεδρον ποιῆσαι· ὅ τε ναυπηγὸς τὰ αὐτὰ ταῦτα
20 πραγματεύεται.
     Τὰ δὴ παραπλήσιά φημι δεῖν ποιεῖν καὶ τοὺς μέλλοντας εὖ
συνθήσειν τὰ τοῦ λόγου μόρια· πρῶτον μὲν σκοπεῖν ποῖον
ὄνομα ἢ ῥῆμα ἢ τῶν ἄλλων τι μορίων ποίῳ συνταχθὲν
ἐπιτηδείως ἔσται κείμενον καὶ πῶς οὐκ ἄμεινον (οὐ γὰρ δὴ
25 πάντα γε μετὰ πάντων τιθέμενα πέφυκεν ὁμοίως διατιθέναι
τὰς ἀκοάς), ἔπειτα διακρίνειν πῶς σχηματισθὲν τοὔνομα ἢ τὸ
ῥῆμα ἢ τῶν ἄλλων ὅτι δήποτε χαριέστερον ἱδρυθήσεται καὶ
πρὸς τὰ ὑποκείμενα πρεπωδέστερον· λέγω δὲ ἐπὶ μὲν τῶν
ὀνομάτων, πότερον ἑνικῶς ἢ πληθυντικῶς λαμβανόμενα
30 κρείττω λήψεται συζυγίαν, καὶ πότερον κατὰ τὴν ὀρθὴν
ἐκφερόμενα πτῶσιν ἢ κατὰ τῶν πλαγίων τινά, καὶ εἴ τινα
πέφυκεν ἐξ ἀρρενικῶν γίνεσθαι θηλυκὰ ἢ ἐκ θηλυκῶν ἀρρενικὰ
ἢ οὐδέτερα ἐκ τούτων, πῶς ἂν ἄμεινον σχηματισθείη, καὶ
πάντα τὰ τοιαῦτα· ἐπὶ δὲ τῶν ῥημάτων, πότερα κρείττω

ἔσται λαμβανόμενα, τὰ ὀρθὰ ἢ τὰ ὕπτια, καὶ κατὰ ποίας 35
ἐγκλίσεις ἐκφερόμενα, ἃς δή τινες πτώσεις ῥηματικὰς καλ-
οῦσι, κρατίστην ἕδραν λήψεται, καὶ ποίας παρεμφαίνοντα
διαφορὰς χρόνων, καὶ εἴ τινα τοῖς ῥήμασιν ἄλλα παρακολο-
υθεῖν πέφυκε. τὰ δ' αὐτὰ ταῦτα καὶ ἐπὶ τῶν ἄλλων τοῦ λόγου
μερῶν φυλακτέον, ἵνα μὴ καθ' ἓν ἕκαστον λέγω. 40
    Ἐπὶ δὲ τούτοις τὰ ληφθέντα διακρίνειν εἴ τι δεῖται
μετασκευῆς ὄνομα ἢ ῥῆμα, ὡς ἂν ἐναρμονιώτερόν τε καὶ
εὐεδρότερον γένοιτο. τοῦτο τὸ στοιχεῖον ἐν μὲν ποιητικῇ
δαψιλέστερόν ἐστιν, ἐν δὲ λόγοις πεζοῖς σπανιώτερον· πλὴν
γίνεταί γε καὶ ἐν τούτοις ἐφ' ὅσον ἂν ἐγχωρῇ. ὅ τε γὰρ λέγων 45
εἰς τουτονὶ τὸν ἀγῶνα προστέθεικέ τι τῇ ἀντωνυμίᾳ
γράμμα τῆς συνθέσεως στοχαζόμενος· ἄρτιον γὰρ ἦν εἰς
τοῦτον τὸν ἀγῶνα εἰπεῖν. καὶ πάλιν ὁ λέγων κατιδὼν
Νεοπτόλεμον τὸν ὑποκριτὴν τῇ προθέσει παρηύξηκεν
τοὔνομα, τὸ γὰρ ἰδὼν ἀπέχρη· καὶ ὁ γράφων μήτ' ἰδίας 50
ἔχθρας μηδεμιᾶς ἔνεχ' ἥκειν ταῖς συναλοιφαῖς ἠλάττωκε
τὰ μόρια τοῦ λόγου καὶ περικέκρουκέ τινα τῶν γραμμάτων·
καὶ ὁ ἐποίησε ἀντὶ τοῦ ἐποίησεν λέγων χωρὶς τοῦ ν καὶ
ἔγραψε ἀντὶ τοῦ ἔγραψεν λέγων καὶ ἀφαιρήσομαι ἀντὶ
τοῦ ἀφαιρεθήσομαι καὶ πάντα τὰ τοιαῦτα, ὅ τε χωροφιλ- 55
ῆσαι λέγων τὸ φιλοχωρῆσαι καὶ λελύσεται λέγων τὸ
λυθήσεται καὶ τὰ τοιουτότροπα, μετασκευάζει τὰς λέξεις ἵν'
αὐτῷ ἁρμοσθεῖσαι γένοιντο καλλίους καὶ ἐπιτηδειότεραι.

1. **τῆς συνθετικῆς ἐπιστήμης**: 'the science of arrangement'.

1–5. **ἓν . . . ἕτερον . . . τρίτον**: (i) 9–20, (ii) 21–40, (iii) 41–58.

3. **λήψεσθαι**: future infinitive after πέφυκε is odd, but we may compare its use with μέλλω and sometimes with verbs of desiring and intending (K–G i. 184).

6. **μετασκευῆς**: 'modification'. Alternative forms may be needed which are either shorter or longer or otherwise different from the normal.

12. **τε**: not answered till we come to the other τε at 19.

17. **ἐπὶ ποίας πλευρᾶς**: 'on which side'.

19. **αὐτὸ τοῦτο**: adverbial; 'literally' well-placed.

23. **ὄνομα ἢ ῥῆμα**: 'noun or verb'.

24. οὐκ ἄμεινον: 'not right'.

30–1. ὀρθὴ πτῶσις is 'nominative case'; πλάγιος = 'oblique'.

33. οὐδέτερα: 'neuter'.

35. ὀρθά . . . ὕπτια: 'active', 'passive'.

36. ἐγκλίσεις: 'moods'.

43. στοιχεῖον: 'element', 'factor'—a vague word here.

46. Demosthenes *de corona* 1.
ἀντωνυμίᾳ: 'pronoun'.

47. ἄρτιον: 'adequate', 'apt'.

48–9. Demosthenes, *On the Peace* 6.

50–1. Demosthenes, *Against Aristocrates* 1.

51. ταῖς συναλοιφαῖς: 'the elisions'.

56. φιλοχωρεῖν is a fairly common word (e.g. Plutarch, *Demosthenes* 1 uses it of his own fondness for staying in his home town) while χωροφιλεῖν is rare (but note Antiphon 5. 78).

λελύσεται: future perfect forms are usually passive in sense (*WS* § 581), nor do they differ much in meaning from the future (cf. Chantraine, *Morphologie historique*, § 300).

62. *The* Odyssey *as allegory*

This passage is from the Ὁμηρικὰ Προβλήματα of 'Heraclitus', probably written in the first century AD. It is a Stoic allegorical exegesis of Homer. We give ch. 70, a general note on the *Odyssey*: cf. Horace, *Epist.* 1. 2 for Ulysses as 'utile exemplar'.

Καθόλου δὲ τὴν Ὀδυσσέως πλανήν, εἴ τις ἀκριβῶς ἐθέλει σκοπεῖν, ἠλληγορημένην εὑρήσει· πάσης γὰρ ἀρετῆς καθάπερ ὄργανόν τι τὸν Ὀδυσσέα παραστησάμενος ἑαυτῷ διὰ τούτου πεφιλοσόφηκεν, ἐπειδὴ τὰς ἐκνεμομένας τὸν ἀνθρώπινον βίον
5 ἤχθαιρε κακίας. ἡδονὴν μέν γε, τὸ Λωτοφάγων χωρίον, ξένης γεωργῶν ἀπολαύσεως, Ὀδυσσεὺς ἐγκρατῶς παρέπλευσε· τὸν δ' ἄγριον ἑκάστου θυμὸν ὡσπερεὶ καυτηρίῳ τῇ παραινέσει τῶν λόγων ἐπήρωσε—Κύκλωψ δ' οὗτος ὠνόμασται, ὁ τοὺς λογισμοὺς ὑποκλωπῶν. τί δ'; οὐχὶ πρῶτος εὔδιον πλοῦν δι'

ἐπιστήμης ἀστρονόμου τεκμηράμενος ἔδοξεν ἀνέμους δεδε- 10
κέναι, φαρμάκων τε τῶν παρὰ Κίρκης γέγονε κρείττων, ὑπὸ
πολλῆς σοφίας πομάτων ἐπεισάκτων κακῶν λύσιν εὑρόμενος;
ἡ δὲ φρόνησις ἕως Ἅιδου καταβέβηκεν, ἵνα μηδέ τι τῶν
νέρθεν ἀδιερεύνητον ᾖ. ἔτι δὲ Σειρήνων ἀκούει τὰς πολυπεί-
ρους ἱστορίας παντὸς αἰῶνος ἐκμαθών. καὶ Χάρυβδις μὲν ἡ 15
πολυδάπανος ἀσωτία καὶ περὶ πότους ἄπληστος εὐλόγως
ὠνόμασται, Σκύλλαν δὲ τὴν πολύμορφον ἀναίδειαν
ἠλληγόρησε· διὸ δὴ κυνῶν οὐκ ἀλόγως ὑπέζωσται προτομάς,
ἁρπαγῇ, τόλμῃ καὶ πλεονεξίᾳ πεφραγμένη. αἱ δ᾽ ἡλίου βόες
ἐγκράτεια γαστρός εἰσιν, εἰ μηδὲ λιμὸν ἔσχεν ἀδικίας 20
ἀνάγκην. ἃ δὴ μυθικῶς μέν ἐστιν εἰρημένα παρὰ τοὺς
ἀκούοντας, εἰ δ᾽ ἐπὶ τὴν ἠλληγορημένην σοφίαν μεταβέβηκεν,
ὠφελιμώτατα τοῖς μιμουμένοις γενήσεται.

4. ἐκνεμομένας: 'that ravage' human life. Homer is said to be a moralist, hating vice, and he has made Odysseus his spokes-man (διὰ τούτου, 3).

5–6. ξένης . . . ἀπολαύσεως: 'cultivators of a strange delight'—the plant that makes you forget your obligation to return home.

8. ἐπήρωσε: 'blinded', 'crippled'. Cyclops is 'anger'—he steals away (ὑποκλωπῶν) our reason, a punning etymology—and the red-hot stake with which Odysseus puts out his eye is 'moral advice'.

9–10. δι᾽ ἐπιστήμης ἀστρονόμου: cf. *Od.* 5. 262 ff. (Calypso, daughter of Atlas and so a natural symbol for knowledge of the universe, sends Odysseus on his way, and 'sleep does not fall on his eyes, as he watches the Pleiades and Bootes . . . and the Bear, that they also call the Wain . . .').

10–11. δεδεκέναι: 'tied up'. Odysseus is said to do what Aeolus did for him. The better-attested reading δεδωκέναι 'provided' would presumably mean that Odysseus produced the favourable wind, though in fact this was Calypso's doing.

11–12. 'With great wisdom discovering a release from the alien, evil potions.' πεμμάτων 'confections', 'cakes', is an attested variant for πομάτων. ἐπείσακτος is a term philosophers use for pleasures 'brought in from outside' (Aristot. *EN* 1169^b26).

18. προτομάς: 'faces' (*Od.* 12. 90).

19. πεφραγμένη: 'fortified by'.

20–1. εἰ . . . ἀνάγκην: 'seeing that he did not even treat hunger as a force compelling him to do wrong'.

21. παρά: 'because of'—the audience of pleasure-loving and simple Phaeacians needed the lesson, and could only understand it in these terms.

63. Homer's pre-eminence

'Longinus', as the author of περὶ ὕψους (*de sublimitate*) is known, is the best literary critic of antiquity. The book probably dates from the first century AD. In style it is mannered, grandiose but often impressive. In this passage (9. 10–15) the author is discussing true grandeur in the portrayal of divine and human events. He gives an example from Homer, and rounds off the discussion by characterizing the two Homeric epics, taking the *Odyssey* to be later than the *Iliad*.

Οὐκ ὀχληρὸς ἂν ἴσως, ἑταῖρε, δόξαιμι, ἐν ἔτι τοῦ ποιητοῦ καὶ
τῶν ἀνθρωπίνων παραθέμενος τοῦ μαθεῖν χάριν ὡς εἰς τὰ
ἡρωικὰ μεγέθη συνεμβαίνειν ἐθίζει. ἀχλὺς ἄφνω καὶ νὺξ
ἄπορος αὐτῷ τὴν τῶν Ἑλλήνων ἐπέχει μάχην· ἔνθα δὴ ὁ Αἴας
5 ἀμηχανῶν

  Ζεῦ πάτερ, φησίν, ἀλλὰ σὺ ῥῦσαι ὑπ' ἠέρος υἷας Ἀχαιῶν,
  ποίησον δ' αἴθρην, δὸς δ' ὀφθαλμοῖσιν ἰδέσθαι·
  ἐν δὲ φάει καὶ ὄλεσσον.

ἔστιν ὡς ἀληθῶς τὸ πάθος Αἴαντος, οὐ γὰρ ζῆν εὔχεται (ἦν
10 γὰρ τὸ αἴτημα τοῦ ἥρωος ταπεινότερον), ἀλλ' ἐπειδὴ ἐν
ἀπράκτῳ σκότει τὴν ἀνδρείαν εἰς οὐδὲν γενναῖον εἶχε διαθέσ-
θαι, διὰ ταῦτ' ἀγανακτῶν ὅτι πρὸς τὴν μάχην ἀργεῖ, φῶς ὅτι
τάχιστα αἰτεῖται, ὡς πάντως τῆς ἀρετῆς εὑρήσων ἐντάφιον
ἄξιον, κἂν αὐτῷ Ζεὺς ἀντιτάττηται. ἀλλὰ γὰρ Ὅμηρος μὲν
15 ἐνθάδε οὔριος συνεμπνεῖ τοῖς ἀγῶσι, καὶ οὐκ ἄλλο τι αὐτὸς
πέπονθεν ἢ

μαίνεται, ὡς ὅτ' Ἄρης ἐγχέσπαλος ἢ ὀλοὸν πῦρ
οὔρεσι μαίνηται, βαθέης ἐν τάρφεσιν ὕλης,
ἀφλοισμὸς δὲ περὶ στόμα γίγνεται,

δείκνυσι δ' ὅμως διὰ τῆς Ὀδυσσείας (καὶ γὰρ ταῦτα πολλῶν 20
ἕνεκα προσεπιθεωρητέον), ὅτι μεγάλης φύσεως ὑποφερομένης
ἤδη ἴδιόν ἐστιν ἐν γήρᾳ τὸ φιλόμυθον. δῆλος γὰρ ἐκ πολλῶν
τε ἄλλων συντεθεικὼς ταύτην δευτέραν τὴν ὑπόθεσιν, ἀτὰρ δὴ
κἀκ τοῦ λείψανα τῶν Ἰλιακῶν παθημάτων διὰ τῆς Ὀδυσσείας
ὡς ἐπεισόδιά τινα προσεπεισφέρειν, καὶ νὴ Δί' ἐκ τοῦ τὰς 25
ὀλοφύρσεις καὶ τοὺς οἴκτους ὡς πάλαι που προεγνωσμένοις
τοῖς ἥρωσιν ἐνταῦθα προσαποδιδόναι. οὐ γὰρ ἀλλ' ἢ τῆς
Ἰλιάδος ἐπίλογός ἐστιν ἡ Ὀδύσσεια·

  ἔνθα μὲν Αἴας κεῖται ἀρήϊος, ἔνθα δ' Ἀχιλλεύς,
  ἔνθα δὲ Πάτροκλος, θεόφιν μήστωρ ἀτάλαντος· 30
  ἔνθα δ' ἐμὸς φίλος υἱός.

ἀπὸ δὲ τῆς αὐτῆς αἰτίας, οἶμαι, τῆς μὲν Ἰλιάδος γραφομένης
ἐν ἀκμῇ πνεύματος ὅλον τὸ σωμάτιον δραματικὸν ὑπεστήσατο
καὶ ἐναγώνιον, τῆς δὲ Ὀδυσσείας τὸ πλέον διηγηματικόν,
ὅπερ ἴδιον γήρως. ὅθεν ἐν τῇ Ὀδυσσείᾳ παρεικάσαι τις ἂν 35
καταδυομένῳ τὸν Ὅμηρον ἡλίῳ, οὗ δίχα τῆς σφοδρότητος
παραμένει τὸ μέγεθος. οὐ γὰρ ἔτι τοῖς Ἰλιακοῖς ἐκείνοις
ποιήμασιν ἴσον ἐνταῦθα σῴζει τὸν τόνον, οὐδ' ἐξωμαλισμένα
τὰ ὕψη καὶ ἰζήματα μηδαμοῦ λαμβάνοντα, οὐδὲ τὴν πρόχυσιν
ὁμοίαν τῶν ἐπαλλήλων παθῶν, οὐδὲ τὸ ἀγχίστροφον καὶ 40
πολιτικὸν καὶ ταῖς ἐκ τῆς ἀληθείας φαντασίαις καταπεπυκνω-
μένον· ἀλλ' οἷον ὑποχωροῦντος εἰς ἑαυτὸν Ὠκεανοῦ καὶ περὶ
τὰ ἴδια μέτρα †ἐρημουμένου τὸ λοιπὸν φαίνονται τοῦ
μεγέθους ἀμπώτιδες κἀν τοῖς μυθώδεσι καὶ ἀπίστοις πλάνος.
λέγων δὲ ταῦτ' οὐκ ἐπιλέλησμαι τῶν ἐν τῇ Ὀδυσσείᾳ 45
χειμώνων καὶ τῶν περὶ τὸν Κύκλωπα καί τινων ἄλλων, ἀλλὰ
γῆρας διηγοῦμαι, γῆρας δ' ὅμως Ὁμήρου· πλὴν ἐν ἅπασι
τούτοις ἑξῆς τοῦ πρακτικοῦ κρατεῖ τὸ μυθικόν. παρεξέβην δ'
εἰς ταῦθ', ὡς ἔφην, ἵνα δείξαιμι ὡς εἰς λῆρον ἐνίοτε ῥᾷστον
κατὰ τὴν ἀπακμὴν τὰ μεγαλοφυῆ παρατρέπεται, οἷα τὰ περὶ 50
τὸν ἀσκὸν καὶ τοὺς ἐν Κίρκης συοφορβουμένους, οὓς ὁ Ζωίλος
ἔφη χοιρίδια κλαίοντα, καὶ τὸν ὑπὸ τῶν πελειάδων ὡς
νεοσσὸν παρατρεφόμενον Δία καὶ τὸν ἐπὶ τοῦ ναυαγίου δέχ'

ἡμέρας ἄσιτον τά τε περὶ τὴν μνηστηροφονίαν ἀπίθανα. τί γὰρ
55 ἂν ἄλλο φήσαιμεν ταῦτα ἢ τῷ ὄντι τοῦ Διὸς ἐνύπνια; δευτέρου
δὲ εἵνεκα προσιστορήσθω τὰ κατὰ τὴν Ὀδύσσειαν, ὅπως ᾖ
σοι γνώριμον ὡς ἡ ἀπακμὴ τοῦ πάθους ἐν τοῖς μεγάλοις
συγγραφεῦσι καὶ ποιηταῖς εἰς ἦθος ἐκλύεται. τοιαῦτα γάρ που
τὰ περὶ τοῦ Ὀδυσσέως ἠθικῶς αὐτῷ βιολογούμενα οἰκίαν
60 οἱονεὶ κωμῳδία τίς ἐστιν ἠθολογουμένη.

1. τοῦ ποιητοῦ: i.e. Homer.

3. συνεμβαίνειν ἐθίζει: 'has the art of entering into' heroic grandeur.

4. αὐτῷ: 'in him', *apud eum*.
μάχην: 'battle' and so 'army'.

6 ff. *Iliad* 17. 645–7.

9. Αἴαντος: 'of an Ajax', i.e. worthy of Ajax.
ἦν: 'would have been'. *WS* § 2313.

10–11. ἐν ἀπράκτῳ σκότει: 'in the paralysing dark'.

17 ff. *Iliad* 15. 605–7.

21–2. ὑποφερομένης ἤδη: 'already on the decline'.

22. ἐν γήρᾳ: perhaps goes with this, despite the word-order.

23. δευτέραν: predicative: 'as a second ὑπόθεσις'.
ἀτὰρ δή: Denniston, *Particles*, 54.

26. προεγνωσμένοις: the MS has -ους, agreeing with οἴκτους.

27. οὐ γὰρ ἀλλ' ἤ: Denniston, *Particles*, 24–7. Here the sense must be 'the Odyssey is nothing but an epilogue to the Iliad'.

29 ff. *Odyssey* 3. 109–11.

33. ἐν ἀκμῇ πνεύματος: 'at the height of his powers'.
τὸ σωμάτιον: 'the corpus of his works', 'the book'.

38–9. οὐδ' . . . **λαμβάνοντα**: 'nor sublimity . . . that maintains its level and never admits any sinking'.

40. τῶν ἐπαλλήλων παθῶν: 'its unremitting emotional tensions'.

43. †ἐρημουμένου: text quite uncertain. ἠρεμοῦντος 'at rest' would make sense.

51. ἐν Κίρκης: *WS* § 1302. Cf **82.** 21
Zoilus, nicknamed the 'scourge of Homer', was a sophist

of the fourth century BC who made pedantic moralizing criticisms of the epics.

55. τοῦ Διὸς ἐνύπνια: meaning uncertain, but perhaps Homer, Zeus of poets, is thought to 'nod off' sometimes and to have improbable dreams.

57–8. πάθους . . . ἦθος: 'emotion . . . character'. The Odyssey, having less death and violence, is more like a comedy, which depends on the characterization of its persons.

64. *Shipwreck and rescue*

Dio of Prusa (*c.*50–*c.*110 AD), later called 'Chrysostomos' or 'Golden Mouth', was a man of substance in his native city, though exiled for a time under Domitian. He was also something of a philosopher, and a prolific speaker and writer of classicizing prose. He travelled much, both during his exile and afterwards, and is a prototype of the 'sophists' who captivated lecture audiences up and down the Greek world in the second century. This speech (*Or.* 7)—'The Euboean'—begins with a lively narrative of the speaker's adventures. He is shipwrecked on Euboea and entertained by the simple hunting folk who lived in the mountains. The moral is plain: rustic simplicity is better than urban sophistication. We give §§ 2–10.

Ἐτύγχανον μὲν ἀπὸ Χίου περαιούμενος μετά τινων ἁλιέων
ἔξω τῆς θερινῆς ὥρας ἐν μικρῷ παντελῶς ἀκατίῳ. χειμῶνος
δὲ γενομένου χαλεπῶς καὶ μόλις διεσώθημεν πρὸς τὰ Κοῖλα
τῆς Εὐβοίας· τὸ μὲν δὴ ἀκάτιον εἰς τραχύν τινα αἰγιαλὸν ὑπὸ
τοῖς κρημνοῖς ἐκβαλόντες διέφθειραν, αὐτοὶ δ᾽ ἀπεχώρησαν   5
πρός τινας πορφυρεῖς ὑφορμοῦντας ἐπὶ τῇ πλησίον χηλῇ,
κἀκείνοις συνεργάζεσθαι διενοοῦντο αὐτοῦ μένοντες.
καταλειφθεὶς δὴ μόνος, οὐκ ἔχων εἰς τίνα πόλιν σωθήσομαι,
παρὰ τὴν θάλατταν ἄλλως ἐπλανώμην, εἴ πού τινας ἢ
παραπλέοντας ἢ ὁρμοῦντας ἴδοιμι. προεληλυθὼς δὲ συχνὸν   10
ἀνθρώπων μὲν οὐδένα ἑώρων· ἐπιτυγχάνω δ᾽ ἐλάφῳ νεωστὶ
κατὰ τοῦ κρημνοῦ πεπτωκότι παρ᾽ αὐτὴν τὴν ῥαχίαν, ὑπὸ τῶν
κυμάτων παιομένῳ, φυσῶντι ἔτι. καὶ μετ᾽ ὀλίγον ἔδοξα

ὑλακῆς ἀκοῦσαι κυνῶν ἄνωθεν μόλις πως διὰ τὸν ἦχον τὸν
15 ἀπὸ τῆς θαλάττης. προελθὼν δὲ καὶ προβὰς πάνυ χαλεπῶς
πρός τι ὑψηλὸν τούς τε κύνας ὁρῶ ἠπορημένους καὶ διαθ-
έοντας, ὑφ' ὧν εἴκαζον ἀποβιασθὲν τὸ ζῷον ἀλέσθαι κατὰ τοῦ
κρημνοῦ, καὶ μετ' ὀλίγον ἄνδρα, κυνηγέτην ἀπὸ τῆς ὄψεως καὶ
τῆς στολῆς, τὰ γένεια ὑγιῆ, κομῶντα οὐ φαύλως οὐδ' ἀγεννῶς
20 ἐξόπισθεν, οἵους ἐπὶ Ἴλιον Ὅμηρός φησιν ἐλθεῖν Εὐβοέας,
σκώπτων, ἐμοὶ δοκεῖν, καὶ καταγελῶν ὅτι τῶν ἄλλων Ἀχαιῶν
καλῶς ἐχόντων οἶδε ἐξ ἡμίσους ἐκόμων.

Καὶ ὃς ἀνηρώτα με, Ἀλλ' ἦ, ὦ ξεῖνε, τῇδέ που φεύγοντα
ἔλαφον κατενόησας; κἀγὼ πρὸς αὐτόν, Ἐκεῖνος, ἔφην, ἐν τῷ
25 κλύδωνι ἤδη· καὶ ἀγαγὼν ἔδειξα. ἑλκύσας οὖν αὐτὸν ἐκ τῆς
θαλάττης τό τε δέρμα ἐξέδειρε μαχαίρᾳ, κἀμοῦ ξυλλαμβάν-
οντος ὅσον οἷός τ' ἦν, καὶ τῶν σκελῶν ἀποτεμὼν τὰ ὀπίσθια
ἐκόμιζεν ἅμα τῷ δέρματι. παρεκάλει δὲ κἀμὲ συνακολουθεῖν
καὶ συνεστιᾶσθαι τῶν κρεῶν· εἶναι δ' οὐ μακρὰν τὴν οἴκησιν.
30 Ἔπειτα ἕωθεν παρ' ἡμῖν, ἔφη, κοιμηθεὶς ἥξεις ἐπὶ τὴν
θάλατταν, ὡς τά γε νῦν οὐκ ἔστι πλόϊμα. καὶ μὴ τοῦτο, εἶπε,
φοβηθῇς· βουλοίμην δ' ἂν ἔγωγε καὶ μετὰ πέντε ἡμέρας λῆξαι
τὸν ἄνεμον· ἀλλ' οὐ ῥᾴδιον, εἶπεν, ὅταν οὕτως πιεσθῇ τὰ ἄκρα
τῆς Εὐβοίας ὑπὸ τῶν νεφῶν ὥς γε νῦν κατειλημμένα ὁρᾷς.
35 καὶ ἅμα ἠρώτα με ὁπόθεν δὴ καὶ ὅπως ἐκεῖ κατηνέχθην, καὶ
εἰ μὴ διεφθάρη τὸ πλοῖον. Μικρὸν ἦν παντελῶς, ἔφην, ἁλιέων
τινῶν περαιουμένων, κἀγὼ μόνος ξυνέπλεον ὑπὸ σπουδῆς
τινός. διεφθάρη δ' ὅμως ἐπὶ τὴν γῆν ἐκπεσόν. Οὔκουν ῥᾴδιον,
ἔφη, ἄλλως· ὅρα γὰρ ὡς ἄγρια καὶ σκληρὰ τῆς νήσου τὰ πρὸς
40 τὸ πέλαγος. ταῦτ', εἶπεν, ἐστὶ τὰ Κοῖλα τῆς Εὐβοίας
λεγόμενα, ὅπου κατενεχθεῖσα ναῦς οὐκ ἂν ἔτι σωθείη·
σπανίως δὲ σῴζονται καὶ τῶν ἀνθρώπων τινές, εἰ μὴ ἄρα,
ὥσπερ ὑμεῖς, ἐλαφροὶ παντελῶς πλέοντες. ἀλλ' ἴθι καὶ μηδὲν
δείσῃς. νῦν μὲν ἐκ τῆς κακοπαθείας ἀνακτήσῃ σαυτόν· εἰς
45 αὔριον δέ, ὅτι ἂν ᾖ δυνατόν, ἐπιμελησόμεθα ὅπως σωθῇς,
ἐπειδή σ' ἔγνωμεν ἅπαξ. δοκεῖς δέ μοι τῶν ἀστικῶν εἶναί τις,
οὐ ναύτης οὐδ' ἐργάτης, ἀλλὰ πολλήν τινα ἀσθένειαν τοῦ
σώματος ἀσθενεῖν ἔοικας ἀπὸ τῆς ἰσχνότητος.

Ἐγὼ δ' ἄσμενος ἠκολούθουν· οὐ γὰρ ἐπιβουλευθῆναί ποτε
50 ἔδεισα, οὐδὲν ἔχων ἢ φαῦλον ἱμάτιον. καὶ πολλάκις μὲν δὴ καὶ
ἄλλοτε ἐπειράθην ἐν τοῖς τοιούτοις καιροῖς, ἅτε ἐν ἄλῃ

συνεχεῖ, ἀτὰρ οὖν δὴ καὶ τότε, ὡς ἔστι πενία χρῆμα ἱερὸν καὶ
ἄσυλον, καὶ οὐδεὶς ἀδικεῖ, πολύ γ' ἧττον ἢ τοὺς τὰ κηρύκεια
ἔχοντας· ὡς δὴ καὶ τότε θαρρῶν εἰπόμην.

3–4. τὰ Κοῖλα τῆς Εὐβοίας: 'The Hollows of Euboea', a
notorious coast for wrecks, in the south of the island.

6. πορφυρεῖς: 'fishers for purple', i.e. for the murex from
which purple dye was obtained. These fishermen travelled
considerable distances, and so were able to provide passages for
other travellers.

χηλῆ: 'breakwater', 'quay'.

9–10. εἰ . . . ἴδοιμι: G § 1420.

10. συχνόν: 'a fair way'.

12. κατὰ τοῦ κρημνοῦ: 'over the cliff'.

τὴν ῥαχίαν: 'the beach'.

16–17. ἠπορημένους . . . διαθέοντας: 'running at a loss this
way and that'.

17. ἀποβιασθὲν: 'forced back'.

19. τὰ γένεια ὑγιῆ: G § 1058.

20. Εὐβοέας: alludes to *Iliad* 2. 542 (the 'Catalogue of
Ships').

23. Ἀλλ' ἦ: Denniston, *Particles*, 27.

27. τὰ ὀπίσθια: 'the hind legs'.

31. οὐκ ἔστι πλόιμα: 'it's not sailing weather'. *WS* § 1003.

33. πιεσθῇ: 'covered'.

35. κατηνέχθην: 'I had got to land', 'landed'.

42. ἄρα: Denniston, *Particles*, 37.

44. ἀνακτήσῃ σαυτόν: 'you shall recover'.

47–8. ἀσθένειαν . . . ἀσθενεῖν: G § 1051.

51–2. ἄτε ἐν ἄλῃ συνεχεῖ: 'seeing that I was for ever wander-
ing about'. This adventure is represented as part of his years of
exile under Domitian when he was forbidden to enter Italy or
his native province of Bithynia, but lived a 'wandering' life.

52. ἀτὰρ οὖν δή: Denniston, *Particles*, 54.

53. τὰ κηρύκεια: heralds' staffs guarantee the bearers' safety
in going between hostile forces.

65. The power of poetry

Dio delivered the speech from which this passage is taken (Or. 12. 65–9) at the Olympic festival of AD 101 or 105. He spoke in sight of Pheidias' great statue of Zeus, and imagines Pheidias defending himself against those who thought his concept of Zeus inadequate. But, Pheidias is made to say, he took his cue from Homer; so, if he is wrong, so is Homer. In this section Dio's Pheidias explains the advantages that poets have over sculptors, who work in a hard, expensive medium, not in anything as cheap, abundant and malleable as words.

Κινδυνεύει γὰρ οὖν τὸ ἀνθρώπινον γένος ἁπάντων ἐνδεὲς
γενέσθαι μᾶλλον ἢ φωνῆς καὶ λέξεως· τούτου δὲ μόνου
κέκτηται θαυμαστόν τινα πλοῦτον. οὐδὲν γοῦν παραλέλοιπεν
ἄφθεγκτον οὐδὲ ἄσημον τῶν πρὸς αἴσθησιν ἀφικνουμένων,
5 ἀλλ' εὐθὺς ἐπιβάλλει τῷ νοηθέντι σαφῆ σφραγῖδα ὀνόματος,
πολλάκις δὲ καὶ πλείους φωνὰς ἑνὸς πράγματος, ὧν ὁπόταν
φθέγξηταί τινα, παρέσχε δόξαν οὐ πολὺ ἀσθενεστέραν τἀλ-
ηθοῦς. πλείστη μὲν οὖν ἐξουσία καὶ δύναμις ἀνθρώπῳ περὶ
λόγον ἐνδείξασθαι τὸ παραστάν. ἡ δὲ τῶν ποιητῶν τέχνη
10 μάλα αὐθάδης καὶ ἀνεπίληπτος, ἄλλως τε 'Ομήρου, τοῦ
πλείστην ἄγοντος παρρησίαν, ὃς οὐχ ἕνα εἵλετο χαρακτῆρα
λέξεως, ἀλλὰ πᾶσαν τὴν 'Ελληνικὴν γλῶτταν διῃρημένην
τέως ἀνέμιξε, Δωριέων τε καὶ 'Ιώνων, ἔτι δὲ τὴν 'Αθηναίων,
εἰς ταὐτὸ κεράσας πολλῷ μᾶλλον ἢ τὰ χρώματα οἱ βαφεῖς, οὐ
15 μόνον τῶν καθ' αὑτόν, ἀλλὰ καὶ τῶν πρότερον, εἴ πού τι ῥῆμα
ἐκλελοιπός, καὶ τοῦτο ἀναλαβὼν ὥσπερ νόμισμα ἀρχαῖον ἐκ
θησαυροῦ ποθὲν ἀδεσπότου διὰ φιλορρηματίαν, πολλὰ δὲ καὶ
βαρβάρων ὀνόματα, φειδόμενος οὐδενὸς ὅτι μόνον ἡδονὴν ἢ
σφοδρότητα ἔδοξεν αὐτῷ ἔχειν· πρὸς δὲ τούτοις μεταφέρων οὐ
20 τὰ γειτνιῶντα μόνον οὐδὲ ἀπὸ τῶν ἐγγύθεν, ἀλλὰ τὰ πλεῖστον
ἀπέχοντα, ὅπως κηλήσῃ τὸν ἀκροατὴν μετ' ἐκπλήξεως
καταγοητεύσας, καὶ οὐδὲ ταῦτα κατὰ χώραν ἐῶν, ἀλλὰ τὰ μὲν
μηκύνων, τὰ δὲ συναιρῶν, τὰ δὲ ἄλλως παρατρέπων· τελευτῶν
δὲ αὐτὸν ἀπέφαινεν οὐ μόνον μέτρων ποιητήν, ἀλλὰ καὶ
25 ῥημάτων, παρ' αὑτοῦ φθεγγόμενος, τὰ μὲν ἁπλῶς τιθέμενος
ὀνόματα τοῖς πράγμασι, τὰ δ' ἐπὶ τοῖς κυρίοις ἐπονομάζων,

οἷον σφραγῖδα σφραγῖδι ἐπιβάλλων ἐναργῆ καὶ μᾶλλον
εὔδηλον, οὐδενὸς φθόγγου ἀπεχόμενος, ἀλλ' ἔμβραχυ ποταμῶν
τε μιμούμενος φωνὰς καὶ ὕλης καὶ ἀνέμων καὶ πυρὸς καὶ
θαλάττης, ἔτι δὲ χαλκοῦ καὶ λίθου καὶ ξυμπάντων ἁπλῶς   30
ζῴων καὶ ὀργάνων, τοῦτο μὲν ὀρνίθων, τοῦτο δὲ αὐλῶν τε καὶ
συρίγγων· καναχάς τε καὶ βόμβους καὶ κτύπον καὶ δοῦπον καὶ
ἄραβον πρῶτος ἐξευρὼν καὶ ὀνομάσας ποταμούς τε μορμύ-
ροντας καὶ βέλη κλάζοντα καὶ βοῶντα κύματα καὶ
χαλεπαίνοντας ἀνέμους καὶ ἄλλα τοιαῦτα δεινὰ καὶ ἄτοπα   35
καὶ τῷ ὄντι θαύματα, πολλὴν ἐμβάλλοντα τῇ γνώμῃ ταραχὴν
καὶ θόρυβον· ὥστε οὐκ ἦν αὐτῷ ἀπορία φοβερῶν ὀνομάτων
καὶ ἡδέων, ἔτι δὲ λείων καὶ τραχέων καὶ μυρίας ἄλλας
ἐχόντων διαφορὰς ἔν τε τοῖς ἤχοις καὶ τοῖς διανοήμασιν. ὑφ'
ἧς ἐποποιίας δυνατὸς ἦν ὁποῖον ἐβούλετο ἐμποιῆσαι τῇ ψυχῇ   40
πάθος.

4. ἄφθεγκτον ... ἄσημον: 'unspoken or unexpressed' ('with-
out a symbol').

5. σφραγῖδα: 'seal', a means of identification (we might say
'label') rather than of security, and this is the point of the
metaphor here. Cf. 27, below.

7. παρέσχε δόξαν: 'produces an impression'. G § 1292.

9. τὸ παραστάν: 'what comes to mind', 'what presents itself'.

10. ἀνεπίληπτος: 'beyond criticism'.

ἄλλως τε: 'especially', equivalent to classical ἄλλως τε
καί ...

13. τέως: 'hitherto', with διῃρημένην.

16. ἐκλελοιπός: 'obsolete'; strong perfect forms are often
used intransitively in this way.

ὥσπερ νόμισμα: for the analogy between words and
currency, see e.g. Horace, Ars Poetica 59, Quint. 1. 6. 3.

17. φιλορρηματίαν: 'love of words'—itself a coined word—is
a necessary emendation for φιλοχρηματίαν, 'love of money'.

18–19. ἡδονὴν ... σφοδρότητα: 'charm ... vehemence'.
These two opposing qualities are both sought by Homer (cf.
40 ff., below).

19. μεταφέρων: 'transferring'. i.e. 'using metaphorically'.

19–20. οὐ τὰ γειτνιῶντα . . . ἐγγύθεν: the pleonasm makes the idea clearer. Homer does not confine himself to metaphors from spheres 'close at hand' to his subject.

21. ἐκπλήξεως: 'amazement' accompanies the 'charm' and 'fascination'. Homer is a magician casting spells.

23. μηκύνων . . . συναιρῶν . . . παρατρέπων: 'lengthening . . . contracting . . . otherwise perverting'. Dio will have been thinking, e.g. of ὁρόων for ὁρῶν, δῶ for δῶμα. His list of mechanisms corresponds with the theory held by Stoics and others of the development of language as a whole (e.g. Varro, *LL* 5. 6, Quint. 1. 6. 32). Cf. Dionysius above (**61**).

τελευτῶν: *G* § 1564.

25–6. 'Giving names to things over and above their proper ones'.

34. βέλη κλάζοντα: *Il.* 1. 46. The other phrases quoted are also to be found in Homer. Examples extend (especially in χαλεπαίνοντας, 35) to a sort of personification.

PLUTARCH

Plutarch of Chaeronea (c.50–c.120 AD), the greatest and most influential Greek writer of the imperial period, lived quietly, teaching and writing, devoted to the affairs of his home city and the neighbouring shrine of Delphi. He did however spend much time in Athens (where libraries were better) and visited Italy, and he had many influential Roman friends. His surviving works (not much more than half of his vast output) consist of (i) the 'Parallel Lives', an ambitious series of biographies of Greek and Roman statesmen, the masterpiece of ancient biography, and a mine of historical information, (ii) nearly 80 other works (*Moralia*), mostly dialogues and essays, together with a few technical philosophical treatises (Plutarch was a Platonist, and liked to controvert Stoic and Epicurean positions) and antiquarian works. We give a representative group of passages from both halves of the corpus, beginning with the *Lives*.

66. *Alcibiades at Sparta*

Alcibiades, condemned at Athens, has been welcomed at Sparta and accepted as an adviser in the conduct of the war. Plutarch interrupts his narrative to describe his 'chameleon-like' behaviour wherever he went. It seems to be a traditional characterization of Alcibiades (see the Hellenistic writer Satyrus, quoted by Athenaeus 534 B, and Nepos *Alcibiades* 11). We give 23. 3–9.

Εὐδοκιμῶν δὲ δημοσίᾳ καὶ θαυμαζόμενος οὐχ ἧττον ἰδίᾳ τοὺς πολλοὺς κατεδημαγώγει καὶ κατεγοήτευε τῇ διαίτῃ λακωνίζων, ὥσθ' ὁρῶντας ἐν χρῷ κουριῶντα καὶ ψυχρολουτοῦντα καὶ μάζῃ συνόντα καὶ ζωμῷ μέλανι χρώμενον ἀπιστεῖν καὶ διαπορεῖν εἴ ποτε μάγειρον ἐπὶ τῆς οἰκίας οὗτος ἀνὴρ ἔσχεν ἢ   5
προσέβλεψε μυρεψὸν ἢ Μιλησίας ἠνέσχετο θιγεῖν χλανίδος. ἦν γάρ, ὥς φασι, μία δεινότης αὕτη τῶν πολλῶν ἐν αὐτῷ καὶ μηχανὴ θήρας ἀνθρώπων, συνεξομοιοῦσθαι καὶ συνομοπαθεῖν

188 PLUTARCH

τοῖς ἐπιτηδεύμασιν καὶ ταῖς διαίταις, ὀξυτέρας τρεπομένῳ
10 τροπὰς τοῦ χαμαιλέοντος. πλὴν ἐκεῖνος μέν, ὡς λέγεται, πρὸς
ἓν ἐξαδυνατεῖ χρῶμα τὸ λευκὸν ἀφομοιοῦν ἑαυτόν· Ἀλκιβιάδῃ
δὲ διὰ χρηστῶν ἰόντι καὶ πονηρῶν ὁμοίως, οὐδὲν ἦν ἀμίμητον
οὐδ' ἀνεπιτήδευτον, ἀλλ' ἐν Σπάρτῃ γυμναστικός, εὐτελής,
σκυθρωπός, ἐν Ἰωνίᾳ χλιδανός, ἐπιτερπής, ῥᾴθυμος, ἐν
15 Θρᾴκῃ μεθυστικός, ἐν Θετταλοῖς ἱππαστικός, Τισσαφέρνῃ δὲ
τῷ σατράπῃ συνὼν ὑπερέβαλεν ὄγκῳ καὶ πολυτελείᾳ τὴν
Περσικὴν μεγαλοπρέπειαν, οὐχ αὑτὸν ἐξιστὰς οὕτω ῥᾳδίως
εἰς ἕτερον ἐξ ἑτέρου τρόπον οὐδὲ πᾶσαν δεχόμενος τῷ ἤθει
μεταβολήν, ἀλλ' ὅτι τῇ φύσει χρώμενος ἔμελλε λυπεῖν τοὺς
20 ἐντυγχάνοντας, εἰς πᾶν ἀεὶ τὸ πρόσφορον ἐκείνοις σχῆμα καὶ
πλάσμα κατεδύετο καὶ κατέφευγεν. ἐν γοῦν τῇ Λακεδαίμονι
πρὸς τὰ ἔξωθεν ἦν εἰπεῖν· Οὐ παῖς Ἀχιλλέως ἀλλ'
ἐκεῖνος αὐτὸς εἶ, οἷον Λυκοῦργος ἐπαίδευσε· τοῖς δ'
ἀληθινοῖς ἄν τις ἐπεφώνησεν αὐτοῦ πάθεσι καὶ πράγμασιν·
25 Ἔστιν ἡ πάλαι γυνή.
    Τιμαίαν γὰρ τὴν Ἄγιδος γυναῖκα τοῦ βασιλέως στρατευο-
μένου καὶ ἀποδημοῦντος οὕτω διέφθειρεν ὥστε καὶ κύειν ἐξ
Ἀλκιβιάδου καὶ μὴ ἀρνεῖσθαι, καὶ τεκούσης παιδίον ἄρρεν
ἔξω μὲν Λεωτυχίδην καλεῖσθαι, τὸ δ' ἐντὸς αὐτοῦ ψιθυ-
30 ριζόμενον ὄνομα πρὸς τὰς φίλας καὶ τὰς ὀπαδοὺς ὑπὸ τῆς
μητρὸς Ἀλκιβιάδην εἶναι· τοσοῦτος ἔρως κατεῖχε τὴν ἄνθρω-
πον. ὁ δ' ἐντρυφῶν ἔλεγεν οὐχ ὕβρει τοῦτο πράττειν οὐδὲ
κρατούμενος ὑφ' ἡδονῆς, ἀλλ' ὅπως Λακεδαιμονίων
βασιλεύσωσιν οἱ ἐξ αὐτοῦ γεγονότες. οὕτω πραττόμενα ταῦτα
35 πολλοὶ κατηγόρουν πρὸς τὸν Ἆγιν. ἐπίστευσε δὲ τῷ χρόνῳ
μάλιστα, ὅτε σεισμοῦ γενομένου φοβηθεὶς ἐξέδραμε τοῦ
θαλάμου παρὰ τῆς γυναικός, εἶτα δέκα μηνῶν οὐκέτι συνῆλθεν
αὐτῇ, μεθ' οὓς γενόμενον τὸν Λεωτυχίδην ἀπέφησεν ἐξ αὐτοῦ
μὴ γεγονέναι. καὶ διὰ τοῦτο τῆς βασιλείας ἐξέπεσεν ὕστερον ὁ
40 Λεωτυχίδης.

1. **δημοσίᾳ . . . ἰδίᾳ**: Plutarch stresses the contrast. He has
been talking about Alcibiades' strategic advice, and now comes
to the impact of his personality.

2. **κατεδημαγώγει**: 'won over'.

3. ἐν χρῷ κουριῶντα: 'close shaven'. Cold baths, simple fare, and black broth (ζωμός) symbolize the Spartan way of life.

4. μάζῃ συνόντα: 'living with barley bread'.

6. μυρεψὸν: 'perfumer'. Μιλησίας . . . χλανίδος: 'ever bore to touch a Milesian cloak'. Milesian fine wools were famous.

8. θήρας ἀνθρώπων: 'of catching men'.

8–9. συνεξομοιοῦσθαι . . . διαίταις: 'to assimilate himself and share the experience of their ways and styles of life'. Note the pleonasm in meaning, and the pair of συν-compounds (very common in Plutarch).

9–10. ὀξυτέρας . . . τοῦ χαμαιλέοντος: 'making quicker changes than a chameleon'. G § 105.

12. διὰ χρηστῶν ἰόντι καὶ πονηρῶν: 'as he passed through good and bad', 'whether his surroundings were good or bad'.

13. εὐτελής: 'economical', 'simple'.

15. ἐν Θετταλοῖς: is a conjectural addition. It must be right: the Thracians were not particularly famous for horsemanship, the Thessalians were; moreover in a parallel passage of Satyrus (see introductory note) we have Alcibiades ἐν Θετταλίᾳ . . . ἱπποτροφῶν.

17. οὐχ αὐτὸν ἐξιστάς . . .: 'not dislodging himself all that easily from one character into another . . .'.

18–20. Plutarch's point is that the fundamental ἦθος is unchanged, but Alcibiades put on an act because the exposure of his φύσις would be offensive.

19–20. τοὺς ἐντυγχάνοντας: 'those who encountered him', 'his public'.

20–1. εἰς πᾶν . . . κατέφευγεν: 'He hid and took refuge in whatever style or fiction suited for the moment.'

22. TGF adespota 303. The speaker praises Neoptolemus by pretending to think that he is his father.

24. ἄν τις ἐπεφώνησεν: 'one might have commented on . . .'.

25. Eur. Orestes 129: Electra says this of Helen, who is still the same woman, even though she has cut off her hair.

29–31. 'But the name whispered indoors by the mother to her friends and maidservants was Alcibiades.'

31–2. τὴν ἄνθρωπον: 'her', 'the woman'.

32. ἐντρυφῶν: 'putting on airs', a favourite word to describe self-satisfied or contemptuous arrogance.

37. δέκα μηνῶν: G § 1136.

38–9. ἀπέφησεν . . . μὴ γεγονέναι: G § 1615.

39. ἐξέπεσεν: 'was driven from . . .', 'was expelled from . . .'.

67. *Marius' despair*

Marius' seventh consulship (86 BC) had begun with evil omens and forebodings of the coming conflict with Sulla. Plutarch describes the old man's collapse with great vividness. He relies, as he says, on the eye-witness account of Posidonius, a famous historian and philosopher, renowned for the colourfulness of his style (cf. **55**). This passage (45. 2–7) is among those cited as 'fragments' of Posidonius (F 37 Jacoby, F 255 Edelstein–Kidd, F 249 Theiler).

Ὑπὸ τοιούτων θραυόμενος λογισμῶν, καὶ τὴν μακρὰν ἄλην αὐτοῦ καὶ φυγὰς καὶ κινδύνους διὰ γῆς καὶ θαλάττης ἐλαυνομένου λαμβάνων πρὸ ὀφθαλμῶν, εἰς ἀπορίας ἐνέπιπτε δεινὰς καὶ νυκτερινὰ δείματα καὶ ταραχώδεις ὀνείρους, ἀεί
5 τινος ἀκούειν φθεγγομένου δοκῶν·

δειναὶ γὰρ κοῖται καὶ ἀποιχομένοιο λέοντος.

μάλιστα δὲ πάντων φοβούμενος τὰς ἀγρυπνίας, ἐνέβαλλεν εἰς πότους ἑαυτὸν καὶ μέθας ἀώρους καὶ παρ' ἡλικίαν, ὥσπερ ἀπόδρασιν τῶν φροντίδων τὸν ὕπνον μηχανώμενος. τέλος δ'
10 ὡς ἧκέ τις ἀπαγγέλλων τἀπὸ θαλάσσης, νέοι προσπίπτοντες αὐτῷ φόβοι, τὰ μὲν δέει τοῦ μέλλοντος, τὰ δ' ὥσπερ ἄχθει καὶ κόρῳ τῶν παρόντων, ῥοπῆς βραχείας ἐπιγενομένης, εἰς νόσον κατηνέχθη πλευρῖτιν, ὡς ἱστορεῖ Ποσειδώνιος ὁ φιλόσοφος, αὐτὸς εἰσελθεῖν καὶ διαλεχθῆναι περὶ ὧν ἐπρέσβευεν
15 ἤδη νοσοῦντι φάσκων αὐτῷ. Γάϊος δέ τις Πείσων, ἀνὴρ ἱστορικός, ἱστορεῖ τὸν Μάριον ἀπὸ δείπνου περιπατοῦντα μετὰ τῶν φίλων ἐν λόγοις γενέσθαι περὶ τῶν καθ' ἑαυτὸν πραγμάτων, ἄνωθεν ἀρξάμενον· καὶ τὰς ἐπ' ἀμφότερα πολλάκις

μεταβολὰς ἀφηγησάμενον, εἰπεῖν ὡς οὐκ ἔστι νοῦν ἔχοντος
ἀνδρὸς ἔτι τῇ τύχῃ πιστεύειν ἑαυτόν· ἐκ δὲ τούτου τοὺς   20
παρόντας ἀσπασάμενον καὶ κατακλινέντα συνεχῶς ἡμέρας
ἑπτὰ τελευτῆσαι. τινὲς δὲ τὴν φιλοτιμίαν αὐτοῦ φασὶν ἐν τῇ
νόσῳ παντάπασιν ἀποκαλυφθεῖσαν εἰς ἄτοπον ἐξοκεῖλαι πα-
ρακοπήν, οἰομένου τὸν Μιθριδατικὸν στρατηγεῖν πόλεμον,
εἶθ᾽, ὥσπερ ἐπ᾽ αὐτῶν εἰώθει τῶν ἀγώνων, σχήματα παντο-   25
δαπὰ καὶ κινήματα σώματος μετὰ συντόνου κραυγῆς καὶ
πυκνῶν ἀλαλαγμάτων ἀποδιδόντος. οὕτως δεινὸς αὐτῷ καὶ
δυσπαραμύθητος ἐκ φιλαρχίας καὶ ζηλοτυπίας ἔρως ἐντετήκει
τῶν πράξεων ἐκείνων. δι᾽ ὃν ἔτη μὲν ἑβδομήκοντα βεβιωκώς,
ὕπατος δὲ πρῶτος ἀνθρώπων ἑπτάκις ἀνηγορευμένος, οἶκόν τε   30
καὶ πλοῦτον ἀρκοῦντα βασιλείαις ὁμοῦ πολλαῖς κεκτημένος,
ὠδύρετο τὴν ἑαυτοῦ τύχην ὡς ἐνδεὴς καὶ ἀτελὴς ὢν ἐπόθει
προαποθνήσκων.

1. ἄλην: 'wandering', a word of high poetry, not at all
common in prose (but cf. 64. 51).

6. The source of this hexameter is unknown. The 'absent
lion' is Sulla.

8. ἀώρους καὶ παρ᾽ ἡλικίαν: 'untimely and unsuitable to his
time of life'. The second phrase probably explains the first.
Alternatively ἀώρους could refer to drinking in the daytime,
before evening makes it a proper pursuit.

9–11. 'But in the end, when a man came with news from the
coast—new terrors pressed upon him—'. If the text is right, νέοι
. . . φόβοι is in apposition to the idea of the preceding phrase.
The main sentence then begins at τὰ μὲν δέει. But a lacuna or
serious corruption is possible.

13. πλευρῖτιν: 'pleurisy'.

14. ἐπρέσβευεν: Posidonius was on a diplomatic mission to
Rome from his adopted city of Rhodes in 86 BC. In the Mithra-
datic war, Rhodes was an ally of Rome, and her envoy may have
been concerned to ensure that her services were rewarded.
Philosophers and expert orators were often employed as ambas-
sadors.

15. Πείσων: nothing is known of this historian, C. Piso. His

story implies that Marius' death was a suicide, presumably by abstention from food.

23. ἐξοκεῖλαι: 'ran aground on', 'foundered on', originally a metaphor from seafaring, but much weakened by common use.

27. ἀποδιδόντος: Marius 're-enacted' all kinds of physical postures and movements, with excited shouting and frequent screaming, just as on the battlefield: a vivid picture of a commander in the field! (Many veterans of both World Wars in this century have in their terminal illnesses re-enacted critical moments in battles fought in earlier years exactly as Plutarch describes Marius here.)

27–9. 'So dire and unconsolable was the passion for these actions that had sunk into him as a result of his love of power and his envy (of Sulla).' ἐντήκειν, 'melt into', 'fuse' is a metaphor from pouring hot metal into a mould.

29. δι' ὃν: the antecedent is ἔρως.

32–3. ὡς . . . προαποθνήσκων: i.e. 'because he was dying before his desires had been satisfied or fulfilled'.

68. 'Thou shalt see me at Philippi'

Here (*Brutus* 36) and again in *Caesar* 69. 6–12, Plutarch tells the story of the vision that threatened Brutus at the moment in the campaign of 42 BC when he and Cassius were about to cross the Hellespont into Europe. For Shakespeare (*Julius Caesar* IV. iii) the apparition was 'the Ghost of Caesar'.

Ἐπεὶ δὲ διαβαίνειν ἐξ Ἀσίας ἔμελλον, λέγεται τῷ Βρούτῳ μέγα σημεῖον γενέσθαι. φύσει μὲν γὰρ ἦν ἐπεγρήγορος ὁ ἀνὴρ καὶ τὸν ὕπνον εἰς ὀλίγου χρόνου μόριον ἀσκήσει καὶ σωφ-ροσύνῃ συνῆγεν, ἡμέρας μὲν οὐδέποτε κοιμώμενος, νύκτωρ δὲ
5 τοσοῦτον ὅσον οὔτε τι πράττειν οὔτε τῳ διαλέγεσθαι, πάντων ἀναπαυομένων, παρεῖχε. τότε δὲ τοῦ πολέμου συνεστῶτος ἐν χερσὶν ἔχων τὰς ὑπὲρ τῶν ὅλων πράξεις, καὶ τεταμένος τῇ φροντίδι πρὸς τὸ μέλλον, ὁπηνίκα πρῶτον ἀφ' ἑσπέρας ἐπινυστάξειε τοῖς σιτίοις, ἤδη τὸ λοιπὸν ἐχρῆτο τῇ νυκτὶ πρὸς
10 τὰ κατεπείγοντα τῶν πραγμάτων. εἰ δὲ συνέλοι καὶ κατοικο-

νομήσειε τὴν περὶ ταῦτα χρείαν, ἀνεγίνωσκε βιβλίον μέχρι
τρίτης φυλακῆς, καθ' ἣν εἰώθεσαν ἑκατόνταρχοι καὶ χιλίαρχοι
φοιτᾶν πρὸς αὐτόν. ὡς οὖν ἔμελλεν ἐξ Ἀσίας διαβιβάζειν τὸ
στράτευμα, νὺξ μὲν ἦν βαθυτάτη, φῶς δ' εἶχεν οὐ πάνυ
λαμπρὸν ἡ σελήνη, πᾶν δὲ τὸ στρατόπεδον σιωπῇ κατεῖχεν. ὁ   15
δὲ συλλογιζόμενός τι καὶ σκοπῶν πρὸς ἑαυτὸν ἔδοξεν αἰσθέσ-
θαι τινὸς εἰσιόντος. ἀποβλέψας δὲ πρὸς τὴν εἴσοδον ὁρᾷ δεινὴν
καὶ ἀλλόκοτον ὄψιν ἐκφύλου σώματος καὶ φοβεροῦ, σιωπῇ
παρεστῶτος αὐτῷ. τολμήσας δὲ ἐρέσθαι· Τίς ποτ' ὤν, εἶπεν,
ἀνθρώπων ἢ θεῶν, ἢ τί βουλόμενος ἥκεις ὡς ἡμᾶς; ὑποφθέγ-   20
γεται δ' αὐτῷ τὸ φάσμα· Ὁ σός, ὦ Βροῦτε, δαίμων κακός·
ὄψει δέ με περὶ Φιλίππους. καὶ ὁ Βροῦτος οὐ διαταραχθείς·
Ὄψομαι, εἶπεν.

2. ἐπεγρήγορος: 'wakeful', an adjective (cf. ἐγρήγορος), not
the participle ἐπεγρηγορώς (which is a variant reading here).

6. παρεῖχε: 'it was possible' (impersonal).

8–10. ὁπηνίκα . . . πραγμάτων: 'When he had first taken a
nap ('nodded off') after his evening meal, he would thereafter
employ the night on urgent business.' G § 1431.

10–11. 'If he managed to shorten and finish off the work
necessary for this . . .'.

12. τρίτης φυλακῆς: the Romans commonly divided the
night into four 'watches', the Greeks into three. Presumably the
time meant is the beginning of the third period, and, as Roman
practice should be intended, it was midnight when the cen-
turions and tribunes came to him.

69. The death of Cleopatra

Plutarch's most famous narrative is that of the last days of
Antony and Cleopatra. In this passage (*Antony* 84–5) we have
Cleopatra's lament over the dead Antony, and Octavian's dis-
covery of her body. There are many parallels with *Antony and
Cleopatra* v. ii; Shakespeare used North's translation, but of
course went his own way (e.g. he makes no use of the highly

rhetorical address of Cleopatra to the dead Antony in this passage).

Ἦν δὲ Κορνήλιος Δολαβέλλας ἐπιφανὴς νεανίσκος ἐν τοῖς Καίσαρος ἑταίροις. οὗτος εἶχε πρὸς τὴν Κλεοπάτραν οὐκ ἀηδῶς· καὶ τότε χαριζόμενος αὐτῇ δεηθείσῃ κρύφα πέμψας ἐξήγγειλεν, ὡς αὐτὸς μὲν ὁ Καῖσαρ ἀναζεύγνυσι πεζῇ διὰ
5 Συρίας, ἐκείνην δὲ μετὰ τῶν τέκνων ἀποστέλλειν ⟨εἰς Ῥώμην⟩ εἰς τρίτην ἡμέραν ἔγνωκεν. ἡ δ᾽ ἀκούσασα ταῦτα πρῶτον μὲν ἐδεήθη Καίσαρος ὅπως αὐτὴν ἐάσῃ χοὰς ἐπενεγκεῖν Ἀντωνίῳ· καὶ συγχωρήσαντος, ἐπὶ τὸν τάφον κομισθεῖσα καὶ περιπεσοῦσα τῇ σορῷ μετὰ τῶν συνήθων γυναικῶν· Ὦ φίλ᾽
10 Ἀντώνιε, εἶπεν, ἔθαπτον μέν σε πρῴην ἔτι χερσὶν ἐλευθέραις, σπένδω δὲ νῦν αἰχμάλωτος οὖσα καὶ φρουρουμένη μήτε κοπετοῖς μήτε θρήνοις αἰκίσασθαι τὸ δοῦλον τοῦτο σῶμα καὶ τηρούμενον ἐπὶ τοὺς κατὰ σοῦ θριάμβους. ἄλλας δὲ μὴ προσδέχου τιμὰς ἢ χοάς· ἀλλ᾽ αὐταί σοι τελευταῖαι Κλεοπά-
15 τρας ἀγομένης. ζῶντας μὲν γὰρ ἡμᾶς οὐθὲν ἀλλήλων διέστησε, κινδυνεύομεν δὲ τῷ θανάτῳ διαμείψασθαι τοὺς τόπους, σὺ μὲν ὁ Ῥωμαῖος ἐνταῦθα κείμενος, ἐγὼ δ᾽ ἡ δύστηνος ἐν Ἰταλίᾳ, τοσοῦτο τῆς σῆς μεταλαβοῦσα μόνον. ἀλλ᾽ εἰ δή τις τῶν ἐκεῖ θεῶν ἀλκὴ καὶ δύναμις—οἱ γὰρ ἐνταῦθα προὔδωκαν
20 ἡμᾶς—μὴ προῇ ζῶσαν τὴν σεαυτοῦ γυναῖκα, μηδ᾽ ἐν ἐμοὶ περιίδῃς θριαμβευόμενον σεαυτόν, ἀλλ᾽ ἐνταῦθά με κρύψον μετὰ σεαυτοῦ καὶ συνθάψον, ὡς ἐμοὶ μυρίων κακῶν ὄντων οὐδὲν οὕτω μέγα καὶ δεινόν ἐστιν, ὡς ὁ βραχὺς χρόνος ὃν σοῦ χωρὶς ἔζηκα.
25 Τοιαῦτ᾽ ὀλοφυραμένη καὶ στέψασα καὶ κατασπασαμένη τὴν σορόν, ἐκέλευσεν λοῦτρον αὐτῇ γενέσθαι. λουσαμένη δὲ καὶ κατακλιθεῖσα, λαμπρὸν ἄριστον ἠρίστα. καί τις ἧκεν ἀπ᾽ ἀγροῦ κίστην τινὰ κομίζων· τῶν δὲ φυλάκων ὅτι φέροι πυνθανομένων, ἀνοίξας καὶ ἀφελὼν τὰ θρῖα σύκων ἐπιπλέων
30 τὸ ἀγγεῖον ἔδειξε. θαυμασάντων δὲ τὸ κάλλος καὶ τὸ μέγεθος, μειδιάσας παρεκάλει λαβεῖν· οἱ δὲ πιστεύσαντες ἐκέλευον εἰσενεγκεῖν. μετὰ δὲ τὸ ἄριστον ἡ Κλεοπάτρα δέλτον ἔχουσα γεγραμμένην καὶ κατασεσημασμένην ἀπέστειλε πρὸς Καίσαρα, καὶ τοὺς ἄλλους ἐκποδὼν ποιησαμένη πλὴν τῶν δυεῖν ἐκείνων
35 γυναικῶν, τὰς θύρας ἔκλεισε. Καῖσαρ δὲ λύσας τὴν δέλτον, ὡς

THE DEATH OF CLEOPATRA   195

ἐνέτυχε λιταῖς καὶ ὀλοφυρμοῖς δεομένης αὐτὴν σὺν Ἀντωνίῳ
θάψαι, ταχὺ συνῆκε τὸ πεπραγμένον. καὶ πρῶτον μὲν αὐτὸς
ὥρμησε βοηθεῖν, ἔπειτα τοὺς σκεψομένους κατὰ τάχος
ἔπεμψεν. ἐγεγόνει δ᾿ ὀξὺ τὸ πάθος. δρόμῳ γὰρ ἐλθόντες, καὶ
τοὺς μὲν φυλάττοντας οὐδὲν ᾐσθημένους καταλαβόντες τὰς δὲ   40
θύρας ἀνοίξαντες, εὗρον αὐτὴν τεθνηκυῖαν ἐν χρυσῇ
κατακειμένην κλίνῃ κεκοσμημένην βασιλικῶς. τῶν δὲ
γυναικῶν ἡ μὲν Εἰρὰς λεγομένη πρὸς τοῖς ποσὶν ἀπέθνησκεν, ἡ
δὲ Χάρμιον ἤδη σφαλλομένη καὶ καρηβαροῦσα κατεκόσμει
τὸ διάδημα τὸ περὶ τὴν κεφαλὴν αὐτῆς. εἰπόντος δέ τινος   45
ὀργῇ· Καλὰ ταῦτα, Χάρμιον; Κάλλιστα μὲν οὖν, ἔφη, καὶ
πρέποντα τῇ τοσούτων ἀπογόνῳ βασιλέων. πλέον δ᾿ οὐδὲν
εἶπεν, ἀλλ᾿ αὐτοῦ παρὰ τὴν κλίνην ἔπεσε.

2–3. εἶχε . . . οὐκ ἀηδῶς: 'was on very good terms with'. _WS_
§ 2694.

4. ἀναζεύγνυσι: 'was starting out for'. Military term for
breaking up camp.

5. The supplement (based on Ziegler's) is suggested by the
wording in the late historian Zonaras, who used Plutarch.

7. ἐδεήθη . . . ὅπως: _G_ § 1374.

8. συγχωρήσαντος: sc. αὐτοῦ, cf. θαυμασάντων below 36: _G_ §
1568.

10. ἔτι: with ἐλευθερίας.

11–13. 'So guarded as to prevent me spoiling by beatings or
lamentations this slave's body, which is being kept for the
triumph that is to be held over you.' Notice the strong iambic
(iambo-trochaic) rhythms.

13. θριάμβους: the Greek word θρίαμβος (originally a hymn
in honour of Bacchus) is the word used for Lat. _triumphus_, itself
probably derived from Greek through Etruscan.

17. ἐνταῦθα: i.e. in Egypt. But in 19 ἐκεῖ and ἐνταῦθα seem
rather to mean 'in the world below' and 'in this world' respect-
ively; yet again in 21 ἐνταῦθα is 'in Egypt'. So North (from
Amyot): 'if therefore the Gods where thou art now have any
power and authority with the Gods here who have forsaken
us . . .'.

27. λαμπρὸν ἄριστον ἠρίστα: 'proceeded to make a splendid dinner', in the course of which the man came (ἧκεν) with the figs.

29. τὰ θρῖα: 'the leaves'.

31. μειδιάσας: *G* § 1563. 8.

34–5. The two women are Iras and Charmion.

39. 'Her death was very sudden' (North).

46 ff. 'Charmian, is this well done?'
'It is well done, and fitting for a princess
Descended of so many royal kings.'

(*Antony and Cleopatra* v. ii. 345)

70. *Fortune and Virtue*

A few of Plutarch's works are more highly rhetorical than the rest. This passage (317 C–318 B) comes from a speech of this kind, in which he imagines Fortune and Virtue entering into a court-case (ἀγών, δίκη) for the credit of making Rome a great empire. Anaphora, asyndeton, polysyndeton, climax, and other figures are conspicuous.

Νυνὶ δέ μοι δοκῶ τοῦ προβλήματος ἀρχόμενος ὥσπερ ἀπὸ
σκοπιᾶς καθορᾶν ἐπὶ τὴν σύγκρισιν καὶ τὸν ἀγῶνα τήν τε
Τύχην καὶ τὴν Ἀρετὴν βαδιζούσας. ἀλλὰ τῆς μὲν Ἀρετῆς
πρᾶόν τε τὸ βάδισμα καὶ τὸ βλέμμα καθεστηκός, ἐπιτρέχει δέ
5 τι καὶ τῷ προσώπῳ πρὸς τὴν ἅμιλλαν ἐρύθημα τῆς φιλο-
τιμίας. καὶ πολὺ μὲν ὑστερεῖ σπευδούσης τῆς Τύχης, ἄγουσι
δ' αὐτὴν καὶ δορυφοροῦσι κατὰ πλῆθος

ἄνδρες ἀρηΐφατοι βεβροτωμένα τεύχε' ἔχοντες,

ἐναντίων τραυμάτων ἀνάπλεῳ, αἷμα συμμεμιγμένον ἱδρῶτι
10 σταλάζοντες, ἡμικλάστοις ἐπιβεβηκότες λαφύροις. βούλεσθε
δὲ πυθώμεθα, τίνες ποτ' εἰσὶν οὗτοι; Φαβρίκιοί φασιν καὶ
Κάμιλλοι καὶ Δέκιοι καὶ Κιγκιννᾶτοι καὶ Μάξιμοι Φάβιοι καὶ
Κλαύδιοι Μάρκελλοι καὶ Σκιπίωνες. ὁρῶ δὲ καὶ Γάιον Μάριον
ὀργιζόμενον τῇ Τύχῃ, καὶ Μούκιος ἐκεῖ Σκαιόλας τὴν
15 φλεγομένην χεῖρα δείκνυσι βοῶν μὴ καὶ ταύτην τῇ Τύχῃ

χαρίζῃ; καὶ Μάρκος Ὡράτιος ἀριστεὺς παραποτάμιος
Τυρρηνικοῖς βέλεσι βαρυνόμενος καὶ σκάζοντα μηρὸν πα-
ρέχων, ἐκ βαθείας ὑποφθέγγεται δίνης, Οὐκοῦν κἀγὼ κατὰ
τύχην πεπήρωμαι; τοιοῦτος ὁ τῆς Ἀρετῆς χορὸς πρόσεισιν ἐπὶ
τὴν σύγκρισιν,   20
βριθὺς ὁπλιτοπάλας δάϊος ἀντιπάλοισι.

Τῆς δὲ Τύχης ὀξὺ μὲν τὸ κίνημα καὶ θρασὺ τὸ φρόνημα
καὶ μεγάλαυχον ἡ ἐλπίς, φθάνουσα δὲ τὴν Ἀρετὴν ἐγγύς
ἐστιν, οὐ πτεροῖς ἐλαφρίζουσα κούφοις ἑαυτὴν οὐδ' ἀκρώνυχον
ὑπὲρ σφαίρας τινὸς ἴχνος καθεῖσα περισφαλὴς καὶ ἀμφίβολος   25
πρόσεισιν, εἶτ' ἄπεισιν ἀειδής· ἀλλ' ὥσπερ οἱ Σπαρτιᾶται τὴν
Ἀφροδίτην λέγουσι διαβαίνουσαν τὸν Εὐρώταν τὰ μὲν
ἔσοπτρα καὶ τοὺς χλίδωνας καὶ τὸν κεστὸν ἀποθέσθαι, δόρυ δὲ
καὶ ἀσπίδα λαβεῖν κοσμουμένην τῷ Λυκούργῳ· οὕτως ἡ Τύχη
καταλιποῦσα Πέρσας καὶ Ἀσσυρίους Μακεδονίαν μὲν ἐλαφρὰ   30
διέπτη καὶ ἀπεσείσατο ταχέως Ἀλέξανδρον, καὶ δι' Αἰγύπτου
καὶ Συρίας περιφέρουσα βασιλείας διώδευσε, καὶ Καρχη-
δονίους στρεφομένη πολλάκις ἐβάστασε· τῷ δὲ Παλατίῳ
προσερχομένη καὶ διαβαίνουσα τὸν Θύμβριν, ὡς ἔοικεν ἔθηκε
τὰς πτέρυγας, ἐξέβη τῶν πεδίλων, ἀπέλιπε τὴν ἄπιστον καὶ   35
παλίμβολον σφαῖραν. οὕτως εἰσῆλθεν εἰς Ῥώμην ὡς μενοῦσα
καὶ τοιαύτη πάρεστιν ὡς ἐπὶ τὴν δίκην.

2. σκοπιᾶς: 'watch tower'. Cf. Plato, *Rep.* 445 c.
τὴν σύγκρισιν: 'the comparison'.

4. καθεστηκός: 'steady'.

4–6. ἐπιτρέχει . . . φιλοτιμίας: 'and a certain blush of
ambition runs over her face at the prospect of the contest'.
ἐπιτρέχει is a good conjecture for the MS παρέχει.

8. *Od.* 11. 41.

9. ἐναντίων: i.e. 'on the front'. They are brave men, not
running away.

10. σταλάζοντες: 'dripping'.
ἡμικλάστοις . . . λαφύροις: 'treading upon battered
spoils'.

10–11. βούλεσθε δὲ πυθώμεθα: G § 1358.

11-13. For these rhetorical plurals, cf. 'Longinus' *de sublimitate* 23.

14. Mucius Scaevola: Livy 2. 12.

15-16. μὴ . . . χαρίζῃ: *G* § 1603: 'Are you making a present of *this* to Fortune?'

16. ἀριστεὺς παραποτάμιος: 'the riverside hero', i.e. Horatius who 'kept the bridge'. Dion. Hal. 5. 24. 3 describes his thigh wound.

21. ἀντιπάλοισι: see E. Fraenkel, *Aeschylus: Agamemnon*, p. 830, on the need to keep this reading. The line (from Aeschylus) is not an elegiac pentameter.

24-6. οὐδ' ἀκρώνυχον . . . ἀειδής: 'Nor does she advance perilous and ambivalent, stepping tip-toe on a ball, and then depart unseen.'

28. 'Her mirrors, her bracelets and her magic girdle.'

32. διώδευσε: 'travelled through'.

32 ff. 'And often turned her back and raised up the Carthaginians' (sc. after their various defeats, especially those in the First and Second Punic wars).

35. ἐξέβη τῶν πεδίλων: 'stepped out of her sandals', as though they were a vehicle, because (like those of other gods) they had the power to transport her over land and sea.

71. *Tranquillity of mind*

This passage of περὶ εὐθυμίας (466 A–D) is a good specimen of Plutarch's use of allusion and simile in developing a moral lesson. The subject is similar to that treated by Seneca in his *de tranquillitate animi*. It was first treated by Democritus (3 above).

Τοὺς μὲν γὰρ ἀφωρισμένως ἕνα βίον ἄλυπον νομίζοντας, ὡς ἔνιοι τὸν τῶν γεωργῶν ἢ τὸν τῶν ἠϊθέων ἢ τὸν τῶν βασιλέων, ἱκανῶς ὁ Μένανδρος ὑπομιμνήσκει λέγων·

    ᾤμην ἐγὼ τοὺς πλουσίους, ὦ Φανία,

5   οἷς μὴ τὸ δανείζεσθαι πρόσεστιν, οὐ στένειν

    τὰς νύκτας οὐδὲ στρεφομένους ἄνω κάτω

οἴμοι λέγειν, ἡδὺν δὲ καὶ πρᾶόν τινα
ὕπνον καθεύδειν.

εἶτα προσδιελθών, ὡς καὶ τοὺς πλουσίους ἑώρα ταὐτὰ
πάσχοντας τοῖς πένησιν,   10

ἆρ᾽ ἐστί (φησί) συγγενές τι λύπη καὶ βίος;
τρυφερῷ βίῳ σύνεστιν, ἐνδόξῳ βίῳ
πάρεστιν, ἀπόρῳ συγκαταγηράσκει βίῳ.

ἀλλ᾽ ὥσπερ οἱ δειλοὶ καὶ ναυτιῶντες ἐν τῷ πλεῖν, εἶτα ῥᾷον
οἰόμενοι διάξειν ἐὰν εἰς γαῦλον ἐξ ἀκάτου καὶ πάλιν ἐὰν εἰς   15
τριήρη μεταβῶσιν, οὐδὲν περαίνουσι τὴν χολὴν καὶ τὴν δειλίαν
συμμεταφέροντες ἑαυτοῖς, οὕτως αἱ τῶν βίων ἀντιμεταλήψεις
οὐκ ἐξαιροῦσι τῆς ψυχῆς τὰ λυπεστί α καὶ ταράττοντα· ταῦτα
δ᾽ ἐστὶν ἀπειρία πραγμάτων, ἀλογιστία, τὸ μὴ δύνασθαι μηδ᾽
ἐπίστασθαι χρῆσθαι τοῖς παροῦσιν ὀρθῶς. ταῦτα καὶ πλουσίους   20
χειμάζει καὶ πένητας, ταῦτα καὶ γεγαμηκότας ἀνιᾷ καὶ ἀγά-
μους· διὰ ταῦτα φεύγουσι τὴν ἀγορὰν εἶτα τὴν ἡσυχίαν οὐ
φέρουσι, διὰ ταῦτα προαγωγὰς ἐν αὐλαῖς διώκουσι, καὶ παρελ-
θόντες εὐθὺς βαρύνονται.

δυσάρεστον οἱ νοσοῦντες ἀπορίας ὑπο·   25

καὶ γὰρ ἡ γυνὴ λυπεῖ καὶ τὸν ἰατρὸν αἰτιῶνται καὶ δυσ-
χεραίνουσι τὸ κλινίδιον,

φίλων δ᾽ ὅ τ᾽ ἐλθὼν λυπρὸς ὅ τ᾽ ἀπιὼν βαρύς,

ὡς ὁ Ἴων φησίν. εἶτα τῆς νόσου διαλυθείσης καὶ κράσεως
ἑτέρας ἐγγενομένης ἦλθεν ἡ ὑγίεια φίλα πάντα ποιοῦσα καὶ   30
προσηνῆ. ὁ γὰρ ἐχθὲς ᾠὰ καὶ ἀμύλια καὶ σητάνειον ἄρτον
διαπτύων, τήμερον αὐτόπυρον ἐπ᾽ ἐλαίαις ἢ καρδαμίδι
σιτεῖται προσφιλῶς καὶ προθύμως.

1. ἀφωρισμένως: 'specifically'.

2. τῶν γεωργῶν: the most famous statement of this view is
Virg. Georg. 2. 458 ff.

ἠϊθέων: 'bachelors'.

4. Menander fr. 281 Kock, from Citharistes.

9 ff. This theme of human discontent is common in ancient
literature: e.g. in Horace, Epistles (1. 1, 1. 11, 1. 13), Seneca
epist. 28, Lucr. 3. 1057 ff.

15. γαῦλον: 'merchantman'.

16. τὴν χολὴν: 'their bile', which the sea-sickness stirs up.

17. αἱ τῶν βίων ἀντιμεταλήψεις: 'changes of life-styles'.

20 ff. Note asyndeton and anaphora.

23. προαγωγὰς ἐν αὐλαῖς: 'advancement at court'.

25. Eur. *Orestes* 232; Orestes, awaking from sleep, is nursed by Electra, but is uncomfortable whether lying down or standing up.

26. λυπεῖ: 'annoys'.

27. κλινίδιον: note the diminutive—common in popular moralizing, to make the tone more familiar.

28. Ion of Chios (tragedian and memoir-writer of the fifth century BC), fr. 56 Nauck.

29. κράσεως: 'temperament', 'balance' of the humours.

30. ἦλθεν: *G* § 1292.

31. ἀμύλια: cakes of fine meal.
σητάνειον ἄρτον: 'loaf of sifted flour'.

32. καρδαμίδι: 'cress'.

72. *Socrates' divine warning—a sneeze*

In *de genio Socratis* Plutarch combines philosophical discussion of the δαιμόνιον σημεῖον, which Socrates claimed warned him against rash action, with a lively narrative of the liberation of Thebes from Spartan rule in 379 BC. In this extract (580 F–581 E) Galaxidorus (name from Xen. *Hell.* 3. 5. 1) gives a rationalist explanation of the mysterious sign, which he attributes to Terpsion, a Megarian pupil of Socrates, mentioned in Plato.

Καὶ ὁ Γαλαξίδωρος, Οἴει γάρ, ἔφη, Θεόκριτε, τὸ Σωκράτους
δαιμόνιον ἰδίαν καὶ περιττὴν ἐσχηκέναι δύναμιν, οὐχὶ τῆς
κοινῆς μόριόν τι μαντικῆς τὸν ἄνδρα πείρᾳ βεβαιωσάμενον ἐν
τοῖς ἀδήλοις καὶ ἀτεκμάρτοις τῷ λογισμῷ ῥοπὴν ἐπάγειν; ὡς
5 γὰρ ὁλκὴ μία καθ' αὑτὴν οὐκ ἄγει τὸν ζυγόν, ἰσορροποῦντι δὲ
βάρει προστιθεμένη κλίνει τὸ σύμπαν ἐφ' ἑαυτήν, οὕτω
πταρμὸς ἢ κληδὼν ἤ τι τοιοῦτον σύμβολον... καὶ κοῦφον

ἐμβριθῆ διάνοιαν ἐπισπάσασθαι πρὸς πρᾶξιν· δυοῖν δ' ἐναντίων
λογισμῶν θατέρῳ προσελθὸν ἔλυσε τὴν ἀπορίαν, τῆς ἰσότητος
ἀναιρεθείσης, ὥστε κίνησιν γίνεσθαι καὶ ὁρμήν. 10
Ὑπολαβὼν δὲ ὁ πατήρ· Ἀλλὰ μήν, ἔφη, καὶ αὐτός, ὦ
Γαλαξίδωρε, Μεγαρικοῦ τινὸς ἤκουσα, Τερψίωνος δὲ ἐκεῖνος,
ὅτι τὸ Σωκράτους δαιμόνιον πταρμὸς ἦν, ὅ τε παρ' αὐτοῦ καὶ
ὁ παρ' ἄλλων. ἑτέρου μὲν γὰρ πταρόντος ἐκ δεξιᾶς, εἴτ'
ὄπισθεν εἴτ' ἔμπροσθεν, ὁρμᾶν αὐτὸν ἐπὶ τὴν πρᾶξιν, εἰ δ' ἐξ 15
ἀριστερᾶς, ἀποτρέπεσθαι· τῶν δ' αὐτοῦ πταρμῶν τὸν μὲν ἔτι
μέλλοντος βεβαιοῦν, τὸν δὲ ἤδη πράσσοντος ἐπέχειν καὶ
κωλύειν τὴν ὁρμήν. ἀλλ' ἐκεῖνό μοι δοκεῖ θαυμαστόν, εἰ
πταρμῷ χρώμενος οὐ τοῦτο τοῖς ἑταίροις ἀλλὰ δαιμόνιον εἶναι
τὸ κωλῦον ἢ κελεῦον ἔλεγε· τύφου γὰρ αὖ τινος, ὦ φίλε, κενοῦ 20
καὶ κόμπου τὸ τοιοῦτον, οὐκ ἀληθείας καὶ ἁπλότητος οἷς τὸν
ἄνδρα μέγαν ὡς ἀληθῶς καὶ διαφέροντα τῶν πολλῶν
γεγονέναι δοκοῦμεν, ὑπὸ φωνῆς ἔξωθεν ἢ πταρμοῦ τινος
ὁπηνίκα τύχοι θορυβούμενον ἐκ τῶν πράξεων ἀνατρέπεσθαι
καὶ προΐεσθαι τὸ δεδογμένον. αἱ δὲ Σωκράτους ὁρμαὶ <τόνον 25
ἀμετάστρεπτον> ἔχουσαι καὶ σφοδρότητα φαίνονται πρὸς
ἅπαν, ὡς ἂν ἐξ ὀρθῆς καὶ ἰσχυρᾶς ἀφειμέναι κρίσεως καὶ
ἀρχῆς· πενίᾳ γὰρ ἐμμεῖναι παρὰ πάντα τὸν βίον ἑκουσίως, σὺν
ἡδονῇ καὶ χάριτι τῶν διδόντων ἔχειν δυνάμενον, καὶ φιλοσοφ-
ίας μὴ ἐκστῆναι πρὸς τοσαῦτα κωλύματα, καὶ τέλος εἰς 30
σωτηρίαν καὶ φυγὴν αὐτῷ σπουδῆς ἑταίρων καὶ παρασκευῆς
εὐμηχάνου γενομένης μήτε καμφθῆναι λιπαροῦσι μήτε ὑποχω-
ρῆσαι τῷ θανάτῳ πελάζοντι, χρῆσθαι δ' ἀτρέπτῳ τῷ λογισμῷ
πρὸς τὸ δεινόν, οὐκ ἔστιν ἀνδρὸς ἐκ κληδόνων ἢ πταρμῶν
μεταβαλλομένην ὅτε τύχοι γνώμην ἔχοντος ἀλλ' ὑπὸ μείζονος 35
ἐπιστασίας καὶ ἀρχῆς ἀγομένου πρὸς τὸ καλόν.
Ἀκούω δὲ καὶ τὴν ἐν Σικελίᾳ τῆς Ἀθηναίων δυνάμεως
φθορὰν προειπεῖν αὐτὸν ἐνίοις τῶν φίλων. καὶ πρότερον ἔτι
τούτων Πυριλάμπης ὁ Ἀντιφῶντος, ἁλοὺς ἐν τῇ διώξει περὶ
Δήλιον ὑφ' ἡμῶν δορατίῳ τετρωμένος, ὡς ἤκουσε τῶν ἐπὶ τὰς 40
σπονδὰς ἀφικομένων Ἀθήνηθεν ὅτι Σωκράτης μετὰ
Ἀλκιβιάδου καὶ Λάχητος ἐπὶ τῆς Σχιστῆς καταβὰς ἀπο-
νενοστήκοι, πολλὰ μὲν τοῦτον ἀνεκαλέσατο, πολλὰ δὲ φίλους
τινὰς καὶ λοχίτας οἷς συνέβη μετ' αὐτοῦ παρὰ τὴν Πάρνηθα
φεύγουσιν ὑπὸ τῶν ἡμετέρων ἱππέων ἀποθανεῖν, ὡς τοῦ 45

Σωκράτους δαιμονίου παρακούσαντας ἑτέραν ὁδόν, οὐχ ἣν ἐκεῖνος ἦγε, τρεπόμενος ἀπὸ τῆς μάχης. ταῦτα δ᾽ οἶμαι καὶ Σιμμίαν ἀκηκοέναι.

Πολλάκις, ὁ Σιμμίας ἔφη, καὶ πολλῶν· διεβοήθη γὰρ οὐκ
50 ἠρέμα τὸ Σωκράτους Ἀθήνησιν ἐκ τούτων δαιμόνιον.

3. πείρᾳ βεβαιωσάμενον: 'having come to control by experience' some portion of ordinary divination, Socrates perhaps brings it to bear as a deciding factor (ῥοπή, something that turns the scale) in thinking about a difficult or obscure matter.

5. ὁλκὴ μία: 'a single weight'.

7. σύμβολον . . . καὶ κοῦφον: there are a few words missing here. The general sense must be that such signs, being trivial, are unable on their own to determine action, but may turn the balance between two equally valid alternatives.

8. ἐμβριθῆ: 'weighty'.

9. προσελθόν: *G* § 1290.
ἔλυσε: *G* § 1292.

11. ὁ πατήρ: Polymnis, father of Caphisias, the narrator of the dialogue.

14. ἐκ δεξιᾶς: Cf. Catullus 45 for superstitions connected with the direction from which one hears a sneeze.

15–16. ὁρμᾶν . . . ἀποτρέπεσθαι: infinitives of indirect speech, depending ultimately on ἤκουσα in the previous sentence; this verb regularly takes an infinitive when meaning 'I hear that . . .'.

18. εἰ: 'that'. *G* § 1423.

20. τύφου: 'smoke', 'nonsense'.

21. κόμπου: 'pretentiousness'.

24. ὁπηνίκα τύχοι: 'at any moment'.

25–6. <τόνον ἀμετάστρεπτον>: 'inflexible strength'.

27. ὡς ἄν: *WS* § 1766.

28–36. πενίᾳ . . . τὸ δεινόν . . .: All this depends on οὐκ ἔστιν ἀνδρὸς . . . (34). 'To stick with poverty all his life, when he could have had money with the pleasure and the gratitude of the donors, to remain loyal to philosophy in the face of such obstacles, and in the end to refuse to be swayed by his friends' pleadings, when there was willingness and means enough on their side to ensure his safety and escape, nor yet to flinch before the approach of death but to keep his reason unswervingly in the face of danger—these are not the acts of a man whose opinion changes accidentally as a result of chance words or sneezes, but of one who is guided towards the Good by a higher control and governance.'

34. κληδόνων: a κληδών is a word spoken which is accepted by a hearer in a sense other than the speaker intended, but significant for the future. See Fraenkel on Aesch. *Agam.* 1653. Cf. below, **82. 42.**

39. Πυριλάμπης: the father of Demos (Plato, *Gorg.* 481 D), and certainly a historical character.

ἐν τῇ διώξει: this is the Athenian defeat of 424 BC, when over 1200 hoplites were lost.

42. τῆς Σχιστῆς: (sc. ὁδοῦ): 'the Crossroads'. This is a correction (E. R. Dodds) of the unintelligible ῥηγίστης, and corresponds with the account of the episode in Cic. *de divin.* I. 123 (*ut ventum est in trivium*).

45. τῶν ἡμετέρων: the speaker is a Theban.

49–50. οὐκ ἠρέμα: 'with no little noise'.

73. *Plutarch's consolation to his wife*

Plutarch, it seems, had four sons but only one daughter, though the details of his family are disputed (D. Babut, *REG* 94 (1981), 47 ff.). He was away from his home when his daughter died, and he writes this λόγος παραμυθητικός to his wife. Despite the intimate circumstances, the style is allusive, complex and abundant, as in most of the *Moralia*. We give 608 A–C. The text is unsure in several places.

Πλούταρχος τῇ γυναικὶ εὖ πράττειν.

Ὃν ἔπεμψας ἀπαγγελοῦντα περὶ τῆς τοῦ παιδίου τελευτῆς ἔοικε διημαρτηκέναι καθ' ὁδὸν εἰς Ἀθήνας πορευόμενος· ἐγὼ δὲ εἰς Τάναγραν ἐλθὼν ἐπυθόμην παρὰ θυγατριδῆς. τὰ μὲν οὖν περὶ τὴν ταφὴν ἤδη νομίζω γεγονέναι, γεγονότα δὲ ἐχέτω ὡς   5

σοι μέλλει καὶ νῦν ἀλυπότατα καὶ πρὸς τὸ λοιπὸν ἕξειν. εἰ δέ
τι βουλομένη μὴ πεποίηκας ἀλλὰ μένεις τὴν ἐμὴν γνώμην,
οἴει δὲ κουφότερον οἴσειν γενομένου, καὶ τοῦτο ἔσται δίχα
πάσης περιεργίας καὶ δεισιδαιμονίας, ὧν ἥκιστά σοι μέτεστι.

10 Μόνον, ὦ γύναι, τήρει κἀμὲ τῷ πάθει καὶ σεαυτὴν ἐπὶ τοῦ
καθεστῶτος. ἐγὼ γὰρ αὐτὸ μὲν οἶδα καὶ ὁρίζω τὸ συμβεβηκὸς
ἡλίκον ἐστίν· ἂν δὲ σὲ τῷ δυσφορεῖν ὑπερβάλλουσαν εὕρω,
τοῦτό μοι μᾶλλον ἐνοχλήσει τοῦ γεγονότος. καίτοι γε οὐδ᾽
αὐτὸς ἀπὸ δρυὸς οὐδ᾽ ἀπὸ πέτρης ἐγενόμην· οἶσθα δὲ καὶ
15 αὐτή, τοσούτων μοι τέκνων ἀνατροφῆς κοινωνοῦσα, πάντων
ἐκτεθραμμένων οἴκοι δι᾽ αὐτῶν ἡμῶν. τοῦτο δέ, ὅτι καὶ σοὶ
ποθούσῃ θυγάτηρ μετὰ τέσσαρας υἱοὺς ἐγεννήθη κἀμοὶ τὸ σὸν
ὄνομα θέσθαι παρέσχεν ἀφορμήν, οἶδα ἀγαπητὸν διαφερόντως
γενόμενον. πρόσεστι δὲ καὶ δριμύτης ἰδία τις τῷ πρὸς τὰ
20 τηλικαῦτα φιλοστόργῳ τὸ εὐφραῖνον αὐτοῦ καθαρόν τε ὂν
ἀτεχνῶς καὶ πάσης ἀμιγὲς ὀργῆς καὶ μέμψεως· αὐτὴ δὲ καὶ
φύσει θαυμαστὴν ἔσχεν εὐκολίαν καὶ πραότητα, καὶ τὸ
ἀντιφιλοῦν καὶ χαριζόμενον αὐτῆς ἡδονὴν ἅμα καὶ κατανόησιν
τοῦ φιλανθρώπου παρεῖχεν· οὐ γὰρ μόνον βρέφεσιν ἄλλοις
25 ἀλλὰ καὶ σκεύεσιν οἷς ἐτέρπετο καὶ παιγνίοις τὴν τίτθην
διδόναι καὶ προσφέρειν τὸν μαστὸν προεκαλεῖτο καθάπερ πρὸς
τράπεζαν ἰδίαν, ὑπὸ φιλανθρωπίας μεταδιδοῦσα τῶν καλῶν ὧν
εἶχε καὶ τὰ ἥδιστα κοινουμένη τοῖς εὐφραίνουσιν αὐτήν.

1. **εὖ πράττειν**: infinitives (of wish, G § 1536, unless we
suppose ellipse of λέγει) are common in epistolary greetings:
χαίρειν is the usual form, εὖ πράττειν being a 'philosophical'
variant, borrowed here from [Plato] ep. 3 'Was I right to say
χαίρειν? Ought I not to have said εὖ πράττειν, as I usually do to
my friends?'

2–4. The messenger from Chaeronea to Athens had not gone
via Tanagra, though Plutarch has gone there to visit his
θυγατριδῆ (daughter-in-law or niece or nephew's wife; the
chronology makes the usual sense 'grand-daughter' impossible).

5–6. 'And I hope it has been done in such a way as to give you
least distress both now and in time to come.'

8. γενομένου: G § 1568.
   ἔσται: 'it shall be': G § 1265 (future as command).

8–9. δίχα . . . δεισιδαιμονίας: 'without excess or superstition'.

10–11. τήρει . . . καθεστῶτος: 'keep both me and yourself steady in our grief.'

11. ὁρίζω: 'understand the measure of . . .' ('define').

14. *Il.* 22. 126; *Od.* 19. 163; Pl. *Apol.* 34 D: but in all these places the phrase applies to being parentless, not, as here, to being stony-hearted.

17–18. τὸ σὸν ὄνομα: Timoxena.

18. ἀγαπητὸν διαφερόντως: 'especially loved'.

19–24. Observe the various ways of expressing abstractions: nouns, neuter adjectives, participles.

19. δριμύτης: 'poignancy', 'piquancy'.

19–20. τῷ . . . φιλοστόργῳ: 'our affection for children of this tender age'.

20–1. τὸ εὐφραῖνον . . . μέμψεως: 'in the fact that its delightfulness is wholly unadulterated and free from any ill-temper or complaint'.

22–4. 'Her responsive love and gratitude both gave pleasure and enabled us to observe her kindly nature.'

25. τὴν τίτθην: 'her nurse'. She is still breast-fed at an age when she has toys and plays with other children.

74. *Love is the poet's teacher*

Plutarch's nine books of Συμποσιακά, 'Table Talk', purport to record learned conversations over dinner. They are dedicated to Q. Sossius Senecio, consul in AD 99 and 107, a friend of Trajan and also the recipient of the dedication of the *Lives*. In this extract (I. 5. 622 C–623 D), he is the host and he takes part in the conversation.

Πῶς εἴρηται τὸ

ποιητὴν δ' ἄρα
Ἔρως διδάσκει, κἂν ἄμουσος ᾖ τὸ πρίν

ἐζητεῖτο παρὰ Σοσσίῳ Σαπφικῶν τινων ᾀσθέντων, ὅπου καὶ

5 τὸν Κύκλωπα μούσαις εὐφώνοις ἰᾶσθαι φησὶ τὸν ἔρωτα
Φιλόξενος. ἐλέχθη μὲν οὖν ὅτι πρὸς πάντα τόλμαν ὁ Ἔρως
καὶ καινοτομίαν συγχωρῆσαι δεινός ἐστιν, ὥσπερ καὶ Πλάτων
ἴτην αὐτὸν καὶ παντὸς ἐπιχειρητὴν ὠνόμασεν· καὶ γὰρ λάλον
ποιεῖ τὸν σιωπηλὸν καὶ θεραπευτικὸν τὸν αἰσχυντηλόν,
10 ἐπιμελῆ δὲ καὶ φιλόπονον τὸν ἀμελῆ καὶ ῥάθυμον· ὃ δ' ἄν τις
μάλιστα θαυμάσειεν, φειδωλὸς ἀνήρ τε καὶ μικρολόγος
ἐμπεσὼν εἰς ἔρωτα καθάπερ εἰς πῦρ σίδηρος ἀνεθεὶς καὶ
μαλαχθεὶς ἁπαλὸς καὶ ὑγρὸς καὶ ἡδίων, ὥστε τουτὶ τὸ
παιζόμενον μὴ πάνυ φαίνεσθαι γελοῖον ὅτι πράσου φύλλῳ τὸ
15 τῶν ἐρώντων δέδεται βαλλάντιον.

Ἐλέχθη δὲ καὶ ὅτι τῷ μεθύειν τὸ ἐρᾶν ὅμοιόν ἐστιν· ποιεῖ
γὰρ θερμοὺς καὶ ἱλαροὺς καὶ διακεχυμένους, γενόμενοι δὲ
τοιοῦτοι πρὸς τὰς ἐπῳδοὺς καὶ ἐμμέτρους μάλιστα φωνὰς
ἐκφέρονται· καὶ τὸν Αἰσχύλον φασὶ τὰς τραγῳδίας πίνοντα
20 ποιεῖν καὶ διαθερμαινόμενον. ἦν δὲ Λαμπρίας ὁ ἡμέτερος
πάππος ἐν τῷ πίνειν εὑρετικώτατος αὐτὸς αὑτοῦ καὶ λογιώ-
τατος· εἰώθει δὲ λέγειν ὅτι τῷ λιβανωτῷ παραπλησίως ὑπὸ
θερμότητος ἀναθυμιᾶται. καὶ μὴν ἥδιστα τοὺς ἐρωμένους
ὁρῶντες οὐχ ἧττον ἡδέως ἐγκωμιάζουσιν ἢ ὁρῶσιν, καὶ πρὸς
25 πάντα λάλος ὢν ἔρως λαλίστατός ἐστιν ἐν τοῖς ἐπαίνοις. αὐτοί
τε γὰρ οὕτως πεπεισμένοι τυγχάνουσιν καὶ βούλονται
πεπεῖσθαι πάντας ὡς καλῶν καὶ ἀγαθῶν ἐρῶντες. τοῦτο καὶ
τὸν Λυδὸν ἐπῆρεν τῆς ἑαυτοῦ γυναικὸς ἐπισπάσθαι θεατὴν εἰς
τὸ δωμάτιον τὸν Γύγην· βούλονται γὰρ ὑπ' ἄλλων μαρτυρεῖσ-
30 θαι· διὸ καὶ γράφοντες ἐγκώμια τῶν καλῶν ἐπικοσμοῦσιν
αὐτὰ μέλεσι καὶ μέτροις καὶ ᾠδαῖς, ὥσπερ εἰκόνας χρυσῷ
καλλωπίζοντες, ὅπως ἀκούηταί τε μᾶλλον ὑπὸ πολλῶν καὶ
μνημονεύηται· καὶ γὰρ ἂν ἵππον καὶ ἀλεκτρυόνα κἂν ἄλλο τι
τοῖς ἐρωμένοις διδῶσι, καλὸν εἶναι καὶ κεκοσμημένον
35 ἐκπρεπῶς βούλονται καὶ περιττῶς τὸ δῶρον, μάλιστα δὲ
λόγον κόλακα προσφέροντες ἡδὺν ἐθέλουσι φαίνεσθαι καὶ
γαῦρον καὶ περιττόν, οἷος ὁ ποιητικός ἐστιν.

Ὁ μέντοι Σόσσιος ἐπαινέσας ἐκείνους εἶπεν ὡς οὐ χεῖρον
ἄν τις ἐπιχειρήσειεν ὁρμηθεὶς ἀφ' ὧν Θεόφραστος εἴρηκεν περὶ
40 μουσικῆς· Καὶ γὰρ ἔναγχος, ἔφη, τὸ βιβλίον ἀνέγνων. λέγει δὲ
μουσικῆς ἀρχὰς τρεῖς εἶναι, λύπην, ἡδονήν, ἐνθουσιασμόν, ὡς
ἑκάστου τῶν παθῶν τούτων παρατρέποντος ἐκ τοῦ συνήθους

καὶ παρεγκλίνοντος τὴν φωνήν. αἵ τε γὰρ λῦπαι τὸ γοερὸν καὶ
θρηνητικὸν ὀλισθηρὸν εἰς ᾠδὴν ἔχουσιν, διὸ καὶ τοὺς ῥήτορας
ἐν τοῖς ἐπιλόγοις καὶ τοὺς ὑποκριτὰς ἐν τοῖς ὀδυρμοῖς ἀτρέμα 45
τῷ μελῳδεῖν προσάγοντας ὁρῶμεν καὶ παρεντείνοντας τὴν
φωνήν. αἵ τε σφοδραὶ περιχάρειαι τῆς ψυχῆς τῶν μὲν
ἐλαφροτέρων τῷ ἤθει καὶ τὸ σῶμα συνεπαίρουσιν καὶ
παρακαλοῦσιν εἰς ἔνρυθμον κίνησιν, ἐξαλλομένων καὶ κροτ-
ούντων εἴπερ ὀρχεῖσθαι μὴ δύνανται· 50

μανίαι τ' ἀλαλαί τ' ὀρινομένων ῥιψαύχενι σὺν κλόνῳ

κατὰ Πίνδαρον· οἱ δὲ χαρίεντες ἐν τῷ πάθει τούτῳ γενόμενοι
τὴν φωνὴν μόνην εἰς τὸ ᾄδειν καὶ φθέγγεσθαι μέτρα καὶ μέλη
προΐενται. μάλιστα δ' ἐνθουσιασμὸς ἐξίστησι καὶ παρατρέπει
τό τε σῶμα καὶ τὴν φωνὴν τοῦ συνήθους καὶ καθεστηκότος, 55
ὅθεν αἵ τε βακχεῖαι ῥυθμοῖς χρῶνται καὶ τὸ χρησμῳδεῖν
ἐμμέτρως παρέχεται τοῖς ἐνθεαζομένοις, τῶν τε μαινομένων
ὀλίγους ἰδεῖν ἔστιν ἄνευ μέτρου καὶ ᾠδῆς ληροῦντας. οὕτω δὲ
τούτων ἐχόντων εἰ βούλοιο καθορᾶν ὑπ' αὐγὰς διαπτύξας τὸν
ἔρωτα καὶ καταμανθάνειν, οὐκ ἂν ἄλλο πάθος εὕροις οὔτε 60
λύπας δριμυτέρας ἔχον οὔτε σφοδροτέρας περιχαρείας οὔτε
μείζονας ἐκστάσεις καὶ παραφροσύνας, ἀλλ' ὥσπερ τὴν
Σοφοκλείαν πόλιν ἀνδρὸς ἐρωτικοῦ ψυχὴν

ὁμοῦ μὲν θυμιαμάτων

γέμουσαν, 65

ὁμοῦ δὲ παιάνων τε καὶ στεναγμάτων.

οὐδὲν οὖν ἄτοπον οὐδὲ θαυμαστόν, εἰ πάσας, ὅσαι μουσικῆς
εἰσιν ἀρχαί, περιέχων ὁ ἔρως ἐν αὐτῷ καὶ συνειληφώς, λύπην
ἡδονὴν ἐνθουσιασμόν, τά τ' ἄλλα φιλόφωνός ἐστι καὶ λάλος εἰς
τε ποίησιν μελῶν καὶ μέτρων ὡς οὐδὲν ἄλλο πάθος ἐπίφορος 70
καὶ κατάντης.

2–3. Euripides fr. 663 (Nauck), from *Stheneboea*: the lines are
quoted by Aristophanes (*Wasps* 1074) and Plato (*Symp.* 196 E),
from whom Plutarch may have taken them.

4. 'After some verses of Sappho had been sung.'

ὅπου καί: 'whereas', 'seeing that': if poetry cures love,
how can love encourage poetry?

6. Φιλόξενος: Dithyrambic poet from Cythera, d. c.380 BC. He wrote a lyric version of the story of Cyclops and Galatea (cf. Theocr. 11; Ovid, *Met.* 13. 719 ff.). This passage = *Poetae Melici Graeci*, p. 427.

7. συγχωρῆσαι: 'permit', 'justify'; but Madvig conjectured συγχορηγῆσαι 'help to provide'.

8. ἴτην . . . ἐπιχειρητὴν: Plato, *Symp.* 203 D, *Tim.* 69 D.

9. θεραπευτικὸν: 'courteous', 'anxious to please', opposed to 'bashful', 'shy'.

12. ἀνεθεὶς: 'relaxed'.

13 ff. 'So that the joke about the lover's purse being tied up with a leek isn't at all funny.' A leek is 'easily broken', as the paroemiographers say in explaining this saying (*Par. Gr.* 1. 447 L.–S.).

16. Ἐλέχθη: cf. 6 above; this is Plutarch's way of reporting the substance of a conversation.

17. 'warm, cheerful, and relaxed'.

18. ἐπῳδοὺς: 'singable'.

19–20. On this and similar stories, see M. Lefkowitz, *The Lives of the Greek Poets* 68.

21. 'More inventive and eloquent than he ever was at other times.'

22–3. Lamprias used to say that he 'gave off scent' when warmed, like incense.

28. τὸν Λυδὸν: i.e. Candaules (Herod. 1. 8 ff.). It may be that the short lacuna following ἐπῆρεν in the MSS should be filled by the name Κανδαύλην.

32–3. ἀκούηται . . . μνημονεύηται: the subject is ἐγκώμια.

33. 'Horses' and 'fighting cocks' are primarily gifts for male lovers: cf. Plato, *Lysis* 211 E; Dover, *Greek Homosexuality*, p. 92.

35–7. περιττῶς . . . περιττόν: 'special', a very favourite word of Plutarch.

37. γαῦρον: 'splendid', 'magnificent'.

38. ἐκείνους: i.e. the unnamed speakers who made the points just reported, and probably including Plutarch himself, or a brother, since someone has spoken of 'our grandfather' Lamprias'.

40 ff. Theophrastus, fr. 90 Wimmer.

41. ἐνθουσιασμόν: 'possession', 'having a god within one'. Cf. **24.** 11 ff.

43–4. 'For sorrows have an element of wailing and lamentation that slips easily into song.'

45–6. ἀτρέμα . . . προσάγοντας: 'insensibly approximate to a singing tone'. 'The epilogue (peroration) is the most emotional part of the speech, especially in defence pleadings where pity is to be roused, but Plutarch may also be thinking of funeral orations.

48. καὶ τὸ σῶμα: 'even the body'.

51. 'Frenzies and screams as they leap with backward jerking neck.' Pindar, *Dithyramb*, 2. 13 Snell (= fr. 86, Turyn). This passage is often quoted by late authors, and the poem is also known from *POxy* 1604.

52. οἱ δὲ χαρίεντες: 'persons of taste', contrasted with the ἐλαφρότεροι τῷ ἤθει, who lack 'weight' and stability.

55. τοῦ . . . καθεστηκότος: 'from its normal and stable condition'.

56–7. 'Oracular utterance is vouchsafed to the inspired in metre.' But not so much in Plutarch's time; he wrote a dialogue on 'why the Pythia no longer gives metrical responses'.

59–60. 'If you want to open up Love and view it in the light.' No special force attaches to the optative βούλοιο.

διαπτύξας: 'unfolding', 'spreading out'.

καθορᾶν . . . καταμανθάνειν: Plutarch likes to combine pairs of similar compounds, and there is probably no special force in καταμανθάνειν.

61. δριμυτέρας: 'sharper'.

63–6. Soph. *OT* 4–5, adapted to the context.

70–1. ἐπίφορος καὶ κατάντης: 'conducive and prone'.

THE SECOND CENTURY AD

75. Providence

Arrian of Nicomedia (consul AD 130, lived till *c*.170) wrote a record of the teachings of the Stoic philosopher Epictetus, who was born a slave and taught first at Rome and then, after the expulsion of the philosophers under Domitian, at Nicopolis in Epirus. The 'Discourses' (Διατριβαί) are written in a style quite unlike Arrian's other works (*Anabasis of Alexander*, *Tactica*, *Indica*). For this purpose he thought it appropriate to use many unclassical words and constructions. Short sentences, vivid every day imagery and frequent questions are the order of the day. In this chapter (1. 16) Epictetus expounds the favours of divine providence (πρόνοια) and man's obligation to be thankful. Compare Cleanthes' 'Hymn to Zeus' (*OBGV*, no. 483; Penguin Book of Greek Verse, no. 143).

Μὴ θαυμάζετ' εἰ τοῖς μὲν ἄλλοις ζῴοις τὰ πρὸς τὸ σῶμα
ἕτοιμα γέγονεν, οὐ μόνον τροφαὶ καὶ πόμα, ἀλλὰ καὶ κοίτη
καὶ τὸ μὴ δεῖσθαι ὑποδημάτων, μὴ ὑποστρωμάτων, μὴ
ἐσθῆτος, ἡμεῖς δὲ πάντων τούτων προσδεόμεθα. τὰ γὰρ οὐκ
5 αὐτῶν ἕνεκα, ἀλλὰ πρὸς ὑπηρεσίαν γεγονότα οὐκ ἐλυσιτέλει
προσδεόμενα ἄλλων πεποιηκέναι. ἐπεὶ ὅρα οἷον ἦν ἡμᾶς
φροντίζειν μὴ περὶ αὑτῶν μόνον ἀλλὰ καὶ περὶ τῶν προβάτων
καὶ τῶν ὄνων, πῶς ἐνδύσηται καὶ πῶς ὑποδήσηται, πῶς
φάγῃ, πῶς πίῃ. ἀλλ' ὥσπερ οἱ στρατιῶται ἕτοιμοί εἰσι τῷ
10 στρατηγῷ ὑποδεδεμένοι ἐνδεδυμένοι ὡπλισμένοι, εἰ δ' ἔδει
περιερχόμενον τὸν χιλίαρχον ὑποδεῖν ἢ ἐνδύειν τοὺς χιλίους,
δεινὸν ἂν ἦν, οὕτω καὶ ἡ φύσις πεποίηκε τὰ πρὸς ὑπηρεσίαν
γεγονότα ἕτοιμα παρεσκευασμένα, μηδεμιᾶς ἐπιμελείας ἔτι
προσδεόμενα. οὕτως ἓν παιδίον μικρὸν καὶ ῥάβδῳ ἐλαύνει τὰ
15 πρόβατα.
    Νῦν δ' ἡμεῖς ἀφέντες ἐπὶ τούτοις εὐχαριστεῖν ὅτι μὴ καὶ
αὑτῶν τὴν ἴσην ἐπιμέλειαν ἐπιμελούμεθα, ἐφ' αὑτοῖς ἐγκαλοῦ-
μεν τῷ θεῷ, καίτοι νὴ τὸν Δία καὶ τοὺς θεοὺς ἓν τῶν

γεγονότων ἀπήρκει πρὸς τὸ αἰσθέσθαι τῆς προνοίας τῷ γε
αἰδήμονι καὶ εὐχαρίστῳ. καὶ μή μοι νῦν τὰ μεγάλα· αὐτὸ 20
τοῦτο τὸ ἐκ πόας γάλα γεννᾶσθαι καὶ ἐκ γάλακτος τυρὸν καὶ
ἐκ δέρματος ἔρια τίς ἐστιν ὁ πεποιηκὼς ταῦτα ἢ ἐπινενοηκώς;
Οὐδὲ εἷς, φησίν. ὦ μεγάλης ἀναισθησίας καὶ ἀναισχυντίας.
Ἄγε ἀφῶμεν τὰ ἔργα τῆς φύσεως, τὰ πάρεργα αὐτῆς
θεασώμεθα. μή τι ἀχρηστότερον τριχῶν τῶν ἐπὶ γενείου; τί 25
οὖν; οὐ συνεχρήσατο καὶ ταύταις ὡς μάλιστα πρεπόντως
ἐδύνατο; οὐ διέκρινεν δι' αὐτῶν τὸ ἄρρεν καὶ τὸ θῆλυ; οὐκ
εὐθὺς μακρόθεν κέκραγεν ἡμῶν ἑκάστου ἡ φύσις· Ἀνήρ
εἰμι· οὕτω μοι προσέρχου, οὕτω μοι λάλει, ἄλλο
μηδὲν ζήτει· ἰδοὺ τὰ σύμβολα; πάλιν ἐπὶ τῶν γυναικῶν 30
ὥσπερ ἐν φωνῇ τι ἐγκατέμιξεν ἁπαλώτερον, οὕτως καὶ τὰς
τρίχας ἀφεῖλεν; οὔ· ἀλλ' ἀδιάκριτον ἔδει τὸ ζῷον ἀπολειφθῆναι
καὶ κηρύσσειν ἕκαστον ἡμῶν ὅτι Ἀνήρ εἰμι. πῶς δὲ καλὸν
τὸ σύμβολον καὶ εὐπρεπὲς καὶ σεμνόν, πόσῳ κάλλιον τοῦ τῶν
ἀλεκτρυόνων λόφου, πόσῳ μεγαλοπρεπέστερον τῆς χαίτης τῶν 35
λεόντων. διὰ τοῦτο ἔδει σῴζειν τὰ σύμβολα τοῦ θεοῦ, ἔδει
αὐτὰ μὴ καταπροΐεσθαι, μὴ συγχεῖν ὅσον ἐφ' ἑαυτοῖς τὰ γένη
τὰ διῃρημένα.
Ταῦτα μόνα ἐστὶν ἔργα ἐφ' ἡμῶν τῆς προνοίας; καὶ τίς
ἐξαρκεῖ λόγος ὁμοίως αὐτὰ ἐπαινέσαι ἢ παραστῆσαι; εἰ γὰρ 40
νοῦν εἴχομεν, ἄλλο τι ἔδει ἡμᾶς ποιεῖν καὶ κοινῇ καὶ ἰδίᾳ ἢ
ὑμνεῖν τὸ θεῖον καὶ εὐφημεῖν καὶ ἐπεξέρχεσθαι τὰς χάριτας;
οὐκ ἔδει καὶ σκάπτοντας καὶ ἀροῦντας καὶ ἐσθίοντας ᾄδειν τὸν
ὕμνον τὸν εἰς τὸν θεόν; Μέγας ὁ θεός, ὅτι παρέσχεν
ὄργανα ταῦτα δι' ὧν τὴν γῆν ἐργαζόμεθα· μέγας ὁ 45
θεός, ὅτι χεῖρας δέδωκεν, ὅτι κατάποσιν, ὅτι κοιλίαν,
ὅτι αὔξεσθαι λεληθότως, ὅτι καθεύδοντας ἀναπνεῖν·
ταῦτα ἐφ' ἑκάστου ἐφυμνεῖν δεῖ καὶ τὸν μέγιστον καὶ
θειότατον ὕμνον ἐφυμνεῖν, ὅτι τὴν δύναμιν ἔδωκεν τὴν
παρακολουθητικὴν τούτοις καὶ ὁδῷ χρηστικήν. τί οὖν; ἐπεὶ οἱ 50
πολλοὶ ἀποτετύφλωσθε, οὐκ ἔδει τινὰ εἶναι τὸν ταύτην
ἐκπληροῦντα τὴν χώραν καὶ ὑπὲρ πάντων ᾄδοντα τὸν ὕμνον
τὸν εἰς τὸν θεόν; τί γὰρ ἄλλο δύναμαι γέρων χωλὸς εἰ μὴ
ὑμνεῖν τὸν θεόν; εἰ γοῦν ἀηδὼν ἤμην, ἐποίουν τὰ τῆς ἀηδόνος,
εἰ κύκνος, τὰ τοῦ κύκνου. νῦν δὲ λογικός εἰμι· ὑμνεῖν με δεῖ 55
τὸν θεόν. τοῦτό μοι τὸ ἔργον ἐστίν, ποιῶ αὐτὸ οὐδ'

ἐγκαταλείψω τὴν τάξιν ταύτην, ἐφ' ὅσον ἂν διδῶται, καὶ ὑμᾶς ἐπὶ τὴν αὐτὴν ταύτην ᾠδὴν παρακαλῶ.

3. ὑποστρωμάτων: 'bedding'. The point about the helplessness of man compared with other animals is common: Plato, *Protagoras* 321, and texts collected in Lovejoy and Boas, *Primitivism*, ch. xiii.

4–6. 'It was inexpedient to make creatures have need of others, if the purpose of their existence was merely to serve.' On the Stoic view, animals were made to serve man, whose reason (*logos*) enables him to use them. The creator is credited with planning accordingly, and making the animals need no further care.

6. οἷον ἦν: 'what it would have been'. ἂν is often not present especially in later Greek in this sense. Radermacher, *N.T.Gr.* 159 (and see *WS* §§ 2313–20). Cf. 53 below.

8–9. 'How they are to clothe and shoe themselves, how eat, how drink.'

11. τὸν χιλίαρχον: here = *tribunus militum*.

12. δεινὸν ἂν ἦν: 'it would have been an awful thing'.

13. μηδεμιᾶς: classical usage requires οὐδεμιᾶς, but μή displaces οὐ in most later writing with participles or in subordinate clauses, whether conditional or not (cf. 16).

14. καὶ ῥάβδῳ: 'just with a rod'.

16. Νῦν δὲ . . .: 'But, as things are, neglecting to be grateful for them, because we do not lavish the same care upon them (sc. as on ourselves), we blame god on our own account.'

17. ἐφ' αὑτοῖς = ἐφ' ἡμῖν αὐτοῖς. G § 995.

19–20. τῷ . . . εὐχαρίστῳ: 'for one who is reverent and grateful'.

20. καὶ μή μοι νῦν τὰ μεγάλα: sc. εἴπῃς A classical brachylogy: cf. Demosth. *Phil.* 1. 19.

20–1. αὐτὸ τοῦτο: 'the mere fact that . . .'.

23. φησίν: 'someone says'. Cf. Latin *inquit*, similarly used without a stated subject.

ὦ . . . ἀναισχυντίας G § 1129. ἀναισθησία is 'stupidity'.

24. τὰ πάρεργα: 'incidentals', 'by-products'.

25. μή τι: G § 1603.

30. ἰδού: *ecce*, 'behold', so accented by convention, whereas ἰδοῦ is the aor. middle imperative in its full sense. Cf. **89.** 16.

32–3. οὔ ... Ἀνήρ εἰμι: this is the objection of the imagined interlocutor who thinks that the difference between the sexes should be indiscernible, and left to be announced by the individual.

37. ὅσον ἐφ' ἑαυτοῖς: 'so far as lies in us'.
γένη: 'sexes'.

40. ὁμοίως: 'realistically', 'adequately'.
παραστῆσαι: 'to bring to our attention', 'represent'.

46. κατάποσιν ... κοιλίαν: 'gullet ... bowels'.

47. 'To grow without noticing it, and to breathe while we are asleep.'

49 ff. 'Because he has given us the power that can follow these things and methodically put them to use.' He means the power of reason and moral choice.

51–2. ταύτην ... τὴν χώραν: 'filling this gap'.

54. ἤμην: the regular form in N.T. and common elsewhere, perhaps developed to differentiate first person ἦν from third person. For absence of ἄν with ἐποίουν, see note to 6, above.

76. *Morning reflections*

Marcus Aurelius' twelve books 'To Himself' are unique in ancient literature; they are the personal commonplace book and *pensées* of an emperor who was also a man of letters and a convinced Stoic. These two passages (2. 1 and 5. 1) give the flavour. Both are 'morning thoughts'; both turn on the question 'what were we born for?'

(a) Ἕωθεν προλέγειν ἑαυτῷ· συντεύξομαι περιέργῳ, ἀχαρ-
ίστῳ, ὑβριστῇ, δολερῷ, βασκάνῳ, ἀκοινωνήτῳ· πάντα ταῦτα
συμβέβηκεν ἐκείνοις παρὰ τὴν ἄγνοιαν τῶν ἀγαθῶν καὶ
κακῶν. ἐγὼ δὲ τεθεωρηκὼς τὴν φύσιν τοῦ ἀγαθοῦ ὅτι καλόν,
καὶ τοῦ κακοῦ ὅτι αἰσχρόν, καὶ τὴν αὐτοῦ τοῦ ἁμαρτάνοντος   5

φύσιν ὅτι μοι συγγενής, οὐχὶ αἵματος ἢ σπέρματος τοῦ αὐτοῦ
ἀλλὰ νοῦ καὶ θείας ἀπομοίρας μέτοχος, οὔτε βλαβῆναι ὑπό
τινος αὐτῶν δύναμαι (αἰσχρῷ γάρ με οὐδεὶς περιβαλεῖ) οὔτε
ὀργίζεσθαι τῷ συγγενεῖ δύναμαι οὔτε ἀπέχθεσθαι αὐτῷ.
10 γεγόναμεν γὰρ πρὸς συνεργίαν ὡς πόδες, ὡς χεῖρες, ὡς
βλέφαρα, ὡς οἱ στοῖχοι τῶν ἄνω καὶ τῶν κάτω ὀδόντων. τὸ
οὖν ἀντιπράσσειν ἀλλήλοις παρὰ φύσιν· ἀντιπρακτικὸν δὲ τὸ
ἀγανακτεῖν καὶ ἀποστρέφεσθαι.

(b) Ὄρθρου, ὅταν δυσόκνως ἐξεγείρῃ, πρόχειρον ἔστω ὅτι ἐπὶ
ἀνθρώπου ἔργον ἐγείρομαι· ἔτι οὖν δυσκολαίνω, εἰ πορεύομαι
ἐπὶ τὸ ποιεῖν ὧν ἕνεκεν γέγονα καὶ ὧν χάριν προῆγμαι εἰς τὸν
κόσμον; ἢ ἐπὶ τοῦτο κατεσκεύασμαι, ἵνα κατακείμενος ἐν
5 στρωματίοις ἐμαυτὸν θάλπω; 'Ἀλλὰ τοῦτο ἥδιον. πρὸς τὸ
ἥδεσθαι οὖν γέγονας, ὅλως δὲ πρὸς πεῖσιν, οὐ πρὸς ἐνέργειαν;
οὐ βλέπεις τὰ φυτάρια, τὰ στρουθάρια, τοὺς μύρμηκας, τοὺς
ἀράχνας, τὰς μελίσσας τὸ ἴδιον ποιούσας, τὸ καθ' αὑτὰς
συγκοσμούσας κόσμον; ἔπειτα σὺ οὐ θέλεις τὰ ἀνθρωπικὰ
10 ποιεῖν; οὐ τρέχεις ἐπὶ τὸ κατὰ τὴν σὴν φύσιν; 'Ἀλλὰ δεῖ καὶ
ἀναπαύεσθαι. δεῖ· φημὶ κἀγώ· ἔδωκε μέντοι καὶ τούτου
μέτρα ἡ φύσις, ἔδωκε μέντοι καὶ τοῦ ἐσθίειν καὶ πίνειν, καὶ
ὅμως σὺ ὑπὲρ τὰ μέτρα, ὑπὲρ τὰ ἀρκοῦντα προχωρεῖς, ἐν δὲ
ταῖς πράξεσιν οὐκ ἔτι, ἀλλ' ἐντὸς τοῦ δυνατοῦ. οὐ γὰρ φιλεῖς
15 ἑαυτόν, ἐπεί τοι καὶ τὴν φύσιν ἄν σου καὶ τὸ βούλημα ταύτης
ἐφίλεις. ἄλλοι δὲ τὰς τέχνας ἑαυτῶν φιλοῦντες συγκατατήκ-
ονται τοῖς κατ' αὐτὰς ἔργοις ἄλουτοι καὶ ἄσιτοι· σὺ τὴν φύσιν
τὴν σαυτοῦ ἔλασσον τιμᾷς ἢ ὁ τορευτὴς τὴν τορευτικὴν ἢ ὁ
ὀρχηστὴς τὴν ὀρχηστικὴν ἢ ὁ φιλάργυρος τὸ ἀργύριον ἢ ὁ
20 κενόδοξος τὸ δοξάριον; καὶ οὗτοι, ὅταν προσπαθῶσιν, οὔτε
φαγεῖν οὔτε κοιμηθῆναι θέλουσι μᾶλλον ἢ ταῦτα συναύξειν,
πρὸς ἃ διαφέρονται· σοὶ δὲ αἱ κοινωνικαὶ πράξεις εὐτελέστε-
ραι φαίνονται καὶ ἥσσονος σπουδῆς ἄξιαι;

(a) 1. προλέγειν: infinitive with imperative sense. G § 1536.

1–2. περιέργῳ . . . ἀκοινωνήτῳ: 'officious, ungrateful, ag-
gressive, treacherous, malicious, egotistical'.

3. παρὰ τὴν ἄγνοιαν: 'because of their ignorance'.

6–7. οὐχὶ . . . ἀλλά: equivalent to οὐ μόνον . . . ἀλλὰ καὶ (cf. *WS* § 2764); this is a forceful exaggeration.

7. θείας ἀπομοίρας: 'divine portion'. To the Stoic all men are kin in virtue of the divine spark of νοῦς which each possesses.

8. περιβαλεῖ: 'will involve me'.

12–13. 'And being angry and turning aside is a sign of conflict.'

(b) **1. δυσόκνως:** 'reluctantly'.

4–5. 'Was I made for this, to lie in bed and keep myself warm?'

6. ὅλως . . . ἐνέργειαν: 'or in general for passivity, not for activity?'

7. φυτάρια . . . στρουθάρια: the diminutives lend a homely air to the reflection: cf. 20 δοξάριον, contemptuous for δόξα. *WS* §§ 852–6.

8–9. τὸ . . . κόσμον: 'helping to give order to the ordered world as far as their own part goes'.

9. ἔπειτα: 'And then . . .' with a nuance of indignation at this.

15. ἑαυτόν: 'yourself'. *G* § 995.
    ἐπεί: 'for otherwise . . .'.

16–17. συγκατατήκονται τοῖς . . . ἔργοις: 'wear themselves out at the labour involved in these'.

18. τορευτὴς: 'metal-worker'.

20. ὅταν προσπαθῶσιν: 'when they get the passion', from προσπαθῶ, not προσπάσχω.

22. πρὸς ἃ διαφέρονται: 'for which they are anxious'.

77. *Inside the whale*

Lucian came from Samosata on the Euphrates, and flourished in the middle of the second century. He is the best writer of 'reproduction Attic' prose to have come out of the classicizing movement of the period, though Greek was probably his second language. He is also one the greatest humorous writers of antiquity. His works are extensive: dialogues, speeches and

216 LUCIAN

essays of various kinds. They remained popular throughout the
Byzantine period because of their style, and in spite of the
irreligious and sceptical tone, and were especially influential in
the Renaissance, with writers like Erasmus and Sir Thomas
More. The easy style and amusing content have always made
him a favourite school author.

'True Stories' (Ἀληθῆ Διηγήματα), one of Lucian's most
popular works, is a parody of travellers' narratives. Lucian
represents himself as setting off into the Atlantic, and having
various adventures, in heaven and on earth. The book can be
seen as a precursor of 'science fiction' (as by Kingsley Amis,
New Maps of Hell 22). Here (1. 30–2) the hero is swallowed by a
whale, like Jonah, and finds signs of human habitation in its vast
interior.

Ἔοικε δὲ ἀρχὴ κακῶν μειζόνων γενέσθαι πολλάκις ἡ πρὸς τὸ
βέλτιον μεταβολή· καὶ γὰρ ἡμεῖς δύο μόνας ἡμέρας ἐν εὐδίᾳ
πλεύσαντες, τῆς τρίτης ὑποφαινούσης, πρὸς ἀνίσχοντα τὸν
ἥλιον ἄφνω ὁρῶμεν θηρία καὶ κήτη πολλὰ μὲν καὶ ἄλλα, ἓν δὲ
5 μέγιστον ἁπάντων ὅσον σταδίων χιλίων καὶ πεντακοσίων τὸ
μέγεθος· ἐπῄει δὲ κεχηνὸς καὶ πρὸ πολλοῦ ταράττον τὴν
θάλατταν ἀφρῷ τε περικλυζόμενον καὶ τοὺς ὀδόντας ἐκφαῖνον
πολὺ τῶν παρ' ἡμῖν φαλλῶν ὑψηλοτέρους, ὀξεῖς δὲ πάντας
ὥσπερ σκόλοπας καὶ λευκοὺς ὥσπερ ἐλεφαντίνους. ἡμεῖς μὲν
10 οὖν τὸ ὕστατον ἀλλήλους προσειπόντες καὶ περιβαλόντες
ἐμένομεν· τὸ δὲ ἤδη παρῆν καὶ ἀναρροφῆσαν ἡμᾶς αὐτῇ νηῒ
κατέπιεν. οὐ μέντοι ἔφθη συναράξαι τοῖς ὀδοῦσιν, ἀλλὰ διὰ
τῶν ἀραιωμάτων ἡ ναῦς ἐς τὸ ἔσω διεξέπεσεν. ἐπεὶ δὲ ἔνδον
ἦμεν, τὸ μὲν πρῶτον σκότος ἦν καὶ οὐδὲν ἑωρῶμεν, ὕστερον
15 δὲ αὐτοῦ ἀναχανόντος εἴδομεν κύτος μέγα καὶ πάντῃ πλατὺ
καὶ ὑψηλόν, ἱκανὸν μυριάνδρῳ πόλει ἐνοικεῖν. ἔκειντο δὲ ἐν
μέσῳ καὶ μικροὶ ἰχθύες καὶ ἄλλα πολλὰ θηρία συγκεκομμένα
καὶ πλοίων ἱστία καὶ ἄγκυραι καὶ ἀνθρώπων ὀστέα καὶ
φορτία, κατὰ μέσον δὲ καὶ γῆ καὶ λόφοι ἦσαν, ἐμοὶ δοκεῖν, ἐκ
20 τῆς ἰλύος ἣν κατέπινε συνιζάνουσα. ὕλη γοῦν ἐπ' αὐτῆς καὶ
δένδρα παντοῖα ἐπεφύκει καὶ λάχανα ἐβεβλαστήκει, καὶ ἐῴκει
πάντα ἐξειργασμένοις· περίμετρον δὲ τῆς γῆς στάδιοι διακό-
σιοι καὶ τεσσαράκοντα. ἦν δὲ ἰδεῖν καὶ ὄρνεα θαλάττια, λάρους
καὶ ἀλκυόνας, ἐπὶ τῶν δένδρων νεοττεύοντα.

Τότε μὲν οὖν ἐπὶ πολὺ ἐδακρύομεν, ὕστερον δὲ ἀναστ- 25
ήσαντες τοὺς ἑταίρους τὴν μὲν ναῦν ὑπεστηρίξαμεν, αὐτοὶ δὲ
τὰ πυρεῖα συντρίψαντες καὶ ἀνακαύσαντες δεῖπνον ἐκ τῶν
παρόντων ἐποιούμεθα. παρέκειτο δὲ ἄφθονα καὶ παντοδαπὰ
κρέα τῶν ἰχθύων, καὶ ὕδωρ ἔτι ἐκ τοῦ Ἑωσφόρου εἴχομεν. τῇ
ἐπιούσῃ δὲ διαναστάντες εἴ ποτε ἀναχάνοι τὸ κῆτος, ἑωρῶμεν 30
ἄλλοτε μὲν ὄρη, ἄλλοτε μόνον τὸν οὐρανόν, πολλάκις δὲ καὶ
νήσους· καὶ γὰρ ᾐσθανόμεθα φερομένου αὐτοῦ ὀξέως πρὸς πᾶν
μέρος τῆς θαλάττης. ἐπεὶ δὲ ἤδη ἐθάδες τῇ διατριβῇ
ἐγενόμεθα, λαβὼν ἑπτὰ τῶν ἑταίρων ἐβάδιζον ἐς τὴν ὕλην
περισκοπήσασθαι τὰ πάντα βουλόμενος. οὔπω δὲ πέντε ὅλους 35
διελθὼν σταδίους εὗρον ἱερὸν Ποσειδῶνος, ὡς ἐδήλου ἡ
ἐπιγραφή, καὶ μετ᾽ οὐ πολὺ καὶ τάφους πολλοὺς καὶ στήλας
ἐπ᾽ αὐτῶν πλησίον τε πηγὴν ὕδατος διαυγοῦς, ἔτι δὲ καὶ κυνὸς
ὑλακὴν ἠκούομεν καὶ καπνὸς ἐφαίνετο πόρρωθεν καί τινα καὶ
ἔπαυλιν εἰκάζομεν. 40

2. **ἐν εὐδίᾳ**: 'in fine weather'.

5. **ὅσον**: 'about' ('as much as').

6. **κεχηνὸς**: 'gaping', 'with his mouth wide open'.
   πρὸ πολλοῦ: 'far ahead' (of his approach).

8. **φαλλῶν**: each tooth is like an erect penis 'with us', only longer.

9. **σκόλοπας**: pointed stakes for driving into the ground: 'posts'.

10. **τὸ ὕστατον**: 'for the last time'. G § 1060.

11. **αὐτῇ νηΐ**: 'ship and all'. G § 1191.

13. **τῶν ἀραιωμάτων**: 'the gaps' between its teeth.

15. **κύτος**: 'area', 'hollow'. κύτος is any kind of container or cavity, e.g. the hold of a ship, the trunk (of the body).

16. **μυριάνδρῳ**: 'with a population of ten thousand'.

19. **ἐμοὶ δοκεῖν**: G § 1534.

20. **συνιζάνουσα**, if the text is right, agrees with γῆ. But -οντα and -ούσης have been proposed.
   γοῦν: 'at any rate'. The vegetation confirms the conjecture that it was all made of mud.

21. λάχανα: 'cabbages'.

23. λάρους: 'gulls', 'cormorants'.

26. ὑπεστηρίξαμεν: 'propped up'.

27. τὰ πυρεῖα: 'fire-sticks' (matches).

29. ἐκ τοῦ Ἑωσφόρου: at an earlier stage, they had been carried up to heaven by a storm-wind, and had taken part in a war between the Sun-ites and the Moon-ites over the Morning Star (Ἑωσφόρος) which was then colonized jointly. The narrator and his companions obtained water there before returning to earth (1. 28).

30. εἴ ποτε ἀναχάνοι: 'whenever it opened its mouth'. G § 1393.

33. ἐθάδες τῇ διατριβῇ: 'used to this way of life'.

35. περισκοπήσασθαι: post-classical form for περισκέψασθαι. The hero behaves just like Odysseus on Circe's island.

37. τάφους . . . καὶ στήλας: evidence of long-term human occupation.

40. ἔπαυλιν: 'farm'.

78. The sorcerer's apprentice

Lucian's *Philopseudeis* ('Lovers of lies') is a collection of fantastic stories, strung together in a dialogue. Here (33–6) Eucrates tells the story of the man who learned only the first half of the spell and so could not stop the inevitable disaster. (See G. Anderson, *Studies in Lucian's Comic Fiction*, 28–30).

Ὁπότε γὰρ ἐν Αἰγύπτῳ διῆγον ἔτι νέος ὤν, ὑπὸ τοῦ πατρὸς ἐπὶ παιδείας προφάσει ἀποσταλείς, ἐπεθύμησα εἰς Κοπτὸν ἀναπλεύσας ἐκεῖθεν ἐπὶ τὸν Μέμνονα ἐλθὼν ἀκοῦσαι τὸ θαυμαστὸν ἐκεῖνο ἠχοῦντα πρὸς ἀνίσχοντα τὸν ἥλιον. ἐκείνου
5 μὲν οὖν ἤκουσα οὐ κατὰ τὸ κοινὸν τοῖς πολλοῖς ἄσημόν τινα φωνήν, ἀλλά μοι καὶ ἔχρησεν ὁ Μέμνων αὐτὸς ἀνοίξας γε τὸ στόμα ἐν ἔπεσιν ἑπτά, καὶ εἴ γε μὴ περιττὸν ἦν, αὐτὰ ἂν ὑμῖν εἶπον τὰ ἔπη. κατὰ δὲ τὸν ἀνάπλουν ἔτυχεν ἡμῖν συμπλέων Μεμφίτης ἀνὴρ τῶν ἱερογραμματέων, θαυμάσιος τὴν σοφίαν

καὶ τὴν παιδείαν πᾶσαν εἰδὼς τὴν Αἰγύπτιον· ἐλέγετο δὲ τρία 10
καὶ εἴκοσιν ἔτη ἐν τοῖς ἀδύτοις ὑπόγειος ᾠκηκέναι μαγεύειν
παιδευόμενος ὑπὸ τῆς Ἴσιδος.

Παγκράτην λέγεις, ἔφη ὁ Ἀρίγνωτος, ἐμὸν διδάσκαλον,
ἄνδρα ἱερόν, ἐξυρημένον ἀεί, νοήμονα, οὐ καθαρῶς ἑλλ-
ηνίζοντα, ἐπιμήκη, σιμόν, προχειλῆ, ὑπόλεπτον τὰ σκέλη. 15

Αὐτόν, ἦ δ᾽ ὅς, ἐκεῖνον τὸν Παγκράτην· καὶ τὰ μὲν πρῶτα
ἠγνόουν ὅστις ἦν, ἐπεὶ δὲ ἑώρων αὐτὸν εἴ ποτε ὁρμίσαιμεν τὸ
πλοῖον ἄλλα τε πολλὰ τεράστια ἐργαζόμενον καὶ δὴ καὶ ἐπὶ
κροκοδείλων ὀχούμενον καὶ συννέοντα τοῖς θηρίοις, τὰ δὲ
ὑποπτήσσοντα καὶ σαίνοντα ταῖς οὐραῖς, ἔγνων ἱερόν τινα 20
ἄνθρωπον ὄντα καὶ κατὰ μικρὸν φιλοφρονούμενος ἔλαθον
ἑταῖρος αὐτῷ καὶ συνήθης γενόμενος. ὥστε πάντων ἐκοινώ-
νει μοι τῶν ἀπορρήτων.

Καὶ τέλος πείθει με τοὺς μὲν οἰκέτας πάντας ἐν τῇ
Μέμφιδι καταλιπεῖν, αὐτὸν δὲ μόνον ἀκολουθεῖν μετ᾽ αὐτοῦ, 25
μὴ γὰρ ἀπορήσειν ἡμᾶς τῶν διακονησομένων· καὶ τὸ μετὰ
τοῦτο οὕτω διήγομεν. ἐπειδὴ δὲ ἔλθοιμεν εἴς τι καταγώγιον,
λαβὼν ἂν ἢ τὸν μοχλὸν τῆς θύρας ἢ τὸ κόρηθρον ἢ καὶ τὸ
ὕπερον περιβαλὼν ἱματίοις ἐπειπὼν τινα ἐπῳδὴν ἐποίει
βαδίζειν, τοῖς ἄλλοις ἅπασιν ἄνθρωπον εἶναι δοκοῦντα. τὸ δὲ 30
ἀπελθὸν ὕδωρ τε ἐπήντλει καὶ ὠψώνει καὶ ἐσκεύαζεν καὶ
πάντα δεξιῶς ὑπηρέτει καὶ διηκονεῖτο ἡμῖν· εἶτα ἐπειδὴ ἅλις
ἔχοι τῆς διακονίας, αὖθις κόρηθρον τὸ κόρηθρον ἢ ὕπερον τὸ
ὕπερον ἄλλην ἐπῳδὴν ἐπειπὼν ἐποίει ἄν.

Τοῦτο ἐγὼ πάνυ ἐσπουδακὼς οὐκ εἶχον ὅπως ἐκμάθοιμι 35
παρ᾽ αὐτοῦ· ἐβάσκαινε γάρ, καίτοι πρὸς τὰ ἄλλα προχει-
ρότατος ὤν. μιᾷ δέ ποτε ἡμέρᾳ λαθὼν ἐπήκουσα τῆς
ἐπῳδῆς—ἦν δὲ τρισύλλαβος—σχεδὸν ἐν σκοτεινῷ ὑποστάς.
καὶ ὁ μὲν ᾤχετο εἰς τὴν ἀγορὰν ἐντειλάμενος τῷ ὑπέρῳ ἃ δεῖ
ποιεῖν. ἐγὼ δὲ εἰς τὴν ὑστεραίαν ἐκείνου τι κατὰ τὴν ἀγορὰν 40
πραγματευομένου λαβὼν τὸ ὕπερον σχηματίσας ὁμοίως,
ἐπειπὼν τὰς συλλαβάς, ἐκέλευσα ὑδροφορεῖν. ἐπεὶ δὲ ἐμπλ-
ησάμενον τὸν ἀμφορέα ἐκόμισεν, Πέπαυσο, ἔφην, καὶ μηκέτι
ὑδροφόρει, ἀλλ᾽ ἴσθι αὖθις ὕπερον· τὸ δὲ οὐκέτι μοι πείθεσθαι
ἤθελεν, ἀλλ᾽ ὑδροφόρει ἀεί, ἄχρι δὴ ἐνέπλησεν ἡμῖν ὕδατος τὴν 45
οἰκίαν ἐπαντλοῦν. ἐγὼ δὲ ἀμηχανῶν τῷ πράγματι—ἐδεδίειν
γὰρ μὴ ὁ Παγκράτης ἐπανελθὼν ἀγανακτήσῃ, ὅπερ καὶ

220 LUCIAN

ἐγένετο—ἀξίνην λαβὼν διακόπτω τὸ ὕπερον εἰς δύο μέρη· τὰ
δέ, ἑκάτερον τὸ μέρος, ἀμφορέας λαβόντα ὑδροφόρει καὶ ἀνθ'
50 ἑνὸς δύο μοι ἐγεγένηντο οἱ διάκονοι. ἐν τούτῳ καὶ ὁ
Παγκράτης ἐφίσταται καὶ συνεὶς τὸ γενόμενον ἐκεῖνα μὲν
αὖθις ἐποίησεν ξύλα, ὥσπερ ἦν πρὸ τῆς ἐπῳδῆς, αὐτὸς δὲ
ἀπολιπών με λαθὼν οὐκ οἶδ' ὅποι ἀφανὴς ᾤχετο ἀπιών.

3. τὸν Μέμνονα: One of two colossal statues on the West bank
of the Nile, opposite Coptos (Luxor). This was supposed to be
Memnon, but is actually a seated figure of Amenophis III, and
was damaged in an earthquake in 27 BC. It then began to 'sing'
when the morning sun warmed the cracked stone. It became a
famous tourist attraction (Tac. *Ann.* 2. 61), but when restored
by Septimius Severus in 199–200 AD, it stopped 'singing'.

7. ἔπεσιν: i.e. 'hexameters'.

9. τῶν ἱερογραμματέων: the 'sacred scribes' are usually dis-
tinguished from the higher orders of Egyptian priests.

τὴν σοφίαν: G § 1058.

11. μαγεύειν: 'to be a sorcerer'. μάγος has a range of mean-
ings: sometimes 'Zoroastrian priest', but often (as here) 'sor-
cerer' or 'magician'.

13. Παγκράτην: A prophet called Παχράτης is known to have
tried to impress the emperor Hadrian, and there was an Egyp-
tian poet Παγκράτης (perhaps the same person) of whom we
have some fragments (Heitsch *Griechische Dichterfragmente der
römischen Kaiserzeit* (1961), xv. 51 ff.).

14. ἐξυρημένον: devotees of Isis shaved the head, sometimes
the whole body.

14–15. οὐ καθαρῶς ἑλληνίζοντα: 'not speaking good Greek'.

15. ἐπιμήκη . . . τὰ σκέλη: 'lanky, snub-nosed, with protrud-
ing lips, rather thin in the legs'. (G § 1058).

17. ὅστις ἦν: 'who he was', i.e. 'what sort of person he was'.
For imperfect (instead of εἴη), see G § 1489.

26. μὴ γὰρ ἀπορήσειν: G § 1496; but note again that the use
of μὴ rather than οὐ in any kind of subordinate construction is
common in late Greek. Lucian has gone beyond Attic rules.

27. καταγώγιον: 'lodgings'. On ἂν . . . ἐποίει (iterative), see G
§ 1296.

28–9. μοχλόν . . . κόρηθρον . . . ὕπερον: 'bar . . . broomstick . . . pestle'.

31. ὠψώνει: 'did the shopping' (Lat. *opsonari*).

35. οὐκ εἶχον ὅπως ἐκμάθοιμι: *G* § 1490.

36. καίτοι + participle = καίπερ + participle. This is common in later Greek.

37. ἐπήκουσα: 'overheard'.

38. σχεδόν: 'near' (Lucian adopts a Homeric, not an Attic prose usage).
ἐν σκοτεινῷ ὑποστάς: 'standing in a dark place'.

40. εἰς τὴν ὑστεραίαν: *G* § 1207.

41. σχηματίσας: 'dressing it up'.

43. Πέπαυσο: 'Stop!' *G* § 1274.

43–4. μηκέτι ὑδροφόρει: 'stop carrying water'. *WS* § 1841.

44. ἴσθι: 'be', *G* § 806.

45. ὑδροφόρει ἀεί: 'kept on carrying water'.

53. ᾤχετο ἀπιών: 'went off'.

79. *Hermes and Charon*

This passage (*Charon* 1–2) is a typical piece of Lucian's moralizing satire, using the underworld as backdrop.

ἙΡΜΗΣ. Τί γελᾷς, ὦ Χάρων; ἢ τί τὸ πορθμεῖον ἀπολιπὼν
δεῦρο ἀνελήλυθας εἰς τὴν ἡμετέραν οὐ πάνυ εἰωθὼς ἐπιχω-
ριάζειν τοῖς ἄνω πράγμασιν;

ΧΑΡΩΝ. Ἐπεθύμησα, ὦ Ἑρμῆ, ἰδεῖν ὁποῖά ἐστιν τὰ ἐν τῷ
βίῳ καὶ ἃ πράττουσιν οἱ ἄνθρωποι ἐν αὐτῷ ἢ τίνων   5
στερούμενοι πάντες οἰμώζουσιν κατιόντες παρ' ἡμᾶς· οὐδεὶς
γὰρ αὐτῶν ἀδακρυτὶ διέπλευσεν. αἰτησάμενος οὖν παρὰ τοῦ
Ἅιδου καὶ αὐτὸς ὥσπερ ὁ Θετταλὸς ἐκεῖνος νεανίσκος μίαν
ἡμέραν λιπόνεως γενέσθαι ἀνελήλυθα ἐς τὸ φῶς, καί μοι δοκῶ
εἰς δέον ἐντετυχηκέναι σοι· ξεναγήσεις γὰρ εὖ οἶδ' ὅτι με   10
ξυμπερινοστῶν καὶ δείξεις ἕκαστα ὡς ἂν εἰδὼς ἅπαντα.

ΕΡΜ. Οὐ σχολή μοι, ὦ πορθμεῦ· ἀπέρχομαι γάρ τι διακον-
ησόμενος τῷ ἄνω Διὶ τῶν ἀνθρωπικῶν· ὁ δὲ ὀξύθυμός τέ ἐστι
καὶ δέδια μὴ βραδύναντά με ὅλον ὑμέτερον ἐάσῃ εἶναι
15 παραδοὺς τῷ ζόφῳ, ἢ ὅπερ τὸν Ἥφαιστον πρῴην ἐποίησεν,
ῥίψῃ κἀμὲ τεταγὼν τοῦ ποδὸς ἀπὸ τοῦ θεσπεσίου
βηλοῦ, ὡς ὑποσκάζων γέλωτα παρέχοιμι καὶ αὐτὸς οἰνοχοῶν.

ΧΑΡ. Περιόψει οὖν με ἄλλως πλανώμενον ὑπὲρ γῆς, καὶ
ταῦτα ἑταῖρος καὶ σύμπλους καὶ ξυνδιάκτορος ὤν; καὶ μὴν
20 καλῶς εἶχεν, ὦ Μαίας παῖ, ἐκείνων γοῦν σε μεμνῆσθαι, ὅτι
μηδεπώποτέ σε ἀντλεῖν ἐκέλευσα ἢ πρόσκωπον εἶναι· ἀλλὰ σὺ
μὲν ῥέγκεις ἐπὶ τοῦ καταστρώματος ἐκταθεὶς ὤμους οὕτω
καρτεροὺς ἔχων, ἢ εἴ τινα λάλον νεκρὸν εὕροις, ἐκείνῳ παρ᾽
ὅλον τὸν πλοῦν διαλέγῃ· ἐγὼ δὲ πρεσβύτης ὢν τὴν δικωπίαν
25 ἐρέττω μόνος. ἀλλὰ πρὸς τοῦ πατρός, ὦ φίλτατον Ἑρμάδιον,
μὴ καταλίπῃς με, περιήγησαι δὲ τὰ ἐν τῷ βίῳ ἅπαντα, ὥς τι
καὶ ἰδὼν ἐπανέλθοιμι· ὡς ἤν με σὺ ἀφῇς, οὐδὲν τῶν τυφλῶν
διοίσω· καθάπερ γὰρ ἐκεῖνοι σφάλλονται διολισθαίνοντες ἐν
τῷ σκότει, οὕτω δὴ κἀγώ σοι ἔμπαλιν ἀμβλυώττω πρὸς τὸ
30 φῶς. ἀλλὰ δός, ὦ Κυλλήνιε, ἐς ἀεὶ μεμνησομένῳ τὴν χάριν.

ΕΡΜ. Τουτὶ τὸ πρᾶγμα πληγῶν αἴτιον καταστήσεταί μοι·
ὁρῶ γοῦν ἤδη τὸν μισθὸν τῆς περιηγήσεως οὐκ ἀκόνδυλον
παντάπασιν ἡμῖν ἐσόμενον. ὑπουργητέον δὲ ὅμως· τί γὰρ ἂν
καὶ πάθοι τις, ὁπότε φίλος τις ὢν βιάζοιτο;
35 Πάντα μὲν οὖν σε ἰδεῖν καθ᾽ ἕκαστον ἀκριβῶς ἀμήχανόν
ἐστιν, ὦ πορθμεῦ· πολλῶν γὰρ ἂν ἐτῶν ἡ διατριβὴ γένοιτο.
εἶτ᾽ ἐμὲ μὲν κηρύττεσθαι δεήσει καθάπερ ἀποδράντα ὑπὸ τοῦ
Διός, σὲ δὲ καὶ αὐτὸν κωλύσει ἐνεργεῖν τὰ τοῦ θανάτου ἔργα
καὶ τὴν Πλούτωνος ἀρχὴν ζημιοῦν μὴ νεκραγωγοῦντα πολλοῦ
40 τοῦ χρόνου· κᾆτα ὁ τελώνης Αἰακὸς ἀγανακτήσει μηδ᾽ ὀβολὸν
ἐμπολῶν. ὡς δὲ τὰ κεφάλαια τῶν γιγνομένων ἴδοις, τοῦτο ἤδη
σκεπτέον.

2–3. οὐ πάνυ εἰωθὼς ἐπιχωριάζειν: 'though you're not at all in
the habit of visiting . . .'. From Pl. *Phaedo* 57 A οὐδεὶς πάνυ τι
ἐπιχωριάζει Ἀθήναζε.

3. ἄνω: i.e. in the upper world.

6. κατιόντες: 'when they come down'. Participle ἰὼν has, as
usual, present meaning.

7. ἀδακρυτί: 'without tears'. This ending (originally locative) is used to form a number of adverbs, e.g. ἀκονιτί, ἀστακτί. *WS* § 344.

8. ὁ Θετταλὸς . . . **νεανίσκος:** this is Protesilaus, the first Greek to land at Troy and the first to fall in battle. His wife Laodamia made an image of him. The gods took pity, and Protesilaus was allowed out of Hades for the day. When he returned there, Laodamia killed herself. See Ovid, *Heroides* 13.

9. λιπόνεως: 'absent from the ship'.

10. ξεναγήσεις: 'you will be my guide'.
εὖ οἶδ᾽ ὅτι: parenthetical (*WS* § 2585).

11. ξυμπερινοστῶν: 'walking around with me'. Lucian appears to have been inconsistent between συν- and ξυν-, as also between ἐς and εἰς, γίγνομαι and γίνομαι, and other such pairs: at least the MS tradition gives no clear picture. He is an 'Atticist', but not a pedantic one.
ὡς ἂν εἰδὼς = ὡς εἰδώς: cf. ὡσπερανεί = ὡσπερεί. *G* § 1313.

13. τῷ ἄνω Διί: to distinguish him from 'the Zeus below', i.e. Hades.

14. ὑμέτερον: i.e. belonging entirely to you inhabitants of Hades.

15. τῷ ζόφῳ: 'the darkness'.

16–17. Refers to *Il.* I. 591 ff. Hephaestus was injured in his fall, and makes the gods laugh by his clumsy limping when he takes the wine round. τεταγών 'seizing' (reduplicated aorist) and ἀπὸ τοῦ θεσπεσίου βηλοῦ 'from the divine threshold' are from Homer, loc. cit.

17. παρέχοιμι: cf. ἐπανέλθοιμι (27) and ἴδοις (41): as the main tenses here are primary, the optative would not be regular in classical Attic. But in later literary Greek, at a time when the optative had virtually disappeared from speech, the rule is less clear. Lucian has many examples like these.

18. ἄλλως: 'without a purpose'.

18–19. καὶ ταῦτα: 'and that, though you are . . .'.

19. ξυνδιάκτορος: 'fellow escort'. Lucian invents a compound of the Homeric διάκτορος, which he clearly interprets as 'guide', 'escort', 'conductor' of the dead.

20. καλῶς εἶχεν: 'it would be a good idea . . .'. *WS* §§ 1774–9.
γοῦν: 'at any rate'.

21. ἀντλεῖν: 'bale out'.
πρόσκωπον εἶναι: 'sit at an oar'. So Charon in Aristophanes (*Frogs* 197) makes Dionysus row: καθίζ᾽ ἐπὶ κώπην.

22. ῥέγκεις: 'snore'.

23. εἰ . . . εὕροις: note optative, not distinct in sense from ἐὰν . . . εὕρῃς. Hermes is λογικός, a god of speech and understanding, so he naturally likes conversation and takes every opportunity to gossip with the dead.

24. τὴν δικωπίαν: 'the two-oar', 'the pair'.

25. πρὸς τοῦ πατρός: 'by your father', i.e. Zeus.
'Ἑρμάδιον: affectionate diminutive, a comic touch: Aristophanes (*Clouds* 222) has Σωκρατίδιον.

29. κἀγώ σοι: σοι is 'ethic dative' (*WS* § 1486; *G* § 1171), 'I'm dazzled by your daylight', 'you'll find me dazzled by the light'.

30. ἐς ἀεὶ . . . τὴν χάριν: 'to one who will be eternally grateful'.

32. οὐκ ἀκόνδυλον: 'not free from blows', comic litotes, for he expects a good thrashing.

33–4. 'What else could happen to one (i.e. what else could one do?) when a friend puts on the pressure?'

37. κηρύττεσθαι: 'to be advertised for', like a runaway slave. Hermes speaks throughout as a slave, or at least as slaves are portrayed in Greek comedy.

38. If the text is right, κωλύσει is impersonal ('it will stop you . . .') and δεήσει must be supplied with ζημιοῦν ('You will be bound to cause Pluto's administration a loss by failing to transport the dead all that time.')

40. τελώνης: Aeacus is a tax-farmer (*publicanus*) who expects to make a profit out of what his agent Charon collects.

40–1. μηδ᾽ ὀβολὸν ἐμπολῶν: 'not earning as much as an obol'.

41. ὡς . . . ἴδοις: a final clause (see on 17 above).

80. The Gauls in Greece

The invasion of Greece by the Gauls under Brennus in 279 BC was (it was said) miraculously halted in the mountains above Delphi. This narrative is from Pausanias' Περιήγησις ('Guide to Greece'), 10. 23. 2–6, written c.AD 170–80. The style is heavily influenced by Herodotus as well as by classical Attic writers, especially Thucydides. Notice involved word-order; σφᾶς, σφίσι = αὐτούς, αὐτοῖς; ἐς = εἰς; frequent connective τε.

Βρέννῳ δὲ καὶ τῇ στρατιᾷ τῶν τε Ἑλλήνων οἱ ἐς Δελφοὺς
ἀθροισθέντες ἀντετάξαντο, καὶ τοῖς βαρβάροις ἀντεσήμαινε τὰ
ἐκ τοῦ θεοῦ ταχύ τε καὶ ὧν ἴσμεν φανερώτατα. ἥ τε γὰρ γῆ
πᾶσα, ὅσην ἐπεῖχεν ἡ τῶν Γαλατῶν στρατιά, βιαίως καὶ ἐπὶ
πλεῖστον ἐσείετο τῆς ἡμέρας, βρονταί τε καὶ κεραυνοὶ συνεχεῖς   5
ἐγίνοντο· καὶ οἱ μὲν ἐξέπληττόν τε τοὺς Κέλτους καὶ δέχεσθαι
τοῖς ὠσὶ τὰ παραγγελλόμενα ἐκώλυον, τὰ δὲ ἐκ τοῦ οὐρανοῦ
οὐκ ἐς ὅντινα κατασκῆψαι μόνον, ἀλλὰ καὶ τοὺς πλησίον καὶ
αὐτοὺς ὁμοίως καὶ τὰ ὅπλα ἐξῆπτε. τά τε τῶν ἡρώων
τηνικαῦτά σφισιν ἐφάνη φάσματα, ὁ Ὑπέροχος καὶ ὁ   10
Λαόδοκός τε καὶ Πύρρος· οἱ δὲ καὶ τέταρτον τὸν Φύλακον
ἐπιχώριον Δελφοῖς ἀπαριθμοῦσιν ἥρωα. ἀπέθανον δὲ καὶ
αὐτῶν παρὰ τὸ ἔργον τῶν Φωκέων ἄλλοι τε ἀριθμὸν πολλοὶ
καὶ Ἀλεξίμαχος, ὃς ἐν τῇ μάχῃ ταύτῃ μάλιστα Ἑλλήνων
ἡλικίας τε τῷ ἀκμάζοντι καὶ ἰσχύϊ σώματος καὶ τῷ ἐρρωμένῳ   15
τοῦ θυμοῦ κατεχρήσατο ἐς τῶν βαρβάρων τὸν φόνον· Φωκεῖς
δὲ εἰκόνα τοῦ Ἀλεξιμάχου ποιησάμενοι ἀπέστειλαν τῷ
Ἀπόλλωνι ἐς Δελφούς. τοιούτοις μὲν οἱ βάρβαροι παρὰ πᾶσαν
τὴν ἡμέραν παθήμασί τε καὶ ἐκπλήξει συνείχοντο· τὰ δὲ ἐν τῇ
νυκτὶ πολλῷ σφᾶς ἔμελλεν ἀλγεινότερα ἐπιλήψεσθαι· ῥῖγός τε   20
γὰρ ἰσχυρὸν καὶ νιφετὸς ἦν ὁμοῦ τῷ ῥίγει, πέτραι τε
ἀπολισθάνουσαι τοῦ Παρνασσοῦ μεγάλαι καὶ κρημνοὶ καταρρ-
ηγνύμενοι σκοπὸν τοὺς βαρβάρους εἶχον, καὶ αὐτοῖς οὐ καθ᾽
ἕνα ἢ δύο, ἀλλὰ κατὰ τριάκοντα καὶ ἔτι πλείοσιν, ὡς ἕκαστοι
ἐν τῷ αὐτῷ φρουροῦντες ἢ καὶ ἀναπαυόμενοι τύχοιεν, ἀθρόοις   25
ἡ ἀπώλεια ἐγένετο ὑπὸ τῆς ἐμβολῆς τῶν κρημνῶν. ἅμα δὲ τῷ
ἡλίῳ ἀνίσχοντι οἱ Ἕλληνες ἐπήεσάν σφισιν ἐκ τῶν Δελφῶν,
οἱ μὲν ἄλλοι τὴν ἐπὶ τὸ στράτευμα εὐθεῖαν, οἱ Φωκεῖς δὲ ἄτε

καὶ μᾶλλον ἔχοντες τῶν χωρίων ἐμπείρως κατέβησάν τε διὰ
30 τῆς χιόνος κατὰ τὰ ἀπότομα τοῦ Παρνασσοῦ, καὶ ἔλαθον
κατὰ νώτου γενόμενοι τοῖς Κελτοῖς, ἠκόντιζόν τε ἐς αὐτοὺς
καὶ ἐτόξευον σὺν οὐδενὶ ἀπὸ τῶν βαρβάρων δείματι. οἱ δὲ
ἀρχομένης μὲν τῆς μάχης, καὶ μάλιστα οἱ περὶ τὸν Βρέννον,
οὗτοι δὲ μήκιστοί τε ἦσαν καὶ ἀλκιμώτατοι τῶν Γαλατῶν,
35 τότε μὲν ὑπὸ προθυμίας ἔτι ἀντεῖχον βαλλόμενοί τε παντα-
χόθεν καὶ οὐχ ἧσσον ὑπὸ τοῦ ῥίγους, μάλιστα οἱ τραυματίαι,
ταλαιπωροῦντες· ὡς δὲ καὶ ὁ Βρέννος ἔλαβε τραύματα,
ἐκεῖνον λιποψυχήσαντα ἐκκομίζουσιν ἐκ τῆς μάχης, οἱ δὲ
βάρβαροι πανταχόθεν σφίσιν ἐγκειμένων τῶν Ἑλλήνων
40 ὑπέφευγόν τε ἄκοντες καὶ ἑαυτῶν τοὺς ἀδυνάτους διὰ
τραύματα ἕπεσθαι καὶ ἀρρωστίαν φονεύουσι.

3. ὧν ἴσμεν φανερώτατα: 'most manifestly of any such signs
of which we know'.

6. οἱ μὲν: . . . : sc. σεισμοί, 'earthquakes', to be understood
from the verb ἐσείετο, unless the noun has fallen out. Earth-
quakes would be strange and terrifying to the Celts, who knew
of no such things in N. Europe: 'no one fears earthquakes in
Gaul' (Plut. *de superstitione* 165 D; cf. Pliny, *NH* 2. 195).

8. κατασκῆψαι: aorist optative, *G* § 1431.

9. ἐξῆπτε: 'set on fire'.

13. παρὰ τὸ ἔργον: 'in the action' (cf. Herod. 7. 49; 8. 22
etc.).

ἀριθμὸν: 'in number'. *G* § 1085, again a Herodotean
usage.

15–16. 'Devoted the prime of his youth, the strength of his
body, and the vigour of his spirit to killing the barbarians.'

23. σκοπὸν . . . εἶχον: 'made the barbarians their target'.

28. τὴν . . . εὐθεῖαν: sc. ὁδόν, *G* § 1057; *WS* § 1027.

34. μήκιστοι: 'tallest'. Not normal in Attic prose, but found
in Xenophon and in late writers.

38. λιποψυχήσαντα: 'having fainted', 'unconscious'.

40–1. 'And killed those of their own men who were unable to
keep up because of wounds or sickness.' Note the mannered
word-order and the *variatio* in tenses (ὑπέφευγον . . .
φονεύουσι).

81. Daphnis and Chloe in the springtime

The 'pastoral romance' of Daphnis and Chloe, the most elegant
and amusing of the Greek 'novels', was written towards the end
of the second century AD. The scene is Lesbos; the adventures of
the lovers are set against the passage of the seasons. Longus'
deliberately simple syntax (he aims at 'simplicity', ἀφέλεια)
should cause few difficulties; on the other hand he has a rich and
rather specialized vocabulary, and is careful about rhythm and
hiatus. In this passage (1. 9–14) we have first a description
(ekphrasis) of spring, a very common topic; then Eros arranges
an accident which leads to Chloe's becoming aware of her love
for Daphnis, though not knowing what it was.

Ἦρος ἦν ἀρχὴ καὶ πάντα ἤκμαζεν ἄνθη, τὰ ἐν δρυμοῖς, τὰ ἐν
λειμῶσι καὶ ὅσα ὄρεια· βόμβος ἦν ἤδη μελιττῶν, ἦχος
ὀρνίθων μουσικῶν, σκιρτήματα ποιμνίων ἀρτιγεννήτων· ἄρνες
ἐσκίρτων ἐν τοῖς ὄρεσιν, ἐβόμβουν ἐν τοῖς λειμῶσιν αἱ μέλιτ-
ται, τὰς λόχμας κατῇδον ὄρνιθες. τοσαύτης δὴ πάντα κατε-   5
χούσης εὐωρίας οἷα ἁπαλοὶ καὶ νέοι μιμηταὶ τῶν ἀκουομένων
ἐγίνοντο καὶ βλεπομένων· ἀκούοντες μὲν τῶν ὀρνίθων ᾀδόντων
ᾖδον, βλέποντες δὲ σκιρτῶντας τοὺς ἄρνας ἥλλοντο κοῦφα,
καὶ τὰς μελίττας δὲ μιμούμενοι τὰ ἄνθη συνέλεγον· καὶ τὰ μὲν
εἰς τοὺς κόλπους ἔβαλλον, τὰ δὲ στεφανίσκους πλέκοντες ταῖς   10
Νύμφαις ἐπέφερον.
    Ἔπραττον δὲ κοινῇ πάντα, πλησίον ἀλλήλων νέμοντες. καὶ
πολλάκις μὲν ὁ Δάφνις τῶν προβάτων τὰ ἀποπλανώμενα
συνέστελλε, πολλάκις δὲ ἡ Χλόη τὰς θρασυτέρας τῶν αἰγῶν
ἀπὸ τῶν κρημνῶν κατήλαυνεν, ἤδη δέ τις καὶ τὰς ἀγέλας   15
ἀμφοτέρας ἐφρούρησε θατέρου προσλιπαρήσαντος ἀθύρματι.
ἀθύρματα δὲ ἦν αὐτοῖς ποιμενικὰ καὶ παιδικά· ἡ μὲν
ἀνθερίκους ἀνελομένη ποθὲν ἀκριδοθήκην ἔπλεκε καὶ περὶ
τοῦτο πονουμένη τῶν ποιμνίων ἠμέλησεν, ὁ δὲ καλάμους
ἐκτεμὼν λεπτοὺς καὶ τρήσας τὰς τῶν γονάτων διαφυάς,   20
ἀλλήλοις τε κηρῷ μαλθακῷ συναρτήσας, μέχρι νυκτὸς συρίτ-
τειν ἐμελέτα· καὶ ποτοῦ δὲ ἐκοινώνουν γάλακτος καὶ οἴνου,
καὶ τροφὰς ἃς οἴκοθεν ἔφερον εἰς κοινὸν ἔφερον. θᾶττον ἄν τις
εἶδε τὰ ποίμνια καὶ τὰς αἶγας ἀπ' ἀλλήλων μεμερισμένας ἢ
Χλόην καὶ Δάφνιν.   25

Τοιαῦτα δὲ αὐτῶν παιζόντων τοιάνδε σπουδὴν Ἔρως
ἀνέπλασε. λύκαινα τρέφουσα σκύμνους νέους ἐκ τῶν πλησίον
ἀγρῶν ἐξ ἄλλων ποιμνίων πολλὰ ἥρπαζε, πολλῆς τροφῆς ἐς
ἀνατροφὴν τῶν σκύμνων δεομένη. συνελθόντες οὖν οἱ κωμῆται
30 νύκτωρ σιροὺς ὀρύττουσι τὸ εὖρος ὀργυιᾶς, τὸ βάθος τετ-
ταρῶν. τὸ μὲν δὴ χῶμα τὸ πολὺ σπείρουσι κομίσαντες
μακράν, ξύλα δὲ ξηρὰ μακρὰ τείναντες ὑπὲρ τοῦ χάσματος τὸ
περιττὸν τοῦ χώματος κατέπασαν, τῆς πρότερον γῆς εἰκόνα,
ὥστε κἂν λαγὼς ἐπιδράμῃ, κατακλᾶν τὰ ξύλα κάρφων
35 ἀσθενέστερα ὄντα, καὶ τότε παρέχειν μαθεῖν ὅτι γῆ οὐκ ἦν,
ἀλλὰ μεμίμητο γῆν. τοιαῦτα πολλὰ ὀρύγματα κἀν τοῖς ὄρεσι
κἀν τοῖς πεδίοις ὀρύξαντες τὴν μὲν λύκαιναν οὐκ ηὐτύχησαν
λαβεῖν· αἰσθάνεται γὰρ καὶ γῆς σεσοφισμένης· πολλὰς δὲ
αἶγας καὶ ποίμνια διέφθειραν, καὶ Δάφνιν παρ' ὀλίγον ὧδε·
40 Τράγοι παροξυνθέντες εἰς μάχην συνέπεσον. τῷ οὖν ἑτέρῳ
τὸ ἕτερον κέρας βιαιοτέρας γενομένης ἐμβολῆς θραύεται, καὶ
ἀλγήσας φριμαξάμενος ἐς φυγὴν ἐτρέπετο· ὁ δὲ νικῶν κατ'
ἴχνος ἑπόμενος ἄπαυστον ἐποίει τὴν φυγήν. ἀλγεῖ Δάφνις περὶ
τῷ κέρατι καὶ τῇ θρασύτητι ἀχθεσθεὶς ξύλον καὶ τὴν
45 καλαύροπα λαβὼν ἐδίωκε τὸν διώκοντα. οἷα δὲ τοῦ μὲν
ὑπεκφεύγοντος, τοῦ δ' ὀργῇ διώκοντος οὐκ ἀκριβὴς τῶν ἐν
ποσὶν ἡ πρόσοψις ἦν, ἀλλὰ κατὰ χάσματος ἄμφω πίπτουσιν, ὁ
τράγος πρότερος, ὁ Δάφνις δεύτερος. τοῦτο καὶ ἔσωσε
Δάφνιν, χρήσασθαι τῆς καταφορᾶς ὀχήματι τῷ τράγῳ. ὁ μὲν
50 δὴ τὸν ἀνιμησόμενον, εἴ τις ἄρα γένοιτο, δακρύων ἀνέμενεν· ἡ
δὲ Χλόη θεασαμένη τὸ συμβὰν δρόμῳ παραγίνεται πρὸς τὸν
σιρόν, καὶ μαθοῦσα ὅτι ζῇ, καλεῖ τινα βουκόλον ἐκ τῶν
ἀγρῶν τῶν πλησίον εἰς ἐπικουρίαν. ὁ δὲ ἐλθὼν σχοῖνον ἐζήτει
μακράν, ἧς ἐχόμενος ἀνιμώμενος ἐκβήσεται. καὶ σχοῖνος μὲν
55 οὐκ ἦν, ἡ δὲ Χλόη λυσαμένη ταινίαν δίδωσι καθεῖναι τῷ
βουκόλῳ· καὶ οὕτως οἱ μὲν ἐπὶ τοῦ χείλους ἑστῶτες εἷλκον, ὁ
δὲ ἀνέβη ταῖς τῆς ταινίας ὁλκαῖς ταῖς χερσὶν ἀκολουθῶν.
ἀνιμήσαντο δὲ καὶ τὸν ἄθλιον τράγον συντεθραυσμένον ἄμφω
τὰ κέρατα· τοσοῦτον ἄρα ἡ δίκη μετῆλθε τοῦ νικηθέντος
60 τράγου. τοῦτον μὲν δὴ τυθησόμενον χαρίζονται σῶστρα τῷ
βουκόλῳ, καὶ ἔμελλον ψεύδεσθαι πρὸς τοὺς οἴκοι λύκων
ἐπιδρομήν, εἴ τις αὐτὸν ἐπόθησεν· αὐτοὶ δὲ ἐπανελθόντες
ἐπεσκοποῦντο τὴν ποίμνην καὶ τὸ αἰπόλιον· καὶ ἐπεὶ κατέ-

μαθον ἐν κόσμῳ νομῆς καὶ τὰς αἶγας καὶ τὰ πρόβατα,
καθίσαντες ἐπὶ στελέχει δρυὸς ἐσκόπουν μή τι μέρος τοῦ 65
σώματος ὁ Δάφνις ἦμαξε καταπεσών. τέτρωτο μὲν οὖν οὐδὲν
οὐδὲ ἦμακτο οὐδέν, χώματος δὲ καὶ πηλοῦ πέπαστο καὶ τὰς
κόμας καὶ τὸ ἄλλο σῶμα. ἐδόκει δὲ λούσασθαι, πρὶν αἴσθησιν
γενέσθαι τοῦ συμβάντος Λάμωνι καὶ Μυρτάλῃ.

Καὶ ἐλθὼν ἅμα τῇ Χλόῃ πρὸς τὸ νυμφαῖον τῇ μὲν ἔδωκε 70
καὶ τὸν χιτωνίσκον καὶ τὴν πήραν φυλάττειν, αὐτὸς δὲ τῇ
πηγῇ προσστὰς τήν τε κόμην καὶ τὸ σῶμα πᾶν ἀπελούετο. ἦν
δ' ἡ μὲν κόμη μέλαινα καὶ πολλή, τὸ δὲ σῶμα ἐπίκαυτον
ἡλίῳ· ἐδόκει δὲ τῇ Χλόῃ θεωμένῃ καλὸς ὁ Δάφνις, ὅτι δὲ μὴ
πρότερον αὐτῇ καλὸς ἐδόκει, τὸ λουτρὸν ἐνόμιζε τοῦ κάλλους 75
αἴτιον. καὶ τὰ νῶτα δ' ἀπολουούσης ἡ σὰρξ ὑπέπιπτε
μαλθακή, ὥστε λαθοῦσα ἑαυτῆς ἥψατο πολλάκις, εἰ τρυφερω-
τέρα εἴη πειρωμένη. καὶ τότε μὲν—ἐπὶ δυσμαῖς γὰρ ἦν ὁ
ἥλιος—ἀπήλασαν τὰς ἀγέλας οἴκαδε καὶ ἐπεπόνθει Χλόη
περιττὸν οὐδέν, ὅτι μὴ Δάφνιν ἐπεθύμει λουόμενον ἰδέσθαι 80
πάλιν. τῆς δ' ἐπιούσης ὡς ἧκον εἰς τὴν νομήν, ὁ μὲν Δάφνις
ὑπὸ τῇ δρυῒ τῇ συνήθει καθεζόμενος ἐσύριττε καὶ ἅμα τὰς
αἶγας ἐπεσκόπει κατακειμένας καὶ ὥσπερ τῶν μελῶν ἀκροω-
μένας, ἡ δὲ Χλόη πλησίον καθημένη τὴν ἀγέλην μὲν τῶν
προβάτων ἐπέβλεπε, τὸ δὲ πλέον εἰς Δάφνιν ἑώρα· καὶ ἐδόκει 85
καλὸς αὐτῇ συρίττων πάλιν, καὶ αὖθις αἰτίαν ἐνόμιζε τὴν
μουσικὴν τοῦ κάλλους, ὥστε μετ' ἐκεῖνον καὶ αὐτὴ τὴν
σύριγγα ἔλαβεν, εἴ πως γένοιτο καὶ αὐτὴ καλή. ἔπεισε δ'
αὐτὸν καὶ λούσασθαι πάλιν καὶ λουόμενον εἶδε καὶ ἰδοῦσα
ἥψατο καὶ ἀπῆλθε πάλιν ἐπαινέσασα, καὶ ὁ ἔπαινος ἦν ἔρωτος 90
ἀρχή. ὅτι μὲν οὖν ἔπασχεν οὐκ ᾔδει, νέα κόρη καὶ ἐν ἀγροικίᾳ
τεθραμμένη καὶ οὐδὲ ἄλλου λέγοντος ἀκούσασα τὸ τοῦ ἔρωτος
ὄνομα· ἄση δ' αὐτῆς εἶχε τὴν ψυχήν, καὶ τῶν ὀφθαλμῶν οὐκ
ἐκράτει καὶ πολλὰ ἐλάλει Δάφνιν· τροφῆς ἠμέλει, νύκτωρ
ἠγρύπνει, τῆς ἀγέλης κατεφρόνει· νῦν ἐγέλα, νῦν ἔκλαεν· εἶτα 95
ἐκάθιζεν, εἶτα ἀνεπήδα· ὠχρία τὸ πρόσωπον, ἐρυθήματι αὖθις
ἐφλέγετο. οὐδὲ βοὸς οἴστρῳ πληγείσης τοσαῦτα ἔργα.
ἐπῆλθόν ποτε αὐτῇ καὶ τοιοίδε λόγοι μόνῃ γενομένῃ·

Νῦν ἐγὼ νοσῶ μέν, τί δὲ ἡ νόσος ἀγνοῶ· ἀλγῶ, καὶ ἕλκος
οὐκ ἔστι μοι· λυποῦμαι, καὶ οὐδὲν τῶν προβάτων ἀπόλωλέ 100
μοι· κάομαι, καὶ ἐν σκιᾷ τοσαύτῃ κάθημαι. πόσοι βάτοι με

πολλάκις ἤμυξαν, καὶ οὐκ ἔκλαυσα· πόσαι μέλιτται κέντρα
ἐνῆκαν, ἀλλ' ἔφαγον· τουτὶ δὲ τὸ νύττον μου τὴν καρδίαν
πάντων ἐκείνων πικρότερον. καλὸς ὁ Δάφνις, καὶ γὰρ τὰ
105 ἄνθη· καλὸν ἡ σῦριγξ αὐτοῦ φθέγγεται, καὶ γὰρ αἱ ἀηδόνες.
ἀλλ' ἐκείνων οὐδείς μοι λόγος. εἴθε αὐτοῦ σῦριγξ ἐγενόμην, ἵν'
ἐμπνέῃ μοι· εἴθε αἴξ, ἵν' ὑπ' ἐκείνου νέμωμαι. ὦ πονηρὸν
ὕδωρ, μόνον Δάφνιν καλὸν ἐποίησας, ἐγὼ δὲ μάτην ἀπελου-
σάμην. οἴχομαι, Νύμφαι φίλαι· οὐδὲ ὑμεῖς σῴζετε τὴν
110 παρθένον τὴν ἐν ὑμῖν τραφεῖσαν. τίς ὑμᾶς στεφανώσει μετ'
ἐμέ; τίς τοὺς ἀθλίους ἄρνας ἀναθρέψει; τίς τὴν λάλον ἀκρίδα
θεραπεύσει, ἣν πολλὰ καμοῦσα ἐθήρασα, ἵνα με κατακοιμίζῃ
φθεγγομένη πρὸ τοῦ ἄντρου; νῦν δ' ἐγὼ μὲν ἀγρυπνῶ διὰ
Δάφνιν, ἡ δὲ μάτην λαλεῖ.
115 Τοιαῦτα ἔπασχε, τοιαῦτα ἔλεγεν, ἐπιζητοῦσα τὸ τοῦ
ἔρωτος ὄνομα.

2. ὅσα ὄρεια: 'whatever was in the mountains', *variatio* for τὰ
ἐν ὄρεσι. Here and below note the frequency of asyndeton.

2–5. 'Buzzing', 'sound', 'gambollings' are taken up in a
changed order by the corresponding verbs.

3. ἀρτιγεννήτων: 'new-born'.

5. κατῆδον: 'filled with song'.

6. εὐωρίας: 'fine spring weather'.

8. κοῦφα: Neuter plural of an adjective here used as adverb
(cf. G § 1060), a usage taken from poets (e.g. *Il.* 13. 158).

9. καὶ . . . δὲ: 'In Homer, the particles are always juxtaposed,
in later Greek always separated' (Denniston, *Particles*, 199). Cf.
22, 79 below.

12. νέμοντες: i.e. grazing their flocks, he of goats and she of
sheep.

15. ἤδη δέ τις: 'and sometimes one of them would watch both
flocks, while the other was busy with some sport'. For
ἤδη + aor., see *WS* § 1930.

16–17. Note repetition of word at end of sentence and begin-
ning of next: a device to maintain the impression of naïveté. Cf.
above, 25.

18. ἀνθερίκους: 'asphodel stalks', the long stalks which could
be plaited into a cicada-trap; cf. Theoc. 1. 52.

20. τρήσας . . . διαφυάς: 'piercing (τετραίνω) the joints' of the reed. διαφυή is 'break', γόνυ 'knee', hence 'joint'.

26. Note the ominous contrast παιζόντων . . . σπουδήν.

27. The narrative begins without a particle, but is introduced by the forward-looking τοιάνδε.

30. σιρούς: 'pits'.

31–3. 'They took most of the spoil and scattered it at a distance (μακράν) and laid long dry pieces of wood over the hole and spread (κατέπασαν) the rest of the spoil over these, to look like the ground that was there before (lit. 'as an image of . . .').'

36. μεμίμητο: pluperfect without augment: common in Hdt. and many post-classical authors. Cf. below 66 τέτρωτο, 67 πέπαστο.

37 ff. '. . . did not succeed in catching it: for it notices ground that has been doctored', i.e. the clever creature always recognizes σοφίσματα, even when the natural features have been counterfeited.

39. ὧδε: 'in the following way'.

41. ἐμβολῆς: 'attack', 'charge'. An equally acceptable reading is συμβολῆς 'encounter'.

42. φριμαξάμενος: 'snorting'; cf. Theoc. 5. 141.

50. τὸν ἀνιμησόμενον: 'a rescuer' (ἀνιμᾶν, 'to draw up (from a well or hole)').

εἴ τις ἄρα γένοιτο: WS § 2796, Denniston, Particles 37.

55. ταινίαν: 'her breastband'.

60. σῶστρα: 'as a reward for the rescue'. (For this construction, see G § 1080.) Cf. λύτρα 'ransom', τροφεῖα 'reward for upbringing', νικητήρια 'prize' for plurals of this kind.

61–2. 'And they were going to tell the people at home a fake tale of an attack by wolves, if anyone had missed him (sc. the goat).' Schäfer conjectured ποθήσειεν for ἐπόθησεν: if the latter is right, ἔμελλον ψεύδεσθαι = 'they would have told a lie', and the aorist is that of a past unfulfilled condition.

64. ἐν κόσμῳ νομῆς: 'quietly grazing'.

65–6. μή τι . . . ἤμαξε: G § 1380.

67. χώματος . . . πηλοῦ: partitive genitives (τίνασσε δ' ἁλός Il. 9. 214).

69. Lamon and Myrtale are the goatherd and his wife, who took in the baby Daphnis, whom Lamon found being suckled by a goat.

70. τὸ νυμφαῖον: the cave of the nymphs where the baby Chloe had been found by the shepherd Dryas (1. 4).

78. ἐπὶ δυσμαῖς: 'at its setting'. Like ἀνατολαί, 'rising', the word is usually plural.

80. ὅτι μὴ: 'except that'.

88–91. Note the mannered simplicity and brevity with which this development is described.

93. ἄση: 'distress', 'malaise'.

93–4. τῶν ὀφθαλμῶν οὐκ ἐκράτει: i.e. she couldn't help looking for him.

94. πολλά: 'often'.

96. ἐκάθιζεν is Rohde's conjecture for ἐκάθευδεν of the MSS, and is clearly right: she is sleepless.

97. 'Not even a cow stung by a gadfly is so active.'

103. ἀλλ' ἔφαγον: 'but I still ate' (now she neglects her food). But Tournier's conjecture καὶ οὐκ ἀνέκραγον is easier.

104–5. καὶ γὰρ . . .: 'yes, and so are . . .' Denniston, *Particles*, 109, finds no classical examples of this usage in continuous speech. Chloe is conducting a dialogue with herself.

82. *An orator's dream and its consequences*

Aelius Aristides (AD 117–?187) was one of the most famous sophists of his day. We have many of his elaborate speeches, but we also have the curious autobiographical work (*Hieroi Logoi*) from which this extract (4. 14–18) is taken. This book is the record of the benevolence of Asclepius to him throughout many years of illness; it is unique in ancient literature as the personal record of a strange hypochondriacal personality. Here he tells how, early in his illness (which began in AD 143), the god forced him to resume a rhetorical career.

Ἐνιαυτὸν μὲν γὰρ μάλιστα τὸν πρῶτον τῆς ἀσθενείας ἐξέλιπον τὴν περὶ τοὺς λόγους διατριβήν, οἷα ἐν τοσούτοις τε καὶ

τοιούτοις πράγμασι τοῦ σώματος, καὶ ἅμα ἀπηλγήκειν.
καθημένῳ δέ μοι ἤδη ἐν Περγάμῳ κατὰ τὴν κλῆσίν τε καὶ
ἱκετείαν γίγνεται παρὰ τοῦ θεοῦ πρόσταγμα καὶ παράκλησις   5
μὴ προλιπεῖν τοὺς λόγους. ὅτι μὲν δὴ πρῶτον τῶν ὀνειράτων
ἀφίκετο ἢ πῶς ἕκαστον ἔχον τοῖς ἅπασιν, ἀμήχανον εἰπεῖν
ὑπὸ πλήθους ἐτῶν. ἦν δ' οὖν ἐκεῖνά τε τῶν παρακλητικῶν·
Σοὶ πρέπουσιν λόγοι σὺν Σωκράτει καὶ Δημοσθένει καὶ
Θουκυδίδῃ, κατὰ πρώτας εὐθὺς γενόμενα, καὶ δὴ καὶ τῶν   10
ὑπὲρ ἡμᾶς τοῖς χρόνοις ἐνδόξων ἐδείχθη τις, ὡς ἂν μάλιστα
ἐκινήθην εἰπεῖν. καὶ τό γε σφόδρα πρῶτον ἀπάρξασθαί με
ἐκέλευεν ἑαυτῷ προσελθόντα εἰς τὴν στοὰν τοῦ ἱεροῦ τὴν πρὸς
τῷ θεάτρῳ τῶν αὐτοσχεδίων δὴ τούτων λόγων καὶ ἀγω-
νιστικῶν· καὶ συνέβη οὑτωσί. θεωρία τις ἦν ἐν τῇ πόλει πάνυ   15
λαμπρά, ἢ ταύρων θήρα μοι δοκεῖν ἤ τι τοιοῦτον. οἵ τε οὖν ἐκ
τοῦ ἱεροῦ κατεδεδραμήκεσαν πάντες ἥ τε πόλις περὶ ταῦτα
εἶχεν. κατελελείμμεθα δὲ ἐν τῷ ἱερῷ τῶν γνωριμωτέρων
θεραπευτῶν δύο, ἐγώ τε καὶ Νικαεὺς ἀνήρ, τῶν ἐστρατηγη-
κότων Ῥωμαίοις, Σηδᾶτος ὄνομα, τὸ δ' ἀρχαῖον Θεόφιλος.   20
καθήμεθα οὖν ἐν Ὑγιείας, οὗ ὁ Τελεσφόρος, καὶ διεπυνθανό-
μεθα ἀλλήλων, ὥσπερ εἰώθειμεν, εἴ τι καινότερον εἴη παρηγ-
γελκὼς ὁ θεός· καὶ γάρ πως ἔστιν ἃ καὶ παραπλήσια
ἐκάμνομεν. ἔφην οὖν ἐγὼ μὴ ἔχειν ὅτι χρήσωμαι, προστετάχ-
θαι γάρ μοι ἴσα καὶ πέτεσθαι, μελέτην λόγων, ἀναπνεῖν οὐ   25
δυναμένῳ, καὶ ταύτην ἐνταυθοῖ, λέγων τὴν στοάν, καὶ τὸ ὄναρ
διηγοῦμαι. καὶ ὃς ἀκούσας· Τί οὖν, ἔφη, ποιήσεις, καὶ πῶς
ἔχεις; Τί δ' ἄλλο γε, ἔφην, ἢ ἅπερ δυνατόν, ταῦτα ποιήσω;
περιβαλλόμενος θοἰμάτιον, στὰς οὑτωσί, τὸ πρόβλημα
ἀποσημήνας αὐτὸς πρὸς ἐμαυτὸν καὶ μίκρ' ἄττα ὑπαρξάμενος   30
εἶτ' ἀπαλλάξομαι, καὶ οὕτως ἀφωσίωταί μοι. Μηδαμῶς, ἔφη,
μὴ οὕτως. ἀλλ' ἐμέ τ' ἀκροατὴν ἔχεις τουτονί, καὶ ἀγώνισαι
πάσῃ προθυμίᾳ· δυνάμεως δὲ μελήσει τῷ θεῷ. τί οἶσθα εἰ καὶ
εἰς πλέον φέρει τὸ ὄναρ; καὶ ἅμα διηγεῖταί μοι ἔργον τοῦ θεοῦ
θαυμαστόν, ὥς τινι κάμνοντι προστάξας οὕτω διαγωνίσασθαι   35
συμβάντος ἱδρῶτος δι' ἀγωνίαν λύσειεν τὸ νόσημα πᾶν. ἐδόκει
χρῆναι οὕτω ποιεῖν. καὶ λαλούντων ἡμῶν καὶ βουλευομένων
ἐπεισέρχεται Βύβλος ἐκ τριτῶν, θεραπευτὴς τῶν παλαιῶν καὶ
τινα τρόπον πρόθυμος περὶ λογους· οὗτος καὶ τὸ πρόβλημα ἦν
ὁ προβαλών. καὶ ἦν γε τὸ πρόβλημα τοιόνδε— μέμνημαι γάρ,   40

ἄτε καὶ πρῶτον λαβών· Ἀλεξάνδρου, φησίν, ἐν Ἰνδοῖς ὄντος συμβουλεύει Δημοσθένης ἐπιθέσθαι τοῖς πράγμασιν. εὐθὺς μὲν οὖν ἐδεξάμην τὴν φήμην, τὸν Δημοσθένη τε αὖθις λέγοντα καὶ τοὺς λόγους ὄντας περὶ τῆς ἡγεμονίας. καὶ μικρὸν ἐπισχὼν 45 ἠγωνιζόμην, καὶ τά τε δὴ τῆς ἄλλης δυνάμεως ἦν οἷα θεοῦ παρασκευάζοντος, καὶ ἔδοξεν ὁ τοῦ ἐνιαυτοῦ χρόνος οὐ σιωπῆς, ἀλλ᾽ ἀσκήσεως εἶναι.

1. μάλιστα: 'about'.

3. ἀπηλγήκειν: 'I had become apathetic'.

4. ἐν Περγάμῳ: the great centre of the worship of Asclepius, where Aristides spent much time.

4–5. κατὰ . . . ἱκετείαν: 'by the god's summons and to supplicate him.'

7–8. He is writing many years later.

8. δ᾽ οὖν: 'anyway', marking a return from the digression of the previous clause.

8–10. ἦν δ᾽ οὖν . . . γενόμενα: 'The words of encouragement that came to me initially were "Eloquence suits you in company with Socrates and Demosthenes and Thucydides".'

10–11. τῶν . . . ἐνδόξων: 'famous men before my time'.

11–12. ὡς . . . εἰπεῖν: 'so that I might have been specially moved to speak'; an odd form of final clause.

12. ἀπάρξασθαι: 'to make a start' in his honour (ἑαυτῷ) on competitive improvisations (αὐτοσχεδίων . . . ἀγωνιστικῶν).

16. μοι δοκεῖν: parenthetical, 'I think'. The occasion was a sort of bull-fight (ταυροκαθάψιον). Cf. L. Robert, *Les gladiateurs dans l'Orient grec*, 318 ff.

17–18. περὶ ταῦτα εἶχεν: 'was occupied with this'.

20. Sedatus of Nicaea, a former praetor (ἐστρατηγηκότων) is a friend whom Aristides mentions several times. He had discarded his Greek name in favour of the Roman name Sedatus.

21. ἐν Ὑγιείας: 'in the temple of Health'; cf. ἐν Ἅιδου. For this elliptical expression with ἐν, sc. 'house' or 'temple', see *WS* § 1302. Cf 63. 51.

ὁ Τελεσφόρος 'the accomplisher', a divinity worshipped at Pergamum and regarded as a son of Asclepius. The figure was hooded.

23–4. 'We had the same sort of illness.'

24–6. 'The orders given to me—to declaim—were like being told to fly, for I couldn't breathe.' μελέτη 'practice' applies especially to declamation, and the word comes to mean 'a declamation', 'a practice speech'.

29. τὸ πρόβλημα: the 'subject' or 'theme' of his declamation.

31. ἀφωσίωταί μοι: 'I've satisfied the obligation' (impersonal passive). The god's command, seemingly impossible, is to be fulfilled by a minimal compliance.

33. τί . . . ὄναρ; 'How do you know that the dream doesn't signify more?' Cf. Latin *qui scis an* . . .? (*OLD* s.v. scio 4b).

36. συμβάντος . . . δι' ἀγωνίαν: 'when he got into a sweat through the excitement of the contest'.

38. ἐκ τριτῶν: 'to make a third'.

40. ὁ προβαλών: 'the proposer'. The practice was for a speaker to invite suggestions for a subject from members of the audience.

40–2. The subject, taken (as often) from the history of classical Greece, is typical of the declaimers; it is also known from Syrianus (2. 181. 8 Rabe), but has no historical foundation.

42. ἐπιθέσθαι τοῖς πράγμασιν: 'to take hold of the situation', i.e. attack the Macedonian power in Greece.

42–4. Aristides 'accepts the omen' offered by the prestige of Demosthenes and the subject of 'hegemony'. He thinks it indicates his own rise to success.

46–7. i.e. people thought that the year in which he had not been heard of (because of his illness) had in fact been spent in practice, the fruits of which were now heard.

83. *Hymn to Zeus*

This passage comes from one of Aristides' 'prose hymns', a set of speeches in which he deliberately rivalled the poets in splendour of language; there are similar hymns in this form to Athena, Dionysus, Serapis and others. *Zeus* (*Or*. 43) is variously dated to 144 or 149 AD. It has a good deal of theological

236   ARISTIDES

content, but is essentially a rhetor's display-piece. We give
§§ 6–9.
   Throughout this passage the three dominant ideas of such
prayer-pieces (statement of the god's birth-legend (γένος), his
nature (φύσις) and his powers (δυνάμεις)) are interwoven.

   Εἶεν δή, Μοῦσαι Διὸς παῖδες—οὐ γὰρ ἔγωγε ὁρῶ πότε ἄν τις
ὑμᾶς ἄμεινον καλέσειεν ἢ νῦν, εἴθ' ὑμεῖς γε ἐπ' Ὀλύμπου σὺν
Ἀπόλλωνι μουσαγέτῃ τὴν θείαν ᾠδὴν ᾄδετε, ὑμνοῦσαι τὸν
ὑμέτερόν τε καὶ τῶν ὅλων πατέρα, εἴτε Πιερία φίλον ὑμῖν
5 ἐνδιαίτημα, εἴτε ἐν Ἑλικῶνι τῷ Βοιωτίῳ χορεύετε τῶν Διὸς
ἔργων τε καὶ δωρεῶν ὅτιπερ ὄφελος—ἄγ' ὦ πάντ' εἰδυῖαι,
πόθεν ἀρχώμεθα; τί τολμήσομεν εἰπεῖν περὶ Διός; δότε μοι
μανικὸν γενέσθαι τὸν λόγον ὥσπερ τῇ ὑποθέσει οὕτω καὶ τοῖς
πρέπουσιν εἰς αὐτόν, καὶ μή με οὐρανοῦ καὶ γῆς ἐν τῷ μέσῳ
10 καταλίπητε.
   Ζεὺς τὰ πάντα ἐποίησεν καὶ Διός ἐστιν ἔργα ὅσα ἐστὶ
πάντα, καὶ ποταμοὶ καὶ γῆ καὶ θάλαττα καὶ οὐρανὸς καὶ ὅσα
τούτων μεταξὺ καὶ ὅσα ὑπὸ ταῦτα, καὶ θεοὶ καὶ ἄνθρωποι καὶ
ὅσα ψυχὴν ἔχει καὶ ὅσα εἰς ὄψιν ἀφικνεῖται καὶ ὅσα δεῖ νοήσει
15 λαβεῖν. ἐποίησεν δὲ πρῶτος αὐτὸς ἑαυτόν, οὐ Κρήτης ἐν
εὐώδεσιν ἄντροις τραφείς, οὐδ' ἐμέλλησεν αὐτὸν Κρόνος
καταπιεῖν οὐδ' ἀντ' ἐκείνου λίθον κατέπιεν οὐδ' ἐκινδύνευσε
Ζεὺς οὐδὲ μήποτε κινδυνεύσῃ, οὐδ' ἔστιν πρεσβύτερον οὐδὲν
Διός, οὐ μᾶλλόν γε ἢ υἱεῖς τε πατέρων πρεσβύτεροι γένοιντ'
20 ἂν καὶ τὰ γιγνόμενα τῶν ποιούντων, ἀλλ' ὅδε ἐστὶ πρῶτος τε
καὶ πρεσβύτατος καὶ ἀρχηγέτης τῶν πάντων, αὐτὸς ἐξ αὑτοῦ
γενόμενος. ὁπότε δὲ ἐγένετο οὐκ ἔστιν εἰπεῖν, ἀλλ' ἦν τε ἄρα
ἐξ ἀρχῆς καὶ ἔσται εἰσαεί, αὐτοπάτωρ τε καὶ μείζων ἢ ἐξ
ἄλλου γεγονέναι. καὶ ὥσπερ τὴν Ἀθηνᾶν ἄρα ἐκ τῆς κεφαλῆς
25 ἔφυσεν καὶ γάμου οὐδὲν προσεδεήθη εἰς αὐτήν, οὕτως ἔτι
πρότερον αὐτὸς ἐξ ἑαυτοῦ ἐποίησεν καὶ οὐδὲν προσεδεήθη
ἑτέρου εἰς τὸ εἶναι, ἀλλ' αὐτὸ τοὐναντίον πάντα εἶναι ἀπ'
ἐκείνου ἤρξατο. καὶ οὐκ ἔστι Κρόνον εἰπεῖν· οὐδὲ γὰρ χρόνος
ἦν πω τότε, ὅτι μηδὲ ἄλλο μηδέν· δημιουργοῦ γὰρ ἔργον
30 οὐδέν ἐστι πρεσβύτερον. οὕτω δὴ ἀρχὴ μὲν ἁπάντων Ζεύς τε
καὶ ἐκ Διὸς πάντα.

2–6. εἴθ᾽ ὑμεῖς . . . ὄφελος: Aristides adapts a common topos of prayer, which enumerates the god's favourite haunts and asks him to leave these in order to visit the place where the prayer is made. The classic statement of this topos is by E. Norden in *Agnostos Theos*, 150 ff., but its essential features can be studied more accessibly in e.g. Nisbet-Hubbard, commentary on Horace, *Odes* I. 10.

5. ἐνδιαίτημα: 'haunt', 'dwelling'.

5–6. τῶν . . . ὄφελος: the whole phrase is the grammatical object of χορεύετε: 'honour by your choral song whatever good there is in the works and gifts of Zeus'. Aristides is thinking of the prelude of Hesiod's *Theogony*.

6. ὢ πάντ᾽ εἰδυῖαι: here he is thinking of *Il.* 2. 485.

7. πόθεν ἀρχώμεθα: a standard beginning.

8. μανικόν: 'inspired', both in subject (ὑπόθεσις) and in the power to treat Zeus with appropriate words. But ἱκανόν, which has been suggested, is much easier and may well be right.

15 ff. In denying the myth of the birth of Zeus—who, for Aristides, 'created himself'—he alludes to the Dictaean Cave in Crete (cf. Aratus, *Phaenomena* 33, δίκτῳ ἐν εὐώδει) and to the stories of Cronos swallowing him or a stone instead.

18. οὐδὲ μήποτε: *G* § 1360.

23–4. 'Too great to be born of another.'

28–9. i.e. one cannot say that Time came first and was the start of all things, for there was no Time before creation. Notice the assumed identity of Κρόνος and χρόνος.

84. The birth of Hermes

This passage of Philostratus' Εἰκόνες (1. 26) is part of a set of *ekphraseis* (descriptions) of works of art representing mythological scenes. How far they are descriptions of real paintings is doubtful; doubtful also is their authorship. Are they by the author of the 'Lives of the Sophists', our main source for the whole sophistic movement of the second century, or by another

238   PHILOSTRATUS

member of the same family, his son-in-law or great-nephew?
Probably the elder Philostratus is responsible. If so, the book
dates from the early third century AD. The subject of this picture
is a mythological event famous in literature through the
Homeric Hymn to Hermes, Alcaeus' hymn, and Horace, Odes I.
10 (see Nisbet and Hubbard, ad. loc.). It is also treated in
Sophocles' fragmentary satyr-play, Ichneutae ('The Trackers').

Ὁ κομιδῇ παῖς ὁ ἔτι ἐν σπαργάνοις, ὁ τὰς βοῦς εἰς τὸ ῥῆγμα
τῆς γῆς ἐλαύνων, ἔτι κἀκεῖνος ὁ συλῶν τὰ βέλη τοῦ
Ἀπόλλωνος, Ἑρμῆς οὗτος. μάλα ἡδεῖαι αἱ κλοπαὶ τοῦ θεοῦ·
φασὶ γὰρ τὸν Ἑρμῆν, ὅτε τῇ Μαίᾳ ἐγένετο, ἐρᾶν τοῦ κλέπτειν
5 καὶ εἰδέναι τοῦτο, οὔτι που ταῦτα πενίᾳ δρῶν ὁ θεός, ἀλλ'
εὐφροσύνῃ διδοὺς καὶ παίζων. εἰ δὲ βούλει καὶ ἴχνος αὐτοῦ
κατιδεῖν, ὅρα τὰ ἐν τῇ γραφῇ. τίκτεται μὲν ἐν κορυφαῖς τοῦ
Ὀλύμπου, κατ' αὐτὸ ἄνω τὸ ἕδος τῶν θεῶν. ἐκεῖ δὲ Ὅμηρος
οὔτε ὄμβρων αἰσθάνεσθαί φησιν οὔτε ἀνέμων ἀκούειν, ἀλλ'
10 οὐδὲ χιόνι βληθῆναί ποτε αὐτὸ δι' ὑπερβολήν, εἶναι δὲ θεῖον
ἀτεχνῶς καὶ ἐλεύθερον ἁπάντων παθῶν ὧν μετέχει τὰ τῶν
ἀνθρώπων ὄρη. ἐνταῦθα τὸν Ἑρμῆν ἀποτεχθέντα Ὧραι
κομίζονται. γέγραφε κἀκείνας, ὡς ὥρα ἑκάστης, καὶ σπαργ-
άνοις αὐτὸν ἀμπίσχουσιν ἐπιπάττουσαι τὰ κάλλιστα τῶν
15 ἀνθέων, ὡς μὴ ἀσήμων τύχῃ τῶν σπαργάνων. καὶ αἱ μὲν ἐπὶ
τὴν μητέρα τοῦ Ἑρμοῦ τρέπονται λεχὼ κειμένην, ὁ δ'
ὑπεκδὺς τῶν σπαργάνων ἤδη βαδίζει καὶ τοῦ Ὀλύμπου
κάτεισι. γέγηθε δὲ αὐτῷ τὸ ὄρος—τὸ γὰρ μειδίαμα αὐτοῦ
οἷον ἀνθρώπου—νόει δὲ τὸν Ὄλυμπον χαίροντα, ὅτι ὁ Ἑρμῆς
20 ἐκεῖ ἐγένετο.
   Τίς οὖν ἡ κλοπή; βοῦς νεμομένας ἐν τῷ τοῦ Ὀλύμπου
πρόποδι, ταύτας δήπου τὰς χρυσοκέρως καὶ ὑπὲρ χιόνα
λευκάς—ἀνεῖνται γὰρ τῷ Ἀπόλλωνι—ἄγει στροβῶν εἰς
χάσμα τῆς γῆς, οὐχ ὡς ἀπόλοιντο, ἀλλ' ὡς ἀφανισθεῖεν εἰς
25 μίαν ἡμέραν, ἔστ' ἂν τὸν Ἀπόλλω δάκῃ τοῦτο, καὶ ὡς οὐδὲν
μετὸν αὐτῷ τοῦ γεγονότος ὑποδύεται τὰ σπάργανα. ἥκει καὶ ὁ
Ἀπόλλων παρὰ τὴν Μαίαν ἀπαιτῶν τὰς βοῦς, ἡ δὲ ἀπιστεῖ
καὶ ληρεῖν οἴεται τὸν θεόν. βούλει μαθεῖν ὅτι καὶ λέγει; δοκεῖ
γάρ μοι μὴ φωνῆς μόνον, ἀλλὰ καὶ λόγου τι ἐπιδηλοῦν τῷ
30 προσώπῳ· ἔοικεν ὡς μέλλων πρὸς τὴν Μαίαν λέγειν ταῦτα·

Ἀδικεῖ με ὁ σὸς υἱός, ὃν χθὲς ἔτεκες· τὰς γὰρ βοῦς αἷς
ἔχαιρον ἐμβέβληκεν ἐς τὴν γῆν, οὐκ οἶδ᾽ ὅποι τῆς γῆς.
ἀπολεῖται δὴ καὶ ἐμβεβλήσεται κατωτέρω πρὸ τῶν βοῶν. ἡ δὲ
θαυμάζει καὶ οὐ προσδέχεται τὸν λόγον. ἔτ᾽ αὐτῶν ἀντιλεγ-
όντων ἀλλήλοις ὁ Ἑρμῆς ἵσταται κατόπιν τοῦ 35
Ἀπόλλωνος καὶ κούφως ἐπιπηδήσας τοῖς μεταφρένοις
ἀψοφητὶ λύει τὰ τόξα καὶ συλῶν μὲν διέλαθεν, οὐ μὴν
ἠγνοήθη σεσυληκώς. ἐνταῦθα ἡ σοφία τοῦ ζωγράφου· διαχεῖ
γὰρ τὸν Ἀπόλλω καὶ ποιεῖ χαίροντα. μεμέτρηται δὲ ὁ γέλως
οἷος ἐφιζάνων τῷ προσώπῳ θυμὸν ἐκνικώσης ἡδονῆς. 40

1. ῥῆγμα: 'cleft'.

5–6. δρῶν ὁ θεός . . . παίζων: strict syntax demands accusa-
tives, but these 'absolute' nominatives, not uncommon in
Philostratus and other late writers, add to the effect of naïveté
at which he aims.

8. 'Up to the very dwelling of the gods.' The reference is to
Odyssey, 6. 42 ff.

12. Ὧραι: 'The Seasons'.

13. ὡς ὥρα ἑκάστης: 'according to their several beauties':
Philostratus plays on the different senses of ὥρα.

22. ὑπὲρ χιόνα: WS § 1607. 2(c).

23. ἀνεῖνται: 'are consecrated to'.

24. Final ὡς + opt. (whatever the tense of the leading verb) is
common in Philostratus and other Atticists.

24–5. εἰς μίαν ἡμέραν: 'just for one day'.

25. ἔστ᾽ ἂν . . . τοῦτο: 'until this angers Apollo'.

26. μετὸν: acc. abs. G § 1569.

29. φωνῆς . . . λόγου: i.e. his expression is so vivid as to give
an impression not only that he is speaking but of what he says.

33–4. κατωτέρω πρὸ τῶν βοῶν: 'deeper than the cattle'. (This
use of πρό is found occasionally in classical Greek, e.g. Hdt. 1.
62, as well as later).

36. τοῖς μεταφρένοις: 'on his back'.

38. διαχεῖ: 'melts', 'softens'.

39–40. 'But the laughter is measured, as though settling on
the face as pleasure prevails over wrath.'

85. On anger

Claudius Galenus of Pergamum (129–199 AD), one of the greatest of Greek doctors, was an extremely copious writer, whose works fill many volumes, and include philosophical and literary as well as medical treatises. This passage is from a book on emotional disturbances (περὶ ψυχῆς παθῶν, §§ 17–21). It is an easy and straightforward narrative.

Εἶδον δέ τινα καὶ καλάμῳ, δι' οὗ γράφομεν, ὑπ' ὀργῆς εἰς τὸν
ὀφθαλμὸν πατάξαντα τὸν οἰκέτην. Ἀδριανὸς δ' αὐτοκράτωρ,
ὥς φασι, γραφείῳ πατάξας εἰς τὸν ὀφθαλμὸν ἕνα τῶν
ὑπηρετῶν, ἐπειδὴ διὰ τὴν πληγὴν ταύτην ἔγνω γενόμενον
5 ἑτερόφθαλμον, ἐκάλεσέ τε καὶ συνεχώρησεν ἀντὶ τοῦ πάθους
αἰτεῖν παρ' αὐτοῦ δῶρον. ἐπεὶ δὲ διεσιώπησεν ὁ πεπονθώς,
αὖθις ἠξίωσεν ὁ Ἀδριανὸς αἰτεῖν ὅτι βούλοιτο θαρροῦντα· τὸν
δ' ἄλλο μὲν οὐδέν, ὀφθαλμὸν δ' αἰτῆσαι. τί γὰρ ἂν καὶ γένοιτο
δῶρον ἀντάξιον ἀπωλείας ὀφθαλμοῦ; βούλομαι δέ σε καὶ τῶν
10 ἐμοί ποτε συμβάντων ἑνὸς ἀναμνῆσαι, καίτοι γ' ἤδη πολλάκις
ὑπὲρ αὐτοῦ εἰρηκώς· ἀπονοστήσας γὰρ ἐκ Ῥώμης συνωδοιπό-
ρησά τινι φίλῳ τῶν ἐκ Γόρτυνος τῆς Κρήτης ἀνδρί, τὰ μὲν
ἄλλα λόγου τινὸς ἀξίῳ—καὶ γὰρ ἁπλοῦς ἦν καὶ φιλικὸς καὶ
χρηστὸς ἐλευθέριός τε περὶ τὰς ἐφ' ἡμέρας δαπάνας—ἦν δ'
15 ὀργίλος οὕτως, ὡς ταῖς ἑαυτοῦ χερσὶ χρῆσθαι κατὰ τῶν
οἰκετῶν, ἔστι δ' ὅτε καὶ τοῖς σκέλεσι, πολὺ δὲ μᾶλλον ἱμάντι
καὶ ξύλῳ τῷ παρατυχόντι. γενομένοις οὖν ἡμῖν ἐν Κορίνθῳ
πάντα μὲν ἔδοξε τὰ σκεύη καὶ τοὺς οἰκέτας ἀπὸ Κεγχρεῶν εἰς
Ἀθήνας ἐκπέμψαι κατὰ πλοῦν, αὐτοὺς δ' ὄχημα μισθω-
20 σαμένους πεζῇ διὰ Μεγάρων πορεύεσθαι. καὶ δὴ διελθόντων
ἡμῶν Ἐλευσῖνα καὶ κατὰ τὸ Θριάσιον ὄντων, ἤρετο τοὺς
ἑπομένους οἰκέτας αὐτοῦ περί τινος σκεύους. οἱ δ' οὐκ εἶχον
ἀποκρίνασθαι. θυμωθεὶς οὖν, ἐπεὶ μηδὲν ἄλλ' εἶχε, δι' οὗ
πατάξειε τοὺς νεανίσκους, τὴν ἐν θήκῃ περιεχομένην μάχαιραν
25 μεγάλην ἀνελόμενος, ἅμα τῇ θήκῃ καταφέρει τῆς κεφαλῆς
ἀμφοτέρων, οὐ πλατεῖαν ἐπενεγκών—οὐδὲν γὰρ ἂν οὕτως
εἴργαστο δεινόν—ἀλλὰ κατὰ τὸ τέμνον τοῦ ξίφους. ἥ τ' οὖν
θήκη διετμήθη παραχρῆμα καὶ τραῦμα μέγιστον ἐπὶ τῆς
κεφαλῆς διττὸν ἀμφοτέροις εἴργαστο, δὶς γὰρ ἑκάτερον αὐτὸς

ἐπάταξεν. ὡς δὲ ἄμετρον αἷμα χεόμενον ἐθεάσατο, κατα- 30
λιπὼν ἡμᾶς εἰς Ἀθήνας ἀπῄει βαδίζων ὠκέως ἕνεκα τοῦ μὴ
διαφθαρῆναί τινα τῶν οἰκετῶν ἔτι παρόντος αὐτοῦ. ἐκείνους
μὲν οὖν ἡμεῖς ἐσώσαμεν εἰς τὰς Ἀθήνας. ὁ δὲ φίλος ὁ Κρὴς
ἑαυτοῦ καταγνοὺς εἰσάγει με λαβόμενος τῆς χειρὸς εἰς οἶκόν
τινα, καὶ προσδοὺς ἱμάντα καὶ ἀποδυσάμενος ἐκέλευσε μασ- 35
τιγοῦν αὐτὸν ἐφ᾽ οἷς ἔπραξεν ὑπὸ τοῦ καταράτου θυμοῦ
βιασθείς· αὐτὸς γὰρ οὕτως ὠνόμασεν. ἐμοῦ δ᾽ ὡς εἰκὸς
γελῶντος, ἐδεῖτο προσπίπτων τοῖς γόνασι μὴ ἄλλως ποιεῖν.
εὔδηλον οὖν ὅτι μᾶλλον ἐποίει γελᾶν ὅσῳ μᾶλλον ἐνέκειτό μοι
δεόμενος. ἐπειδὴ δὲ ταῦτα ποιούντων ἡμῶν ἱκανὸς ἐτρίβετο 40
χρόνος, ὑπεσχόμην αὐτῷ πληγάς, ἤν μοι παράσχῃ καὶ αὐτὸς
ἕν, ὃ ἂν αἰτήσω, σμικρὸν πάνυ. ὡς δ᾽ ὑπέσχετο, παρεκάλουν
ὑποσχεῖν μοι τὰ ὦτα λόγον τινὰ διερχομένῳ, καὶ τοῦτ᾽ ἔφην
εἶναι τὸ αἴτημα. τοῦ δ᾽ ὑποσχομένου πράξειν οὕτως, πλέον
αὐτῷ διελέχθην ὑποτιθέμενος, ὅπως χρὴ παιδ- 45
αγωγῆσαι τὸ ἐν ἡμῖν θυμοειδές, τῷ λόγῳ δῆλον ὅτι καὶ οὐ διὰ
μαστίγων. ἐκεῖνος μὲν οὖν ἐνιαυτῷ προνοησάμενος ἑαυτοῦ
πολὺ βελτίων ἐγένετο. σὺ δ᾽, εἰ καὶ μὴ πολὺ γένοιο βελτίων,
ἀρκεσθήσῃ γε καὶ μικρῷ τινὶ κατὰ τὸν πρῶτον ἐνιαυτὸν
ἐπιδοῦναι πρὸς τὸ κρεῖττον. ἐὰν γὰρ διαμένῃς τῷ πάθει ἀντέχων 50
καὶ πραΰνων τὸν θυμόν, ἀξιολογώτερον ἐπιδώσεις κατὰ τὸ
δεύτερον ἔτος· εἶτ᾽ ἐὰν διαμένῃς ἑαυτοῦ προνοούμενος καὶ
μᾶλλον ἐν τῷ τρίτῳ καὶ μετ᾽ αὐτὸν ἐν τῷ τετάρτῳ ἢ καὶ πέμπτῳ
καὶ τοῖς ἑξῆς, αἰσθήσῃ μεγάλης αὐξήσεως εἰς βίου σεμνότητα.
αἰσχρὸν γάρ, ἵνα μέν τις ἰατρὸς ἀγαθὸς ἢ ῥήτωρ ἢ γραμματικὸς 55
ἢ γεωμέτρης γένηται, πολλοῖς ἔτεσιν ἐφεξῆς κάμνειν, ὡς δ᾽
ἄνθρωπος ἀγαθός, μηδέποθ᾽ ἑλέσθαι τῷ μήκει τοῦ χρόνου
κάμνειν.

7–8. τὸν δ᾽ . . . αἰτῆσαι: if this text is right, Galen slips into
O. O. (cf. ὥς φασι 3) though he has told the rest of the story in
O. R.

10. καίτοι: used (as often in later Greek) like καίπερ with
participle. Cf (e.g.) **78. 36, 86. 18.**

14. 'Generous in daily expenditure.'

16–17. ἱμάντι . . . παρατυχόντι: 'a strap or a stick that
happened to be at hand.'

23–4. δι᾽ οὗ πατάξειε: 'with which he could hit . . .'. Though

242 GALEN

the opt. is rare in classical Attic in final relative clauses (fut. indic. is normal, *WS* § 2554) it is common enough in other forms of Greek. Galen is no Atticist.

28. θήκη: 'case'.

45–6. 'To manage the spirited element in us.' Galen uses the Platonic τὸ θυμοειδές.

47. ἑαυτοῦ: cf. 52 below, which suggests that it should be taken with προνοούμενος rather than with βελτίων.

52. ἑαυτοῦ ± σεαυτοῦ. *WS* § 1230.

86. The vision of beauty

The greatest philosopher of the imperial period, Plotinus (AD 205–270) was steeped in Plato. His works are treatises for use in his school, technical and often elliptical. They were edited by his pupil Porphyry, who describes how Plotinus always wrote rapidly, as though copying from a book he alone could see. This passage (*Ennead* I. 6. 8) is something of an exception. It comes from an early book, 'On Beauty', and describes how the soul can grasp αὐτὸ τὸ καλόν. The influence of Plato's *Symposium* is obvious.

Τίς οὖν ὁ τρόπος; τίς μηχανή; πῶς τις θεάσηται κάλλος ἀμήχανον; οἷον ἔνδον ἐν ἁγίοις ἱεροῖς μένον οὐδὲ προσιὸν εἰς τὸ ἔξω, ἵνα τις καὶ βέβηλος ἴδῃ; ἴτω δὴ καὶ συνεπέσθω εἰς τὸ εἴσω ὁ δυνάμενος ἔξω καταλιπὼν ὄψιν ὀμμάτων μηδ᾽
5 ἐπιστρέφων αὐτὸν εἰς τὰς προτέρας ἀγλαίας σωμάτων. ἰδόντα γὰρ δεῖ τὰ ἐν σώμασι καλὰ μήτοι προστρέχειν ἀλλὰ γνόντας ὡς εἰσιν εἰκόνες καὶ ἴχνη καὶ σκιαὶ φεύγειν πρὸς ἐκεῖνο οὗ ταῦτα εἰκόνες. εἰ γάρ τις ἐπιδράμοι λαβεῖν βουλόμενος ὡς ἀληθινόν, οἷα εἰδώλου καλοῦ ἐφ᾽ ὕδατος ὀχουμένου ὁ λαβεῖν
10 βουληθείς, ὥς πού τις μῦθος, δοκῶ μοι, αἰνίττεται, δὺς εἰς τὸ κάτω τοῦ ῥεύματος ἀφανὴς ἐγένετο, τὸν αὐτὸν δὴ τρόπον ὁ ἐχόμενος τῶν καλῶν σωμάτων καὶ μὴ ἀφείς, οὐ τῷ σώματι, τῇ δὲ ψυχῇ καταδύσεται εἰς σκοτεινὰ καὶ ἀτερπῆ τῷ νῷ βάθη, ἔνθα τυφλὸς ἐν Ἅιδου μένων καὶ ἐνταῦθα κἀκεῖ σκιαῖς
15 συνέσται. φεύγωμεν δὴ φίλην ἐς πατρίδα, ἀληθέστερον ἄν

τις παρακελεύοιτο. τίς οὖν ἡ φυγὴ καὶ πῶς; ἀναξόμεθα οἷον
ἀπὸ μάγου Κίρκης, φησίν, ἢ Καλυψοῦς Ὀδυσσεὺς—
αἰνιττόμενος δοκεῖ μοι—μεῖναι οὐκ ἀρεσθείς, καίτοι ἔχων
ἡδονὰς δι' ὀμμάτων καὶ κάλλει πολλῷ αἰσθητῷ συνών. πατρὶς
δὴ ἡμῖν, ὅθενπερ ἤλθομεν, καὶ πατὴρ ἐκεῖ. τίς οὖν ὁ στόλος 20
καὶ ἡ φυγή; οὐ ποσὶ δεῖ διανύσαι· πανταχοῦ γὰρ φέρουσι
πόδες ἐπὶ γῆν ἄλλην ἀπ' ἄλλης· οὐδέ σε δεῖ ἵππων ὄχημα ἤ τι
θαλάττιον παρασκευάσαι, ἀλλὰ ταῦτα πάντα ἀφεῖναι δεῖ καὶ
μὴ βλέπειν ἀλλ' οἷον μύσαντα ὄψιν ἄλλην ἀλλάξασθαι καὶ
ἀνεγεῖραι, ἢν ἔχει μὲν πᾶς, χρῶνται δ' ὀλίγοι. 25

1. Cf. Pl. *Phileb.* 16 B 7.

2. Pl. *Symp.* 218 E 2.

οὐδὲ: 'and not', with no preceding negative—not a nor-
mal usage of classical Attic prose: cf. μηδὲ (4) (Denniston,
Particles, 190).

3. ἵνα . . . ἴδῃ: 'for a profane spectator also to see'.

6. μήτοι προστρέχειν: 'not to run up to them'.

8. ἐπιδράμοι: 'approaches'. The optative is without any sense
of a 'remote' condition, as often in later Greek.

10. μῦθος: i.e. the story of Narcissus.

δοκῶ μοι: 'I think', a mainly post-classical usage, but note
[Pl.] *Theages* 121 D.

14. ἐν Ἅιδου: *WS* § 1302.

15. *Il.* 2. 140.

17. *Od.* 9. 29; 10. 483.

18. οὐκ ἀρεσθείς: 'not content'.

20. ὁ στόλος: 'the equipment' for our journey. But St.
Augustine (*Civ.D.* 9. 17) wrongly renders 'quae igitur *classis* aut
fuga?'

24–5. 'But, as it were, to close one's eyes, acquire a new
vision for the old, and arouse it: it is a vision that all men have,
but few use.'

BIBLICAL AND EARLY CHRISTIAN TEXTS

Biblical Greek is a special and very influential development. The Hellenistic Greek of the Old Testament, the 'Septuagint' (third century BC), is a translation language, heavily influenced by its Hebrew original, and relatively unaffected by rhetorical or classicizing tendencies. Hellenized Jews like Philo (*c.* 15 BC–after AD 54) wrote very differently, wholly in the Greek literary tradition. On the other hand the Jews of the empire later found the Septuagint not literal enough; Aquila and others produced even more Hebraized versions. The Christian Church, however, stuck to the Septuagint. The New Testament is different. Though the Hebrew scriptures are frequently quoted, and Greek was not, it seems, the first language of any of the writers, the books are written in a real contemporary κοινή, used with simple directness in the Gospels and with great rhetorical elaboration by St. Paul.

87. *Joseph in Egypt*

This passage (Genesis 39) is included in Conybeare–St. George Stock, pp. 115–18 (see Bibliography). Cf *ALP* **90**.

Ἰωσὴφ δὲ κατήχθη εἰς Αἴγυπτον· καὶ ἐκτήσατο αὐτὸν
Πετεφρὴς ὁ εὐνοῦχος Φαραώ, ὁ ἀρχιμάγειρος, ἀνὴρ Αἰγύ-
πτιος, ἐκ χειρῶν τῶν Ἰσμαηλιτῶν, οἳ κατήγαγον αὐτὸν ἐκεῖ.
καὶ ἦν Κύριος μετὰ Ἰωσήφ· καὶ ἦν ἀνὴρ ἐπιτυγχάνων· καὶ
5 ἐγένετο ἐν τῷ οἴκῳ παρὰ τῷ κυρίῳ αὐτοῦ τῷ Αἰγυπτίῳ. ᾔδει
δὲ ὁ κύριος αὐτοῦ ὅτι ὁ Κύριος ἦν μετ' αὐτοῦ, καὶ ὅσα ἂν
ποιῇ, Κύριος εὐοδοῖ ἐν ταῖς χερσὶν αὐτοῦ. καὶ εὗρεν Ἰωσὴφ
χάριν ἐναντίον τοῦ κυρίου αὐτοῦ, καὶ εὐηρέστησεν αὐτῷ. καὶ
κατέστησεν αὐτὸν ἐπὶ τοῦ οἴκου αὐτοῦ· καὶ πάντα ὅσα ἦν
10 αὐτῷ, ἔδωκε διὰ χειρὸς Ἰωσήφ. ἐγένετο δὲ μετὰ τὸ

καταστῆναι αὐτὸν ἐπὶ τοῦ οἴκου αὐτοῦ, καὶ ἐπὶ πάντα ὅσα ἦν
αὐτῷ, καὶ ηὐλόγησε Κύριος τὸν οἶκον τοῦ Αἰγυπτίου διὰ
Ἰωσήφ· καὶ ἐγενήθη εὐλογία Κυρίου ἐν πᾶσι τοῖς ὑπάρχουσιν
αὐτῷ ἐν τῷ οἴκῳ, καὶ ἐν τῷ ἀγρῷ αὐτοῦ. καὶ ἐπέτρεψε πάντα
ὅσα ἦν αὐτῷ εἰς χεῖρας Ἰωσήφ· καὶ οὐκ ᾔδει τῶν καθ᾽ αὐτὸν 15
οὐδέν, πλὴν τοῦ ἄρτου οὗ ἤσθιεν αὐτός. καὶ ἦν Ἰωσὴφ καλὸς
τῷ εἴδει καὶ ὡραῖος τῇ ὄψει σφόδρα. καὶ ἐγένετο μετὰ τὰ
ῥήματα ταῦτα, καὶ ἐπέβαλεν ἡ γυνὴ τοῦ κυρίου αὐτοῦ τοὺς
ὀφθαλμοὺς αὐτῆς ἐπὶ Ἰωσήφ· καὶ εἶπεν Κοιμήθητι μετ᾽ ἐμοῦ.
ὁ δὲ οὐκ ἤθελεν· εἶπε δὲ τῇ γυναικὶ τοῦ κυρίου αὐτοῦ Εἰ ὁ 20
κύριός μου οὐ γινώσκει δι᾽ ἐμὲ οὐδὲν ἐν τῷ οἴκῳ αὐτοῦ, καὶ
πάντα ὅσα ἐστὶν αὐτῷ ἔδωκεν εἰς τὰς χεῖράς μου, καὶ οὐχ
ὑπερέχει ἐν τῇ οἰκίᾳ ταύτῃ οὐθὲν ἐμοῦ, οὐδ᾽ ὑπεξήρηται ἀπ᾽
ἐμοῦ οὐθὲν πλὴν σοῦ, διὰ τὸ σὲ γυναῖκα αὐτοῦ εἶναι, καὶ πῶς
ποιήσω τὸ ῥῆμα τὸ πονηρὸν τοῦτο καὶ ἁμαρτήσομαι ἐναντίον 25
τοῦ Θεοῦ; ἡνίκα δὲ ἐλάλει τῷ Ἰωσὴφ ἡμέραν ἐξ ἡμέρας, καὶ
οὐχ ὑπήκουεν αὐτῇ καθεύδειν μετ᾽ αὐτῆς, τοῦ συγγενέσθαι
αὐτῇ. ἐγένετο δὲ τοιαύτη τις ἡμέρα, καὶ εἰσῆλθεν Ἰωσὴφ εἰς
τὴν οἰκίαν ποιεῖν τὰ ἔργα αὐτοῦ, καὶ οὐθεὶς ἦν τῶν ἐν τῇ
οἰκίᾳ ἔσω. καὶ ἐπεσπάσατο αὐτὸν τῶν ἱματίων λέγουσα 30
Κοιμήθητι μετ᾽ ἐμοῦ· καὶ καταλιπὼν τὰ ἱμάτια αὐτοῦ ἐν ταῖς
χερσὶν αὐτῆς ἔφυγε, καὶ ἐξῆλθεν ἔξω. καὶ ἐγένετο ὡς εἶδεν ὅτι
καταλιπὼν τὰ ἱμάτια αὐτοῦ ἐν ταῖς χερσὶν αὐτῆς καὶ ἐξῆλθεν
ἔξω, καὶ ἐκάλεσε τοὺς ὄντας ἐν τῇ οἰκίᾳ καὶ εἶπεν αὐτοῖς
λέγουσα Ἴδετε, εἰσήγαγεν ἡμῖν παῖδα Ἑβραῖον ἐμπαίζειν 35
ἡμῖν· εἰσῆλθε πρός με λέγων· Κοιμήθητι μετ᾽ ἐμοῦ· καὶ
ἐβόησα φωνῇ μεγάλῃ. ἐν δὲ τῷ ἀκοῦσαι αὐτὸν ὅτι ὕψωσα τὴν
φωνήν μου καὶ ἐβόησα, καταλιπὼν τὰ ἱμάτια αὐτοῦ παρ᾽ ἐμοὶ
ἔφυγε, καὶ ἐξῆλθεν ἔξω. καὶ καταλιμπάνει τὰ ἱμάτια αὐτοῦ
παρ᾽ ἑαυτῇ, ἕως ἦλθεν ὁ κύριος εἰς τὸν οἶκον αὐτοῦ. καὶ 40
ἐλάλησεν αὐτῷ κατὰ τὰ ῥήματα ταῦτα λέγουσα· Εἰσῆλθε πρός
με ὁ παῖς ὁ Ἑβραῖος ὃν εἰσήγαγες πρὸς ἡμᾶς ἐμπαῖξαί μοι·
καὶ εἶπέ μοι Κοιμηθήσομαι μετὰ σοῦ. ὡς δὲ ἤκουσεν ὅτι
ὕψωσα τὴν φωνήν μου καὶ ἐβόησα, καταλιπὼν τὰ ἱμάτια
αὐτοῦ παρ᾽ ἐμοὶ ἔφυγε καὶ ἐξῆλθεν ἔξω. ἐγένετο δέ, ὡς 45
ἤκουσεν ὁ κύριος αὐτοῦ τὰ ῥήματα τῆς γυναικὸς αὐτοῦ, ὅσα
ἐλάλησε πρὸς αὐτὸν λέγουσα· Οὕτως ἐποίησέ μοι ὁ παῖς σου,
καὶ ἐθυμώθη ὀργῇ.

Καὶ λαβὼν ὁ κύριος Ἰωσὴφ ἔβαλεν αὐτὸν εἰς τὸ ὀχύρωμα,
50 εἰς τὸν τόπον ἐν ᾧ οἱ δεσμῶται τοῦ βασιλέως κατέχονται ἐκεῖ
ἐν τῷ ὀχυρώματι. καὶ ἦν Κύριος μετὰ Ἰωσήφ, καὶ κατέχεεν
αὐτοῦ ἔλεος· καὶ ἔδωκεν ὁ ἀρχιδεσμοφύλαξ τὸ δεσμωτήριον
διὰ χειρὸς Ἰωσήφ, καὶ πάντας τοὺς ἀπηγμένους ὅσοι ἐν τῷ
δεσμωτηρίῳ, καὶ πάντα ὅσα ποιοῦσιν ἐκεῖ αὐτὸς ἦν ποιῶν.
55 οὐκ ἦν ὁ ἀρχιδεσμοφύλαξ τοῦ δεσμωτηρίου γινώσκων δι᾽
αὐτὸν οὐθέν· πάντα γὰρ ἦν διὰ χειρὸς Ἰωσήφ, διὰ τὸ τὸν
Κύριον μετ᾽ αὐτοῦ εἶναι· καὶ ὅσα αὐτὸς ἐποίει, ὁ Κύριος
εὐώδου ἐν ταῖς χερσὶν αὐτοῦ.

1. **Ἰωσήφ**: Hebrew names are not declined, and are perhaps better written without accents.

2. **ἀρχιμάγειρος**: 'chief cook', a court officer.

4. **ἐπιτυγχάνων**: 'successful'.

7. **εὐοδοῖ**: 'makes to prosper'.

7–8. **εὗρεν . . . χάριν**: 'found favour'.

10. **διὰ χειρός**: 'in (his) hand', apparently = εἰς χεῖρας.

10–12. **ἐγένετο . . . καὶ ηὐλόγησε**: 'it came to pass that', a common parataxis in Biblical Greek, based on Hebrew idiom: cf. below, 17, 33, 45. Sometimes the same sentence-form appears without καί: cf. Luke 2: 1.

16. **οὗ**: G § 1097.

17. **ὡραῖος**: 'in the prime of youth', 'attractive'. This word, not particularly common in classical Greek, has become in Modern Greek the conversational word for 'lovely' applied to things as well as persons. Whether this use goes back to biblical passages such as this is only a matter for speculation, but possible.

18. **ῥήματα**: 'matters'. Cf. ῥῆμα 25, a fairly common Biblical use.

26. **καί**: introduces the apodosis—again a paratactic construction; cf. note on 10–12.

26. **ἡμέραν ἐξ ἡμέρας**: 'day by day'.

27–8. **τοῦ συγγενέσθαι αὐτῇ**: genitive of articular infinitive expressing purpose, common in LXX as in some classical Greek authors (esp. Thucydides). WS § 1408.

52. ἔλεος: neuter is the prevailing form of this word in LXX.

53. τοὺς ἀπηγμένους: 'those who had been put in prison', 'taken away' (ἀπάγω is also classical Attic for 'arrest').

54. ἦν ποιῶν: = ἐποίει, ἦν γινώσκων ... = ἐγίνωσκε ... The periphrastic tenses occur in classical Greek, but are commoner in LXX. *WS* § 1961.

88. *All is vanity*

Ecclesiastes, a book of aphorisms dating from the third century BC at latest, has sometimes (but unconvincingly) been thought to be influenced by Greek gnomic literature. The Greek translation is believed to be later than the main body of the Septuagint and to be work of the school of Aquila, the more literal translator of the second century AD. We give the (highly rhetorical) prologue, chapter 1. Cf *ALP* 91.

Ῥήματα Ἐκκλησιαστοῦ υἱοῦ Δαυὶδ βασιλέως Ἰσραὴλ ἐν Ἰερουσαλήμ. Ματαιότης ματαιοτήτων, εἶπεν ὁ Ἐκκλησιαστής, ματαιότης ματαιοτήτων, τὰ πάντα ματαιότης.

Τίς περίσσεια τῷ ἀνθρώπῳ ἐν παντὶ μόχθῳ αὐτοῦ ᾧ μοχθεῖ ὑπὸ τὸν ἥλιον; γενεὰ πορεύεται καὶ γενεὰ ἔρχεται, καὶ 5 ἡ γῆ εἰς τὸν αἰῶνα ἕστηκε. καὶ ἀνατέλλει ὁ ἥλιος καὶ δύνει ὁ ἥλιος καὶ εἰς τὸν τόπον αὐτοῦ ἕλκει· αὐτὸς ἀνατέλλων ἐκεῖ πορεύεται πρὸς Νότον, καὶ κυκλοῖ πρὸς Βορρᾶν· κυκλοῖ κυκλῶν, πορεύεται τὸ πνεῦμα, καὶ ἐπὶ κύκλους αὐτοῦ ἐπιστρέφει τὸ πνεῦμα. πάντες οἱ χείμαρροι πορεύονται εἰς τὴν 10 θάλασσαν, καὶ ἡ θάλασσα οὐκ ἔστιν ἐμπιμπλαμένη· εἰς τὸν τόπον οὗ οἱ χείμαρροι πορεύονται, ἐκεῖ αὐτοὶ ἐπιστρέφουσι τοῦ πορευθῆναι. πάντες οἱ λόγοι ἔγκοποι, οὐ δυνήσεται ἀνὴρ τοῦ λαλεῖν· καὶ οὐ πλησθήσεται ὀφθαλμὸς τοῦ ὁρᾶν, καὶ οὐ πληρωθήσεται οὖς ἀπὸ ἀκροάσεως. 15

Τί τὸ γεγονός; αὐτὸ τὸ γενησόμενον· καὶ τί τὸ πεποιημένον; αὐτὸ τὸ ποιηθησόμενον· καὶ οὐκ ἔστι πᾶν πρόσφατον ὑπὸ τὸν ἥλιον. ὃς λαλήσει καὶ ἐρεῖ· Ἴδε τοῦτο καινόν ἐστιν; ἤδη γέγονεν ἐν τοῖς αἰῶσι τοῖς γενομένοις ἀπὸ ἔμπροσθεν ἡμῶν. οὐκ ἔστι μνήμη τοῖς πρώτοις, καί γε τοῖς 20

ἐσχάτοις γενομένοις οὐκ ἔσται αὐτῶν μνήμη μετὰ τῶν
γενησομένων εἰς τὴν ἐσχάτην.
Ἐγὼ Ἐκκλησιαστὴς ἐγενόμην βασιλεὺς ἐπὶ Ἰσραὴλ ἐν
Ἰερουσαλήμ. καὶ ἔδωκα τὴν καρδίαν μου τοῦ ἐκζητῆσαι καὶ
25 τοῦ κατασκέψασθαι ἐν τῇ σοφίᾳ περὶ πάντων τῶν γινομένων
ὑπὸ τὸν οὐρανόν, ὅτι περισπασμὸν πονηρὸν ἔδωκεν ὁ Θεὸς
τοῖς υἱοῖς τῶν ἀνθρώπων τοῦ περισπᾶσθαι ἐν αὐτῷ.
    Εἶδον σύμπαντα τὰ ποιήματα τὰ πεποιημένα ὑπὸ τὸν
ἥλιον· καὶ ἰδοὺ τὰ πάντα ματαιότης καὶ προαίρεσις πνεύ-
30 ματος. διεστραμμένον οὐ δυνήσεται ἐπικοσμηθῆναι, καὶ
ὑστέρημα οὐ δυνήσεται ἀριθμηθῆναι. ἐλάλησα ἐγὼ ἐν καρδίᾳ
μου, τῷ λέγειν Ἰδοὺ ἐγὼ ἐμεγαλύνθην, καὶ προσέθηκα
σοφίαν ἐπὶ πᾶσιν οἳ ἐγένοντο ἔμπροσθέν μου ἐν Ἰερουσαλήμ·
καὶ ἔδωκα καρδίαν μου τοῦ γνῶναι σοφίαν καὶ γνῶσιν. καὶ
35 καρδία μου εἶδε πολλά, σοφίαν καὶ γνῶσιν, παραβολὰς καὶ
ἐπιστήμην· ἔγνων ἐγὼ ὅτι καί γε τοῦτό ἐστι προαίρεσις
πνεύματος· ὅτι ἐν πλήθει σοφίας πλῆθος γνώσεως, καὶ ὁ
προστιθεὶς γνῶσιν προσθήσει ἄλγημα.

1. Ἐκκλησιαστοῦ: 'the Preacher'.

4. περίσσεια: 'gain', 'advantage'.

5. καὶ here is adversative: 'Generations come and go, but the earth stands fast for all eternity.'

7. ἕλκει: intrans. 'draws on'.

8–9. κυκλοῖ κυκλῶν: 'it circles circling', i.e. 'it circles round and round'. Repetition of words for emphasis, a Hebrew characteristic, is represented in the Greek in various ways, more or less alien to Greek usage.

10, 12. ἐπιστρέφει: intrans. in active = 'returns'. This word is regularly so used in Modern Greek (θὰ πιστρέφω αὔριο = I'll be back tomorrow).

11. ἔστιν ἐμπιμπλαμένη: 'is filled'. Periphrastic present.

13. τοῦ πορευθῆναι: 'so as to run again'. Genitive of article with infinitive again expresses purpose (cf. 24, 25, 27).

'All *things* are wearisome': λόγοι, like ῥήματα, can have this meaning.

14. τοῦ λαλεῖν: = λαλεῖν a further extension of this genitive use, common in LXX in places where a simple prolate infinitive is normal. Cf. Ps. 39: 15 οὐκ ἠδυνάσθην τοῦ βλέπειν, 'I could not see'.

15. ἀπὸ ἀκροάσεως: 'with hearing'.

17. 'And there is nothing new ...'. For this use of πᾶς there is a Hebrew analogue, which probably accounts for it.

18. ὅς: the relative pronoun is used as a direct interrogative, as occasionally in later Greek.

19–20. ἀπὸ ἔμπροσθεν ἡμῶν: 'before us'. Biblical Greek tends to develop compound prepositions (cf. ἀπάνωθεν, ὑποκάτωθεν, ἀπέναντι).

26. περισπασμὸν: 'distraction', 'distress'.

29–30. προαίρεσις πνεύματος: 'pursuit of the wind'.

31. ὑστέρημα: 'what falls short', a 'deficit'.

89. The birth of Jesus

From the Gospel according to Saint Luke 2: 1–21. Cf ALP **93**.

Ἐγένετο δὲ ἐν ταῖς ἡμέραις ἐκείναις ἐξῆλθεν δόγμα παρὰ
Καίσαρος Αὐγούστου ἀπογράφεσθαι πᾶσαν τὴν οἰκουμένην.
αὕτη ἀπογραφὴ πρώτη ἐγένετο ἡγεμονεύοντος τῆς Συρίας
Κυρηνίου. καὶ ἐπορεύοντο πάντες ἀπογράφεσθαι, ἕκαστος εἰς
τὴν ἑαυτοῦ πόλιν. ἀνέβη δὲ καὶ Ἰωσὴφ ἀπὸ τῆς Γαλιλαίας ἐκ   5
πόλεως Ναζαρὲθ εἰς τὴν Ἰουδαίαν εἰς πόλιν Δαυὶδ ἥτις
καλεῖται Βηθλέεμ, διὰ τὸ εἶναι αὐτὸν ἐξ οἴκου καὶ πατριᾶς
Δαυίδ, ἀπογράψασθαι σὺν Μαριὰμ τῇ ἐμνηστευμένῃ αὐτῷ,
οὔσῃ ἐγκύῳ. ἐγένετο δὲ ἐν τῷ εἶναι αὐτὸν ἐκεῖ ἐπλήσθησαν αἱ
ἡμέραι τοῦ τεκεῖν αὐτήν, καὶ ἔτεκεν τὸν υἱὸν αὐτῆς τὸν   10
πρωτότοκον, καὶ ἐσπαργάνωσεν αὐτὸν καὶ ἀνέκλινεν ἐν φάτνῃ,
διότι οὐκ ἦν αὐτοῖς τόπος ἐν τῷ καταλύματι. καὶ ποιμένες
ἦσαν ἐν τῇ χώρᾳ τῇ αὐτῇ ἀγραυλοῦντες καὶ φυλάσσοντες
φυλακὰς ἐπὶ τὴν ποίμνην αὐτῶν. καὶ ἄγγελος Κυρίου ἐπέστη
αὐτοῖς καὶ δόξα Κυρίου περιέλαμψεν αὐτοὺς καὶ ἐφοβήθησαν   15
φόβον μέγαν. καὶ εἶπεν αὐτοῖς ὁ ἄγγελος· Μὴ φοβεῖσθε· ἰδοὺ
γὰρ εὐαγγελίζομαι ὑμῖν χαρὰν μεγάλην, ἥτις ἔσται παντὶ τῷ

λαῷ, ὅτι ἐτέχθη σήμερον σωτήρ, ὅς ἐστιν χριστὸς κύριος, ἐν
πόλει Δαυίδ. καὶ τοῦτο ὑμῖν σημεῖον· εὑρήσετε βρέφος
20 ἐσπαργανωμένον καὶ κείμενον ἐν φάτνῃ. καὶ ἐξαίφνης ἐγένετο
σὺν τῷ ἀγγέλῳ πλῆθος στρατιᾶς οὐρανίου αἰνούντων τὸν θεὸν
καὶ λεγόντων·
　　Δόξα ἐν ὑψίστοις θεῷ καὶ ἐπὶ γῆς εἰρήνη ἐν ἀνθρώποις
　　εὐδοκίας.
25 Καὶ ἐγένετο ὡς ἀπῆλθον ἀπ᾽ αὐτῶν εἰς τὸν οὐρανὸν οἱ
ἄγγελοι, οἱ ποιμένες ἐλάλουν πρὸς ἀλλήλους· Διέλθωμεν δὴ
ἕως Βηθλέεμ καὶ ἴδωμεν τὸ ῥῆμα τοῦτο τὸ γεγονὸς ὃ ὁ
Κύριος ἐγνώρισεν ἡμῖν. καὶ ἦλθαν σπεύσαντες, καὶ ἀνεῦραν
τήν τε Μαριὰμ καὶ τὸν Ἰωσὴφ καὶ τὸ βρέφος κείμενον ἐν τῇ
30 φάτνῃ· ἰδόντες δὲ ἐγνώρισαν περὶ τοῦ ῥήματος τοῦ λαληθέντος
αὐτοῖς περὶ τοῦ παιδίου τούτου. καὶ πάντες οἱ ἀκούσαντες
ἐθαύμασαν περὶ τῶν λαληθέντων ὑπὸ τῶν ποιμένων περὶ
αὐτούς· ἡ δὲ Μαρία πάντα ἐτήρει τὰ ῥήματα ταῦτα συλλαβ-
οῦσα ἐν τῇ καρδίᾳ αὐτῆς. καὶ ὑπέστρεψαν οἱ ποιμένες
35 δοξάζοντες καὶ αἰνοῦντες τὸν θεὸν ἐπὶ πᾶσιν οἷς ἤκουσαν καὶ
εἶδον καθὼς ἐλαλήθη πρὸς αὐτούς.
　　Καὶ ὅτε ἐπλήσθησαν ἡμέραι ὀκτὼ τοῦ περιτεμεῖν αὐτόν,
καὶ ἐκλήθη τὸ ὄνομα αὐτοῦ Ἰησοῦς, τὸ κληθὲν ὑπὸ τοῦ
ἀγγέλου πρὸ τοῦ συλλημφθῆναι αὐτὸν ἐν τῇ κοιλίᾳ.

1. Ἐγένετο . . . ἐξῆλθεν: the characteristic Hebrew parataxis,
common in Gospels as in LXX, but not in Acts. Cf. 11–12, etc.

3–4. The Greek is ambiguous: was the census the first of its
kind and happened to be under Quirinius? Or was it the first
under Quirinius?

4. ἀπογράφεσθαι: infinitive following verb of motion, also
found in LXX. So below, 8.

7. πατριᾶς: 'family'.

12. ἐν τῷ καταλύματι: 'in the inn'—it is a general Hellenistic
word for 'lodging', 'guest quarters'.

13–14. φυλάσσοντες φυλακάς: G § 1051, cf. 19–20.

17–18. τῷ λαῷ: 'the people'. It is debated whether Luke
means the Jewish people or *all* people.

21. αἰνούντων = ἐπαινούντων, not an Attic prose usage (cf.

35). The plural is used *ad sensum*, referring to the 'heavenly host'.

24. εὐδοκίας: this reading is much better attested than εὐδοκία. The sense seems to be 'men whom He favours', not 'men of good will'. (The traditional 'and good will to men' rests on the less likely variant εὐδοκία.)

27. τὸ ῥῆμα τοῦτο: 'this thing'. (But contrast 30, 33.)

28. ἦλθαν: this form of the strong aorist (displacing -ον) is not rare in Hellenistic Greek.

37. 'For circumcising him': again the genitive and infinitive construction for expressing purpose.

38. καὶ: again apodotic.

39. συλλημφθῆναι = συλληφθῆναι. B–D § 101.

90. St. Paul at Athens

St. Paul's Areopagus-speech (given here in its immediate context, Acts 17: 16–34) fascinates all concerned with the intellectual life of the early Empire and its literary forms. A classic study was made of it by E. Norden in *Agnostos Theos* (1913).

Ἐν δὲ ταῖς Ἀθήναις ἐκδεχομένου αὐτοὺς τοῦ Παύλου, παρωξύνετο τὸ πνεῦμα αὐτοῦ ἐν αὐτῷ θεωροῦντος κατείδωλον οὖσαν τὴν πόλιν. διελέγετο μὲν οὖν ἐν τῇ συναγωγῇ τοῖς Ἰουδαίοις καὶ τοῖς σεβομένοις καὶ ἐν τῇ ἀγορᾷ κατὰ πᾶσαν ἡμέραν πρὸς τοὺς παρατυγχάνοντας. τινὲς δὲ τῶν 5
Ἐπικουρείων καὶ Στωϊκῶν φιλοσόφων συνέβαλλον αὐτῷ, καί τινες ἔλεγον· Τί ἂν θέλοι ὁ σπερμολόγος οὗτος λέγειν; οἱ δέ· Ξένων δαιμονίων δοκεῖ καταγγελεὺς εἶναι· ὅτι τὸν Ἰησοῦν καὶ τὴν ἀνάστασιν εὐηγγελίζετο. ἐπιλαβόμενοί τε αὐτοῦ ἐπὶ τὸν Ἄρειον Πάγον ἤγαγον λέγοντες· Δυνάμεθα γνῶναι τίς ἡ 10
καινὴ αὕτη ἡ ὑπὸ σοῦ λαλουμένη διδαχή; ξενίζοντα γάρ τινα εἰσφέρεις εἰς τὰς ἀκοὰς ἡμῶν· βουλόμεθα οὖν γνῶναι τίνα θέλει ταῦτα εἶναι. Ἀθηναῖοι δὲ πάντες καὶ οἱ ἐπιδημοῦντες ξένοι εἰς οὐδὲν ἕτερον ηὐκαίρουν ἢ λέγειν τι ἢ ἀκούειν τι καινότερον. 15

Σταθεὶς δὲ Παῦλος ἐν μέσῳ τοῦ Ἀρείου Πάγου ἔφη·
Ἄνδρες Ἀθηναῖοι, κατὰ πάντα ὡς δεισιδαιμονεστέρους ὑμᾶς
θεωρῶ· διερχόμενος γὰρ καὶ ἀναθεωρῶν τὰ σεβάσματα ὑμῶν
εὗρον καὶ βωμὸν ἐν ᾧ ἐπεγέγραπτο· ΑΓΝΩΣΤΩΙ ΘΕΩΙ. ὃ οὖν
20 ἀγνοοῦντες εὐσεβεῖτε, τοῦτο ἐγὼ καταγγέλλω ὑμῖν. ὁ θεὸς ὁ
ποιήσας τὸν κόσμον καὶ πάντα τὰ ἐν αὐτῷ, οὗτος οὐρανοῦ καὶ
γῆς ὑπάρχων κύριος οὐκ ἐν χειροποιήτοις ναοῖς κατοικεῖ οὐδὲ
ὑπὸ χειρῶν ἀνθρωπίνων θεραπεύεται προσδεόμενός τινος,
αὐτὸς διδοὺς πᾶσι ζωὴν καὶ πνοὴν καὶ τὰ πάντα· ἐποίησέν τε
25 ἐξ ἑνὸς πᾶν ἔθνος ἀνθρώπων κατοικεῖν ἐπὶ παντὸς προσώπου
τῆς γῆς, ὁρίσας προστεταγμένους καιροὺς καὶ τὰς ὁροθεσίας
τῆς κατοικίας αὐτῶν, ζητεῖν τὸν θεὸν εἰ ἄρα γε ψηλαφήσειαν
αὐτὸν καὶ εὕροιεν, καί γ' οὐ μακρὰν ἀφ' ἑνὸς ἑκάστου ἡμῶν
ὑπάρχοντα.
30   Ἐν αὐτῷ γὰρ ζῶμεν καὶ κινούμεθα καὶ ἐσμέν, ὡς καί
τινες τῶν καθ' ὑμᾶς ποιητῶν εἰρήκασιν·

        Τοῦ γὰρ καὶ γένος ἐσμέν.

γένος οὖν ὑπάρχοντες τοῦ θεοῦ οὐκ ὀφείλομεν νομίζειν χρυσῷ
ἢ ἀργύρῳ ἢ λίθῳ, χαράγματι τέχνης καὶ ἐνθυμήσεως ἀνθρώ-
35 που, τὸ θεῖον εἶναι ὅμοιον. τοὺς μὲν οὖν χρόνους ἀγνοίας
ὑπεριδὼν ὁ θεὸς τὰ νῦν παραγγέλλει τοῖς ἀνθρώποις πάντας
πανταχοῦ μετανοεῖν, καθότι ἔστησεν ἡμέραν ἐν ᾗ μέλλει
κρίνειν τὴν οἰκουμένην ἐν δικαιοσύνῃ ἐν ἀνδρὶ ᾧ ὥρισεν,
πίστιν παρασχὼν πᾶσιν ἀναστήσας αὐτὸν ἐκ νεκρῶν.
40   Ἀκούσαντες δ' ἀνάστασιν νεκρῶν οἱ μὲν ἐχλεύαζον, οἱ δ'
εἶπαν· Ἀκουσόμεθά σου περὶ τούτου καὶ πάλιν. οὕτως ὁ
Παῦλος ἐξῆλθεν ἐκ μέσου αὐτῶν. τινὲς δὲ ἄνδρες κολληθέντες
αὐτῷ ἐπίστευσαν, ἐν οἷς καὶ Διονύσιος ὁ Ἀρεοπαγίτης καὶ
γυνὴ ὀνόματι Δάμαρις καὶ ἕτεροι σὺν αὐτοῖς.

1. Paul was 'waiting' (late use of ἐκδέχεσθαι) for Silas and
Timothy.

2. τὸ πνεῦμα αὐτοῦ: 'his spirit', the seat of feeling and
insight. Arndt–Gingrich, s.v. πνεῦμα 3 b.

    κατείδωλον 'full of idols', a word found only in Christian
texts.

4. τοῖς σεβομένοις: 'the worshippers', here people who attended synagogue and accepted the ethical monotheism of Judaism, but were not obligated to observe the Law fully.

7. σπερμολόγος: 'gossip', 'chatterbox', 'humbug': a word found in Demosthenes *de corona* 127.

8. Ξένων δαιμονίων: 'foreign divinities', an echo, it seems, of the charge against Socrates that he introduced καινὰ δαιμόνια.

ὅτι: i.e. <they said this> because he was preaching Jesus and the Resurrection.

9–10. ἐπὶ τὸν Ἄρειον Πάγον: 'to the Areopagus'. Various views of what happened have been taken. Was Paul charged (with impiety?) before the court of the Areopagus? Did it still at this date sit in its ancient location? What right had the philosophers to 'arrest' him? The most likely view is perhaps that they insisted on his going there to explain his doctrines to the court of the Areopagus, which had some powers of censorship. (See the balanced discussion in P. Graindor, *Athènes de Tibère à Trajan*, 116–27).

11. λαλουμένη: 'spoken', λαλεῖν has lost its sense of 'chatter', 'talk idly'.

12. ξενίζοντα: 'sounding strange'.

13–15. A traditional characterization of Athenian curiosity and love of novelty. Cf. Thuc. I. 70 (above 15).

17. δεισιδαιμονεστέρους: comparative with sense of intensive superlative. This is a common late usage (B–D § 60). δεισιδαίμων is here used in its neutral sense, not in the pejorative one of 'superstitious'.

19. No such altar is known, but dedications to 'unknown gods' in the plural are attested, and the tradition (which goes back to St. Jerome) that this is what Paul refers to is probably right.

19–20. ὃ . . . τοῦτο the neuter here is a better attested reading than the masculine ὃν . . . τοῦτον.

23. προσδεόμενός τινος: 'because he needs something' (beyond himself).

25–6. 'On the whole face of the earth.'

26. ὁροθεσίας: 'boundaries', 'frontiers'. καιρούς has been variously taken: 'times' of human settlements, or 'seasons'?

27–8. εἰ . . . εὕροιεν: 'in case they can touch him and discover him'. LSJ, s.v. ἄρα B. 6. The Vulgate has, rightly, *si forte.*

28. καί γ´: in sense of classical ἅτε (Norden), rather than = καίτοι 'although'.

32. Aratus, *Phaenomena* 5.

34–5. 'A thing bearing the stamp of art and the thought of man.'

38. ἐν ἀνδρὶ: 'by means of the man . . .'. B–D § 219: this instrumental use of ἐν is related to Hebrew usage, but a wider range of use is characteristic of much late Greek.

ᾧ: *G* § 1031, B–D 294.

41. εἶπαν: usual κοινή form for Attic εἶπον.

43. Dionysius plays a large part in Christian legend, for he was later believed to be the author of certain mystical works of the sixth century, and even identified with the patron saint of France, St. Denis, who was in fact a third century martyr.

91. Charity

This familiar piece (from St. Paul's First Epistle to the Corinthians, chapter 13) represents the highest flight of St. Paul's rhetoric. Cf *ALP* 95.

Ἐὰν ταῖς γλώσσαις τῶν ἀνθρώπων λαλῶ καὶ τῶν ἀγγέλων, ἀγάπην δὲ μὴ ἔχω, γέγονα χαλκὸς ἠχῶν ἢ κύμβαλον ἀλαλάζον. καὶ ἐὰν ἔχω προφητείαν καὶ εἰδῶ τὰ μυστήρια πάντα καὶ πᾶσαν τὴν γνῶσιν, κἂν ἔχω πᾶσαν τὴν πίστιν ὥστε
5 ὄρη μεθιστάναι, ἀγάπην δὲ μὴ ἔχω, οὐθέν εἰμι. κἂν ψωμίσω πάντα τὰ ὑπάρχοντά μου, καὶ ἐὰν παραδῶ τὸ σῶμά μου ἵνα καυθήσομαι, ἀγάπην δὲ μὴ ἔχω, οὐδὲν ὠφελοῦμαι. ἡ ἀγάπη μακροθυμεῖ, χρηστεύεται ἡ ἀγάπη, οὐ ζηλοῖ, ἡ ἀγάπη οὐ περπερεύεται, οὐ φυσιοῦται, οὐκ ἀσχημονεῖ, οὐ ζητεῖ τὰ
10 ἑαυτῆς, οὐ παροξύνεται, οὐ λογίζεται τὸ κακόν, οὐ χαίρει ἐπὶ τῇ ἀδικίᾳ, συγχαίρει δὲ τῇ ἀληθείᾳ· πάντα στέγει, πάντα πιστεύει, πάντα ἐλπίζει, πάντα ὑπομένει. ἡ ἀγάπη οὐδέποτε πίπτει· εἴτε δὲ προφητεῖαι, καταργηθήσονται· εἴτε γλῶσσαι, παύσονται· εἴτε γνῶσις, καταργηθήσεται. ἐκ μέρους γὰρ

γινώσκομεν καὶ ἐκ μέρους προφητεύομεν· ὅταν δὲ ἔλθῃ τὸ 15
τέλειον, τὸ ἐκ μέρους καταργηθήσεται. ὅτε ἤμην νήπιος,
ἐλάλουν ὡς νήπιος, ἐφρόνουν ὡς νήπιος, ἐλογιζόμην ὡς
νήπιος· ὅτε γέγονα ἀνήρ, κατήργηκα τὰ τοῦ νηπίου. βλέπομεν
γὰρ ἄρτι δι' ἐσόπτρου ἐν αἰνίγματι, τότε δὲ πρόσωπον πρὸς
πρόσωπον· ἄρτι γινώσκω ἐκ μέρους, τότε δὲ ἐπιγνώσομαι 20
καθὼς καὶ ἐπεγνώσθην. νυνὶ δὲ μένει πίστις, ἐλπίς, ἀγάπη, τὰ
τρία ταῦτα· μείζων δὲ τούτων ἡ ἀγάπη.

3. ἀλαλάζον: usually of human cries, but here the 'clashing'
or 'tinkling' of cymbals.

5. ψωμίσω: 'dole out' (NEB), but lit. 'cause to crumble',
'reduce to crumbs', as is shown by the Modern Greek word
ψωμὶ for 'bread'.

7. καυθήσομαι: classical usage with ἵνα requires subjunctive,
but the future is found in some passages, sometimes associated
with subjunctives, and with no apparent difference of meaning.
B–D § 369.

8. μακροθυμεῖ: 'is patient'.
χρηστεύεται: 'is kind'.

9. περπερεύεται: 'brags', 'boasts'.
ἀσχημονεῖ: 'behaves badly'.

11. πάντα στέγει: variously interpreted, 'conceals every-
thing' (i.e. everything disreputable in others) or 'puts up with
everything', 'can bear everything'.

13. καταργηθήσονται: 'will cease to exist' (cf. 17, 22).

22. μείζων: 'greatest', comparative as intensive superlative
(cf. note on **90**. 17–18).

92. The new song

Clement of Alexandria was born, probably at Athens, in the
middle of the second century AD. Converted to Christianity, he
became a pupil of Pantainos, the head of the Christian philo-
sophical school in Alexandria. Here a long tradition of teaching
and research, pagan and Jewish, was now being adapted for

the purposes of the new faith. Clement's 'Protreptikos'—'Exhortation'—to the 'Greeks' (i.e. the 'heathen') was written before AD 200. It shows a mastery of rhetorical skills, and is a vivid illustration of the way in which pagan and Biblical imagery could be combined. We give the beginning of the book (ch. 1).

Ἀμφίων ὁ Θηβαῖος καὶ Ἀρίων ὁ Μηθυμναῖος ἄμφω μὲν ἤστην ᾠδικώ, μῦθος δὲ ἄμφω· καὶ τὸ ᾆσμα εἰσέτι τοῦτο Ἑλλήνων ᾄδεται χορῷ, τέχνη τῇ μουσικῇ ὁ μὲν ἰχθὺν δελεάσας, ὁ δὲ Θήβας τειχίσας. Θράκιος δὲ ἄλλος σοφιστὴς
5 (ἄλλος οὗτος μῦθος Ἑλληνικός) ἐτιθάσευε τὰ θηρία γυμνῇ τῇ ᾠδῇ καὶ δὴ τὰ δένδρα, τὰς φηγούς, μετεφύτευε τῇ μουσικῇ. ἔχοιμ᾽ ἄν σοι καὶ ἄλλον τούτοις ἀδελφὸν διηγήσασθαι μῦθον καὶ ᾠδόν, Εὔνομον τὸν Λοκρὸν καὶ τέττιγα τὸν Πυθικόν. πανήγυρις Ἑλληνικὴ ἐπὶ νεκρῷ δράκοντι συνεκροτεῖτο Πυθοῖ,
10 ἐπιτάφιον ἑρπετοῦ ᾄδοντος Εὐνόμου· ὕμνος ἢ θρῆνος ὄφεως ἦν ἡ ᾠδή, οὐκ ἔχω λέγειν· ἀγὼν δὲ ἦν καὶ ἐκιθάριζεν ὥρᾳ καύματος Εὔνομος, ὁπηνίκα οἱ τέττιγες ὑπὸ τοῖς πετάλοις ᾖδον ἀνὰ τὰ ὄρη θερόμενοι ἡλίῳ. ᾖδον δὲ ἄρα οὐ τῷ δράκοντι τῷ νεκρῷ, τῷ Πυθικῷ, ἀλλὰ τῷ θεῷ τῷ πανσόφῳ αὐτόνομον
15 ᾠδήν, τῶν Εὐνόμου βελτίονα νόμων· ῥήγνυται χορδὴ τῷ Λοκρῷ· ἐφίπταται ὁ τέττιξ τῷ ζυγῷ· ἐτερέτιζεν ὡς ἐπὶ κλάδῳ τῷ ὀργάνῳ· καὶ τοῦ τέττιγος τῷ ᾄσματι ἁρμοσάμενος ὁ ᾠδὸς τὴν λείπουσαν ἀνεπλήρωσε χορδήν. οὔκουν ᾠδῇ τῇ Εὐνόμου ἄγεται ὁ τέττιξ, ὡς ὁ μῦθος βούλεται, χαλκοῦν
20 ἀναστήσας Πυθοῖ τὸν Εὔνομον αὐτῇ τῇ κιθάρᾳ καὶ τὸν συναγωνιστὴν τοῦ Λοκροῦ· ὁ δὲ ἑκὼν ἐφίπταται καὶ ᾄδει ἑκών, Ἕλλησι δὲ ἐδόκει ὑποκριτὴς γεγονέναι μουσικῆς.
Πῇ δὴ οὖν μύθοις κενοῖς πεπιστεύκατε, θέλγεσθαι μουσικῇ τὰ ζῷα ὑπολαμβάνοντες, ἀληθείας δὲ ὑμῖν τὸ πρόσωπον τὸ
25 φαιδρὸν μόνον, ὡς ἔοικεν, ἐπίπλαστον εἶναι δοκεῖ καὶ τοῖς ἀπιστίας ὑποπέπτωκεν ὀφθαλμοῖς; Κιθαιρὼν δὲ ἄρα καὶ Ἑλικὼν καὶ τὰ Ὀδρυσῶν ὄρη καὶ Θρᾳκῶν, τελεστήρια τῆς πλάνης, διὰ τὰ μυστήρια τεθείασται καὶ καθύμνηται. ἐγὼ μέν, εἰ καὶ μῦθός εἰσι, δυσανασχετῶ τοσαύταις ἐκτραγῳδουμέναις
30 συμφοραῖς· ὑμῖν δὲ καὶ τῶν κακῶν αἱ ἀναγραφαὶ γεγόνασι δράματα καὶ τῶν δραμάτων οἱ ὑποκριταὶ θυμηδίας θεάματα. ἀλλὰ γὰρ τὰ μὲν δράματα καὶ τοὺς ληναΐζοντας ποιητάς,

THE NEW SONG 257

τέλεον ἤδη παροινοῦντας, κιττῷ που ἀναδήσαντες ἀφραίνοντας
ἐκτόπως τελετῇ βακχικῇ, αὐτοῖς σατύροις καὶ θιάσῳ μαινόλῃ,
σὺν καὶ τῷ ἄλλῳ δαιμόνων χορῷ <ἐν> Ἑλικῶνι καὶ   35
Κιθαιρῶνι κατακλείσωμεν γεγηρακόσιν, κατάγωμεν δὲ ἄνωθεν
ἐξ οὐρανῶν ἀλήθειαν ἅμα φανοτάτῃ φρονήσει εἰς ὄρος ἅγιον
θεοῦ καὶ χορὸν τὸν ἅγιον τὸν προφητικόν. ἡ δὲ ὡς ὅτι
μάλιστα τηλαυγὲς ἀποστίλβουσα φῶς καταυγαζέτω πάντῃ
τοὺς ἐν σκότει κυλινδουμένους καὶ τῆς πλάνης τοὺς ἀνθρώ-   40
πους ἀπαλλαττέτω, τὴν ὑπερτάτην ὀρέγουσα δεξιάν, τὴν
σύνεσιν, εἰς σωτηρίαν. οἱ δὲ ἀνανεύσαντες καὶ ἀνακύψαντες
Ἑλικῶνά τε Κιθαιρῶνα καταλειπόντων, οἰκούντων δὲ Σιών·
ἐκ γὰρ Σιὼν ἐξελεύσεται νόμος, καὶ λόγος κυρίου ἐξ
Ἱερουσαλήμ, λόγος οὐράνιος, ὁ γνήσιος ἀγωνιστὴς ἐπὶ τῷ   45
παντὸς κόσμου θεάτρῳ στεφανούμενος. ᾄδει δέ γε ὁ Εὔνομος
ὁ ἐμὸς οὐ τὸν Τερπάνδρου νόμον οὐδὲ τὸν Κηπίωνος, οὐδὲ μὴν
Φρύγιον ἢ Λύδιον ἢ Δώριον, ἀλλὰ τῆς καινῆς ἁρμονίας τὸν
ἀίδιον νόμον, τὸν φερώνυμον τοῦ θεοῦ, τὸ ᾆσμα τὸ καινόν, τὸ
Λευιτικόν, νηπενθές τ᾽ ἄχολόν τε, κακῶν ἐπίληθες ἁπάντων.   50

2. ἤστην ᾠδικώ: the dual was obsolete, so that its use here immediately sets a high literary tone. For the verb form, G § 806.

μῦθος δὲ ἄμφω: 'both a mere fable'.

4. δελεάσας: 'luring' (the dolphin on which Arion rode).
The 'Thracian sophist' is Orpheus.

8. ᾠδόν: 'singer'.

9. συνεκροτεῖτο: 'was being organized', to commemorate the death of the dragon. This is the traditional story of the origin of the Pythian festival at Delphi.

10. ἐπιτάφιον ἑρπετοῦ: 'the funeral song for the reptile'.

ὕμνος ἢ θρῆνος . . . ἦν: 'whether it was a hymn or a dirge' for the snake. Note absence of πότερον. Vivid direct questions (WS § 2657) often have this form. Here it is used in a dependent question.

13. ἀνὰ τὰ ὄρη: 'on the mountains'. G § 1203.
ἄρα: Denniston, Particles, 36

14. τῷ θεῷ τῷ πανσόφῳ: i.e. Apollo.

15. νόμων: 'nomes', an old word for tunes, a homonym of the

word for 'law'. Clement plays on the word below, when he speaks of the 'eternal *nomos* of the new harmony'.

16. τῷ ζυγῷ: 'the cross-bar'.

18. οὔκουν . . . : 'So it was not that the cicada was attracted by Eunomos' playing.'

20. αὐτῇ τῇ κιθάρᾳ: *G* § 1191. Cf. 34.

20–1. τὸν συναγωνιστήν: 'the partner'.

22. ὑποκριτὴς: 'as a performer' (of Eunomos' music) and not a singer of its own. Note the parataxis: the δὲ-clause is best translated as subordinate, 'though the Greeks thought . . .'.

23. πεπιστεύκατε: Clement addresses his pagan audience.

25–6. τοῖς ἀπιστίας . . . ὀφθαλμοῖς: 'the eyes of unbelief'.

27–8. τῆς πλάνης: 'error', i.e. paganism.

29–30. δυσανασχετῶ . . . : 'I am grieved that all these disasters should be so dressed up in tragic style.'

31. θυμηδίας θεάματα: 'spectacles of heart's delight'.

32. ἀλλὰ γὰρ: we now come to the main point, Denniston, *Particles*, 101.

λῃναΐζοντας 'who perform at the Lenaea', one of the Athenian Dionysiac festivals, named from ληνός, 'wine press'.

33. τέλεον ἤδη παροινοῦντας: 'who are thoroughly misbehaving': παροινεῖν = 'behave violently when drunk'.

κιττῷ: 'with ivy'. Cf. Hor. *Odes*, I. I. 29: 'doctarum hederae praemia frontium', and Nisbet–Hubbard ad loc.

34. μαινόλη: 'frenzied', generally a poetic word.

35. δαιμόνων: in a Christian writer this signifies 'demons'.

35–6. The poetic mountains grow old, the holy mountain of God does not.

38–9. ὡς ὅτι μάλιστα = ὅτι μάλιστα. The usage is found already in Plato (*Soph.* 218 D). 'And let Truth, shining with a light as far-gleaming as may be, cast her beams everywhere on those who roll about in darkness . . .'

41. 'Understanding' is 'the right hand of truth'.

44. Σιών: like many Biblical names, this is left undeclined. (B–D §§ 53 and 55).

44–5. ἐκ . . . Ἰερουσαλήμ: Isaiah 2–3.

45–6. The competition image continues (cf. 13–26).
47. Terpandros of Lesbos (7th century BC) was a famous early musician; Cepion was supposed to be his pupil.
49. νόμον: note here the double sense, 'nome' and 'law'.
50. νηπενθές . . . ἁπάντων: *Odyssey* 4. 221.

93. The shepherd of Hermas

This is the opening scene of a Christian devotional work of the second century, in which the author receives a vision of the Church and a series of moral commandments. Irenaeus, Tertullian and Origen, among others, considered this an inspired book; but it never became canonical. Note the simple style with absence of connections and a vocabulary and morphology like that of N. T.

Ὁ θρέψας με πέπρακέν με Ῥόδῃ τινὶ εἰς Ῥώμην. μετὰ
πολλὰ ἔτη ταύτην ἀνεγνωρισάμην καὶ ἠρξάμην αὐτὴν ἀγαπᾶν
ὡς ἀδελφήν. μετὰ χρόνον τινὰ λουομένην εἰς τὸν ποταμὸν
Τίβεριν εἶδον, καὶ ἐπέδωκα αὐτῇ τὴν χεῖρα καὶ ἐξήγαγον
αὐτὴν ἐκ τοῦ ποταμοῦ. ταύτης οὖν ἰδὼν τὸ κάλλος διελογιζ- 5
όμην ἐν τῇ καρδίᾳ μου λέγων· Μακάριος ἤμην εἰ τοιαύτην
γυναῖκα εἶχον καὶ τῷ κάλλει καὶ τῷ τρόπῳ. μόνον τοῦτο
ἐβουλευσάμην, ἕτερον δὲ οὐδέν. μετὰ χρόνον τινὰ πο-
ρευομένου μου εἰς Κούμας καὶ δοξάζοντος τὰς κτίσεις
τοῦ θεοῦ, ὡς μεγάλαι καὶ ἐκπρεπεῖς καὶ δυναταί εἰσιν, 10
περιπατῶν ἀφύπνωσα. καὶ πνεῦμά με ἔλαβεν καὶ ἀπήνεγ-
κέν με δι' ἀνοδίας τινός, δι' ἧς ἄνθρωπος οὐκ ἐδύνατο
ὁδεῦσαι· ἦν δὲ ὁ τόπος κρημνώδης καὶ ἀπερρηγὼς ἀπὸ
τῶν ὑδάτων. διαβὰς οὖν τὸν ποταμὸν ἐκεῖνον ἦλθον εἰς τὰ
ὁμαλά, καὶ τιθῶ τὰ γόνατα καὶ ἠρξάμην προσεύχεσθαι 15
τῷ κυρίῳ καὶ ἐξομολογεῖσθαί μου τὰς ἁμαρτίας. προσευ-
χομένου δέ μου ἠνοίγη ὁ οὐρανός, καὶ βλέπω τὴν γυναῖκα
ἐκείνην ἣν ἐπεθύμησα ἀσπαζομένην με ἐκ τοῦ οὐρανοῦ,
λέγουσαν· Ἑρμᾶ χαῖρε. βλέψας δὲ εἰς αὐτὴν λέγω αὐτῇ·
Κυρία, τί σὺ ὧδε ποιεῖς; ἡ δὲ ἀπεκρίθη μοι· Ἀνελήμφθην 20
ἵνα σου τὰς ἁμαρτίας ἐλέγξω πρὸς τὸν κύριον. λέγω αὐτῇ·

Νῦν σύ μου ἔλεγχος εἶ; Οὔ, φησίν, ἀλλὰ ἄκουσον τὰ
ῥήματα ἅ σοι μέλλω λέγειν. ὁ θεὸς ὁ ἐν τοῖς οὐρανοῖς
κατοικῶν καὶ κτίσας ἐκ τοῦ μὴ ὄντος τὰ ὄντα καὶ
25 πληθύνας καὶ αὐξήσας ἕνεκεν τῆς ἁγίας ἐκκλησίας αὐτοῦ,
ὀργίζεταί σοι ὅτι ἥμαρτες εἰς ἐμέ. ἀποκριθεὶς αὐτῇ λέγω·
Εἰς σὲ ἥμαρτον; ποίῳ τρόπῳ; ἢ πότε σοι αἰσχρὸν ῥῆμα
ἐλάλησα; οὐ πάντοτέ σε ὡς θεὰν ἡγησάμην; οὐ πάντοτέ
σε ἐνετράπην ὡς ἀδελφήν; τί μου καταψεύδῃ, ὦ γύναι, τὰ
30 πονηρὰ ταῦτα καὶ ἀκάθαρτα; γελάσασά μοι λέγει· Ἐπὶ τὴν
καρδίαν σου ἀνέβη ἡ ἐπιθυμία τῆς πονηρίας. ἢ οὐ δοκεῖ
σοι ἀνδρὶ δικαίῳ πονηρὸν πρᾶγμα εἶναι ἐὰν ἀναβῇ αὐτοῦ
ἐπὶ τὴν καρδίαν ἡ πονηρὰ ἐπιθυμία; ἁμαρτία γέ ἐστιν,
καὶ μεγάλη, φησίν· ὁ γὰρ δίκαιος ἀνὴρ δίκαια βουλεύεται.
35 ἐν τῷ οὖν δίκαια βουλεύεσθαι αὐτὸν κατορθοῦται ἡ δόξα
αὐτοῦ ἐν τοῖς οὐρανοῖς καὶ εὐκατάλλακτον ἔχει τὸν
κύριον ἐν παντὶ πράγματι αὐτοῦ· οἱ δὲ πονηρὰ βου-
λευόμενοι ἐν ταῖς καρδίαις αὐτῶν θάνατον καὶ αἰχμαλω-
τισμὸν ἑαυτοῖς ἐπισπῶνται, μάλιστα οἱ τὸν αἰῶνα τοῦτον
40 περιποιούμενοι καὶ γαυριῶντες ἐν τῷ πλούτῳ αὐτῶν καὶ
μὴ ἀντεχόμενοι τῶν ἀγαθῶν τῶν μελλόντων. μετανοήσου-
σιν αἱ ψυχαὶ αὐτῶν, οἵτινες οὐκ ἔχουσιν ἐλπίδα, ἀλλὰ
ἑαυτοὺς ἀπεγνώκασιν καὶ τὴν ζωὴν αὐτῶν. ἀλλὰ σὺ
προσεύχου πρὸς τὸν θεόν, καὶ ἰάσεται τὰ ἁμαρτήματά
45 σου καὶ ὅλου τοῦ οἴκου σου καὶ πάντων τῶν ἁγίων.

2. ἀνεγνωρισάμην: 'saw her again', 'recognized her'.

3. εἰς τὸν ποταμὸν: 'in the river'. B–D § 205, Mk. 1: 9
ἐβαπτίσθη εἰς τὸν Ἰορδάνην.

6. ἤμην . . . = ἤμην ἄν . . . The middle form is common in
N. T. Greek (B–D § 98), and ἄν is often omitted (B–D § 360).

9–10. 'Glorifying the creations of God.'

11. ἀφύπνωσα: 'I fell asleep'. (Cf. Luke 8: 23.)

13–14. 'Broken up by the waters.'

15. τιθῶ = τίθημι, B–D § 94.

18. ἣν ἐπεθύμησα: B–D § 171. So often in LXX, instead of
genitive.

20. Ἀνελήμφθην: B–D § 101. Forms with -μ- are common in writers of the Roman period.

29. ἐνετράπην: 'respected'. So in Modern Greek ἐνδροπὴ = 'affectionate regard'.

36. εὐκατάλλακτον: 'easily reconciled'.

PAGAN AND CHRISTIAN IN
THE LATE EMPIRE

94. *An orator's education*

Libanius, born at Antioch in AD 314, was the most accomplished
pagan orator of his day. As a teacher, he counted among his
pupils and friends many of the most influential figures, Chris-
tian as well as pagan, of the time, including St Basil and St John
Chrysostom. He wrote this account of his life (*Oration* 1) when
he was 60. It follows the rhetorical rules of panegyric, but it is in
fact an autobiography and a revealing one. In this passage (§§ 8–
10) he tells of the effect on him as a boy of being struck by
lightning or perhaps a fireball (line 30).

Πάλιν τοίνυν τὸ μὲν παρ' ἄνδρα πεφοιτηκέναι λόγων
προχέοντα κάλλος εὐδαίμονος φοιτητοῦ, τὸ δὲ μὴ ὁπόσον
ἄξιον, ἀλλ' ὁπότε μὲν ἀφοσιοίμην φοιτᾶν, κινοῦντος δὲ ἤδη
πρὸς μαθήσεις ἔρωτος οὐκ ἔχειν τὸν μεταδώσοντα θανάτῳ
5   σβεσθέντος τοῦ ῥεύματος, τουτὶ δὲ ἀθλίου. ποθῶν μὲν τοίνυν
τὸν οὐκέτ' ὄντα, χρώμενος δὲ τοῖς οὖσιν, εἰδώλοις γέ τισι
σοφιστῶν, ὥσπερ οἱ τοῖς ἐκ κριθῶν ἄρτοις ἀπορίᾳ γε τοῦ
βελτίονος, ἐπειδὴ ἤνυτον οὐδέν, ἀλλ' ἦν κίνδυνος ἡγεμόσι
τυφλοῖς ἑπόμενον εἰς βάραθρον ἀμαθίας πεσεῖν, τοῖς μὲν
10 χαίρειν εἶπον, παύσας δὲ τὴν μὲν ψυχὴν τοῦ τίκτειν, τὴν δὲ
γλῶτταν τοῦ λέγειν, τὴν δὲ χεῖρα τοῦ γράφειν, ἐν ἔδρων
μόνον· μνήμῃ τὰ τῶν παλαιῶν ἐκτώμην συνὼν ἀνδρὶ μνημον-
ικωτάτῳ τε καὶ οἵῳ τῶν παρ' ἐκείνοις καλῶν ἐμπείρους
ἀπεργάζεσθαι νέους. καὶ οὕτω δή τι αὐτῷ προσεκείμην
15 ἀκριβῶς, ὥστ' οὐδ' ἀπαλλαττομένου τῶν νέων ἀπηλλαττόμην,
ἀλλὰ καὶ δι' ἀγορᾶς ἐν χεροῖν τε ἡ βίβλος, καὶ ἔδει τι τὸν
ἄνδρα καὶ πρὸς ἀνάγκην λέγειν, ἦν ἐν τῷ παραχρῆμα μὲν
δῆλος ἦν δυσχεραίνων, χρόνοις δὲ ἐν ὑστέροις ἐπήνει. πέντε
ταῦτα ἔτη ἦν ἁπάσης μοι τῆς ψυχῆς ἐκεῖσε τετραμμένης, καὶ
20 συνέπραττεν ὁ δαίμων οὐδενὶ νοσήματι τὸν δρόμον ὑποσ-
κελίζων, ἐπεὶ καὶ ὃ προσέπεσε τῇ κεφαλῇ—ἦν δὲ τοιόνδε· ἐν

τοῖς Ἀχαρνεῦσι τοῖς Ἀριστοφάνους ἦν καθημένῳ τῷ γραμ-
ματιστῇ παρεστηκώς, ὁ δὲ ἥλιος οὕτω παχέσιν ἐκέκρυπτο
νέφεσιν, ὥστ' ἤδη τινὰ νύκτα ἐκείνην τὴν ἡμέραν προσειπεῖν.
μέγα δὲ κτυπήσαντος τοῦ Διὸς καὶ ἅμα κεραυνὸν ἀφέντος 25
ἐπέπληκτο μὲν τῷ πυρὶ τὰ ὄμματα, ἐπέπληκτο δὲ ἡ κεφαλὴ
τῇ βροντῇ. καὶ ᾤμην μὲν οὐδὲν ἐνιδρῦσθαί μοι δεινόν, ἀλλ'
αὐτίκα λήξειν τὴν ταραχήν, ἀπελθὼν δὲ οἴκαδε καὶ ἐπ' ἀρίστῳ
κατακλιθεὶς βροντῆς τε ἐκείνης ἐδόκουν ἀκούειν κεραυνόν τε
ἐκεῖνον τὴν οἰκίαν παραθεῖν ἱδρῶτά τ' ἐκίνει τὸ δέος καὶ 30
ἀναπηδήσας ἐκ τῶν σιτίων ἐπὶ τὴν κλίνην καταφεύγω. σιγᾶν
δὲ ᾤμην δεῖν τοῦτο καὶ φυλάττειν ἄρρητον, ἀλλὰ μὴ κοινώσας
ἰατροῖς εἰς φάρμακά τε καὶ τὰ ἀπὸ τῆς τέχνης ἐκ τῶν
εἰωθότων ἑλκυσθεὶς ἀνιᾶσθαι. τοῦτο καὶ ἐς ῥίζας ἤγαγε τὴν
συμφορὰν ἐκβληθεῖσαν ἂν ὡς φασιν ἐν προοιμίοις οὐ σὺν 35
πόνῳ. διὰ τοῦτο καὶ συναπεδήμησέ μοι τὸ κακὸν αὐξόμενον
τὴν αὔξην τὴν ἑαυτοῦ δεῦρό τε ἀφῖκται πάλιν τροπὰς μέν
τινας τρεπόμενον, οὐ μὴν τοῦ γε ἐλαύνειν παυόμενον, ἐπεὶ καὶ
ὁπότε δοκεῖ χαλᾶν, οὐ παντάπασι λήγει—ἀλλ' ὅπερ ἔφην,
πλὴν τοῦδε τηνικαῦτα τἆλλα ἦν ἄνοσος, καὶ οὐδὲ τοῦτο εἶργε 40
μὴ ἀπολαύειν τῶν παιδικῶν.

1. **πεφοιτηκέναι**: 'to have attended'. (φοιτᾶν is regularly used
of 'going to school'.)

2. **εὐδαίμονος φοιτητοῦ**: '<is a sign of> a lucky pupil'. G
§ 1094.

2–5. 'But to attend as often as would satisfy my conscience,
but <then> when passion began to stir me to study, not to
have anyone with whom to share it, because the stream was
quelled by death—this was <a mark of> an unhappy one.'

5. **τοῦ ῥεύματος**: takes up the metaphor of προχέοντα (2). In
τουτὶ δέ, δέ is *in apodosi*. G § 1422.

7. **ἐκ κριθῶν**: 'of barley'.

10. **χαίρειν εἶπον**: 'said goodbye to'.
　τίκτειν: 'giving birth', i.e. 'composing speeches'.

12. **μνήμῃ**: . . . : this clause (note asyndeton) explains the 'one
thing' he was now doing, viz. learning classical texts by heart.

13. **παρ' ἐκείνοις**: i.e. the 'ancients'.

15. ὥστ᾽ . . . **ἀπηλλαττόμην:** 'I would not leave him even when he himself left his class'. νέοι is almost technical for 'students' (cf. 14). (See further P. Petit, *Les Étudiants de Libanius*, 30.)

16–18. 'But even in the agora my book was in my hand, and the man had to give me instruction out of sheer necessity, which he obviously resented at the time, though later on he came to commend me.'

20. ὁ δαίμων: 'my lucky star'.

20–1. ὑποσκελίζων: 'tripping up'.

21. 'For even what struck my head—well, it was like this.'

21–2. ἐν τοῖς Ἀχαρνεῦσι: i.e. in a class on Aristophanes' *Acharnians*. So he has gone back to an elementary teacher (γραμματιστής), who makes him learn poetry by heart and interpret (i.e. paraphrase) it. The teacher (as usual) is sitting in front of his class.

24. τινὰ: 'someone'.

27. οὐδὲν ἐνιδρῦσθαί μοι δεινόν: 'that there was no awful permanent effect upon me'.

28. ἐπ᾽ ἀρίστῳ: 'at lunch'.

33–4. εἰς φάρμακα . . . **ἀνιᾶσθαι:** 'to be distressed by being dragged from my usual routine to medicines and medical procedures'.

34. ἐς ῥίζας: 'to the roots', i.e. the trouble went deep.

35–6. 'When it would have been cast out in the early stage without trouble, as they say.'

36. συναπεδήμησέ μοι: 'accompanied me on my travels'.

36–8. αὐξόμενον τὴν αὔξην . . . **τροπὰς** . . . **τρεπόμενον:** *G* § 1051.

38. ἐλαύνειν: 'persecute', 'pursue'.

39. χαλᾶν: 'ease', 'remit'.

41. μὴ: τοῦ μὴ or μὴ οὐ would be normal classical usage: *G* § 1616.

τῶν παιδικῶν 'my childhood pursuits'.

95. The miser in love

This declamation (32) of Libanius is an appeal to the 'Council' (lines 2, 76) by a miser who has fallen in love with an expensive *hetaira* to be allowed to put an end to his life, as it is now not worth living. Such 'self-denunciation' (προσαγγελία) is a common declamation scenario. We see the teacher of rhetoric at play, but demonstrating at the same time the techniques of the forensic speech. In this passage (34–8), the miser describes the humiliation which followed his infatuation with the woman, who has so far kept him at a distance. The situation (and most of the names) are based on post-Aristophanic comedy, especially Menander.

Ἦν μὲν οὖν καὶ διὰ ταῦτα τεθνάναι μοι καλόν, ὅπερ εἶπον, τί γὰρ ἔδει με ζῆν, ὦ βουλευταί, πράγματι παρακαθήμενον κέρδος οὐ φέροντι; τὰ δ' ἐφεξῆς οὐδὲ βουλομένῳ μοι ζῆν συγχωρήσειεν ἄν. ὡς γὰρ δὴ καιρὸν ἔσχε ποτὲ διαλεχθῆναι κἀμοὶ πολλάκις τὸν οὐδὸν τῶν θυρῶν κατατρίψαντι καὶ   5
ἐπῆλθον οἴκαδε ὡς αὐτήν, κιχλισμὸς ἦν πρῶτον τῶν θεραπαινίδων πολύς. καὶ ἡ μὲν θοἰμάτιον ἔσκωπτε καὶ τὸ χιτώνιον ὅτι τοῦ Κρόνου πρεσβύτερα, ὅτι πλείους ἔχοι τὰς ὀπὰς τῶν στημόνων, αἱ δὲ ἠρίθμουν τὰ προσερραμμένα τοῖς ὑποδήμασί μου καττύματα καὶ πόσας πενταετηρίδας ἐξή-   10
ρκεσεν καὶ πόσας ἔτ' ἐξαρκέσει. μία δὲ προσελθοῦσα· Πόσον οὐκ ἐλούσω, φησί, χρόνον, ὦ βέλτιστε; ἐμοὶ μὲν γάρ, νὴ τὴν Ἀφροδίτην, δοκεῖς ἐξ ὅτουπερ ἐγένου. καὶ πρὸς μὲν τὸ μύρον ἔοικας ὥσπερ οἱ κάνθαροι διαφθείρεσθαι. οὐ γὰρ ἄν ὡς ἡμᾶς εἰσιὼν ὠδώδεις οὕτω κακόν. ταῦτα δὲ   15
ἐγὼ μὲν ἐπριόμην ἀκούων, ἡ δὲ τέως μὲν ἐμειδία μάλα ἡδύ, τέλος δὲ σιωπᾶν αὐταῖς ἐπιτάξασα προσέβλεψέ τέ με θαυμάσιον οἷον, καὶ τὸ χρυσοῦν διανοίξασα στόμα· Τί δεῦρο ἥκεις; ἐπύθετο. μή του τῶν ἐρώντων μου μειρακίων παιδαγωγὸς ἢ τροφεὺς ὢν ἀπαγορεύσων ἥκεις μηκέτ'   20
αὐτὸ δέχεσθαι τοῦ λοιποῦ; Οὐκ ἔγωγε, εἶπον, ὦ καλλίστη γυναικῶν, ἀλλ' ἐραστὴς ὢν καὶ αὐτός. Τίνος; εἶπεν. ἢ ταυτησὶ τῆς Χρυσίου; ἐπεστράφην πρὸς τοὔνομα καὶ Ποίου, φημί, λέγεις Χρυσίου; Ταύτης, εἶπε, τῆς

25 χρυσῆς θεραπαίνης. ἰδὼν δὲ ἐγὼ παιδισκάριον οὐκ ἀηδές,
Καλὴ μέν, εἶπον, καὶ Χρύσιον καὶ μάλιστα διὰ τοὔνομα,
ἐγὼ δὲ οὐ ταύτης, ἀλλὰ τοῦ σοῦ κάλλους ἐρῶ. Εὖ γε
ποιῶν, εἶπεν, ὦ τᾶν. Καὶ ἅμα ἀφεῖσα ἐμὲ ἐπυνθάνετο μεγάλη
τῇ φωνῇ εἰ τὸν εὐνοῦχον ἔπεμψεν ὁ ξεναγὸς Θρασυλέων
30 ὅν μοι σὺν τῷδε τῷ ὅρμῳ δεδώρηται, δείξασα κόσμον
κομψοῦ πάνυ χρυσίου, εἰ τὴν αὐλητρίδα Πολέμων ὁ τοῦδε
ἀντεραστής, τὸ μὲν γὰρ ζώνιον τόδε ταῖς ἑαυτοῦ χερσὶ
φιλήσας ἅμα ἐπέζωσεν, εἰ τὸ μειράκιον ὁ Μοσχίων τὰς
εἴκοσι μνᾶς ἅς τὸν Δᾶον ἥξειν ἔφη κομίζοντα. αὔριον δέ,
35 εἶπεν, ὦ φίλτατε, καὶ περὶ σοῦ πευσόμεθα εἰ ὁ νέος
ἐραστὴς ὁ καλὸς ἃ χθὲς ὑπέσχετο πέπομφεν. ὑποσχήσῃ
γὰρ δηλονότι καὶ ὑπερβαλῇ μάλιστα μὲν καὶ τοὺς
ἄλλους ἐραστάς, εἰ δὲ μή, τὸν Μοσχίωνα.
Τί με οἴεσθε, ὦ βουλευταί, πάσχειν ταῦτα ἀκούοντα;
40 λίθοις βάλλεσθαι κατὰ τῆς κεφαλῆς ἐδόκουν, ξίφει κατὰ τῆς
καρδίας. μόλις ἐπέσχον ἐμαυτὸν μὴ πεσεῖν. ἡ δὲ πρὶν ἐκ
τούτων ἀνενεγκεῖν τῶν πληγῶν ἑτέρας ἐπῆγε χαλεπωτέρας.
τέως γάρ, ἔφη, δείπνου δεῖ τήμερον καὶ τοῦτο σὺ
παρασκεύασον, ἵν᾽ ἅμα μοι καὶ συνδειπνῇς ἐγγὺς
45 κατακείμενος, τὸ δὲ δεῖπνον ἔστω μὴ πάνυ πολυτελές.
κἀγὼ μὲν ἐλαίας που καὶ τυρὸν ἀκούσεσθαι προσεδόκων ἢ νὴ
Δία γε λάχανα καὶ ᾠά, ἃ καὶ γαμοῦσιν ἀνθρώποις ἀρκεῖ, καὶ
πρὸς ταῦτα ἀπεκναιόμην οὐχ ὡς παρέξων, ἀλλ᾽ ὡς τῷ λόγῳ
τέως ἀνιασόμενος. ἡ δὲ κατέλεγε τράπεζαν ἣν φρίττω, νὴ
50 τοὺς θεούς, καὶ ὀνομάσαι βουλόμενος, Θάσιον οἶνον, ὄρνις,
ἰχθῦς, πλακοῦντας, ἀλλ᾽ ἄττα ὧν οὐδὲ τὰ ὀνόματα ἠπιστάμην.
πρίω δέ, φησί, καὶ ἄνθη καὶ στεφάνους καὶ μύρον. ὄζειν
γὰρ δεῖ παρ᾽ ἡμῖν καὶ τὸ οἰκίδιον μύρου. ἐξέκραγον ἐνθάδ᾽
οὐκέτ᾽ ἀνασχόμενος· Μὴ γὰρ βασιλέα τὸν μέγαν ἐραστὴν
55 ἔχεις, ὦ γύναι; μὴ γὰρ ἐκ γῆς καὶ θαλάττης προσόδους
ἐκλέγοντα; καίτοι κἀκεῖνος πτωχὸς ἂν γένοιτο οὐ
πολλοῦ, εἴ τις αὐτοῦ μνᾶς εἴκοσι εἰς δεῖπνον τοιοῦτον
ἀφέλοιτο. ἐμὲ δὲ πρὶν πτωχόν, νεκρὸν ἂν ποιῆσαι καὶ
μία ληφθεῖσα δραχμή. τοιοῦτος οὑμὸς τρόπος. ἀκούω δὲ
60 ὑμᾶς, ὦ βελτίστη, σφόδρα ἁρμόζεσθαι πρὸς τοὺς
τρόπους τῶν ἐραστῶν. ἅρμοσαι δὴ πρὸς τὸν ἐμόν.
λαμβάνειν εἴωθεν, οὐχὶ διδόναι, καὶ μάλιστα μέν, ὦ

φιλτάτη, δός, οὐ γὰρ <ἂν> ἄμεινον ἄλλως ἁρμόσαιο,
εἰ δὲ μή, μή με ἀπαίτει μηδέν. ἄλλως τε, ἔφην, οὐδ'
ἀκερδὴς ὁ ἐμὸς ἔρως σοι γέγονεν, ἀλλὰ μαρτυρίαν 65
ἤνεγκέ σοι τοῦ κάλλους μεγάλην. τοῦτό σε τῶν ἄλλων
ἑταιρῶν ἐνδοξοτέραν πεποίηκεν. ἡ γὰρ πόλις ὅλη τοὐμὸν
αἰσθομένη πάθος ἐν στόμασιν ἔχει, καὶ φοιτᾷ πανταχοῦ
λόγος· Τίς ἡ τὸν σκληρὸν τουτονὶ κατακηλήσασα; Ποῖον
οὕτω κάλλος ἄμαχον ὃ τοῦτον κατηγωνίσατο; Τίνα ἴσην 70
ἔκρινε τῷ χρυσίῳ; εἶθ' οἱ μὲν ἐρῶντες καὶ πρότερον
προσλαμβάνουσι πόθον, οἱ δ' οὔποτε θεασάμενοι μεταθ-
έουσιν ὀψόμενοι καὶ ἰδόντες ἐρῶσι καὶ ἐρῶντες διδόασιν,
ὥσθ' ὅσα παρὰ τῶν δι' ἐμὲ προσιόντων λαμβάνεις ἐμὲ
διδόναι σοι νόμιζε καὶ προῖκα σύνεσο. ταῦτα ἐμοῦ 75
λέγοντος, ὦ βουλή, καὶ τῶν χειρῶν ἁπτομένου καὶ μονονοὺ
δακρύοντος οὐ μᾶλλον ἤκουεν ἢ λύρας ἀκούσειεν ὄνος, ἀλλ'
ἤδέ τινα ᾠδὴν ἁπτομένην ἐμοῦ, τέλος δὲ ἀφῆκε φωνὴν ἤ με
εὐθὺς ἐπὶ τὸ κώνειον ἤγαγε· νῦν μὲν γάρ, ὦ οὗτος, εἶπεν,
ἐντετύχηκάς μοι μηδὲν δεδωκώς, ἄλλοτε δὲ οὐδὲ ὄψει ἢ 80
τὸν κόλπον τοῦτον ἐμπλήσας χρυσίου· τοιοῦτος οὑμὸς
τρόπος. οὐκ ἂν χαρισαίμην τινὶ μὴ λαβοῦσα.

1. καὶ διὰ ταῦτα: i.e. because of the loss of weight and health consequent on his unsuccessful love.

2. παρακαθήμενον: 'persevering in . . .'.

3–4. 'What followed would not allow me to live even if I wanted.'

6. κιχλισμὸς: 'giggling'.

8. 'Older than Saturn.' Cf. Aristoph. *Clouds* 929.

8–9. τὰς ὀπάς: 'holes'.

9. τῶν στημόνων: 'threads'.

9–10. τὰ . . . καττύματα: 'patches sewn on to my shoes'.

10–11. 'How many four-year stints have they lasted?'. The πεντετηρὶς is, e.g. the period between two celebrations of the Olympic games.

11–13. Cf. Aristoph. *Plutus* 85: ὃς οὐκ ἐλούσατ' ἐξ ὅτουπερ ἐγένετο.

14. Sweet smells kill beetles: Aelian, *NA* 1. 38, 4. 18, etc.

16. ἐπριόμην: 'I was irritated' (a poetical word, and in Menander).

17–18. θαυμάσιον οἶον: *WS* § 2535.

20. τροφεύς: 'rearer', 'minder' of children.

26. Χρυσίον: 'Goldie'.

28. ὦ τᾶν: another expression from comedy.

29. ξεναγός: 'mercenary commander', 'condottiere'.

31. Polemon, like his rival Thrasyleon, has presented both a piece of jewellery and a slave, in his case a flute-girl.

32–3. He fastened the belt on her 'with his own hands' as he kissed her.

33. Moschion has promised to send his slave Daos ('Davus') with 20 minae. Editors add καί after Μοσχίων: they want the μειράκιον to be a slave-boy given as an additional present. But μειράκιον is in point here to identify Moschion as the typical *adulescens* of social comedy. He is the youngest lover, the easiest to compete with, and he gives money.

35–6. She ironically refers to the miser as her beautiful new lover. Tomorrow she will be asking the same questions about him as she has asked about Moschion and the others.

43. τέως: 'meanwhile'.

48–9. 'But because I should be distressed for a start by just talking about it'. LSJ s.v. τέως IV.

56–7. οὐ πολλοῦ: 'soon' (sc. χρόνου).

58–9. καὶ μία ληφθεῖσα δραχμή: 'even taking a single drachma'. *WS* § 2053.

60. ὑμᾶς: i.e. you *hetairai*, as a group.

72 ff. The present tenses express a vivid prophecy of what will happen. *WS* § 1579, 1882.

77. Proverbial: 'a donkey listening to a lyre' is a symbol of unappreciativeness.

79. τὸ κώνειον: 'hemlock'—he is asking for this as an easy way of death.

81–2. τοιοῦτος οὑμὸς τρόπος: cf. 59.

96. A school exercise

Greek and Roman education from the fourth century BC onwards remained very conservative. It began with training in reading, writing and interpreting the poets (γραμματική), and continued (at around the age of twelve) with practice in rhetoric. This began with the easier exercises called προγυμνάσματα, in which the pupils were expected to tell a story or develop a thought according to definite rules. The whole sequence of exercises was meant to lead up to 'declamation' (μελέτη), in which the pupil composed a speech for an imaginary lawsuit. Among the προγυμνάσματα were 'refutation' (ἀνασκευή) and 'confirmation' (κατασκευή). We give the rules for ἀνασκευή from Aphthonius (4th–5th cent. AD, a pupil of Libanius, and a very influential teacher in Renaissance Europe, thanks to Rudolphus Agricola's translation). The subject proposed here is the improbability of the story of Daphne's metamorphosis into a bay-tree. (Cf. Ovid, Met. 1. 452–587).

This passage and **97–99** have 'accentual', not quantitative clausulae. Here, the basic rule of early Byzantine prose ('Meyer's Law') is generally observed. There are almost always either two or four unaccented syllables between the last two accents of a sentence (the article is reckoned as without accent). This change to accentual rhythm seems to have happened at about the same time as similar changes in Latin Kunstprosa (Anthology of Latin Prose, **85–6**).

This is a difficult piece.

Ἀνασκευή ἐστιν ἀνατροπὴ προκειμένου τινὸς πράγματος. ἀνασκευαστέον δὲ τὰ μήτε λίαν σαφῆ μήτε ἀδύνατα παντελῶς, ἀλλ' ὅσα μέσην ἔχει τὴν τάξιν. δεῖ δὲ ἀνασκευάζοντας πρῶτον μὲν εἰπεῖν τὴν τῶν φησάντων διαβολήν, εἶτα ἐπιθεῖναι τὴν τοῦ πράγματος ἔκθεσιν, καὶ κεφαλαίοις χρήσασθαι τοῖσδε· πρῶτον   5
μὲν ἀσαφεῖ καὶ ἀπιθάνῳ, πρὸς τούτῳ καὶ ἀδυνάτῳ καὶ ἀνακολούθῳ καὶ ἀπρεπεῖ, καὶ τελευταῖον ἐπενεγκεῖν τὸ ἀσύμφορον. τὸ δὲ προγύμνασμα τοῦτο πᾶσαν ἐν ἑαυτῷ περιέχει τὴν τῆς τέχνης ἰσχύν.

Ἀνασκευὴ ὅτι οὐκ εἰκότα τὰ κατὰ Δάφνην.   10

Ποιηταῖς μὲν ἀντερεῖν ἄλογον, αὐτοὶ δὲ πρὸς αὐτοὺς ἀντι-

λέγειν ἐπαίρουσιν, εἰς θεοὺς πρότεροι λογοποιοῦντες τοιαῦτα.
πῶς οὖν οὐκ ἄλογον, θεῶν μὲν αὐτοὺς μηδένα ποιήσασθαι
λόγον, ἡμᾶς δὲ λόγον ἔχειν τῶν ποιητῶν; πάντων μὲν οὖν

15 ἤλγουν ἐγὼ προπηλακιζομένων θεῶν, Ἀπόλλωνος δὲ μᾶλλον,
ὃν ἡγεμόνα τῆς οἰκείας αὐτοὶ πεποίηνται τέχνης· οἷα γὰρ περὶ
τῆς Ἀπόλλωνος μεμυθολογήκασιν Δάφνης.

Δάφνη, φασί, Γῆς προῆλθε καὶ Λάδωνος, καὶ τὴν ὄψιν τῶν
πολλῶν διαφέρουσα ἐραστὴν ἑαυτῆς ἐποιεῖτο τὸν Πύθιον· ὁ δὲ

20 ἐρῶν μὲν ἐδίωκε, διώκων δὲ οὐχ ᾕρει, ἀλλ' ἡ Γῆ τὴν παῖδα
δεξαμένη ἄνθος ὁμώνυμον τῆς κόρης ἀνέδωκε· καὶ μεταβεβλ-
ημένην ἐστεφανώσατο, καὶ τὸ φυτὸν στέφανος εἰς τὴν τρίποδα
διὰ πόθον τὸν ἐπὶ θνητῇ προστιθέμενος καὶ τὸ βλάστημα
γνώρισμα ποιεῖται τῆς τέχνης. καὶ ἃ μὲν μεμυθολογήκασι,

25 τάδε· πάρεστι δὲ ἔλεγχον λαβεῖν ἐκ τῶν ἐφεξῆς.

Δάφνη Λάδωνος προῆλθε καὶ Γῆς· τίνα τοῦ γένους ἔχουσα
πίστιν; ἡ μὲν γὰρ ἄνθρωπος, οἱ δὲ φύσιν ἄλλην παρὰ ταύτην
ἐκτήσαντο. πῶς δὲ ὁ Λάδων συνάπτεται τῇ Γῇ; ἐπικλύζων
τοῖς ὕδασιν; οὐκοῦν ἅπαντες οἱ ποταμοὶ Γῆς ἄνδρες

30 ἐπονομάζονται, πάντες γὰρ αὐτὴν ἐπικλύζουσιν· εἰ δὲ
ποταμοῦ προελήλυθεν ἄνθρωπος, ἄρα καὶ ποταμὸν ἔστιν ἐξ
ἀνθρώπων προελθεῖν· διαδοχαὶ γὰρ δηλοῦσι τοὺς φύσαντας· τί
δὲ γάμον ποταμοῦ τε καὶ γῆς ὀνομάζουσι; τῶν αἰσθανομένων
ὑμέναιος; ἡ δὲ γῆ τῶν αἰσθανομένων οὐ πέφυκεν· ἢ τοίνυν τὴν

35 Δάφνην λογιστέον ἐν ῥεύμασιν, ἢ τὸν Λάδωνα θετέον εἰς
ἄνθρωπον.

Ἀλλ' ἤτω, συγκεχωρήσθω τοῖς ποιηταῖς γενέσθαι τὴν
Δάφνην Γῆς τε καὶ Λάδωνος· ἡ παῖς τεχθεῖσα παρὰ τίσιν
ἐτρέφετο; κἂν γὰρ συγχωρήσω τὴν γένεσιν, ἡ τροφὴ προῆλθεν

40 ἀδύνατος. ποῦ γὰρ ἡ παῖς εἶχε τὴν δίαιταν; νὴ Δία παρὰ τῷ
φύσαντι. καὶ τίς ἀνθρώπων ἐν ποταμῷ φέρει τὴν δίαιταν;
ἐλάνθανεν ὁ πατὴρ ἀποπνίγων τοῖς νάμασιν ἢ τρέφων τοῖς
ῥεύμασιν. ἀλλ' ὑπὸ γῆν ἡ παῖς διῃτᾶτο παρὰ τὴν φύσασαν;
οὐκοῦν ἐλάνθανε καὶ θεατὴν οὐκ εἶχε λανθάνουσα· ἧς δὲ τὸ

45 κάλλος ἐκρύπτετο, πόθος γένεσιν οὐκ ἐδέχετο.

Βούλει καὶ τοῦτο συγχωρῶμεν τοῖς ποιηταῖς; πῶς ἦρα
θεὸς καὶ πόθῳ τὴν φύσιν ἐψεύδετο; ἔρως τῶν ὄντων τὸ
χαλεπώτατον, καὶ θεοῖς ἐπιμαρτυρεῖν ἀσεβὲς τὰ δεινότατα· εἰ

μὲν γὰρ πάντα νοσοῦσι θεοί, τί θνητῶν ἔτι διοίσουσιν; εἰ δὲ τὸ
δεινότατον ἔρωτα φέρουσι, τί τῶν πολλῶν ἠλλοτρίωνται τὸ   50
χαλεπώτατον φέροντες; ἀλλ' οὔτε τὸ πάθος οἶδεν ἡ φύσις,
οὔτε ὁ Πύθιος ἐραστὴς κατεφαίνετο.

Πῶς δὲ διώκων τὴν κόρην ὁ Πύθιος θνητῆς ἐγένετο
δεύτερος; ἄνδρες γυναικῶν ὑπερέχουσι, καὶ γυναῖκες θεῶν
μεῖζον εἰλήφασι; τὸ θνητοῖς ἐλαττούμενον πῶς καὶ θεοὺς   55
ὑπερέβαλε; τί δέ; ἡ μήτηρ τὴν κόρην ἐδέχετο φεύγουσαν; τῶν
φαύλων ὁ γάμος; καὶ πῶς αὐτὴ μήτηρ ἐγένετο; ἀλλὰ τῶν
ἀγαθῶν; καὶ τί τὴν παῖδα τῶν καλῶν ἀπεστέρησεν; ἢ τοίνυν
μήτηρ οὐ γέγονεν, ἢ γενομένη φαύλη νομίζεται.

Τί δέ; τοῖς οἰκείοις ἔργοις ἡ Γῆ διεμάχετο; ἐλύπει τὸν   60
Πύθιον σώζουσα, καὶ τὸν αὐτὸν πάλιν ἐψυχαγώγει πα-
ράγουσα; ψυχαγωγεῖν οὐκ ἐχρῆν, εἰ λυπεῖν ἐβούλετο. τί δὲ ὁ
θεὸς ἐστεφανοῦτο τὸ δένδρον παρὰ τοὺς τρίποδας; ἡδονῆς τὸ
βλάστημα γέγονε σύμβολον, ἀρετῆς δὲ μαντεία τεκμήριον
δείκνυται· πῶς οὖν συνῆψεν ὁ Πύθιος, ἃ μὴ πέφυκε μίγν-   65
υσθαι; τί δαί; θνητὴ μὲν ἡ πρόφασις, τὸ δὲ πάθος ἀθάνατον;
πέρας ἔστω τῶν ποιητῶν, μὴ κατὰ ποιητὰς δόξω φθέγγεσθαι.

1. ἀνατροπή: 'overturning' and so 'refutation' or, in contem-
porary lawyers' jargon, 'rubbishing' a case.
    προκειμένου: 'proposed', 'given'.
    4. διαβολήν: 'misrepresentation', 'discrediting'.
    5. ἔκθεσιν: 'exposition'.
    κεφαλαίοις: 'headings'. We are to show that the story is
Obscure, Implausible, Impossible, Inconsequential, Improper
and, lastly, Inexpedient.
    12. ἐπαίρουσιν: 'incite'.
    λογοποιοῦντες: 'making up stories'.
    15. μᾶλλον = μάλιστα. Cf. note on 90, lines 17–18
    18. Ladon, a river-god in Elis, in the north-west of the
Peloponnese.
    21–4. 'And he wore her as a garland after her transformation,
and the plant was a garland added to the tripod [i.e. the Pythian
oracle] because of his passion for a mortal girl, and he makes the

branch [?] a symbol of his art [i.e. poetry].' A difficult sentence, of which text and syntax are unsure.

27. ἄλλην παρὰ ταύτην: 'other than this'. See G § 1215 (e), citing Aristoph. *Clouds* 698.

31. ἄρα: 'therefore'; not found as first word of a clause in classical Greek, but there are Hellenistic and Christian examples (J. Blomquist, *Greek Particles in Hellenistic Prose* 128).

32. διαδοχαί: 'successive generations'.

37. ἤτω: = ἔστω, late form.

42-3. 'The father would not have noticed whether he was drowning his child with his waters or feeding her with his stream.' The *variatio* νᾶμα / ῥεῦμα is purely ornamental though a scholiast (Ioannes Sardianus, p. 81 Rabe) says: νάματα τὰ ἁπλῶς ὕδατα, ῥεύματα δὲ τὰ κινούμενα καὶ διαρρέοντα.

47. τὴν φύσιν: i.e. his divine nature, cf. 53.

49 ff. 'If they endure love, the worst of all, why are they kept free of the many (diseases), if they endure the hardest of all.' For interpretation, see Doxapatres (*Rhet. Gr.* 2. 345, Walz). But the text is unsure: perhaps ὄντων (47) should be νόσων (despite the neuter χαλεπώτατον) and in 50 πολλῶν should be ἄλλων.

56-7. 'If marriage is such a bad thing, how did she herself become a mother?'

60-1. 'She gave Apollo pain by saving Daphne, and yet again she delighted him by deceiving'—i.e. by the beautiful shrub.

97. A wicked affair

The speech from which this extract comes is a declamation by the fourth-century orator Himerius (*Or.* 4. 24–7). The story is that a Rich Man has brought up a Poor Man's foundling son, and when the boy grows up he seduces his own mother. His real father, the Poor Man, catches them in bed and kills them both. The Rich Man then reveals the child's parentage to the Poor Man, who proceeds to prosecute him as responsible for the whole train of events. This *ekphrasis* ('description'—here of an imaginary painting) serves as peroration.

Ἵνα δὲ πλέον φοβήσῃς ἅπαντας, μίμησαι καὶ γράφε τὸ πάθος,
καὶ δὸς ἐν εἰκόνι τὴν συμφοράν. χαλεπὸν εὑρεῖν τέχνην οἵαν τ'
οὖσαν ὑποκρίνασθαι πράγματος φύσιν οὕτως ἀλλόκοτον, πλὴν
ἀλλὰ τῷ πλουσίῳ τῶν πάντων οὐδὲν ἀτόλμητον. ἔστω μὲν ἔκ
τινος Ποινῆς λειμώνων καὶ Ἐρινύων τὰ φάρμακα· ὑποκείσθω   5
δὲ ὁ πίναξ τῇ γραφῇ ἐξ ἐπαράτου ποθὲν καὶ ἐναγοῦς ὕλης
γενόμενος· πῦρ δὲ ὑπηρετείσθω τῇ γραφῇ, οἷον ἀνάπτειν
πεφύκασι τιμωροὶ τοιούτων θανάτων δαίμονες. ζήτησον δὲ καὶ
ζωγράφον τραγικὸν μὲν τὴν χεῖρα, τὴν δὲ ψυχὴν τραγικώτε-
ρον· κέλευε δὲ αὐτῷ τὴν τάξιν τῶν ἐμῶν ἀτυχημάτων τάξιν   10
ποιεῖσθαι καὶ τῆς γραφῆς, μηδὲν δὲ γράφειν πρὸ τῆς
ἐκθέσεως, μὴ λέγοντα, μὴ δημηγοροῦντα, μὴ στεφανούμενον,
μήτι τῶν εὐτυχεστέρων ἕτερον· ὅλη γενέσθω μεστὴ τῆς
σκυθρωποτέρας τύχης ἡ γραφή. ὁ δυστυχὴς πρῶτος ἔστω
πατὴρ φέρων εἰς τὴν ἐρημίαν τὸ βρέφος, ὀδυρόμενος τὴν   15
τύχην, θρηνῶν τὴν συμφοράν, ἐξιὼν ἀναστρέφων, τιθεὶς
ἀναιρούμενος, εἴκων τῇ φύσει, τῆς ἀνάγκης πάλιν ἡττώμενος.
μιμησάσθω καὶ λόγους, εἰ δυνατόν, ἡ γραφὴ διὰ προσώπου
στυγνάζοντος, καὶ πᾶς τις τῶν ῥημάτων ἀκουσάτω διὰ τοῦ
σχήματος. γράφε μετὰ τοῦτο τοὺς καλοὺς ἔρωτας, μᾶλλον δὲ   20
μὴ καταψεύσῃ μου κἀν τῇ γραφῇ τοῦ παιδός· ποίησον
ὀκνοῦντα, μέλλοντα, χωροῦντα πρὸς τὴν πρᾶξιν, ἀναδυόμενον,
ἰλιγγιῶντα μὲν τῇ ψυχῇ, τῷ φόβῳ δὲ βιαζόμενον, δεδιότα μὲν
τὴν μοιχείαν, οὔπω δὲ συνιέντα ὅτι καὶ κατὰ μητρὸς
ἀναγκάζεται. ἔστω που καὶ δυστυχὴς πρεσβῦτις, εἰ θέλεις·   25
γράψον αὐτὴν ἐρῶσαν, ἀλλὰ μετὰ τῆς ῥυτίδος, ἀλλὰ μετὰ τῆς
κόμης τῆς πολιᾶς, ἵνα μᾶλλον ἐκπλήξῃς τῷ παραλόγῳ τοῦ
δράματος. ἐλθὲ λοιπὸν ἐπὶ τὸ κεφάλαιον τῆς γραφῆς· ὅπλισον
τὸν δυστυχῆ πένητα κατὰ τῶν φιλτάτων, καὶ τοσαῦτα
μίμησαι πράγματα ὁπόσα ἐμπλήσει τὴν σὴν ἀπανθρωπίαν   30
πλαττόμενα. πρόσθες ἤδη λοιπὸν τὸν κολοφῶνα τοῦ δράματος,
σαυτὸν τοῖς φόνοις μετὰ τῶν γνωρισμάτων ἐπιφαινόμενον,
μειδιῶντα, φαιδρόν, τοῖς κατωρθωμένοις γανύμενον. τήρησον,
πρὸς θεῶν, κἀμοί τι μέρος τοῦ πίνακος, ἵνα μή τις ἐπιζητήσῃ·
ποῦ δὲ ὁ δυστυχὴς πένης; πῶς ἔζη; πῶς ἐβίω μετὰ τοσαύτας   35
συμφοράς;
Ἀλλ' οὐ πάντα χαιρήσῃ, πλούσιε. δεῖ γενέσθαι καὶ σὲ
μέρος τοῦ δράματος· οὐδεὶς οἶδεν ὑψηλὴν τραγῳδίαν ὅπου μὴ
πίπτουσι τύραννοι.

1. The speaker addresses the Rich Man, whom he has ironically advised on ways of oppressing the poor.

3–4. πλὴν ἀλλά: 'but'.

5. λειμώνων: 'meadows', the natural source of herbs to make dyes, but here not the happy meadows of Elysium but the dreadful ones of Tartarus.

6. Perhaps the 'accursed tree' is one from which someone has been hanged.

7. Ancient painters needed fire to heat the wax used as a medium for painting on stone or (as here) wood. This 'encaustic' technique dates from classical times, and was still in use in the late Empire.

11–12. τῆς ἐκθέσεως: 'the exposure' of the foundling.

26. τῆς ῥυτίδος: 'her wrinkles', a collective singular.

32. τῶν γνωρισμάτων: the 'tokens' or trinkets by which the abandoned child could later be identified, a stock feature of Menandrian comedy.

37. οὐ χαιρήσῃ: 'You will not "get away with it" entirely, Mr. Rich Man.' For this predominantly Attic use of χαίρειν after a negative, see LSJ s.v. χαίρειν, II.

98. *The moneylender*

Gregory of Nyssa (335–(?) 385 AD), one of the great Cappadocian fathers of the Church, was an elegant and versatile writer. The sermon from which the following passage (451–2 M) is taken deals with the wickedness of usury, a favourite theme of Christian moralists. It dates probably from 379 AD. The miser is a traditional figure of fun and satire: cf. Theophrastus, *Characters*, 10, 22, 30; Libanius *Declamations* 31, 32 (above, **95**), 34. A pagan moral sermon on the same theme may be found in Plutarch's *de vitando aere alieno*, which became well known to Christian writers.

Ἀνήρ τις ἦν ἐπὶ τῆσδε τῆς πόλεως (οὐκ ἐρῶ δὲ τοὔνομα κωμῳδεῖν ὀνομαστὶ τὸν τελευτήσαντα φυλαττόμενος) τέχνην ἔχων τὰ δανείσματα καὶ τὴν ἐκ τῶν μιαρῶν τόκων ἐπικαρπ-

ίαν. τῷ πάθει δὲ συνεχόμενος τῆς φιλαργυρίας φειδωλὸς ἦν
καὶ περὶ τὴν ἰδίαν δίαιταν (τοιοῦτοι γὰρ οἱ φιλάργυροι), οὐ 5
τράπεζαν αὐτάρκη παρατιθέμενος, οὐχ ἱμάτιον συνεχῶς ἢ
κατὰ χρείαν ἀμείβων, οὐ τέκνοις παρέχων τὴν ἀναγκαίαν τοῦ
βίου διαγωγήν, οὐ λοῦτρον ταχέως καταλαμβάνων φόβῳ τοῦ
μισθοῦ καὶ τῶν τριῶν ὀβολῶν, πάντα δὲ τρόπον ἐπινοῶν ὅθεν
ἂν ἐπὶ τὸ πλέον τὸν ἀριθμὸν προαγάγοι τῶν χρημάτων, οὔτε 10
μὴν ἀξιόπιστόν τινα φύλακα τοῦ βαλλαντίου ἐνόμιζεν, οὐ
τέκνον, οὐ δοῦλον, οὐ τραπεζίτην, οὐ κλεῖν, οὐ σφραγῖδα, ταῖς
δὲ τῶν τοίχων ὀπαῖς τὸ χρυσίον ἐμβάλλων καὶ τὸν πηλὸν
ἔξωθεν ἐπαλείφων ἄγνωστον πᾶσιν εἶχεν τὸν θησαυρὸν τόπους
ἐκ τόπων ἀμείβων καὶ τοίχους ἐκ τοίχων καὶ τὸ λανθάνειν 15
πάντας σοφιζόμενος εὐμηχάνως. ἀθρόον ἀπῆλθε τοῦ βίου
οὐδενὶ τῶν οἰκείων ἐξαγορεύσας, ἔνθα ὁ χρυσὸς κατωρώρυκ-
το. κατωρύχθη μὲν οὖν κἀκεῖνος τὸ κρύψαι κερδάνας· οἱ δὲ
παῖδες αὐτοῦ πάντων ἔσεσθαι τῶν ἐν πόλει λαμπρότεροι διὰ
πλοῦτον ἐλπίσαντες ἠρεύνων πανταχοῦ, παρ' ἀλλήλων διεπυ- 20
νθάνοντο, τοὺς οἰκέτας ἀνέκρινον, τὰ ἐδάφη τῶν οἴκων
ἀνώρυττον, τοὺς τοίχους ὑπεκένουν, τὰς τῶν γειτόνων καὶ
γνωρίμων οἰκίας ἐπολυπραγμόνουν, πάντα δὲ λίθον, τὸ τοῦ
λόγου, κινήσαντες εὗρον οὐδ' ὀβολόν, διάγουσι δὲ τὸν βίον
ἄοικον ἀνέστιοι, πένητες, ἐπαρώμενοι πολλὰ καθ' ἑκάστην τῇ 25
τοῦ πατρὸς ματαιότητι.

2. **κωμῳδεῖν ὀνομαστί**: the phrase comes from an obscure
Athenian law which is supposed to have forbidden personal
satire on the stage (for the tradition, see R. Janko, *Aristotle on
Comedy* 206). Gregory combines this idea with that of *de mortuis
nil nisi bonum.*

3–4. **ἐπικαρπίαν**: 'income', 'return'.

6. 'Not providing an adequate table.'

9. A charge was made for the public baths: in Lucian,
Lexiphanes 2, it is two obols.

13. **ὀπαῖς**: 'holes'.

16. **ἀθρόον**: 'suddenly'.

18. **τὸ κρύψαι κερδάνας**: 'having succeeded in hiding it'.

22. **ὑπεκένουν**: 'emptied': but it is very tempting to

conjecture ὑπεκίνουν 'disturbed', especially as κινήσαντες follows in the next line.

23–4. τὸ τοῦ λόγου: 'as the saying goes'; they left no stone unturned.

25. πολλὰ καθ᾿ ἑκάστην: sc. ἡμέραν, 'many times a day'.

99. *The moral value of poetry*

This extract is from a short work of St. Basil (AD 329–379) entitled 'To the young, on how to profit from Greek literature'—i.e. how the Christian can learn from pagan authors. We give part of chap. 5. The reference to Prodicus' 'Choice of Heracles' relates, no doubt, to Xenophon's re-working of the fable (above 34).

Ὡς δ᾿ ἐγώ τινος ἤκουσα δεινοῦ καταμαθεῖν ἀνδρὸς ποιητοῦ διάνοιαν, πᾶσα μὲν ἡ ποίησις τῷ Ὁμήρῳ ἀρετῆς ἐστὶν ἔπαινος, καὶ πάντα αὐτῷ πρὸς τοῦτο φέρει ὅτι μὴ πάρεργον· οὐχ ἥκιστα δὲ ἐν οἷς τὸν στρατηγὸν τῶν Κεφαλλήνων
5　πεποίηκε, γυμνὸν ἐκ τοῦ ναυαγίου περισωθέντα, πρῶτον μὲν αἰδέσαι τὴν βασιλίδα φανέντα μόνον, τοσούτου δεῖν αἰσχύνην ὀφλῆσαι γυμνὸν ὀφθέντα, ἐπειδήπερ αὐτὸν ἀρετῇ ἀντὶ ἱματίων κεκοσμημένον ἐποίησε· ἔπειτα μέντοι καὶ τοῖς λοιποῖς Φαίαξι τοσούτου ἄξιον νομισθῆναι ὥστε ἀφέντας τὴν τρυφὴν ᾗ
10　συνέζων, εἰς ἐκεῖνον ἀποβλέπειν καὶ ζηλοῦν ἅπαντας, καὶ μηδένα Φαιάκων ἐν τῷ τότε εἶναι ἄλλο τι ἂν εὔξασθαι μᾶλλον ἢ Ὀδυσσέα γενέσθαι, καὶ ταῦτα ἐκ ναυαγίου περισωθέντα. ἐν τούτοις γὰρ ἔλεγεν ὁ τοῦ ποιητοῦ τῆς διανοίας ἐξηγητὴς μονονουχὶ βοῶντα λέγειν τὸν Ὅμηρον ὅτι· Ἀρετῆς ὑμῖν
15　ἐπιμελητέον, ὦ ἄνθρωποι, ἢ καὶ ναυαγήσαντι συνεκνήχεται καὶ ἐπὶ τῆς χέρσου γενόμενον γυμνὸν τιμιώτερον ἀποδείξει τῶν εὐδαιμόνων Φαιάκων. καὶ γὰρ οὕτως ἔχει. τὰ μὲν ἄλλα τῶν κτημάτων οὐ μᾶλλον τῶν ἐχόντων ἢ καὶ οὑτινοσοῦν τῶν ἐπιτυχόντων ἐστίν, ὥσπερ ἐν παιδιᾷ κύβων τῇδε κἀκεῖσε
20　μεταβαλλόμενα· μόνη δὲ κτημάτων ἡ ἀρετὴ ἀναφαίρετον, καὶ ζῶντι καὶ τελευτήσαντι παραμένουσα. ὅθεν δὴ καὶ Σόλων μοι δοκεῖ πρὸς τοὺς εὐπόρους εἰπεῖν τό·

'Αλλ' ἡμεῖς αὐτοῖς οὐ διαμειψόμεθα
τῆς ἀρετῆς τὸν πλοῦτον· ἐπεὶ τὸ μὲν ἔμπεδον αἰεί,
χρήματα δ' ἀνθρώπων ἄλλοτε ἄλλος ἔχει.   25

παραπλήσια δὲ τούτοις καὶ τὰ Θεόγνιδος, ἐν οἷς φησὶ τὸν
θεόν, ὅντινα δὴ καί φησι, τοῖς ἀνθρώποις τὸ τάλαντον
ἐπιρρέπειν ἄλλοτε ἄλλως, ἄλλοτε μὲν πλουτεῖν, ἄλλοτε δὲ
μηδὲν ἔχειν.

Καὶ μὴν ὁ Κεῖός που σοφιστὴς τῶν ἑαυτοῦ συγγραμμάτων   30
ἀδελφὰ τούτοις εἰς ἀρετὴν καὶ κακίαν ἐφιλοσόφησεν· ᾧ δὴ καὶ
αὐτῷ τὴν διάνοιαν προσεκτέον· οὐ γὰρ ἀπόβλητος ὁ ἀνήρ.
ἔχει δὲ οὕτω πως ὁ λόγος αὐτῷ, ὅσα ἐγὼ τοῦ ἀνδρὸς τῆς
διανοίας μέμνημαι, ἐπεὶ τά γε ῥήματα οὐκ ἐπίσταμαι, πλήν γε
δὴ ὅτι ἁπλῶς οὕτως εἴρηκεν ἄνευ μέτρου· ὅτι νέῳ ὄντι τῷ   35
Ἡρακλεῖ κομιδῇ, καὶ σχεδὸν ταύτην ἄγοντα τὴν ἡλικίαν ἣν
καὶ ὑμεῖς νῦν, βουλευομένῳ ποτέραν τράπηται τῶν ὁδῶν, τὴν
διὰ τῶν πόνων ἄγουσαν πρὸς ἀρετὴν ἢ τὴν ῥάστην, προσελθ-
εῖν δύο γυναῖκας, ταύτας δὲ εἶναι Ἀρετὴν καὶ Κακίαν. εὐθὺς
μὲν οὖν καὶ σιωπώσας ἐμφαίνειν ἀπὸ τοῦ σχήματος τὸ   40
διάφορον· εἶναι γὰρ τὴν μὲν ὑπὸ κομμωτικῆς διεσκευασμένην
εἰς κάλλος καὶ ὑπὸ τρυφῆς διαρρεῖν καὶ πάντα ἑσμὸν ἡδονῆς
ἐξηρτημένην ἄγειν· ταῦτά τ' οὖν δεικνύναι, καὶ ἔτι πλείω
τούτων ὑπισχνουμένην, ἕλκειν ἐπιχειρεῖν τὸν Ἡρακλέα πρὸς
ἑαυτήν· τὴν δ' ἑτέραν κατεσκληκέναι καὶ αὐχμεῖν καὶ σύντονον 45
βλέπειν, καὶ λέγειν τοιαῦτα ἕτερα· ὑπισχνεῖσθαι γὰρ οὐδὲν
ἀνειμένον οὐδὲ ἡδύ, ἀλλ' ἱδρῶτας μυρίους καὶ πόνους καὶ
κινδύνους διὰ πάσης ἠπείρου τε καὶ θαλάσσης, ἆθλον δὲ
τούτων εἶναι θεὸν γενέσθαι, ὡς ὁ ἐκείνου λόγος· ᾗπερ δὴ καὶ
τελευτῶντα τὸν Ἡρακλέα συνέπεσθαι.   50

1. Moral allegory of Homer was common, and it is not
possible to say if Basil had any particular authority in mind.
ἀνδρὸς ποιητοῦ: 'a poet'. *WS* § 986.

3. ὅτι μὴ πάρεργον: 'except incidentally'. *WS* § 2765

6. αἰδέσαι τὴν βασιλίδα: 'made the princess [Nausicaa]
shy . . .' (*Od.* 6. 127 ff.)

τοσούτου δεῖν 'so far from' (*G* § 1116), here treated as a set
phrase not affecting the construction.

9. ἄξιον: sc. τὸν στρατηγόν, i.e. Odysseus.

14. μονονουχὶ βοῶντα: 'all but crying out loud'. **ὅτι:** as often, this introduces direct speech.

15. συνεκνήχεται: 'swims away with the shipwrecked man'.

23–5. Solon, fr. 15 West.

26. Theognis, 157–8.

27. ὅντινα δὴ καί φησι: 'whatever god he means'. Theognis says 'Zeus', but the Christian writer leaves this out.

30. ὁ Κεῖος . . . σοφιστής: Prodicus.

τῶν . . . συγγραμμάτων: gen. depends on που, 'somewhere in his writings', G § 1088.

32. ἀπόβλητος: 'to be rejected'.

33–4. Basil's admission that he did not know Prodicus' own words is perhaps based on Xenophon (*loc. cit.*), who tells us Prodicus used 'even grander words than I do'.

37. ὑμεῖς: the young Christian students whom Basil is addressing.

ποτέραν: G § 1057.

τράπηται: G § 1490.

39–41. 'They displayed the difference between them right from the start, even though they said nothing.'

41. κομμωτικῆς: 'the Art of Adornment'—covering both dress and make-up (cf. Dodds on Plato, *Gorgias* 465 B4).

42. ὑπὸ τρυφῆς διαρρεῖν: 'had gone soft through luxury'. διαρρεῖν is 'melt away' and so 'lose all firmness'.

42–3. 'With the whole swarm of pleasures dangling from her'.

45 ff. κατεσκληκέναι καὶ αὐχμεῖν: 'was lean and unkempt'. σκέλλω is related to σκελετός and σκληρός: the perfect active ἔσκληκα and its compounds are common in patristic and other late Greek moralizing texts.

45–6. σύντονον βλέπειν: 'had an intense look'.

47. ἀνειμένον: 'relaxed'.

50. τελευτῶντα: 'in the end'. G § 1564.

100. An escape from danger

The life of Bishop Porphyry of Gaza by Mark the Deacon was written about 420 AD, and perhaps revised later. It is in vivid unpretentious Greek (many non-classical usages will be seen) and gives a lively picture of a Syrian city where pagans and Christians are at odds. In this passage (76. 22–78. 18 in the Teubner edition of 1885 by E. Krüger and others) we see the pagans on the rampage (seven Christians have been killed) and the Bishop and his deacon, Mark, escaping from the bishop's residence.

Ἐγὼ δὲ καὶ ὁ μακάριος Πορφύριος φυγόντες διὰ τῶν
δωμάτων εὕραμεν παιδίσκην ὡς ἐτῶν δέκα τεσσάρων, ἥτις
ἐπιγνοῦσα τὸν ὅσιον ἐπίσκοπον προσέπεσεν τοῖς ποσὶν αὐτοῦ.
ὁ δὲ μακάριος ἐπηρώτησεν αὐτὴν τίς ἐτύγχανεν καὶ ποίων
γονέων. ἡ δὲ παιδίσκη ἀποκριθεῖσα εἶπεν ὅτι ὀρφανὴ τυγχάνει   5
ἔκ τε πατρὸς καὶ μητρός, μάμμην δὲ ἔλεγεν ἔχειν γραῦν τῷ
σώματι ἀσθενῆ, καὶ αὐτὴν ἐργάζεσθαι καὶ τρέφειν ἑαυτὴν καὶ
τὴν αὐτῆς μάμμην. ἐπηρώτα δὲ αὐτὴν εἰ Χριστιανὴ ὑπῆρχεν,
ἡ δὲ πάλιν εἶπεν μὴ εἶναι, ἀλλ' ἐπιθυμεῖν ἐκ πολλοῦ· Εἴπερ
εἰμὶ ἀξία. ὁ δὲ εὔσπλαγχνος Πορφύριος ἀκούσας τὸν λόγον   10
τῆς παιδίσκης καὶ κατανυγεὶς ἐδάκρυσεν εἰπών· Πῶς πρόχει-
ρον ὑπάρχει εἰς τὸ ἀγαθὸν τῶν Γαζαίων γένος. ἀλλ' ὁ
ἀντικείμενος σπουδάζει ἐμποδίζειν τῇ τοιαύτῃ προαιρέσει, ὃν
ὁ κύριος πατάξει τῷ λόγῳ τοῦ στόματος αὐτοῦ. εἶπεν δὲ τῇ
κόρῃ· Ἄγαγε ἡμῖν ἐνταῦθα ψίαθον ἐν τῷ δωματίῳ τούτῳ, ἵνα   15
μείνωμεν ἕως οὗ καταστῇ ὁ θόρυβος τῆς πόλεως. καὶ μὴ
ἀπαγγείλῃς τινὶ ὅτι ἐνταῦθά ἐσμεν. ἡ δὲ ὅρκοις διεβεβαιοῦτο
μὴ ἐκφαίνειν μηδὲ τῇ μάμμῃ αὐτῆς. κατελθοῦσα δὲ διά τινος
οἰκίσκου εἰς τὸν αὐτῆς οἶκον ἤγαγεν τὸ ψιάθιον καὶ τύλην
ἀχύρων, <καὶ> καθαπλώσασα τὸν ψίαθον ὑπέβαλεν τὴν   20
τύλην, καὶ προσπεσοῦσα τοῖς ποσὶν τοῦ μακαρίου παρεκάλει
αὐτὸν γεύσασθαι τῶν μετρίων αὐτῆς βρωμάτων καὶ μὴ
ἀναξιοπαθῆσαι ἐπὶ τῇ πτωχείᾳ αὐτῆς· ἦν γὰρ καὶ πρὸς
ἑσπέραν. ὁ δὲ ὅσιος θέλων μιμητὴς γενέσθαι τοῦ μεγάλου
προφήτου Ἠλίου εἶπεν τῇ κόρῃ· Σπούδασον, θύγατερ, καὶ   25
ἄγαγε, ἵνα σοι ἀποδῷ ὁ κύριος δι' ἐμοῦ πνευματικὴν τροφὴν

καὶ σαρκικήν. ἡ δὲ σπεύσασα κατέβη καὶ ἀπελθοῦσα ἠγόρασεν
ἄρτον καὶ ἐλαίας καὶ τυρὸν καὶ βρεκτὸν ὄσπριον καὶ οἶνον,
ἤγαγεν δὲ πάντα καὶ παρέθηκεν ἐνώπιον ἡμῶν εἰποῦσα·
30 Λάβετε, κύριοί μου, καὶ εὐλογήσατε τὴν πτωχείαν μου. ὁ δὲ
μακάριος πάλιν κατανυγεὶς ἐδάκρυσεν, προεωρακὼς ἦν ἤμελ-
λεν ἔχειν πίστιν εἰς τὸν Χριστόν. καὶ ἀναστάντες καὶ
ποιήσαντες τὰς συνήθεις εὐχὰς καὶ καθίσαντες, ἐγὼ καὶ τυροῦ
καὶ οἴνου μετέλαβον, ὁ δὲ ὅσιος ἄρτου καὶ βρεκτοῦ ὀσπρίου
35 καὶ ὕδατος. καὶ ἀπολύσαντες τὴν κόρην πρὸς τὴν αὐτῆς
μάμμην ἡμεῖς ὑπνώσαμεν ἐν τῷ δωματίῳ· ἦν γὰρ καὶ θέρους
ὥρα. ἐπηρωτήσαμεν δὲ καὶ τὸ ὄνομα τῆς κόρης, εἶπεν δέ·
Σαλαφθά, ὃ ἑρμηνεύεται Ἑλληνιστὶ Εἰρήνη. ἐποιήσαμεν δὲ
καὶ τὴν ἑξῆς ἐν τῷ δωματίῳ, τῆς καλῆς Εἰρήνης ποιούσης
40 ἡμῖν πᾶσαν ἀπόκρισιν μετὰ πολλῆς προθυμίας.

2. εὔραμεν: a late form.

4. τίς ἐτύγχανεν: note (i) omission of οὖσα, which would be
the normal classical usage, (ii) imperfect tense; see *G* § 1489,
GMT § 674, and below ὑπῆρχεν (10) and ἤμελλε (35).

5. ἀποκριθεῖσα εἶπεν: *G* § 1290, 1563, *Reading Greek* p. 311,
for tense of participle.

6. μάμμην: 'grandmother'.

9. μὴ εἶναι: μή displaces οὐ with all kinds of infinitives in later
Greek (B–D § 429).

10. εὔσπλαγχνος: 'compassionate'.

11. κατανυγεὶς: 'touched', 'pricked' (strong aor. participle of
κατανύσσω).

12–13. ὁ ἀντικείμενος: 'the Adversary', i.e. the devil.

15. ψίαθον: 'mat'. (Cf. 19 ψιάθιον, diminutive form.)
ἐν τῷ δωματίῳ τούτῳ: 'to this attic'. In much late Greek
ἐν and εἰς are not clearly distinguished.

16. ἕως οὗ καταστῇ: for the omission of ἄν in such clauses,
see *GMT* § 540; abnormal in classical Attic prose, it is common
in poetry and not rare in later prose.

19. τύλην: 'cushion', 'pillow', 'pad'.

20. καθαπλώσασα: 'opening out'.

23. ἀναξιοπαθῆσαι: 'resent'.

25. Ἡλίου: Elijah (I Kings 17: 10 ff.) took food from the poor widow of Zarephath, and it was miraculously multiplied: this is presumably hinted at in the words θέλων μιμητὴς γενέσθαι immediately preceding.

28. βρεκτὸν ὄσπριον: soaked pulse or beans.

29. ἐνώπιον ἡμῶν: 'before us'.

33. τὰς συνήθεις εὐχὰς: In Latin, these would be described as *sollemnes preces*, the 'regular' prayers appropriate for such an occasion.

καὶ: i.e. the narrator took some cheese and wine as well as the pulse and bread and water with which the bishop contented himself.

38. ἐποιήσαμεν: 'we stayed', another late usage.

39. τὴν ἐξῆς: sc. ἡμέραν.

40. ἀπόκρισιν: 'message', 'errand'.

SELECT INDEX OF GREEK WORDS
EXPLAINED IN NOTES

References are to passage and line

GRAMMATICAL AND
STYLISTIC INDEX

References are to passage and line

Printed in the United States
22819LVS00001B/208-213